学海问津

武汉大学国学院本科生论文集　第三辑

■主编　于亭　■副主编　任慧峰　余婉卉

WUHAN UNIVERSITY PRESS
武汉大学出版社

图书在版编目(CIP)数据

学海问津:武汉大学国学院本科生论文集.第三辑/于亭主编.—武汉:武汉大学出版社,2016.7
ISBN 978-7-307-17867-0

Ⅰ.学… Ⅱ.于… Ⅲ.国学—文集 Ⅳ.Z126.27-53

中国版本图书馆 CIP 数据核字(2016)第108090号

责任编辑:王智梅　　责任校对:汪欣怡　　整体设计:韩闻锦

出版发行:**武汉大学出版社** (430072 武昌 珞珈山)
(电子邮件:cbs22@whu.edu.cn 网址:www.wdp.com.cn)
印刷:虎彩印艺股份有限公司
开本:720×1000 1/16　印张:22　字数:316千字　插页:1
版次:2016年7月第1版　2016年7月第1次印刷
ISBN 978-7-307-17867-0　定价:45.00元

目　　录

明代中后期《朱子家礼》之争新探

2012级国学班　姚裕瑞

一、引　论

“移风易俗，莫善于乐。安上治民，莫善于礼。”①礼乐在儒家教化思想中有极为重要的地位。在20世纪50年代以后，由于西方学界大小传统、精英文化与通俗文化等学术观念的盛行，学者们开始重新审视中国古代士人对于社会的教化与改造。② 一般来说，秦汉时期大小传统之间的沟通最为顺畅，六朝则相对隔膜。但到南宋以后，中国的大传统与小传统之间交流又相对活跃，作为官方意识形态的儒家礼仪教化在乡村社会逐渐普及和接受。但这种对宋代以后大小传统关系的认识，在构建中国本土社会独特性的同时，一定程度上忽视了上层教化在民间普及过程中的诸多扭曲与不适。事实上，礼教的下渗不只是一个上行下效、风行草偃的单向演化，而是民间社会能动地取舍以及具体历史空间中各种社会因素互动演化的结果。

明廷推崇《朱子家礼》(简称《家礼》)，但不谐之音仍不绝于世，即使是在《家礼》传播最为高潮的明代中后期，亦不乏来自士人和乡民的非议、抗拒，在仪节实践中存在着诸多的抵牾与不适应，并在与时代的互动中发生着变异。在笔者看来，士人对于《家

① (清)阮元校刻：《孝经注疏·广要道》，见《十三经注疏》清嘉庆刊本，上海古籍出版社1997年版，第2556页。

② 余英时：《汉代循吏与文化传播》，见《士与中国文化》，上海人民出版社2003年版，第117~123页。

礼》的争论，既是明代中后期社会转型与思想变迁的结果，也是上层教化与乡村实践之间存在着某种“断裂”的证明。可以说，《家礼》在中国近世社会的影响，绝非“影响深远”、“民间通用”等词可以简单概括，其传播过程其实并不顺畅。

以往研究对于明代《家礼》传播问题的关注甚多，但据管窥所及，大多停留在对《家礼》“备受推崇”、“广泛接受”的笼统表述。在“礼下庶民”、化民成俗的前见及预设下①，这些说法都在不同程度上忽视了《家礼》在传播过程中所遭遇的不同声音，而对明代中后期广泛存在的“议礼”思潮鲜有论及。唯王志跃《推崇与抵制：明代不遵循〈朱子家礼〉现象之探研》一文，涉及了明代中后期广泛存在的种种非议《家礼》之现象②，但其不足在于，由于缺乏对明代社会转型和风气变迁的背景性考察，未能注意到《家礼》仪节之变化及其影响的变动性，故其对“非议”原因的分析和归纳，尚显笼统且流于表面。

另外，近一二十年来，受日本学者“地域社会”方法论的影响③，

---

① 诸如杨志刚、赵克生、陈瑞、伊沛霞、吾妻重二等研究皆认为：在官方的推崇与民间的刊布下，《家礼》成为中国近世“民间通用礼”，对明清社会生活造成了极其深远的影响。详见杨志刚：《论朱子家礼及其影响》，载《朱子学刊》1994年第1期；杨志刚：《朱子家礼民间通用礼》，载《传统文化与现代化》1994年第4期；赵克生：《修书、科图与观礼明代地方社会的家礼传播》，载《中国史研究》2010年第1期；陈瑞：《朱熹〈家礼〉与明清徽州宗族以礼治族的实践》，载《史学月刊》2007年第3期；Patricia Buckley Ebrey, *Confucianism and Family Rituals in Imperial China: A Social History of Writing about rites* (Princeton University Press, 1991)；[日]吾妻重二：《朱熹〈家礼〉实证研究》，吴震译，上海：华东师范大学出版社2012年版，第75~100页。

② 详见王志跃：《推崇与抵制：明代不遵循〈朱子家礼〉现象之探研》，载《求是学刊》2013年第5期。

③ “地域社会”最早由日本学者重田德于20世纪70年代提出，其后宫崎市定、森正夫、沟口雄三等对其有不同程度的运用和发展。近一二十年来，此种理论对中国的明清社会史、宗族史研究影响颇大。其主流观点以为，明中期以降，中国地方社会的基础单位是“乡绅统治”，或者说是“由士大夫和民众共同构成的乡里社会”。参见[日]森正夫：《中国前近代史研究中的地域社会视角》，见[日]沟口雄三、小岛毅：《中国的思维世界》，南京：江苏人民出版社2006年版，第499~524页；常建华：《旧视域与新视野：从风俗伦看明清社会史研究》，载《中国社会历史评论》2001年第12卷。

关于明代《家礼》传播的个案研究亦大量涌现。在具体的地域脉络①和宗族个案②中，学者们发现：一方面，明中期以降，对于《家礼》祠堂制度和祭祖礼仪的不接受、不遵从，已成当时社会的普遍趋势③；另一方面，民间儒士为克服时俗压力所进行的文本改编和仪节调适，其实亦是对《家礼》的某种突破和重构。此种“突破”之见虽尚未引起学者的足够关注，但其对《家礼》传播过程的复杂性实已有了初步的认识，对于解构传统儒教“大传统”、“大叙事”之固有模式，具有一定的启示意义。

本文即是在上述研究的基础上，从明代中后期士人之争论着手，通过《家礼》传播过程中种种“不谐之音”的钩考和梳理，以期对传统观点进行辨析。相对于以往研究，本文的推进在于：不仅着眼于《家礼》传播过程中所受到的士人之排斥，并且将这种“排斥”置于明代社会转型和思想变迁的历史背景中，考察在“正”“变”冲突、“时”“俗”交互的明中后期，《家礼》传播的复杂展开及其流变过程。同时，笔者试图以“士人”与“乡民”、“议礼”与“执礼”的“复线历史”与不同视角，对明代中后期之《家礼》论争予以学术史之解释，进而为修正与补充“大、小传统”说提供一个侧面。

---

① 关于《家礼》传播的地域个案，代表性研究成果有：李丰楙《朱子家礼与闽台家礼》、赵克生《修书、刻图与观礼：明代地方社会的家礼传播》、何淑宜《香火：江南士人与元明时期祭祖传统的建构》、刘永华《亦礼亦俗——晚清至民国闽西四保礼生的初步分析》等，皆试图从不同传统的地域脉络中，理解《家礼》普及与传播过程的复杂性与多样性。

② 关于《家礼》传播的宗族个案，代表性成果有：常建华《宋元时期徽州祠庙祭祖的形式及其变化》、《明代福建兴化府的宗族祠庙祭祖》、郑振满《宋以后福建的祭祖习俗与宗族组织》，科大卫《祠堂与家庙从宋末到明中叶宗族礼仪的演变》。上述研究皆已发现：不同地域的儒士在践行《家礼》祠堂祭祖仪礼时，直面的不只是《家礼》仪文与国家礼制，更有地方时俗的压力。

③ 常建华曾对《家礼》实施颇为盛行的安徽、福建、江西三省进行过统计，发现囿于时制、人情、恩义及宗族实际等，使得其中不遵《家礼》者远较遵《家礼》者为多。详见常建华：《明代宗族研究》，上海人民出版社2005年版，第35~180页。

二、《家礼》论争之归类与呈现

《家礼》作为一种“古礼”，在明代社会的传播必然遭遇“时俗”之压力，受到时代变动与新旧冲突的影响。其在思想史上一突出表现，便是明代中后期士人对于《家礼》普及的争论。从“述朱”到“质疑”，从“恢复”到“调和”，从“古礼”到“变通”，在彼此交织、相互递进的不同态度之较量中，士人逐渐突破了《家礼》，而对时俗给予了更多的关注和认同。

（一）“质疑”——思想界的重新取向

明人极崇朱子学，“（永乐中）颁《文公家礼》于天下”①。但就是在这样一种普遍“述朱”的学术与文化氛围中，却出现了质疑《家礼》的异调新声。

弘治时进士倪宗正反对将《家礼》作为唯一不变之礼仪标准，以为时人修家谱，当“多采摭《家礼》、《仪礼》等篇及诸儒议论”②。同时期的学者王廷相亦有言，“《家礼》本之《书仪》，或者缘此而误”，“若以《仪礼》及《家礼》祭仪论之……似为过重”③。质疑《家礼》极为明显。在倪、王二人眼中，《家礼》乃朱熹斟酌删节古人礼仪而成，故去取只能代表朱子个人观点，却决不能视为绝对权威、完美无误之准则。时人还有质疑《家礼》之完整性者，如夏时正“以《朱子家礼》为未成之书”④，废《家礼》而不用。甚至还有对《家礼》之注解表示异议的⑤。虽然上述批评还略显朴素、零碎，但士

---

① （清）张廷玉等：《明史》，北京：中华书局1974年版，第1224页。

② （明）倪宗正：《倪小野先生全集》，见《四库全书存目丛书·集部》第58册，济南：齐鲁书社1997年版，第454页。

③ （明）王廷相：《王氏家藏集》，《四库全书存目丛书·集部》第53册，济南：齐鲁书社1997年版，第170、247页。

④ （明）杨守址：《碧川文选》，《四库全书存目丛书·集部》第42册，济南：齐鲁书社1997年版，第112页。

⑤ 杨廉有言：“《朱子家礼》一书，后人增附大多，愈繁愈乱。”参见（明）杨廉：《杨文恪公文集》，见《续修四库全书·集部》第1333册，上海古籍出版社2013年版，第85页。

人突破《家礼》、解放思想之势，已呼之欲出。

延及正德、嘉靖时期①，士人的质疑更加深入、具体。与上述笼统、单纯地批判《家礼》不同，士人之质疑，更多地表现为对某种具体礼制仪节“不合时俗”的反思。嘉靖进士骆问礼认为：

> 曾见几大家列祖先神主，皆以西为尊，询之，云此《朱文公家礼》，神道尚右也。不知文公之礼固非我朝之礼矣。②

“文公之礼固非我朝之礼”的态度，透露出骆氏对于死板遵依《家礼》、置时制于不顾者的不满与批判。③ 此种基于实际考察而针对的《家礼》批判，显得更加深刻而有力。类似争论并不鲜见：丧葬制度上，《家礼》“孤哀分父母”、“朝奠日出，夕奠逮日”等明人看来“不合人情”的礼文，遭到了不少学者的怀疑④；在祭祖问题上，时人表现出对于时俗“始祖之祭”的认同，和对于《家礼》“祠堂之制，止列四亲”的渐趋扬弃；在奢侈问题上，甚至出现了“崇奢黜俭”的思想倾向，此乃对于《家礼》“反奢”主张的突破和废弃⑤。显然，在商业化浪潮日益加剧且对传统礼教秩序、道德观念形成冲击的明代中后期，面对《家礼》“重血缘、崇宗法、讲名分、别尊卑”的传统儒学伦理道德与“时俗”的不符与严重滞后，学者被迫重新审视《家礼》，对其不合时宜、流于形式表示不满，而对奢

---

① 关于明代中期社会转型的起始时间和历史分期问题，学界众说纷纭。笔者采取陈宝良先生的研究成果，认为：明代社会、文化发生变化应滥觞于成化、弘治时代，而真正的形成乃在正德年间。详见陈宝良：《明代社会转型与文化变迁》，重庆大学出版社 2014 年版，第 2 页。

② (明)骆问礼：《万一楼集》，见《四库禁毁书丛刊·集部》第 174 册，北京：北京出版社 1997 年版，第 583 页。

③ 王志跃：《推崇与抵制：明代不遵循〈朱子家礼〉现象之探研》，载《求是学刊》2013 年第 5 期。

④ (明)骆万礼：《万一楼集》，见《四库禁毁书丛刊·集部》第 174 册，北京出版社 1997 年版，第 507 页。

⑤ 明人陆楫提出“崇奢黜俭”的主张，以为富人奢侈可以增加穷人的谋生手段，“彼有所损，则此有所益”，能“均天下而富之”，夸大奢侈的作用。

侈蔓延、僭礼逾制、以情反礼、个性解放等新风尚、新动向，却表现出更多的认同与理解。上述批评，实乃士人基于时代变化所作出的反应。

这种观念亦落实于实践中：成化时进士石巍，“以《文公家礼》与时俗多不合”，“乃远酌礼经，成书行之，曹人奉为文献”①；正德进士方凤，“本先王之法，而参以时王之制，删繁就简，通古适今，名曰《家礼俗宜》，用梓以行”②；张茂“参据礼经，酌以土俗，择其节文易行者，著为书”③。自撰家礼、择善而从，反映出时人在家礼遵依上的自主精神，其背后乃质疑权威、突破锢囿、自出机杼的勇气。可见，在《家礼》受到广泛质疑且权威性大打折扣的明代中期，士人不再亦步亦趋、固守条文，而表现出一种很明显的突破、变通，甚至是特立独行之势。这与明初保守、闭塞之士风已迥异④。

总而言之，明中期以降，士人已不再完全信奉作为官方正统、科举法则的程朱理学，对明初所极力遵从的《家礼》亦不再笃信不疑。在这场“控制与挣脱的较量”中⑤，从“述朱”到“质疑”、从文化专制下的“质行之士”、“共学之方”到突破《家礼》的“同异之说”

① （清）穆彰阿、潘锡恩等纂修：《大清一统志(四)》，上海：上海古籍出版社2008年版，第641~642页。

② （明）方凤：《改亭存稿》，见《续修四库全书·集部》第1338册，上海：上海古籍出版社2013年版，第286页。

③ （清）李清馥撰，徐公喜等点校：《闽中理学渊源考》，南京：凤凰出版社2011年版，第684页。

④ 傅衣凌先生以为，明代中叶以降新经济因素之出现，使得社会风气上亦出现一股活泼、开朗、新鲜的时代气息。陈宝良先生亦认为，随着社会的变异、新经济因素的渐趋产生，社会、思想乃至文化开始由明初的保守、沉闷，逐渐趋向革新、活跃。详见傅衣凌：《从中国历史的早熟性论明清时代》，见《明清社会经济变迁论》，北京：中华书局2007年版，第201页；陈宝良：《明代社会转型与文化变迁》，重庆大学出版社2014年版，第2页。

⑤ 王志跃：《推崇与抵制：明代不遵循〈朱子家礼〉现象之探研》，载《求是学刊》2013年第5期。

的出现①——如果说明初文化表现为明显的“保守主义”、“原典主义”的“官方”“复古”特征②，那么质疑《家礼》之声的渐起，则代表着明中期以降思想界之重新取向。

（二）“恢复”——重建秩序的“逆流”

在质疑之声兴起的同时，明中期士林中，又存在着另一种声音——恢复、重建《家礼》的呼声。这种看似与时代发展背道而驰的“逆流”，实则是《家礼》在民间普遍废弃的反映，同时也预示着，时人已敏锐地感知到了时代风气之巨变。

士人对于《家礼》关注和热议的背后，乃改良风俗、重建秩序的诉求。弘治间学者宋诩在其《须行冠婚丧祭之礼》中有言：

> 文公先生四礼，世皆疑其高古，辄揶揄而莫之讲，不知为人之道，有家之本，非此四者，不能纪纲其始终。吾家一遵此礼，人力或未能，财物或未称品节，是书亦不失大意，行而勿惰，自成表率矣！③

宋诩之所以高呼“吾家一遵此礼（《朱子家礼》）”，乃源于其对礼教失范、秩序失衡社会现实的深刻担忧。宋诩的危机感并非空穴来风：随着“社会秩序”④的剧烈变动及其对固有等级与礼法制度的

---

① 何乔远概括明初学术特征：“有质行之士，而无同异之说；有共学之方，而无颛门之学。”参见（明）何乔远撰，张德信等点校：《名山藏·儒林记上》，福州：福建人民出版社2010年版，第2559页。

② 详见陈宝良：《明代社会转型与文化变迁》，重庆大学出版社2014年版，第2~4页。

③ （明）宋诩：《宋氏家要部·须行冠婚丧祭之礼》，见《北京图书馆古籍珍本丛刊》第61册，北京：书目文献出版社1989年版，第10页。

④ “社会秩序”的概念最先由日本学者森正夫提出，在明清史学界影响很大，陈宝良一书中亦有论述。森正夫认为：长幼、尊卑、贵贱等级关系的松弛化，传统礼教等级秩序的颠覆，以及兵变、民变、士变等统治者与被统治者之间关系的颠倒，构成了明中后期社会秩序变动的主要内容和表现形式。［日］森正夫：《关于明末社会关系中的秩序变动》，见《名古屋大学文学部三十周年纪念论集》，名古屋大学出版社1979年版；陈宝良：《明代社会转型与文化变迁》，重庆大学出版社2014年版，第410~425页。

破坏，佛道礼俗混入儒礼，使儒家文化的价值意义在失去礼仪形式之后，无处着落，确实是明中后期社会的严重现象。“上下有章、尊威有辨”，在明人看来是治世之象；而“世皆疑其高古，辄揶揄而莫之讲”的礼法崩溃现状，无疑是一种大乱之兆。宋诩透过《家礼》的落实状况，已敏锐地感知到了气象人心的巨大转变。嘉靖二十四年(1545 年)，一位户科给事中查秉彝就其时风俗趋奢的现象，亦曾痛心疾首、铿锵陈词：

> 臣窃以为欲天下太平，在息盗贼；欲息盗贼，在保善良，在明礼制。礼制明，则人之节俭，节俭则无求，无求则廉耻立，而礼义心生，奸盗之原塞。①

同宋诩一样，他也把“明礼”看成解决时弊问题的妙方。在上述二人眼中：“四礼”不仅仅是一纸条文、行为准则，更乃“为人之道”、“有家之本”，甚至“纪纲始终”以安天下之治世良药。只有“以儒礼正今俗”、借《家礼》以改造时俗，才能重新抗击佛老、拯救宗法，实现修身齐家、化民成俗的理想诉求。事实上，明中叶以降，尤其是嘉靖以后，大批传统儒士普遍感受到了“纪纲颓坠而教化亡”的社会危机。在他们看来，风俗之厚薄关系着人心之正邪，治平之要件不只在个人的内在道德，更迫切的是儒家生活礼仪的外在实践②。故与人伦日用最相关切的“家礼”被重视，《家礼》在士人的讨论和理想中，重新被推向高潮。

此种以“以礼化俗”的士人理想，在其时“重建祠堂”的呼声中，体现得尤为明显。“祠堂祭祖”乃《家礼》之创制，明人尤为关注。面对明中后期祠堂祭祖的各种混乱以及宗法秩序的僭越与颠覆，其时之士人强调利用宗族的力量，来维持地方秩序，拯救衰败的世道

---

① (明)俞汝为辑：《荒政要览》，见《续修四库全书·史部》第 846 册，上海：上海古籍出版社 2013 年版，第 84 页。

② 张寿安：《十八世纪礼学考证的思想活力：礼教论争与礼秩重省》，北京：北京大学出版社 2005 年版，第 21 页。

与时风。故与宗族密切相关的祭祀祖先之礼数、祠堂之规制、祖先之世数、神位之排列、宗子之选择等，一时成为议礼的主流。我们以下列几则材料为例：弘治学者罗钦顺有言：

> 礼之行于家者，惟祭为重，所以报本而追远也。此人道之大端，孝子慈孙之至情也。去古虽远，遗经尚存，制度仪文犹有可考。而因陋就简，其来已非一日，虽贵极卿相，有家庙者亦云鲜矣。知礼之君子，盖深病之，于是乎祠堂之制起焉。其为制也，盖参酌古今之宜而通乎上下者也。是故家有祠堂，则神主有所藏，人心有所系，昭穆有序，尊亲并隆，仁让之兴未必不由乎此，其有裨于风化岂小哉。①

罗氏以为祭祖可“兴仁让”、“裨风化”，建祠不仅是为了祭祖、聚会以及办理族务，更重要的是以宗族之法维持礼法，翊辅教化，维护乡族社会秩序。正统时人杨士奇在为“四祖祠堂”撰写记文时亦指出：

> 盖士大夫溺于习俗，安于简陋。朱子以庙非赐不得立，遂定祠堂之制，于是重水木本源者，皆得伸其追远报本之诚矣。然世遵用之者犹鲜，盖非敦仁尚礼之君子不能也。……此祠堂所以作欤？孝者六行之首也，达之于事君、于泽民，皆自兹始。……祠堂者，知礼复古之为，其系于人心世道非细故也，其可无记？②

杨士奇赞扬了朱子祠堂之制，并将“家礼”之兴废与社会关系、社会秩序、社会风尚、甚至“人心世道”紧密相连。正德官员刘节对

① （明）罗钦顺：《整菴存稿·泰和山东王氏祠堂记》，见《四库全书》第1261册，上海：上海古籍出版社1987年版，第1250页。

② （明）杨士奇：《东里诗集·茨溪刘氏祠堂记》，见《四库全书》第1238册，上海：上海古籍出版社1987年版，第371页。

建祠祭祖功能，论述得更加全面：

> 夫修庙以萃涣也，崇祀以追远也，尊祖以广孝也，亲族以厚伦也。皆于祠乎备也是故萃涣以致神也，追远以反始也，广孝以敦爱也，厚伦以合敬也。合敬以立义也，广孝以尽仁也，反始以厚本也，致神以尊上也。肃以持之，诚以将之，礼以节之，乐以和之，假之来假，享之来享，而福禄攸介中锡无疆矣。是故先王制礼莫重于祭，君子营室祠堂为先，率是道也。①

刘节要求重建“家礼”祠堂之制，并从三个层次递进说明修庙、崇祀、尊祖、亲族的意义：祠堂不仅可以“睦族”、化俗，更能由“家齐”外扩至“治平”，兴敦睦长厚之风、敦慎终追远之义，拯救地方乡村秩序，并最终以“救时”救世。毛伯温亦有“(祠堂)叙睦而救弊，是尚愈于社”②的说法，皆是将祠堂、宗族视为更优于乡社的组织。

由上述几则材料，我们可以清楚地看到士人之救世心态、危机意识、感受能力、知识道德的使命感与承担意识。故陈宝良先生有言：“习俗可以溺人……而作为读书识礼之君子，他们的职责就是醉而能醒、寐而能觉，不但自己独醒，还要醒人、觉人。”③但显然，面对已经变化了的社会现实和强大的习俗压力，以《家礼》改造民间习俗的士人理想，更像是一股不合时宜的“逆流”。在“世遵用之者犹鲜”、“非敦仁尚礼之君子不能”、“因陋就简，已非一日”的感叹中，士大夫的主张改变不了社会现实；“时俗”的无奈、《家礼》的不合时宜，已决定士人不得不选择妥协与变通，同时亦预示

① (明)刘节：《梅国前集·万安城南黎氏祠堂记》，《四库全书存目丛书·集部》第57册，济南：齐鲁书社1997年版，第380页。

② (明)毛伯温：《毛襄懋先生文集·邹氏祠堂记》，《四库全书存目丛书·集部》第63册，济南：齐鲁书社1997年版，第277页。

③ 陈宝良：《明代社会转型与文化变迁》，重庆：重庆大学出版社2014年版，第407页。

着明中后期“调和”之呼声，渐成为议礼环节中一股不容小觑之力量。

(三)“调和”——因俗行礼的变通之途

迫于强大的时俗压力，上述“恢复《家礼》”的士人理想，往往走上妥协、变通之途。事实上，在“复古派”与“革新派”的交锋中，明人并未原封不动地照搬《家礼》，而是将《家礼》纳入时俗中，以实现二者的调和。明代中后期，此种“调和”之主张渐起，且迅速占领一席之地。万历初年张祥鸢在为《家礼考订》作序时说：

> 伤古礼之艰于今云，议礼者咸曰，“袭古难”，卑之而勿强以难，莫如缘俗，而以先王之意杂就之，缘俗而礼行，节以先王之意而礼存，礼行而防树，而民不逸，礼存则所树之防正。①

张祥鸢在此篇序文中，对于《家礼考订》一书斟酌损益朱熹《家礼》之法颇为赞同，因为在他看来，《家礼》作为一种“古礼”，必有不合时宜而需检讨、增修之处；在“袭古难”的现实面前，“节以先王之意”以恢复古礼固然重要，但更应强调的，却是“援俗而以先王之礼杂就之”的调和与变通。万历学人刘元卿在讨论祭祖礼仪时亦有言：

> 夫四代之祭，品官之制也。国初许庶人祭三代，既而修会典，竟令庶人祭其祖、父，则三代之祭犹为僭也，今祭及四代矣，又及始迁之主矣，又及各派初分之始祖矣。斯又可谓过于厚也。乃一祠之中，高祖而上不忍祧，高祖而下不欲分(即大

---

① (明)张祥鸢：《家礼考订序》，见《华阳洞稿》卷一，《四库全书存目丛书·集部》第132册，济南：齐鲁书社1997年版，第532页。

宗祠），是祠且为委祖之壑，亵亦极矣。独苦于沿旧莫能革也。①

予以为今人正寝稍北，往往为龛奉神，移以祀先，如前所谓祀小宗之法，不犹愈于祀外神者乎族？族之总祠，世近而同高祖，则合祀高祖，以祭高祖之玄孙主之，余皆入而助祭焉；世远而高祖已分，则合祀始祖，以族之长者主之，余皆入而助祭焉。斯则今日祭法之当议者也。顾相沿已久，猝然行之，怠者惮繁，鄙者怪费。则又安得遂复古礼而骤革其苟简之陋习乎。②

刘元卿对于社会上普遍存在的“始祖之祭”不满，以其“僭越”、“过厚”、“亵极”，主张以《家礼》“四亲之祭”来改造时俗陋习、拯救宗法秩序。但面对“怠者惮繁，鄙者怪费”的现实阻力，“苦于沿旧莫能革”的刘元卿，亦不得不选择兼顾“四亲之祭”与“始祖之祭”，走上调和《家礼》与时俗的妥协之途。从刘元卿的议论中我们亦可看出：相较僵化地照搬《家礼》，或是一味地迎合时俗，温和的“调和”做法既能维护宗法、防止僭越，又能考虑到人情、恩义、宗族实际的限制，的确便于推行而更胜一筹。

在这种“因时制宜”、“缘俗行礼”的礼学思想指导下，明代后期，以“家礼”冠名的各种改编本、衍生本大量涌现。时人或注解、或删减、或增修、或改编，对《家礼》之“繁文缛节”、“晦涩难懂”抑或“不合时宜”，做出了从俗、从时、从简的变通：桂林司训赵壅“常念丽江丧祭过侈，乃取《考亭家礼》，酌以俗宜，编次为书，名曰《丧礼仪节》。发梓以遗乡闾，乡人翕然从之”③。同时期的山东视学副使朱天球“取《朱子家礼》删纂之，名曰《易简编》。布在学

① （明）刘元卿：《刘聘君全集·鱼石祠堂记》，见《四库全书存目丛书·集部》第154册，济南：齐鲁书社1997年版，第148页。

② （明）刘元卿：《刘聘君全集·鱼石祠堂记》，见《四库全书存目丛书·集部》第154册，济南：齐鲁书社1997年版，第148页。

③ （清）金鉷等监修：《广西通志·儒林》，见《景印文渊阁四库全书》第567册，台北：台湾“商务印书馆”1986年版，第410页。

官……自是东土彬彬有昔日邹鲁之风矣”①。万历重臣宋纁“汇诸家礼书，参互考订”，作《四礼初稿》，“斟酌变通，谬加损益，简要易从焉而已”②。山东德平葛引生在编著《家礼摘要》时亦常常援俗入礼，以便推行。③ 此外，又如王叔杲《家礼要节》、李廷机《家礼简要》、陆侨《家礼易简》，以及冯善、汪禔、吕坤、吕维祺等人，无不如此。④ 面对久已流传于民间并且已经深入一般民众之心的习俗，时人固然感到恢复古礼的必要性，但也不是一味地让人们的生活或者习俗去适应一成不变甚至已经僵化了的礼仪，而是主张重新根据变化的社会，制定适应时代的“家礼”。其新定之礼是因俗的，其目的是使礼下于庶人，或者说是使礼大众化和通俗化。⑤ 而这种以“执礼”为目标、以“践履”为目的的“调和”行为，既是明中后期学术转型、阳明学兴起的反映，又与晚明“经世致用”之实学思潮一脉相承。

很显然，这些“家礼”改编本与《家礼》原本相比，虽然极力继承和保留朱子“谨名分，崇敬爱”的本意，但其内容与倾向实已发生了巨大的移变、接转甚至误读与扭曲。大量的《家礼》衍生本的确有利实施，但却是以牺牲完整遵依《家礼》为代价。乃至明末之时，甚至出现了通篇全录民间俗礼，而不录《家礼》文本的丧葬类

① （明）蔡献臣：《清白堂稿》，见《四库未收书辑刊》第六辑第22册，北京：北京出版社1997年版，第402页。

② （明）宋纁：《四礼初稿序》，见《四库全书存目丛书》经部第114册，济南：齐鲁书社1997年版，第677页。

③ 参见赵克生：《家礼与家族整合：明代东山葛氏的个案分析》，载《求是学刊》2009年第2期。

④ 参见赵克生：《修书、刻图与观礼：明代地方社会的家礼传播》，载《中国史研究》2010年第1期。

⑤ 故赵克生有言：“明人不以考礼、议礼为胜，‘执礼’才是明代家礼传播之鹄的。执礼，就是行礼，就是礼的实践，即古人‘礼者，履也’之意。明代家礼传播与家礼庶民化趋势的出现，由明朝国家、地方政府‘以礼治民’和民间‘以礼造族’协同推进，一开始就表现出经世致用的行动性。”赵克生：《修书、刻图与观礼：明代地方社会的家礼传播》，载《中国史研究》2010年第1期。

礼书。毫无疑问，在与时俗的"调和"与互动中，虽然"恢复"之呼声从未断绝，但就其总体趋势而言，士人对于《家礼》的挣脱与突破，已成明中后期不可回转之必然。

（四）以"祠堂祭祖之争"为例的考察

在明代中后期的议礼风潮中，有一种讨论尤其值得注意——关于《家礼》祠堂制度和祭祖礼仪的论争。"祠堂祭祖"乃《朱子家礼》之创制，明人尤为关注，而以祭祖世数问题争议最大。《家礼》主张官民之家"止祭四亲"，以为"始祖之祭""僭越非臣民所得用"①；但民间因祖先崇拜、"尽孝追远"等观念和信仰，一直不乏违制祭祀始祖的习俗。"四亲之祭"与"始祖之祭"的冲突，其本质上乃"礼"与"俗"、"古制"与"变通"、"重宗"观念与"人情"、"恩义"的冲突。我们不妨对其二者在明代的势力消长趋势，做出梳理如下：

明初，由于官方礼典的效仿和推崇，《家礼》"四亲之祭"受到了士大夫广泛的接受和认同。永乐进士周叙曾指出：

> 近代子朱子定为祠堂之制，士大夫之家得通祀高曾祖考四世之亲，于是孝子顺孙之情始达，凡有力者皆得为之，而人不以为非。江南巨宗旧族尤多，而人不以为僭，盖通祀四世之亲者，以礼以恩也。②

周叙不仅肯定了《家礼》"四亲之祭"，谓其"达情"、"防僭"，乃"礼之大节"，而且主张以此来指导建祠祭祖。"四亲之祭"对于"始

① 《家礼》中朱子虽然保留了程颐"冬至祭始祖"的看法，但根据明代学者杨守祇的考证，今《家礼》文本中保存的始祖之祭，乃朱子未成之书，"与晚年定论不同也"。而朱子晚年真正的意思，是认为程子的冬至祭始祖"近于禘祭，僭越非臣民所得用"，遂废而不行。（明）杨守址：《碧川文选》，见《四库全书存目丛书·集部》第42册，济南：齐鲁书社1997年版，第82~83页。

② （明）周叙：《石溪周先生文集·万安周氏祠堂记》，见《四库全书存目丛书·集部》第31册，济南：齐鲁书社1997年版，第736页。

祖之祀”之压倒性优势，乃明初学者之共识。

中期以降，受思想领域诸多新变的影响，士人开始逐渐接受民间所普遍流行的“始祖之祭”，对于“人情”、“恩义”愈发认同，而对于宗法古制却愈发漠视。比如，吉水人尹台就曾在两篇祠记中，质疑过《家礼》“四亲之祭”：

> 惟今故家右族，虽并有祠堂之建，然夷考所祀，往往特重始迁之祖，而于四世之亲或忽之，若可概也。视宋诸儒所论载，不无少相戾。然士大夫之讲是则久矣，岂无义而卒行之，其必施之典礼可会通，推于世教，足为维持辅翼之具，不独祭之义行焉耳。……非《记》所谓“礼虽先王未之有，可以义起者”与？①

> 斯礼也(按：指始祖之祭)，虽古之所未有，而以为义起也非欤。顾今世家大族往往遵伊川始先之祭，而并用考亭祠堂之法。于稽其义，已与之寖远，而况聚族之力侈竞一祠，甚或榱题枅桷僭拟王侯，观于气数升降之间，有能合礼者鲜焉。兹其务外相先之过，比于离本弃始之失，所相揜几何。而好论者不是之咎，乃徒病始先之祭，疑近禘祫之僭，而祠堂兴创非祭寝者之得为也。於戏！其无亦不原儒先义起之故，而所云因时变礼，就其所曲为之计者，或未深察也乎。夫伊川始先之祭未闻专庙，考亭祠堂之主止列四亲，固与今之族侈一祠、祠重始先者殊致。然余犹有取焉，取其足守族训家捄宗法之已坏，比党相维之势因之可渐成，其效固非曲学拘说者之能喻也。夫礼失而求其次，称礼君子抑何以讥云。②

尹台虽然明确指出“今之祠堂”不符合程朱古礼，而且过于奢

① (明)尹台：《洞麓堂集·泰和杨氏祠堂记》，见《景印文渊阁四库全书》第1277册，台北：台湾“商务印书馆”1986年版，第532~533页。

② (明)尹台：《洞麓堂集·贺野航李君修通祠成序》，见《景印文渊阁四库全书》第1277册，台北：台湾“商务印书馆”1986年版，第423页。

华，但仍然对“始祖祠”给予了充分的肯定：在“封建一坏”、“宗法难行”的社会现实面前，“始祖之祀”“虽于三代礼制不皆协”，但对于家族的稳定和繁衍，却更有实用价值。“抑势之宜不免云”：相对于“古礼”，尹台显然更倾向于“新制”。在另一篇记文中，尹台再次重申“始祖祠”挽救宗法的意义：

> 抑或言始祖冬至之祭，虽出大贤旨训，然考诸礼，若不能无疑于僭者，故文公未定四礼，黜其仪不载。乃我吉郡大家，比率遵行罔懈，岂无所取而冒为之耶？盖宗法亡而世族之涣莫收，于是称故姓子孙有贸焉。不知其祖之所自出者，忘祖弃族，民是以益偷。始祖之立祠而祭也，尚可以救宗法之微乎。夫庙仪睹于緜蕝，不必曲台聚讼之为固；燕射施于军市，不必矍圃列观之为盛。故礼苟足以矫民振世，则虽先王未之有，犹可以义起之也。①

“四亲之祭”显然已不太符合社会的实际需要，故尹台一再反对曲学拘说、固守《家礼》，不再以“古礼”为笃信不疑、万事不迁之准则。“因时变礼”、“以义起礼”、“礼失而求其次”的主张，在尹氏的议论中反复提及。这种呼声亦并非尹台所独有：突破“四亲之祭”、接纳“始祖之祀”的主张在礼部尚书夏言的上疏中表现得尤其明显②，且直接导致了嘉靖时期的礼制改革：嘉靖十五年，明廷允祠祀始祖，可以说即是对民间长期以来祠祀始祖以及士人阶层逐渐兴起的质疑、讨论之声的承认。

但不容忽视的一点是，显然尹台并没有完全否定《家礼》，面对祠堂祭祖之混乱，他仍然主张以《家礼》来加以规范；或者说，

---

① （明）尹台：《洞麓堂集·牛田尹氏族祠祭田记》，见《景印文渊阁四库全书》第1277册，台北：台湾“商务印书馆”1986年版，第513页。

② 夏言在《请定功臣配享及令臣民得祭始祖立家庙疏》中有“乞诏天下臣民冬至日得祭始祖”一议，奏请嘉靖帝“推恩”放宽官民祭祖的规定。（明）夏言：《桂州夏文愍公奏议》卷二一。

尹台所反对的并不是《家礼》，而是死板遵依《家礼》却不思变通的情况。事实上，嘉靖以前，士人之突破还尚属小心翼翼：他们并未明确否定或摒弃"古礼"，只是要求在尽可能地遵守古制的前提下，也适当注意"微权"、对时俗表示出些许的宽容。

然而嘉靖改革以后，在官方默许和民间习俗甚至是民间误读①的压力下，嘉靖以降的士大夫对"始祖之祭"更加认同，且这种认同更为自觉。甚至发展至极端：完全摒弃《家礼》，一味迎合时俗。尹襄在为戴氏祠堂撰写记文时，面对其祠祭祀始迁之祖的情况，尹襄宽容地表示：

> 《记》不云乎，礼虽先王未之有，可以义起也。夫上借先德而无以报，下则族蕃而无以一之，人情于斯能遽已乎？人情之所以不能已也，义不即在于是乎？故此祭始祖者，其以义起礼之类欤？②

尹襄一再强调始祖祠"藩族"，即维护宗族的功能，从人情、礼义的角度为其辩护，但对《家礼》"四亲之祭"却视而不见。类似之事亦见于明末学者陈确对于"墓祭"的态度中：按祭礼古制，从重宗的观点出发，理应支子不祭，祭则从宗子；而陈确却对"人自为祭"甚至"墓祭"、"俗祭"等恶俗，一味地认同。③ 处在纪纲衰颓、礼教失衡的晚明社会，在知识分子的心中，显然《家礼》已逐渐被

① 周启荣认为，程子所谓的"冬至祭始祖"，乃"厥初生民之祖"，这里的"始祖"并非一个真实存在过的祖先。而明代民间社会所祭祀的"始迁之祖"，已是一个真实存在过的祖先，与程子之本意殊异。但程子"祭始祖"的意见却成为后世主张祭祀"始迁祖"的依据。参见周启荣：《儒家礼教思潮的兴起与清代考证学》，载《南京师大学报(社会科学版)》2011 年第 5 期，第 12~13 页。

② (明)尹襄：《巽峰集·戴氏重修乐伦堂记》，《四库全书存目丛书·集部》第 67 册，济南：齐鲁书社 1997 年版，第 209 页。

③ (清)陈确：《陈确集·宗祠末议》，北京：中华书局 1979 年版，第 194 页。

时俗所战胜。

从"四亲之祭"到"始祖之祭"，仪节变动的背后反映了社会的变迁：宗法秩序的破坏、僭礼逾制的盛行、宗族组织的扩大、乡族结构的变动，以及思想领域的"情""礼"冲突，均可见其端倪。而士人态度的变化、正俗观念的逆转，正乃对这种社会转型所作出的反应。

当然，上述对于明代祠堂祭祖争论的钩考和梳理，只是一个极其笼统的概括。事实上，从"四亲之祭"到"始祖之祭"的兴衰消长，并非一个线性发展的过程；时俗对《家礼》的替代也不可能一蹴而就。这其中又一直存在着"复古"的"逆流"，更有相对温和的"调和"主张。尤其是在万历以后，将"四亲之祭"纳入"始祖之祀"的调和思潮，一时间亦占据一席之地。例如，时称"江右大儒"的学者罗钦顺有言：

> 姑以祭礼言之，如伊川程先生所行，则岁周于远祖；如晦庵朱先生所定，惟时举于近代。二先生皆命世之才，礼学之宗，而其所出乃不同如此，有志于礼者可不审乎！今吾乡大族往往皆有祠堂，祭礼之行，各有所受。盖周及于远祖者，近代之祭颇略而不专，致隆于近代者，远祖之祭或废而不举，揆诸人情皆未安也。夫合族以居，昭穆素辨，生同出于一本，心同萃一堂，则自始祖而下，岁事之修，宜有不容缺者，其自称而上以至高祖，则当各随所继而于时祭每致谨焉。庶几远近有伦、恩义兼备，虽不能尽合于古，亦当无大谬已……幸相与参酌余言而审处其当，使礼之行而乡人颂焉。曰胡氏祀先不苟如此，则岂不有以增于斯堂轮奂之美，而垂永世之规哉！①

在始祖祠普遍化的社会现实面前，罗钦顺一方面不得不承认其存在，另一方面又试图将其纳入礼制，主张折中程朱，同时祭祀远祖

① (明)罗钦顺：《整菴存稿》，见《四库全书》第1261册，上海：上海古籍出版社1987年版，第32页。

和近祖，兼顾始祖之祭和四亲之祭。并以为“调和”是为了更好地参酌古今、兼备远近，以达到“礼之行而乡人颂”的执礼目标。显然，其时士人的“调和”主张，实乃针对明中叶特别是嘉靖万历时期社会变化所作出的反应，在一定意义上甚至可以说，是被迫妥协，以求变通推行的“权宜之计”。

综上所述，对于“祠堂祭祖之争”的钩考与呈现，再次证明：士人对于《家礼》普及之态度，其实极其复杂。“质疑”、“恢复”、“调和”相互交织且随时变化，构成了明中后期思想领域之多样性与变动性；但就其总体趋势而言，在“控制”与“挣脱”、“复古”与“革新”的较量中，士人对于《家礼》之扬弃与突破，渐成为不争之事实。

三、《家礼》之争背后的学术转向与社会变迁

礼仪讨论的背后，其实乃特定社会现实与历史“演化空间”的缩影。我们不妨从思想变迁、学术转型、社会氛围以及士人执礼实践几个角度，对《家礼》论争在明代中后期的尤其盛行，予以学术史之解释。

（一）古今之争和学术转型

《家礼》作为宋之“古礼”，与明之“今俗”相对。士人对于《家礼》普及之争论，其实乃贯穿有明一代的“古礼”与“新制”、“礼教”与“习俗”、“条文”与“变通”之争。我们从明人讨论《家礼》的文字及其流变中，颇可看出士人观念、学术风气在明代中后期之巨大转型。

明初，在士人“崇古”的文化理念中①，“古礼”呈现出生机勃

① 陈宝良认为，明初的“官方文化”，除了显示其保守性之外，同时也体现为一种“复古”的文化思潮。这种“复古”，起于正彝行伦、行先王之典，再通过重血缘、崇宗法、讲名分、别尊卑等手段，以确立一种以传统儒学的伦理道德为核心的思想与文化基础。参见陈宝良：《明代社会转型与文化变迁》，重庆：重庆大学出版社2014年版，第3页。

勃且主导"时俗"的全面优势。永乐进士刘球曾在为丰城甘氏祠堂所作序中说：

> (时人)仪文度数之设施，不能不趋于时之便，视《朱子家礼》犹未悉合焉。獨丰城甘君孟进建祠堂其庐之东，所制则惟《家礼》是准，可谓好古，能行人所未行者矣！惜余未举踵其两阶间，观其位次之定，询其衣冠、器物之用，考其春秋行事之节，果皆遵《家礼》不依拘乎时否欤？①

在"遵《家礼》"还是"拘乎时"的较量中，刘球显然倒向了"古礼"，即遵《家礼》的一方。这种"惟《家礼》是准"、"可谓好古"的议论，在明初士林中并不罕见。大儒曹端曾对一位行丧礼欲"依风俗"、"做佛事"的儒生大加批判：

> 一乡溺于流俗，是不读书的人。子读儒书，明儒理，不以违礼为非，而以违俗为非，可谓执德信道之士乎？一乡皆然，子能特立独行，卓然不为流俗所染，举行周孔之礼，则乡人孰不转谤为誉而矜式哉！(因命子如玉与王惠相之，一依《文公家礼》，境内士大夫闻风，相率观礼约)②

在曹端看来，"古礼"为万世不变之准则，尽管时俗变迁、乡民非谤，"执德信道之士"都应"不为流俗所染"。这种对于"古礼"的信念与执守，除一时风气外，亦与曹氏的学术背景密不可分。作为"明初理学之冠"，曹端学宗朱熹、上溯宋儒；而宋儒讲求穷理尽性、"变化气质"，将"礼"提升至"天理"的高度，视为自我变革、下学上达之可能；但亦因礼具有了"天"的背景，而呈现出某种"原

---

① (明)刘球：《两溪文集》，见《景印文渊阁四库全书》第1243册，台北：台湾"商务印书馆"1986年版，第594页。

② (明)曹端：《曹月川集》，见《景印文渊阁四库全书》第1243册，台北：台湾"商务印书馆"1986年版，第25页。

理主义”、保守主义倾向。正如前人所批评的，朱子之理更像是外在于人、静止不动、不可运作的冷冰冰的“死理”，“朱子学的道德实践，将人引入自我修养的往复之路，并封闭其中，而在体会自我实现真实方面，理想与现实之间存在隔阂”①。从这层意义上来说，明初学人对于“古礼”近乎偏执、僵化的遵从，正乃朱子学强调“理即礼”的一个绝好说明。

明中期以降，新旧、正俗之势却悄然逆转。翰林学士刘定之针对时人死板遵依《家礼》、不思变通的情况有言：“《仪礼》用周时器服，《家礼》用宋时器服，今用今时器服，于周公、朱子岂异意也哉？”②“今用今时器服”的主张，可见刘对于礼制之时代性、即礼制要因时而变的意识，已渐趋觉醒。万历士人冯复京亦以为，《朱子家礼》乃宋代之制，其冠婚丧祭与时制不同者，当遵依新制。③在刘、冯二人的眼中，礼仪制度随时变迁是必然规律，后代不可能一成不变地照搬前人所定之制；与其不合时宜地固守古礼，倒不如根据时代的要求进行变通。显然，“新制”逐渐超越“古礼”而占上风。

其时之士人不仅主张礼制要因时而变，而且对“习俗”给予了更多的宽容。陈确在其《宗祠末议》一文中有言：

> 或曰：墓祭则然矣。若夫祠中祔主，自非无后者，不可请归奉私庙与？按祭礼，虽卿大夫之家，四世以上之主皆从祧。此犹就本支言也，况非本支乎？况不止四世以上乎？曰：此亦就俗言俗当如是也。且此非家庙，乃是始祖墓祠，所以合族饮

---

① （日）伊东贵之：《从“气质变化论”到“礼教”——中国近世“儒教”社会“秩序”形成的观点》，［日］沟口雄三等：《中国的思维世界》，刁榴、牟坚等译，南京：江苏人民出版社2006年版，第539页。

② （明）刘定之：《李璋士钦冠记》，见《景印文渊阁四库全书》第1374册，台北：台湾“商务印书馆”1986年版，第779页。

③ （明）冯复京：《遵制家礼·凡例》，转引自赵克生：《修书、科图与观礼明代地方社会的家礼传播》，载《中国史研究》2010年第1期，第127页。

福于是者也。①

“此就俗言俗当如是”：对于民间“墓祭”的陋习，陈确的态度却相当温和。因为在他看来：风俗乃长期形成，积久之习难改，故只有“缘俗行礼”才是明智之举。“礼之所不能行而后从权”，这显然是社会变动中出现的一种对所谓“陋俗”的宽容见识，也就是救俗讲究的一种“微权”。明末士大夫亦多深谙此道：针对奢侈蔓延、倡优不绝等传统卫道士看来“最伤风化”之事，谢肇淛却以为乃民间习俗所尚，不必强为禁止。② 更有甚者，提出“崇奢抑俭”的主张；文人钟惺违背居丧“禁断文字”礼制，而谭元春为其撰写墓志时，不唯不加隐避、没有微词，反而称赞钟惺哀乐奇到，并非俗儒所能蠡测。这是晚明士大夫的风气，对于传统礼教多有蔑视③。“是非厚薄，宁有定论？”④宋儒所“非”之“薄俗”，却成为明人风俗所尚；在晚明士人的“正变”观念中，“古礼”显然被“时俗”战胜。

“古今”、“正俗”观念之变迁，与学术之兴废、学风之导向自然密不可分。明初帝王崇尚程朱理学，士人亦以程朱思想为修身养性、安身立命之共同守则，故方正拘谨，唯程朱马首是瞻是一时风气。然而成化、弘治间白沙思想开始流行，至阳明心学大盛，陆王心学与程朱理学之争日趋激烈，质疑程朱之声鹊起，不遵循《家礼》也在情理之中。⑤《明史·儒林传》所谓“时（按：指明中后期）天下言学者，不归王守仁，则归湛若水，独守程、朱不变者，惟柟

① （清）陈确：《陈确集·宗祠末议》，北京：中华书局1979年版，第194页。

② （明）谢肇淛：《五杂俎·地部》，上海：上海书店出版社2001年版，第49页。

③ 详见陈宝良：《明代社会转型与文化变迁》，重庆：重庆大学出版社2014年版，第406～407页。

④ （明）袁宗道：《白苏斋类集·杂说》，上海：上海古籍出版社2007年版，第302～303页。

⑤ 王志跃：《推崇与抵制：明代不遵循〈朱子家礼〉现象之探研》，载《求是学刊》2013年第5期。

与罗钦顺云"①，即是其证。

当然，学术兴废其实只是表面现象，古今之争背后乃两种学术思想其内在学理的根本差异。与朱子学视"理"为"死理"的原理主义倾向不同，阳明学的"理"，则是内在于心、变动不居，且与天下为一体之理，这种"活的天理"，为人们从自己内心深处找到"自然之礼"提供了理论依据。正如焦循所谓，"紫阳之学，所以教天下之君子；阳明之学，所以教天下之小人"②，阳明学内在蕴含的回归自我、人格独立、反叛传统、知行合一以及"天下一仁为一体"的儒教大众化倾向，与礼学领域"以情抗礼"、崇今抑古、调和变通、重视践履的士人诉求，以及由此而导致的对于古礼樊篱的突破，其内在理路上恰是暗合的。故沟口雄三有言，"阳明学中看到道学的大众化，从总体上来看毋宁理解为礼教的渗透化"③，即是看到了士人礼观转变与阳明学兴起之间的内在关联。

但同时，必须说明的一点是：上述王学之影响亦不可过分夸大，程朱理学的基调在明末仍不可小觑。在上文的梳理中，笔者一再强调："质疑"与"恢复"的交锋之外，还存在着"调和"、"变通"的第三种声音，而调和古礼与时俗的背后，其实反映了晚明学术思想领域的一种新取向。万历以降，儒家知识分子中出现了一种文化反思和自我批判的思潮，在学术领域即表现为朱子学的重新复兴。具体而言，面对"纪纲陵夷教化亡"的社会危机，大批晚明思想家们开始摒弃理学家和人文主义者的极端做法，"深究儒家传统'中庸'的堂奥"④，试图在"礼"与"情"、"古制"与"时俗"的鸿沟上，

---

① （清）张廷玉等撰：《明史·儒林传》，北京：中华书局1974年版，第7244页。

② （清）焦循：《雕菰集·良知论》，见《丛书集成初编》，北京：中华书局1985年版，第123页。

③ 中岛乐章亦以为："明末尤其是阳明学派的特征就是，立志以民众作为乡村秩序的中坚力量……即实现儒教道德的民众化。"［日］中岛乐章：《明代乡村纠纷与秩序》，郭万平、高飞译，南京：江苏人民出版社2012年版，第286~287页。

④ 陈宝良：《明代社会转型与文化变迁》，重庆：重庆大学出版社2014年版，第7页。

架起一座桥梁。故“礼教”重新被意识到，作为重编社会秩序的捷径，朱子学的立场在相当广的范围内得以复兴。正如小岛毅所说，乍看之下似乎已被超越的晚明朱子学，其实亦不乏蔡清、林稀元、高攀龙以及作为阳明批评者而闻名的张岳等杰出士人，甚至包括冯从吾、吕坤等从阳明右派转而归属朱子学立场的系列人物，阳明学与朱子学其实难分伯仲。另外，在涉及以排斥淫祀为代表的当时各种各样的礼制改革时，小岛毅认为，一方面是朱子学“礼仪原理主义”的产物；另一方面，它恰如“盾之表里”，是“在深处与阳明学趋于一致的运动”①。阳明学与朱子学之间似乎又呈现出一种调和、乃至殊途同归之势。故正是在这种不同学派间相互斗争且交融的背景下，士人的《家礼》论争，实则反映了“新旧”、“正变”交织的晚明社会，时代之复杂性、多样性与变动性。

（二）明人不遵《家礼》之社会现实

《家礼》的传播，所直面的不仅是思想与学术的变迁，更是具体地域空间中乡民的适应与容纳程度。若我们将研究目光下移，从“小传统”的视角来看：在明代地方社会的礼仪实践中，作为官方推崇、士人热议的《家礼》，是否受到了民间广泛地普及与接受？而社会整体氛围对于《家礼》的态度，又会对士人之争论产生怎样的影响？

首先，我们不妨就《家礼》在明代地方社会的普及情况及其流变过程，作一简单梳理。

明初，官方有意识地推崇和普遍“述朱”的文化氛围，使“礼下庶民”之态势达到了前所未有的高度。《家礼》的确受到了民间相当程度的接受，但这种影响也不应过分夸大。明初理学家曹端在其文集中记载这样一事：山西一位儒生在行丧礼时，欲“违礼”“依俗”

① ［日］沟口雄三、小岛毅：《中国的思维世界》，孙歌译，南京：江苏人民出版社2006年版，第541～542页。

而“做佛事”，其理由居然是担心不如此“恐致乡人非谤”①，乡野舆论压力之大，在此可见一斑。礼部主事刘球指出，“朱氏礼曰：君子将营宫室，先立祠堂。莫非此意，而世之巨室往往忽而不为”②，认为民间社会建祠堂者尚属少数。杨士奇在其记文中亦有“世遵用之(按：指《家礼》祠堂之制)者犹鲜，盖非敦仁尚礼之君子不能”、“凡世老释之宫有作，率得名公巨人为之记述夸诩”等议论③。由上述学者的侧面评价，《家礼》在民间真正的普及效果，令人深深怀疑。

事实上，官方传播《家礼》的深度和广度十分有限：礼典所谓的“颁之天下”，不过是到达府县一级，抑或乡学流传，普及未广，乡野难觅；且由于《家礼》在内容上繁琐深奥、晦涩难懂，并不便于一般士庶之家收藏和阅读；庶民朴野少文、凡事尚简，对于《家礼》尚难理解、遑论接受。因此，即使是在文化专制、理学独尊的明初，我们仍然能够看到民间社会的某种“异动”。明初官员胡广所谓“世俗趋于简便，苟涉礼文，遂骇观览”④，即是其证。

中期以降，受社会风气变动的影响，民间不遵循《家礼》之现象益盛。欧大任曾记载嘉靖时期扬州一带的礼制情况：

> 迩来习尚日殊，风俗日弊，冠礼多不举行，婚礼每不亲迎，丧礼无恻怛哀痛之实，而饭僧举殡动费百金，祭礼废祠堂宗子之仪，而道观、禅宫不惜布施。四礼之废，莫此邦为

---

① (明)曹端：《曹月川集》，见《景印文渊阁四库全书》第1243册，台北：台湾“商务印书馆”1986年版，第25页。

② (明)刘球：《两溪文集·李氏祠堂记》，见《景印文渊阁四库全书》第1243册，台北：台湾“商务印书馆”1986年版，第483页。

③ (明)杨士奇：《东里诗集·茨溪刘氏祠堂记》，见《四库全书》第1238册，上海：上海古籍出版社1987年版，第371页。

④ (明)胡广：《胡文穆公文集》，见《四库全书存目丛书·集部》第28册，济南：齐鲁书社1997年版，第659页。

甚也！①

“冠礼”、“亲迎”、“居丧”、“祠堂”，皆《家礼》之明文，时人废而不讲；朱子所强烈批判的佛道丧葬习俗，却被奉若圭臬，趋之若鹜。事实上，明代民间的日用生活，根本不是按照礼制的规范严格执行，即使以最常见的日用之礼，如“冠、婚、丧、祭”来说，无不都有“俗化”的倾向，欧氏“四礼之废”的说法并不夸张。

延及晚明，各种僭礼逾制、违礼偶俗之事有增无减。顾炎武曾勘察各地风俗，对民间袭自佛道丧葬的佛经谶、戏、宴饮、火葬、风水、停柩不葬等俗礼甚为痛心，以为佛道礼俗混入儒礼、儒家文化无处着落，乃晚明社会的严重现象。② 在商业化日益加剧，并越来越对传统的礼制、等级造成冲击的晚明社会，《家礼》所强调的“重血缘、崇宗法、讲名分、别尊卑”等传统观念和礼制条文，必然被时俗所违背、抛弃。

我们不妨以“冠、婚、丧、祭”四礼为例，深入地方材料，对明人不遵《家礼》之现象予以更加充分的例证：

(1)冠礼：冠礼作为“礼之始”，在《家礼》中作为一重要组成部分被朱子坚持和强调。但明代的民间已很少有家庭认真举行冠礼的仪式。歙人方弘静指出：“冠者成人之始，古之人重之，今忽之久矣，与其繁也宁简。”③稍后的万历《歙志》亦载，“冠礼之不行也久矣，乡先正间一行之，乃知大家名父，尚在典刑”④。可见，即使是在朱子学影响极大的徽州一带，冠礼亦多废而不讲。

(2)婚礼：婚礼被儒家赋予“上以事宗庙，而下以建后世”的意义，在《家礼》中保留有“纳彩”、“纳币”、“亲迎”等隆重的仪式，

① (明)欧大任：《欧虞部集十五种》，《四库禁毁书丛刊・集部》第47册，北京：北京出版社1997年版，第228页。

② (清)顾炎武著，黄汝成集释：《日知录》卷八至十二，上海：上海古籍出版社2006年版，第460~748页。

③ (明)方弘静：《素园存稿・四礼议上》，《四库全书存目丛书・集部》121册，济南：齐鲁书社1997年版，第304页。

④ (明)张涛修，谢陛纂：(万历)《歙志・风土》。

朱子对“婚嫁论财”、“失时”、“售女”、“闹房”、“亵虐”等恶俗予以强烈批判。① 但在质朴少文的乡民社会，婚礼本身的内在道德紧张感早已松弛。《浙江通志》载遂安：“嫁尚妆资，高者，至破产不计；卑者，或勒索聘财。”②万历《歙志》亦曰：“婚礼亲迎之不行也可矣，奈何女子下车之后，整妆已完，亲族大破男妇之别，亵虐不堪。”③显然，“嫁尚妆资”的势利之见，是商业化浪潮冲击的结果；“男妇无别”的所谓“恶俗”，亦乃大众文化、市民文化繁荣的体现。

(3)丧葬礼：《家礼》明确反对丧葬“做佛事”、“行火葬”、“信鬼神”、“择地而葬”、“停柩不葬”、“惑于风水之说”等习俗④，但事实上，这些佛、道、阴阳之俗在民间极其盛行，即使是读书人家亦趋之若鹜，而他们的借口无非就是“吾犹未能违俗也”。据载，

① 《家礼·昏礼》明确反对“婚姻论财”：“凡议婚姻，当先察其婿与妇之性行及家法何如，勿苟慕其富贵。”朱子尖锐指出：“今世俗之贫鄙者，将娶妇，先问资装之厚薄；将嫁女，先问聘财之多少。至于立契约云，某物若干，某物若干，以求售其女者，亦有既嫁而复欺绐负约者，是乃驵侩卖婢鬻奴之法，岂得谓士大夫昏姻哉?”认为“婚姻论财”会带来婚嫁失时、亲戚仇雠，甚至溺杀女婴的严重后果。详见(宋)朱熹：《家礼·昏礼》，见《朱子全书》第7册，上海古籍出版社、安徽教育出版社2002年版，第895~897页。

② (清)嵇曾筠，李卫等修：《雍正浙江通志·风俗下》，见《中国地方志集成·省志辑·浙江⑤》，南京：凤凰出版社2010年版，第1794页。

③ 在徽州的婚俗中，闹房之习颇为普遍。明末凌濛初的《二刻拍案惊奇》亦提及：“徽人风俗，专要闹房吵新郎，凡亲戚朋友相识的，在住处所在，闻知娶亲，就携了酒榼前来称庆。说话之间，名为祝颂，实半带笑耍，把新郎灌得烂醉方以为乐。”详见(明)张涛修，谢陛纂：(万历)《歙志·风土》；(明)凌濛初：《二刻拍案惊奇》第十五卷，西宁：青海人民出版社1981年版，第334页。

④ 《家礼·丧礼》中朱子对社会流行佛教丧葬礼给予强烈批判，他引司马光《居家杂仪》云：“鬼神信报之说，由来无稽”，以为“于始死及七七日、百日、期年、再期、除丧，饭僧、设道场，或作水陆大会，写经造像，修建塔庙”等佛教丧葬礼，乃“举世滔滔信奉之，何其易惑而难晓也!”又认为火葬“出于羌胡之俗，浸染中华。行之既久，习以为常，见者恬然，曾莫之怪，岂不哀哉!”行火葬是做子孙的“悖谬”。《家礼》还对阴阳家和葬师将择地而葬说成能决定子孙的贫富贵贱、贤愚寿夭，也给予驳斥，以为极其“愚惑”。

南安府“民有父母之丧，皆不以衣衾棺椁为重，惟务供佛、饭僧，或暴露尸形，而动经数日，名曰保奏；或广开坛醮，而直逾五旬，名曰过七”①；永嘉县令汪循亦指出：“惮不能葬者，又遂用火化，流俗之弊，不可具殚，在在有之，永嘉为甚。”②在强大的习俗面前，朱子的丧葬主张显然形同虚设。

(4)祭礼：按照《家礼》祭祖之制，理应“祠堂之主，止列四亲”；支子不祭，祭则从宗子；神主摆放当“以右为尊”。而事实上，民间僭礼愈制、祭祀始祖者大有人在，尹襄所谓“今之故家巨室欲合人心，率有始祖之祭”③，即是其证。福建黄氏祠堂“一堂五室，中祀致政，为黄巷再迁之祖，始祖也；左念七，右朝奉，先祖也；又左系佳信之派，大宗也；又右亦系佳住之派，小宗也；祀寓不迁，详所承也”④，其神位顺序与《家礼》迥异。常建华先生曾对《家礼》实施颇为盛行的安徽、福建、江西三省进行过统计，甚至以为：囿于时制、人情、恩义及宗族实际等，不遵《家礼》“祠堂”者远较遵者为多。⑤ 由此，其他省份遵依《家礼》的情形更不难想见。

(5)奢侈问题：在“四礼”以外，明代中后期奢侈之风蔓延、僭礼逾制颇盛，这显然是对《家礼》“反奢”主张的极大突破和背弃。朱子在《家礼·通礼》开篇极言“禁奢从礼”的重要性，告诫家长“必谨守礼法，以御群子弟及家众：分之以职，授之以事，而责其成功，制财用之节，量入以为出，称家之有无以给上下之衣食，及吉凶之费，皆有品节，而莫不均壹，裁省冗费，禁止奢华，常须稍有

① (明)魏校：《庄渠遗书》，《景印文渊阁四库全书》第1267册，台北：台湾“商务印书馆”1986年版，第875页。

② (明)汪循：《汪仁峰先生文集·拟上兴利除害疏》，见《四库全书存目丛书·集部》第47册，济南：齐鲁书社1997年版，第189页。

③ (明)尹襄：《巽峰集·戴氏重修乐伦堂记》，见《四库全书存目丛书·集部》第67册，济南：齐鲁书社1997年版，第208页。

④ (明)林俊：《见素集》，见《景印文渊阁四库全书》第1257册，台北：台湾“商务印书馆”1986年版，第131页。

⑤ 常建华：《明代宗族研究》，上海：上海人民出版社2005年版，第35~40页。

赢余，以备不虞"①。但反观明朝实况："今升平日久，侈欲日滋，少者食肉，贱者衣帛，餔饮喧街，沉湎籍道，妇饰珠玉，娼被纨谷，甚至冠婚丧祭，角靡斗奢，不循古礼。嫁女之家，资妆之具，动至千金。售产倾资，习不为异。病不能嫁者，多致育女不举。丧亲之家，张乐开筵，会客送葬。"②显然，在日益趋奢的时俗压力下，《家礼》改良风俗之措施简直形同一纸空文，其在民间社会的影响微乎其微。

综上所述，通过对明人种种"不遵《家礼》"现象之构考和梳理，笔者以为：《家礼》在明代地方社会的普及并不顺畅，且这一过程在与时代互动中发生着变异。即使是在朱子学广为流传的时期和地域，《家礼》的实际影响和真正效果，也不容过高估计。而"恐致乡人非谤"、"庶民未必通谙"③、"世俗趋于简便"等议论，实已透露出：除"大传统"思想变迁、学术转型的影响外，民间社会整体氛围对于《家礼》的排斥与不遵，亦是导致明代中后期议礼风潮盛行的一重要原因。而士人争论中对于《家礼》的非议与突破，反过来又削弱了《家礼》的权威性，进一步加剧了民间执礼实践之失败。

（三）士人"执礼"实践之失败

若我们扩展开来，将研究目光从上述士人的讨论转移至执礼的实践中：明中期以降，一批儒士试图恢复《家礼》以重建社会秩序，但在实施过程中却遇到了乡民社会的阻力，士人理想在实践中屡遭失败。

---

① （宋）朱熹：《家礼·通礼》，见《朱子全书》第7册，上海古籍出版社、安徽教育出版社2002年版，第880~881页。

② （明）汪循：《汪仁峰先生文集·拟上兴利除害疏》，见《四库全书存目丛书·集部》第47册，济南：齐鲁书社1997年版，第188~189页。

③ 明清之际思想家黄宗羲《明夷待访录·学校》中有言："民间吉凶，一依《朱子家礼》行事。庶民未必通谙，其丧服之制度，木主之尺寸，衣冠之式，宫室之制，在市肆工艺者，学官定而付之；离城聚落，蒙师相其礼以革习俗。"显然，《家礼》大都仅在学校中实行，其在民间社会的影响微乎其微。（明）黄宗羲著，段志强译注：《明夷待访录·学校》，北京：中华书局2011年版，第52页。

嘉靖儒生吕益宗曾"考订《朱子家礼》"、"欲以见之施行"却"未就"①；万历时人刘元卿试图以《家礼》改造始祖祠，然"苦于沿旧莫能革"②；南安府士大夫欲遵《家礼》行冠礼，却因其地"矗立于群山之中"而"行者尚少"，且其所行冠礼，"不设位，不戒宾，不择赞，不具冠服"，与《家礼》殊为不同，"于礼尤简略"③。事实上，"普及《家礼》"的呼声只局限于少数士人的理想中，根本无法法付诸实践；士人改良风俗之措施至多到达府县、乡学一级，很难深入民间；即使是极其罕见的个别地方试图遵依《家礼》、移易风俗之尝试，其广度、深度亦十分有限：要么"行者尚少"、乡野难觅；要么浅尝辄止，流于表面。

大儒丘濬曾针对明中叶佛、道大行其道的现象，建议普及《家礼》、推行礼教，以行移风易俗之效，丘濬的设想当然未能付诸实践，在问及人们不行《家礼》之故时，乡民皆曰："礼文深奥而其事未易以行也。"④弘治时人宋诩倡行"文公先生四礼"，但现实最大的困难，却是"世皆疑其高古，辄揶揄而莫之讲"⑤，乡民对《家

① 骆问礼《万一楼集》载儒生吕益宗曾"考订《朱子家礼》，欲以见之施行"却未成，该文虽未说其未能实施之原因，但文中有"至于星术阴阳、浮屠羽经、虽时俗所好，必辩诘其谬"等说法，可看出民间时俗对于《家礼》传播之阻碍。(明)骆问礼：《万一楼集》，见《四库禁毁书丛刊·集部》第174册，北京：北京出版社1997年版，第546页。

② 刘元卿有言："顾相沿已久，猝然行之，怠者惮繁，鄙者怪费。则又安得遂复古礼而骤革其苟简之陋习乎？"(明)刘元卿：《刘聘君全集·鱼石祠堂记》，见《四库全书存目丛书·集部》第154册，济南：齐鲁书社1997年版，第148页。

③ (明)刘节纂修：《(嘉靖)南安府志》，见《天一阁藏明代地方志选刊续编(50)》，上海：上海书店1990年版，第428页。

④ (明)丘濬：《重编琼台稿·家礼仪节序》，见《景印文渊阁四库全书》第1248册，台北：台湾"商务印书馆"1986年版，第182页。

⑤ 宋诩认为："文公先生四礼，世皆疑其高古，辄揶揄而莫之讲，不知为人之道，有家之本，非此四者，不能纪纲其始终。吾家一遵此礼，人力或未能，财物或未称品节，是书亦不失大意，行而勿惰，自成表率矣！"(明)宋诩：《宋氏家要部·须行冠婚丧祭之礼》，见《北京图书馆古籍珍本丛刊》第61册，北京：书目文献出版社1989年版，第10页。

礼》之认同微乎其微。万历学人李廷机为自家行礼而编纂《家礼》，但在施行的过程中却发现，“人家丰啬不同，意见亦异”，《家礼》所载的诸多仪节、器物，对于一般家庭来说根本负担不起。明末一位儒生欲顶住时俗压力、“违众立异”而行《家礼》，但“彼其俗相率而然，而一人独卓然之从，众且非之笑之，其人亦卒中徙而归于俗”①。在强大的舆论压力下，为避免孤立无援，礼教理想不得不让位于归俗之流。

从上引诸例中，实已透露出士人理想失败的诸多原因：“礼文深奥”、“未易以行”、“丰啬不同，意见亦异”、“世皆疑其高古”、“众且非之笑之”。笔者将这些原因概括为如下两个方面：

其一，“不适应”：《家礼》自身的晦涩难懂、邈远不辨造成了其在民间的不理解、不允许，这是上层教化在民间社会不适应的体现。宋诩所谓“高古”，即高雅古朴，与鄙俚浅陋相对。在质朴少文、凡事尚简的庶民社会，“礼文深奥”、高雅古朴的《家礼》，自然是有如“天书”，不可理解、无法接受。

除文本的难以理解外，条件的不允许亦是《家礼》落实之一大障碍。《家礼》本是士人之家的可行之礼，若要广泛推行于士庶之家，贫富问题自然会显现出来。事实上，李廷机所谓的“丰啬不同”还尚属小事，很多交通不便、文化闭塞的穷乡僻壤，甚至连《家礼》之书都“鲜得寓目”②。当然，这些都是客观条件的限制，另外，人情、恩义等主观因素，亦会造成《家礼》实施的诸多不便。比如：万历官员郭彦为更好地笼聚人心，而“推恩庶民”、“祭祀始

① （明）吕维祺：《四礼约言·序》，见《四库全书存目丛书》经部第115册，济南：齐鲁书社1997年版，第112页。

② 对于本之《家礼》的《明会典》等官方礼典，闵元衢认为：“卷帙浩繁，经生学士苟非博雅世家，鲜得寓目，而况穷乡萌隶之流乎！”刘元卿亦有“予乡陋，士民之家未必尽得其书”等议论，皆是其证。参见（明）闵元衢：《殴余漫录·会典士民便览》，见《四库全书存目丛书》子部第110册，济南：齐鲁书社1997年版，第598～599页；（明）刘元卿：《刘聘君全集·礼律类要》，见《四库全书存目丛书·集部》第154册，济南：齐鲁书社1997年版，第76页。

祖中丞公"①；宜兴大族蹇律因不忍其亲墓地处于危险境地，而"削梓木为简，株之墓兆之隙"②。对于朴野少文、浑然天成却又是充满生机、温情脉脉的乡民社会而言，《家礼》所载之内容并不一定适应民间之需。

其二，"不接受"：民间社会对于上层教化，存在着固有的抗拒、隔膜、抵触心理，甚至是"异化"、"妖魔化"的倾向。体现在乡野舆论中："众且非之笑之"、"恐致乡人非谤"。另有一例十分典型：刘元卿欲以《家礼》改造始祖之祀却未成，在反思理想失败之因时，刘无奈慨叹："顾相沿已久，猝然行之，怠者惮繁，鄙者怪费。则又安得遂复古礼而骤革其苟简之陋习乎？"③所谓"怠"、"鄙"者，即朴野少文却势力日增的民众；民众对于上层教化的"惮"、"怪"，乃《家礼》传播中不容小觑的一股阻力。

这种乡民的抵触心理，是小传统本身具有"能动性"的体现，亦乃具体历史时期和演化空间的产物——其在明末尤其明显。我们不妨以日本学者所谓"社会秩序"的视角来考察：如沟口雄三所论，晚明社会结构发生巨变，"国家主导权"被"乡村主导权"所取代，以士大夫、民众关系为基础的"乡里社会"秩序形成。④故乡村势力的崛起、上层控制力的减弱、社会秩序的颠覆、舆论空间的扩大，乃抗拒心理增长的外在推动力。在这层意义上而言，作为传统秩序和宗法观念维护者的《家礼》，其在晚明的被抛弃、被排斥，

---

① (明)胡直：《衡庐精舍藏稿》，见《景印文渊阁四库全书》第1287册，台北：台湾"商务印书馆"1986年，第741页。

② (明)倪岳：《青溪漫稿》，见《景印文渊阁四库全书》第1251册，台北：台湾"商务印书馆"1986年版，第197页。

③ (明)刘元卿：《刘聘君全集·鱼石祠堂记》，见《四库全书存目丛书·集部》第154册，济南：齐鲁书社1997年版，第148页。

④ 这种观点诸多学者都有过类似的研究和表述，如：傅衣凌、郑振满等通过对明清社会经济变迁的研究，提出"乡族论"的概念；加拿大学者卜正民通过对晚明寺院经济的考察，建构出"士绅社会"的理论。上述理论皆欲以说明：事实上对晚明基层社会进行直接控制的是"乡族势力"，地方政府为了维持社会秩序的相对稳定，日益依赖于乡族组织与乡绅阶层，从而导致社会控制权的下移与国家权力的让渡。

抑或被扭曲，其实是必然的。

综上所述，一方面，士人执礼实践之屡遭失败，是导致议礼环节中《家礼》不断被质疑、被突破的重要诱因；另一方面，无论是议礼的论争，还是执礼的失败，《家礼》在明代中后期传播之不顺畅，在此体现得颇为明显。贺钦有诗言曰："去释从儒世所稀，纲常得处便归依；如何春夏秋冬祀，尚与朱家礼制违。"①这种"不顺畅"，既是其时社会变迁的结果，又乃"礼"与"俗"、"大传统"与"小传统"、"上层教化"与"地方社会"之间存在着某种断裂的证明。

四、总结和反思

（一）从"时"的角度对于《家礼》论争之解释

由上述讨论可知，在社会的转型与时局的变动中，明代中后期士人对于《家礼》之态度，争议颇大：一方面，礼仪讨论中士人对于《家礼》之种种"质疑"，降低了《家礼》实施之权威性；另一方面，即使是试图"恢复"、"调和"的"逆流"，亦非原封不动地照搬《家礼》，调和即意味着突破，在复古外壳下《家礼》之实质内容，实已发生了巨大的移变、重构，甚至误读与扭曲。正如伊沛霞所说："《家礼》在中国近世社会的传播过程，也是《家礼》正统礼文不断被重新诠释的过程。"②

在这个意义上来说，《家礼》在明代中后期之传播并不顺畅，以往研究所谓的"《家礼》备受推崇"、"朱子学广泛普及"等论断，其实并不准确。士人对于《家礼》态度之突破，与思想领域由"好

① （明）贺钦：《医闾集》，见《景印文渊阁四库全书》第1254册，台北：台湾"商务印书馆"1986年版，第636页。

② Patricia Buckley Ebrey. *Chu Hsi's Family Rituals: A Twelfth-Century Manual for the Performance of Cappings, Weddings, Funerals, and Ancestral Rite.* Princeton: Princeton University Press, 1991.

古”到“崇今”、学术领域由朱子学到阳明学的转变方向，适相符合。我们不妨从“时”的角度，对这种不顺畅加以解释：

(1)“爱礼存羊”的滞后性：风俗具有随时代变迁的实情，但在一定时期内，礼制却是不变的。“是非厚薄，宁有定论?”对于礼制与习俗间的不同步，南宋周复将其概括为一种“爱礼存羊”①的文化心态，以为古礼所保留的“礼的精神”和一些“徒有虚名的礼仪形式”，在已然变动了的社会习俗面前，根本无法落实。同理，面对明中后期风气之巨变、社会之变迁，《家礼》诸多改良风俗的措施，实际上却是不合时宜，有些甚至逆潮流而动。《家礼》之于时俗之滞后性，决定了其传播过程必然会不顺畅。

(2)礼仪制度随时变迁的必然规律：礼制具有时代性和变动性，是一特定历史时期社会制度、时代风貌的体现。故古礼其实就是一个“模板”，根本不可能完全复原；即使落实于民间，亦只能在州县或乡学中流传；恢复也好、改革也罢，各个时期，士人都是在这一“模板”的基础上，进行着平民化、本土化、历史性的改编。从这个角度来说，明人对《家礼》仪节之突破，其实是必然的。

总而言之，在社会变动最为剧烈的明代中后期，“礼”绝不仅仅是条文、是规范，抑或只是学术讨论和思想论争，“礼”更代表着政治诉求与社会理想，与社会关系、社会秩序、社会风尚、乃至世道、人心皆息息相关。正如胡成所言：“儒家礼教下渗底层，某些社会群体的努力固然重要，但历史和现实给定的演化空间也同样重要。”②笔者对于上述《家礼》传播过程中“士人争论”的钩考和梳

① “爱礼存羊”是指：《家礼》拟定的礼节制度，有些根本是不可行的；而且是知道其不可行，但为了保留古礼的精神，作者又故意要将其制定出来。对这种现象，南宋周复在《家礼附录》中称之为“爱礼存羊”的文化现象。杨志刚认为：“一些在现实中早已废除的东西，在制度上却长期得以保存，而在现实中合理的一些事物，又难以名正言顺地制度化；热衷于徒有虚名的形式，成为民族普遍的积习。”详见杨志刚：《朱子家礼民间通用礼》，载《传统文化与现代化》1994年第4期。

② 胡成：《礼教下渗与乡村社会的接受和回应》，载台湾《“中央研究院”近代史研究所集刊》第39期，第96页。

理，既是对这种“演化空间”进行的历史性考察，更乃从“时”的角度，对于礼教下渗之复杂性与变动性，所做出的解释和例证。

（二）从“俗”的角度对于《家礼》论争之解释

《家礼》在明代中后期传播之不畅，不仅体现于士人之非议中，上述执礼实践之失败、明人不遵《家礼》之氛围，亦可显见《家礼》普及之不易。士人对于《家礼》之争论，其焦点直指“普及”与“实践”问题，故考察明末《家礼》之争，绝不可脱离“小传统”之社会背景。作为一套已然系统化、制度化了的节文、仪式和典章，《家礼》在明代地方社会的实际操作中，却往往“博而寡要，劳而少功，是以其事尽难从”①。我们不妨从“俗”的角度，对这种现象加以反思：

（1）“上层教化”与“民间社会”间的断裂。无论是《家礼》其自身的种种不适应，还是民间社会对于上层教化的固有阻力，皆共同指向：大、小传统间的沟通渠道远没有我们想象的那么畅通；作为官方意识形态的儒家礼教，其在庶民社会的真正影响和普及程度，令人深深怀疑。故在笔者看来，以往研究中所谓的“传统中国是‘礼教中国’”、“儒家礼教自上而下地对乡村社会进行控制和渗透”、“宋以后中国大、小传统交流极其畅通”等论断，均不能绝对化与普遍化，而需要在具体的历史时期、演化空间中重新反思和修正。事实上，明代官方的礼教措施大多流于形式，与其一味地强调大传统“礼下庶民”和士绅文化霸权对民众的控制，倒不如将其概括为“权力加强与限制的并置发展”②。《家礼》的确在中国近世社会产生了深远的影响，但作为一种“礼下庶民”、“庸庶敦庞”的士人理想，其象征意义远大于实际意义。

（2）重新评价士阶层在地方社会的作用。在此，我们有必要重

① （汉）司马迁撰，（南朝·宋）裴骃集解，（唐）司马贞索引，（唐）张守节正义：《史记·太史公自序》，北京：中华书局1959年版，第3289页。

② 胡成：《礼教下渗与乡村社会的接受和回应》，台湾《“中央研究院”近代史研究所集刊》第39期，第85~90页。

新评估“士阶层”在民间的作用。上述研究业已指明：地方社会对于上层教化有排斥，故作为“大传统”儒教承担者、诠释者的精英阶层，因与普通民众之间的隔膜、距离感，其在民间社会的真正影响力，不应过高估计。与此同时，我们亦发现，士阶层内部其实存在着分化：在礼教下渗过程中起主要作用的应是那些与乡民生活更为接近的下层读书人，而非以往研究较多注重的上层士绅。①

明代中后期，面对时俗的巨大压力，地方士绅、下层读书人、乡学生员、抑或充当文化中介的“礼生”群体，皆曾对《家礼》文本进行过平民化、本土化的改编，甚至采取礼图、诗歌、非文本的方式，其目的都是为了使礼下庶人、深入民间。在这些所谓“家礼”衍生系统的实践中，我们可以清楚地看到下层知识分子在礼教下渗、文化“接转”、地方教化、移风易俗等方面更为积极和直接的作用。所谓“大夫不行则乡人何所取法，学校不讲则闾阎无所兴起”②，作为具有一定文化自觉意识和文化选择能力的民间知识分子，大儒丘濬的礼教设想未能成功，但这些民间礼生却自下而上地模仿士大夫礼仪，从而在实际上实践了丘濬的建议。③

但同时，正如刘永华所指出，这些民间礼生与丘濬所设想的礼生，其实是有很大差别的：他们并非儒家礼仪的“原教旨主义者”，而是民俗与信仰杂家；他们认同《家礼》，却亦让《家礼》被时俗兼容；所谓的家礼改编本与原本相比，业已发生了挪用与移变；甚至可以说，不少冠名“家礼”的衍生本，其实对于《家礼》与儒教礼仪的理解，皆流于粗浅的表面。故伊沛霞有言：《家礼》在中国近世社会的传播过程，也是其正统礼文不断被重新诠释的过程。而这种“重构”、“衍生”、“接转”，在笔者看来，本来即是《家礼》传播不顺畅的反映。

---

① 胡成：《礼教下渗与乡村社会的接受和回应》，台湾《“中央研究院”近代史研究所集刊》第39期，第80~85页。

② （明）何瑭：《柏斋集·六礼纂要序》，见《景印文渊阁四库全书》第1266册，台北：台湾“商务印书馆”1986年版，第540页。

③ 参见刘永华：《亦礼亦俗——晚清至民国闽西四保礼生的初步分析》，载《历史人类学学刊》2004年第2期，第80~81页。

（3）“小传统”的能动性。可见，《家礼》在民间社会的传播，其实是一个极其复杂的过程：有明显的排斥，有隐晦的冲突，更有因平民化、本土化改编而造成的移变、挪用，甚至扭曲和异化。礼教的下渗并不是一个风行草偃、全盘照收的单向演化，而是“小传统”主动接受、自觉选择、能动取舍的双向互动过程。① 在这一过程中，“小传统”不仅对上层教化存在着抗拒、排斥，且积极能动地去影响、调试“大传统”，具有储存文化基因，并适时向大传统输送营养的反作用。在《家礼》的普及过程中，我们观察到的主要不是礼教如何征服民间文化，而是不同礼仪传统如何相互影响、相互结合、相互作用。

基于此，我们重新思考美国人类学家罗伯特·芮德菲尔德的“大小传统”理论：在将此理论引入中国社会时，如何克服其作为西方经验移置中国时产生的诸多不适应？笔者以为，既要注意本土社会的独特性：即看到所谓“耕读传家”的传统以及中国精英阶层与农村生活之间水乳交融、不可分割的联系②；但另一方面，又不能因过分强调独特性，而忽视大、小传统间固有的断裂和扭曲。我们必须对上述中、外理论进行双向扬弃，以“礼教下渗”与“文化自觉”的不同视角和“复线历史”，挖掘出这一动态过程中的张力与活力，从而克服传统儒教“大叙事”下单一化、片面化、绝对化的倾向，以期在本土化的历史认知基础上，对现有来自西方经验的分析框架，有一定的修正和补充意义。

---

① 胡成：《礼教下渗与乡村社会的接受和回应》，见台湾《“中央研究院”近代史研究所集刊》第39期，第95~97页。

② 罗伯特·芮德菲尔德的“大小传统”理论，把都市的文本传统看成文化发展的动力中心，而把“小传统”看成被动的、没有体系的文化。这种过分重视精英阶层，而忽视乡民社会能动性的观点，近年来已受到诸多学者的批评。中国学者更多从本土社会的“独特性”，即几千年来中国农民阶层“耕读传家”、创造文明并培育上层精英的传统出发，对芮德菲尔德理论进行修正和补充。参见［美］罗伯特·芮德菲尔德：《农民社会与文化——人类学对文明的一种诠释》，王莹译，北京：中国社会科学出版社2013年版。

总而言之，明代中后期《家礼》之争的兴起，是时代变迁与礼教下移共同作用的结果。在《家礼》的传播过程中，我们能体会到具体的时间序列和地域空间中交汇的两股潮流：一种是士大夫在礼仪讨论中不断采纳又不断扬弃《家礼》的潮流；另一种是乡民社会在礼仪实践中不断接受又不断突破《家礼》的潮流。这两股潮流的共同指向，正是上层礼教在民间社会的复杂展开。

20世纪80年代以来魏晋南北朝家族研究述评

2012级国学班　韩燕丽

魏晋南北朝为中国历史之一转型期已是学界共识，单就宗族、家族而言，亦多有变化。这一时期的历史记载虽然还遵循旧有的格式，但是史官在人物传记中却更加重视凸显人物的宗族关系和提供家族谱系图。① 在魏晋南北朝时期的社会结构中，士族作为中心和主要因素，其形态和组织的变化发展，影响了整个社会的宗族形态和组织的变化和发展，甚至决定了社会的性质。② 有学者甚至认为，家族制度在这一时期重新架构，是自商周以后家族制度上的又一次大变革。③ 家族成为这一时期展现社会风貌的显著标志，其社会、政治、军事、经济、文化活动相比以往或后来更加凸显其主体地位。

基于家族的研究，相关问题得以展开，如在此之上的魏晋门阀制度、二重君主观、魏晋玄学、中古望族个案研究、魏晋之际的人物品评、谱学等研究都与之密切相关。陈寅恪在论及中古家族在中国历史文化上的地位时曾指出：

> 盖自汉代学校制度废弛，博士传授之风气止息之后，学术中心移于家族，而家族复限于地域，故魏、晋、南北朝之学

① ［美］伊佩霞：《早期中华帝国的贵族家庭——博陵崔氏个案研究》，范兆飞译，上海：上海古籍出版社2011年版，第3页。

② 冯尔康等：《中国宗族史》，上海：上海人民出版社2009年版，第119页。

③ 阎爱民：《汉晋家族研究》，上海：上海人民出版社2005年版，第455页。

术、宗教皆与家族、地域两点不可分离。①

魏晋南北朝时期的家族集中反映了那个时期的政治、经济、文化和社会形态，家族的起伏升降往往与社会环境密切相关。从家族研究入手，以时代宏观背景为出发点，结合家族个案，对其家族背景、宗族形态、仕宦情况、婚姻状况、家族文化等进行考察，有利于我们去伪存真，勾勒复杂的政治背景和宗法环境下的历史过程和生存状态。

家族的定义一开始就引起学者的兴趣和争议，相关概念如"家庭"、"宗族"更是莫衷一是。这与不同学科定义概念的角度有关，也受到英语、日语的语言习惯影响，当然，也有长期历史文化层累积淀的因素的作用——中国人一向对"宗"、"族"、"姓"、"氏"等词缺乏明确的范围界定，且不同时期对上述概念的定义也不尽相同。就目前而言，关于"家族"如何界定，学界仍然缺乏一个普遍认可的共识。在中国的历史文献中，家和家族的概念有时混淆甚至是通用的，在实际的研究中很难将它们区分开来，加之今古人概念理解的偏差，所以尽管一再有学者呼吁严格界限，也只能做到尽量以古人的概念为出发点，因时制宜，相对区分。学者在定义"家族"时往往分属以下两个主张阵营：

一是主张制定出唯一的普遍定义，以西方社会学家、人类学家为代表，中国学者在其基础上稍加调整。默多克(Murdock)综合对比了800多种定义，在1971年提出"家族是一个社会团体，其中包括两个或多个彼此结婚之不同性别的成人，并且包括已婚双亲之亲生的或收养的一个或多个孩子"②。李卿辨别家族与宗族，指出"家族"是个小概念，涵盖五世以内的同一始祖的父系血缘群体；

① 陈寅恪：《隋唐制度渊源略论稿》，北京：生活·读书·新知三联书店2001年版，第20页。

② 转引自朱凤瀚：《商周家族形态研究》，天津：天津古籍出版社2004年版，第7页。朱凤瀚认为这种定义属于广义性的定义，这种定义明确了婚姻与血缘关系在家族定义中的重要性，缺陷是未能全面地概括家族特征。

“宗族”是个大概念，既可涵盖五世以内的同一始祖的父系血缘群体，也可以涵盖五世以外的同一始祖的父系血缘群体。但是为了便于讨论，作者在文章中将五世以内的父系血缘群体称为“家族”，而“宗族”则特指家族范畴以外的那部分父系血缘群体。① 张国刚认为“家族是以家庭为基础的，是指同一个男性祖先的子孙，虽然已经分居、异财、各爨，成了许多个体家庭，但是还世代相聚在一起(比如共住一个村落之中)，按照一定的规范，以血缘关系为纽带结合成为一种特殊的社会组织形式”②。

另一是主张“家族”有不同层次或者广狭意义上的含义。谢继昌在仰之村的研究中为家族设定低层次含义为：可以辨认、包容性、独立性，即通常意义上的“家户”；高层次的定义为“扩展家族”的变形，即除去了“扩展家族”的同居特质后所形成的——一个父和(或)母尚存之大家族，原为一个家户，后来其内之“双亲家族”分散出去各自形成独立家户，这些分散家户和本家家户合起来，就是一个“家户群家族”。③ 朱凤瀚同意谢氏观点，因此他在研究商周时期家族的定义的时候，也主张分为高低两个层次。

过度执着于唯一的普遍定义，是许多研究中国家族的西方学者不太成功的重要原因。基于此，本文仿照谢继昌在《中国家族的定义：从一个台湾乡村谈起》中提出的“运作性的定义”的说法，制定

① 李卿：《秦汉魏晋南北朝时期家族、宗族关系研究》，上海：上海人民出版社2005年版，第15~40页。

② 徐扬杰：《中国家族制度史》，北京：人民出版社1992年版，绪论。这种定义在朱凤瀚看来属于狭义的定义，它保留了广义的定义在内，规定了例如共居、共同的经济生活等条件，而这些条件在任何一个家族最初形成时都是绝对有必要的，但是其缺陷是难以顾及在历史的与现实的社会中，实际上仍必须作为一个家族看待的亲属集团并不都是绝对需要这所有的附加条件，对中国家族来说尤其如此。

③ 李亦园、乔健：《中国的民族、社会与文化》，台北：台湾食货出版社1981年版，第57~64页。谢继昌认为家族着重共同生活的关系，由婚姻关系所缔结的，包括一对夫妇及其子女的一个基本单位所构成或发展而成的。他特别强调了宗教在家族中的成分，弥补了以往学者定义家族时只涉及实质成分，忽视情感和宗教的不足。

一个在本文可以作研究和分析材料的定义。就魏晋南北朝时期家族性质而言，本文认为将其定义为："以家庭为基础，以父系血缘关系为纽带的多个家庭群体。但是不仅是血缘关系的简单结合，还包括有意识地团结在家庭群体下，以获得如保护、荫蔽、仕宦等目的的团体。"这样的定义把魏晋南北朝时期荫客、部曲等也包含在世家大族当中，较为契合当时的历史事实。

需要注意的是，本文所言家族，不仅仅限于上层阶级的贵族、世家大族，还包括普通平民家族，因此所涉及的不仅仅是礼仪规范、政治制度等，还牵涉到与之相关的社会文化史、风俗史等。

一、20 世纪 80 年代以前的家族研究

现代化、系统化的中国家族研究起源于 20 世纪，近百年来，魏晋南北朝的家族研究历史大致可以分为三个阶段：

第一阶段为新中国成立以前。家族研究在这一阶段处于初期，魏晋南北朝时期的家族研究也是一样。专门地、具体地、细致地研究家族史的著作几乎没有，相关研究往往附着于各种风俗通史、社会史、制度史之中，作为通论性著作的一部分。而专题研究两晋或者南北朝的家族的作品更是少之又少。① 吕思勉在《族制》中征引正史所载人物史料，认为就家族或宗族规模而言，尽管某些大家族人数众多，盘根错节，但是就整体而言，同居者甚少，"自氏族散为家族，其势日趋于分……晋、南北朝之世，社会情势，实与前无异"②。分家析产是社会演进之势，不可逆转。武仙卿用历史的眼

① 即使是在魏晋南北朝时期家族的研究当中，研究者们也具有倾向性，如叶会昌、申瑞绅、朗瑞萍认为 1900 年至 1949 年北朝家族研究乏人问津，在新中国成立后的三十年内研究成果也是寥寥无几。见《20 世纪北朝家族研究综述》，载《河北北方学院学报》2011 年第 1 期。

② 吕思勉：《两晋南北朝史》，北京：中国友谊出版公司 2009 年版，第 679~690 页。初版为开明书店 1948 年版，该书随后一版再版，陆续有：台湾开明书店 1977 年版、上海古籍出版社 1983 年版和 2005 年版以及中国友谊出版公司 2009 年版。

光看待六朝大族的发展历程，指出：东吴至陈六朝是大族的统治时期，东晋、宋、齐、梁四代是侨姓大族占优势，江南大族受排斥的时期，陈朝是土豪大族崛起的时期，隋时经济破坏、大族衰落。① 杨廷贤以士族之起源为开端，论及南北朝时士族极盛之势，而后祸福相倚、盛极而衰的过程。② 张亮采《氏族及名字》一书指出魏晋南北朝时期特殊的“通谱”、“冒姓”现象。③

这一阶段的魏晋南北朝家族研究的关注对象主要为士族，研究大多侧重整体上的概括叙述，着力于大家族在历史阶段中的地位或发展历程及其趋势，而具体的家族个案，梳理某一家族源流、家族代表人物的研究则几乎没有，六朝家族研究尚处在萌芽阶段。

第二阶段为新中国成立至 20 世纪 80 年代初。这一时期国内由于受政治环境的影响，在家族研究上成果较少。相关研究也多是针对魏晋南北朝时期的门阀制度做宏观、综合方面的概括。唐长孺是这一时期研究魏晋南北朝历史的扛鼎人物，不管是早期的《魏晋南北朝史论丛》，还是撰于 1958—1982 年的《魏晋南北朝史论丛续编》和《魏晋南北朝史论拾遗》，均涉及该时期的士族门阀制度，对于士族门阀的概念与定义、门阀的形成和衰降、寒门家族的兴起等都有论述，他以唯物史观为本，更多聚焦在辨析皇权、贵族、官僚之间的关系与权力转变。

虽然这一时期国内家族研究陷入低潮，但在国外，尤其是在日本学界，则不得不说成果颇丰。日本学者如谷川道雄、川胜义雄等人在 20 世纪 70 年代大力提倡的“家族共同体”（或者“豪族共同体”）的理论在 80 年代以后逐渐被介绍到国内，影响巨大。虽说这一理论自提出之日起就受到来自东京学派如堀敏一、五井直弘、重田德、田中正俊等众多学者的激烈批评和反驳，但其在思考方式上却是极具创见性，体现了自内藤湖南、宇都宫清吉等京都学派学者

---

① 武仙卿：《南朝大族的鼎盛与衰落》，载《食货》1935 年第 10 期。

② 杨廷贤：《南北朝之士族》，载《东方杂志》1939 年第 7 期。

③ 张亮采：《中国风俗史》，上海：商务印书馆 1928 年版，第 100~102 页。

围绕伦理道德，重视精神分析的思考进路。① 谷川道雄在《六朝时代的名望家支配》②、《六朝贵族的家庭生活及在社会政治上的作用》③等相关文章中都表述这样一个观点：六朝时期的门阀大家族的地位与权力并非因为其拥有的大量土地等财产所至，即经济基础并不是决定因素。具备了对内的“私”的一面和对外的“公”的一面的门第因素，才是他们在社会和政治上拥有领导权力的主要原因。谷川道雄认为有名望的家族善于处理“私情”和“公务”之间的对立，这些家族成员往往具有良好的文化修养和道德情操，在人物品评上享誉乡里，从而对乡里社会产生很大的影响，自然而然进入政治当中。尽管从阶级矛盾、物质契机的角度来看，谷川氏一派的解释受到了各方攻讦，但是应该注意到的是京都学者秉持的文化史观，一种历史发展基于社会内部文化积淀的新的思维方式，有利于挖掘掩盖在阶级原理理论之下被遮蔽了的历史真相和特殊面貌。而且，谷川氏在《六朝贵族的家庭生活及在社会政治上的作用》结语中关于六朝贵族“公”、“私”是否具有特殊性，庶民家庭是否也具有类似的公与私的关系等问题同样值得中国历史工作者们深入研究，而他对于现代社会市民家庭责任感缺失原由何在的发问也引人深思。

第三阶段为20世纪80年代至今。20世纪80年代以来中国家族研究焕发蓬勃的生机活力，呈现井喷式增长。研究方法不断创新，研究领域不断扩展，研究内容与时俱进。同时，这一时期国外学界，包括汉学界和西方史学界也在不断推陈出新。“它山之石，可以攻玉”，借助国外学者的一些思路，从而对自身研究加以批判性思考，或许对推动中国古代家族研究不无裨益。下面笔者将对20世纪80年代以来魏晋南北朝的家族研究做一些综述，并提出一

① 胡宝华：《从内藤湖南到谷川道雄——日本中国学发展带来的启示》，载《文史哲》2014年第5期。

② 原载于《中国中世社会与共同体》，日本国书刊行会1976年版，后被收入刘俊文主编，高明士、邱添生、夏日新等译：《日本学者研究中国史论著选译(第二卷)》，北京：中华书局1993年版。

③ 张国刚：《家庭史研究的新视野》，北京：生活·读书·新知三联书店2004年版，第31~47页。

些不成熟的看法。

二、20世纪80年代以来魏晋南北朝家族研究的新面貌

20世纪80年代以来魏晋南北朝时期家族研究无论是在广度还是在深度上都取得了以往难以比拟的成就，主要表现为以下三个方面：

（一）个案研究兴盛

个案研究兴盛之前的历史界单就家族研究来说，可能知道世家大族累世为官，却不清楚具体官员占家族成员的比例如何；可能知晓“士庶不婚”，但是难以把握相互通婚之家是如何选择的；可能了解不独居、不异财是家族管理规定或家族习惯，但是却模糊于具体家族生活的操作与运行。整体的、宏观的家族研究为其构建了主要框架，而具体的、细致的个案研究则使研究对象逐渐鲜活起来。美国学者伊佩霞的《早期中华帝国的贵族家庭——博陵崔氏个案研究》①对中国家族个案研究有新的启示。

在伊佩霞的“博陵崔氏个案研究”以前，个案研究的方法主要运用于社会学或社会人类学领域，而在历史领域，大多还是遵循传统的叙事方法进行研究。在崔氏之前，也仅仅只有日本的学界具备个案研究的传统。②

① ［美］伊佩霞：《早期中华帝国的贵族家庭——博陵崔氏个案研究》，范兆飞译，上海：上海古籍出版社2011年版。

② 中国在这之前，也有研究家族个案的例子，但是不管是在规模上，还是在持续影响上，都没有形成传统。日本学者研究魏晋南北朝时期的家族起步也比较早，如守屋美都雄在1951年的《六朝门阀の一研究——太原王氏谱系考》，矢野主税在1955年的《张氏研究稿》、1958年的《郑氏研究》、1959年的《郑氏研究(二)》、1960年的《郑氏研究(三)》、1961年的《韦氏研究》、1962年的《韦氏研究(二)》、1965年的《裴氏研究》，竹田龙儿在1958年的《作为门阀的弘农杨氏的一个考察》，丹羽兑子的《关于魏晋时代之大族荀氏》等。需要注意的是，就西方汉学界来讲，《早期中华帝国的贵族家庭——博陵崔氏个案研究》也不是最早的以西方语言撰写的关于中国中世纪家族个案的学术著作，但是就该书对中国历史学界中世纪家族个案研究的影响来说，将其视作先导之一则是无可厚非的。

个案研究除了直接以某个家族作为研究对象外，还有以家族中的某个人物或者某个人物的某本著作为切入点，研究其生平事迹，进而延伸至其家族的例子。何德章的《读〈南齐书·王融传〉——论南朝时期的琅邪王氏》从王僧达、王融祖孙三代在政治上郁郁不得志的人生经历揭示了在经历了门阀政治的极盛后，南朝时期士族门阀在皇权复兴中政治地位下降而产生的变化。① 许多研究《颜氏家训》或颜之推的著作和文章最后也都趋于对整个颜氏家族或教育、或文学、或处事态度的探究，甚至扩展到当时风俗文化现象的叙述。周盛衍②的《〈颜氏家训〉中的家庭习俗》认为《颜氏家训》作为中国古代第一部系统完整的家庭教科书，其典范意义巨大，书中所记载诸如“取名”、“避讳”、“称谓”、“生日”、“迎宾”、“婚姻”、“丧葬”、“吊唁”、“哀慕”、“忌日”等均是流传后世，影响深远的家庭民俗③；顾向明、王大建④的《〈颜氏家训〉中的南北朝士族风俗文化现象探析》由家训内容反映颜之推由南到北的辗转人生中目睹的南北不同风俗；杨民⑤的《从〈人物志〉与〈颜氏家训〉看魏晋南北朝的人才观》认为两晋南北朝时期的人才思想不仅受时代环境影响，个人经历、家族背景甚至写作动机也是重要的影响因素。此外，还有诸多著作研究《颜氏家训》，“颜氏学”显然已成为一大

① 何德章：《读〈南齐书·王融传〉——论南朝时期的琅邪王氏》，载《魏晋南北朝隋唐史资料》1994年第10期。

② 关于《颜氏家训》是否为第一部家训的问题，日本学者守屋美都雄在《中国古代的家族与国家》中认为如果严格按照“家训”二字或者著作形式来讲，《颜氏家训》可能是现存最早的家训，但是具备家族或者家庭训诫意义作品却早就存在，如汉代的“任公家约”，《南齐书》卷三十三《王僧虔传》的《诫子书》等。另外，他对魏晋南北朝时代家训中的避世思想、人物品评、国家与家族关系等均有论述，极具参考价值。

③ 周盛衍：《〈颜氏家训〉中的家庭习俗》，载《民俗研究》1991年第2期。

④ 顾向明、王大建：《〈颜氏家训〉中的南北朝士族风俗文化现象探析》，载《郑州大学学报》2006年第4期。

⑤ 杨民：《从〈人物志〉与〈颜氏家训〉看魏晋南北朝的人才观》，载《云南民族学院学报》2002年第1期。

显学。

(二)史学观念的多元化

20世纪80年代以来，伴随着改革开放的新时期，西方人文社科理论传入中国，在史学方面，年鉴学派、后现代史学等理论观念和方法亦在大陆掀起思潮。就这一时期的魏晋南北朝家族研究而言，研究内容也从早期的结构、形态、物质基础等向衣食住行、风俗习惯、宗教伦理等延伸和过渡。研究内容和方法同20世纪80年代以前的家族史研究形成鲜明的对比。

80年代之前的家族研究大多在唯物史观、社会史观的指导下进行，运用传统的史学方法，侧重于政治、经济等因素对家族提升的影响。而吸收引进西方研究理论的近30多年的家族研究则更加重视融合，史观多样化，视角多元化，研究方法和方向大有改变。

(三)学科交融程度提高

中国早期家族研究主要运用传统的历史叙事手法，从传世文献中寻找其与政治制度、社会经济、阶级结构等关联之处。20世纪80年代以来的魏晋南北朝家族研究则获得了新的发展机遇。这一时期，国内外学术交流逐渐频繁，国际历史学界、汉学界的研究方法也进入国内。

碑刻、墓志等地下材料和出土文献的不断涌现，考古学成果的日新月异为魏晋南北朝时期家族研究提供了新的材料和技术手段。人类学、社会学、统计学等学科的结合和科学分析的运用扩宽了家族研究的领域和内容，为透视魏晋南北朝之际大众心理、家族生活等内容提供了理论方法和契机。

三、80年代以来家族研究的主要内容

80年代以来，国内淡化意识形态对学术的限制，国际学术交往也逐渐增多，西方和我国港台地区历史研究的新方法进入内地，

为研究者们所青睐，整个家族史、宗族史的研究获得空前的发展机遇。研究魏晋南北朝之际家族的学者们，吸收利用国外历史学、汉学以及社会学、统计学、法学等领域的学科知识和技术手段，不断扩宽家族研究的广度和深度，使得研究内容得以与时俱进，主要集中在以下几个方面：

（一）婚姻与交往

婚姻作为构成家庭的第一要素，有时还直接影响到家族的政治和社会地位，一直以来都是研究家族时不可忽视的重要内容，自20世纪早期家族研究之初就受到学者的高度关注，一般的家族个案当中也都会涉及其婚姻状况。研究者们多从影响婚姻的因素、婚姻风俗、离婚与再婚等特殊婚姻现象进行讨论。其中既有整体的婚姻史的研究，也有个案分析。

伊佩霞曾引用西方学者斯蒂芬斯的理论，认为越是以扩大家庭或以单直系亲属家庭为主的社会，家长越趋向于包办子女的婚姻，或者家长会在保留其否决权的基础上允许子女选择自己的配偶，而越是以核心家庭或双系亲属家庭为主的社会，越是允许个人自由选择自己的配偶。王玉波对比分析西汉和魏晋南北朝时期家族成员构成的不同，认为西汉的大家庭（即家族）中，同居的家族亲属，基本上是妻、妾、子、孙，即父系血亲和他们的配偶。到了东汉后期，特别是魏、晋、南北朝，在大家族家庭中，同居的亲属范围扩大，许多外姓姻亲也就成了大家族家庭成员了。究其原因，是因为当时的士族是个特权阶层，如果和社会地位低的贫民家族（当时称庶族）联姻，就难以使子孙世世代代保持士族的优越社会地位和特权了。如果士族和士族联姻，不但在政治上可以互相支持，而且可以使子孙后代永远是士族。所以，士族盛行与士族联姻，而不愿与庶族缔结婚姻关系。① 王连儒认为琅邪王氏保持自身政治和社会地位不仅仅依靠和同等地位的大家族，比如陈郡谢氏联姻，选妃尚主

① 王玉波：《中国家庭的起源与演变》，石家庄：河北科学技术出版社1992年版，第123~124页。

也是其提高家族地位，参与政治行为的重要手段，而历史上琅邪王氏有人成为妃后，史书却没有将相关家族人员列入《外戚传》，原因则在于她们并没有因主幼时艰、秉持朝政的经历。在对皇室的联姻中，琅邪王氏在刘宋一朝与皇室联姻多于齐、梁、陈三朝之和，究其原因，作者认为与晋、宋易代比齐、梁、陈三朝更替时的社会环境更为复杂，加深统治集团与大家族联合的愿望有关。而在士族之间的联姻中，其婚姻关系有时因需要政治上的合作而结合，有时则因政治分歧和利益矛盾而破裂。① 王连儒的《东晋陈郡谢氏婚姻考略》以研究伦常与政治因素对谢氏婚姻的发生和发展不同程度的制约作用为契机，探讨与谢氏婚姻有关的政治伦常现象——家族隆盛时，如何与士族大家族联姻去取得政治上的优势；家道衰落时，如何通过政治途径以及社会对士族门第的认可来延续家族。② 刘静夫的《颍川荀氏研究——魏晋南北朝士族门阀个案研究之一》③和《京兆杜氏研究——魏晋南北朝士族门阀个案研究之二》④在考察两大家族异同点时指出，就婚姻而言，荀氏与杜氏的婚姻之家均是高门大族，但是细数又有差别，表现在荀氏与皇室联姻更加频繁，因此对皇室的依赖性也更强。表达类似观点的还有顾凯，他在《论庾氏家族与东晋政治》中认为一个世家大族与皇室联姻，就会在行为上表现出既要维护门阀世家大族的利益，同时又要维护和巩固以皇权为代表的集权政治，尽管这两者有时是对立的。⑤

在分析影响婚姻的因素方面，叶妙娜、卜宪群、宋晓梅也都认

① 王连儒：《汉魏六朝琅邪王氏家族政治与婚姻文化研究》，北京：中国社会科学出版社2013年版。

② 王连儒：《东晋陈郡谢氏婚姻考略》，载《中国史研究》1995年第4期。

③ 刘静夫：《颍川荀氏研究——魏晋南北朝士族门阀个案研究之一》，载《南充师院学报》1987年第3期。

④ 刘静夫：《京兆杜氏研究——魏晋南北朝士族门阀个案研究之二》，载《许昌师专学报》1993年第3期。

⑤ 顾凯：《论庾氏家族与东晋政治》，华中师范大学2013年博士论文。

为，政治对士族婚媾起着决定作用，并由此而出现了士族身份内婚制。随着士族特别是高门士族发展到鼎盛时期，身份内婚制更加严格，婚姻圈进一步缩小，甚至表现为地域婚，国婚的色彩也比以前淡泊，士族婚姻关系中大量涌现出中表婚和异辈婚。随着士族政治地位的下降，身份内婚制开始走向解体，这主要表现为士族高门婚媾中的国婚成分陡增，并开始联婚于寒庶之家。① 吴正岚的《六朝门阀制度对江东士族儒学的影响》指出，不仅有士庶不婚，还有南北不婚和江东侨姓不婚，“南北不婚的状况几乎历经六朝而未改”，“侨吴士族的文化隔阂可说是双重的，既缘于侨姓高门的自矜门第，也与江东士人自成一统的意识有关”。②

由婚姻到交友，吴正岚还认为，高门士族的交际圈甚至也限定在同等地位的士族，有些还将交友对象锁定在家族内部。“总之，在门阀制度下，高门士族内部、高门与次门、士族与寒庶之间都存在着不同程度的社会隔阂。”秦冬梅在《论东晋北方士族与南方社会的融合》中通过墓志材料证明南北不婚的情况，“在南京地区出土的东晋到刘宋初年的墓志共有29方，共记载了70桩联姻，除2桩婚姻中女方的籍贯不明外，可以判定只有6桩属于南北联姻，即王闽之娶吴兴施氏，高崧娶会稽谢氏以及宋乞一家的4例，只占总数的8.6%”③。伊佩霞在认为相比于南朝，北魏的贵族对婚姻的等级限制似乎没有南方，尤其是南方侨姓世家大族严格，北方的贵族更接近南方吴姓贵族，如他们的共同点是对下等阶级歧视较侨姓贵族少，更愿意参与地方管理，而侨姓贵族为了标榜自己，显示与众不同，很少与下层阶级通婚，相比于参与地方政治管理，也更倾向于

① 容建新：《80年代以来魏晋南北朝大族个案研究综述》，载《中国史动态》1996年第4期。

② 吴正岚：《六朝门阀制度对江东士族儒学的影响》，载《南京大学学报》2004年第6期。

③ 秦冬梅：《论东晋北方士族与南方社会的融合》，载《北京师范大学学报》2003年第5期。

将精力集中于京城和中央的事务上。①

在门阀社会，世家大族婚姻的每一个环节几乎全都与政治密切相关，自由婚恋的案例毕竟是少数。目前的研究也大多从这个角度着手，探讨婚姻为家族地位带来的影响，研究方法单一，未能打破家族研究在婚姻这方面一开始就形成的格局。②

(二)仕宦与人生选择

仕宦是除联姻之外家族提升社会地位的最主要方式，而复杂多变的政治环境则使得世家大族在政治选择时面临一大难题：是坚定地拥护某一政治集团，还是灵活地周旋于统治集团？在瞬息万变的政治困境下，又会形成怎样的政治人格？

有学者认为，时局动荡不平，家国朝不保夕，这一时代背景下的家族大多为了家族的延续和长足发展而选择灵活应变，随时换主。王连儒认为，西晋同姓分封的虚滥以及朝廷对宗族的过度依赖与宽容，不仅不能很好地维护皇权政治，反而因此还失去了士族对朝廷的信任与支持。当士族参与政治后，因为不存在伦常血缘的制

① ［美］伊佩霞：《早期中华帝国的贵族家庭——博陵崔氏个案研究》，范兆飞译，上海：上海古籍出版社 2011 年版，第 31～32 页。但是在该书中第 77 页伊佩霞又说“这件轶事表明博陵崔氏只会在一些异常的情况下才会考虑和低等家族联姻”，“博陵崔氏和赵郡李氏的频繁通婚暗示，在为子女寻求婚姻配偶的时候，首先会询问母族有无合适的人选”，又在论证崔氏家族内婚姻的等级森严，似乎与前述结论冲突。

② 研究这一时期家族婚姻状况的著作除上述外，还可参考陶希圣：《婚姻与家族》，上海：商务印书馆 1934 年版；张敏杰：《中国古代的婚姻与家庭》，杭州：浙江人民出版社 2004 年版等著作。相关文章有刘驰：《从崔、卢二氏婚姻的缔结看北朝汉人士族地位的变化》，载《中国史研究》1987 年第 2 期；梁满仓：《论魏晋南北朝的早婚》，载《历史教学问题》1990 年第 2 期；庄华峰：《两晋南北朝等级婚姻初探》，载《史学月刊》2000 年第 5 期；卜宪群：《琅琊王氏政治地位研究》，载《安徽师大学报》1988 年第 1 期；范兆飞：《论北魏太原士族群的集体复兴》，载《社会科学战线》2012 年第 1 期；叶妙娜《东晋南朝侨姓士族之婚媾——陈郡谢氏个案研究》，载《历史研究》1986 年第 3 期。

约和骨肉情感上的障碍，朝廷对其政治上的利用和制约都能顺利纳入政治范畴，这大概就是东晋初年士族团体能够大量参与政治的重要原因。王连儒认为，琅邪王氏也并非是抱残守缺的家族，王衍明察时变，在晋室衰微之际，以荆、青二州以及洛阳作为家族政治存在与发展的寄托之地，所以国家衰亡与家族政治的生存在琅琊王氏看来是同等重要的事情。① 党明德在研究平棘李氏时，也表达了与王连儒类似的看法。他认为每个家族都有其持家之道，拥立新主、攀龙附凤是平棘李氏的持家之道之一，先后拥护和辅佐了北魏、北齐、北周多个朝廷。②

此外，还有其他研究论述这一时期家族的拥护新主的政治政策，兹不赘述。另外，笔者认为，除了顺应时变，集全家族之力量为一新兴政治集团的附庸外，家族保存实力还有另外一种方法，即分散家族成员，周旋于同时的不同政治朝廷。如《晋书》卷四十三《王戎传》附《王衍传》记载王衍对其弟王澄、其族弟王敦说的一番话："荆州有江汉之固，青州有负海之险，卿二人在外，而吾留此，足以为三窟矣。"伊佩霞也指出，魏分东西及齐周对立之际，大部分博陵崔氏成员留在东方，一部分西去，多立武功，但西去的仍然保持博陵的郡望。伊佩霞论断说：作为门阀士族的崔氏，虽然成员彼此之间维持着亲族血缘纽带，在危急之际可以互相信赖，但并不存在作为整个家族中心的决策机构，也没有任何一支崔氏居于领导指挥地位。因此，成员可以按照自己的意愿，各行其是。他们主要是向自己的上级，特别是向朝廷尽自己应尽的责任。周一良认为，如果伊佩霞所推断的这种情况可信，则"比起后代大家族之具有宗祠、祠田以及族长等等一整套族权制度，门阀士族在组织上似乎松散得多"③。除了已经论述的方面外，于政治势力鼎足时期，

① 王连儒：《汉魏六朝琅琊王氏家族政治与婚姻文化研究》，北京：中国社会科学出版社 2013 年版，第 82 页。

② 党明德：《北朝时期平棘李氏的望族之道》，载《山东社会科学》1998 年第 4 期。

③ 周一良：《魏晋南北朝史论集》，北京：北京大学出版社 2010 年版，第 447 页。

家族为了保持实力，在乱世中生存下去而不得不分散在不同政治集团中谋取职位，从而延续家族的因素也或多或少造成了这一局面。

除了极力拥护新主外，也有一些家族始终坚定自身的政治立场。徐婷婷认为，陈郡袁氏在南朝一直秉持世代忠贞、刚正不阿的政治品格，既给后世留下了美名，又受到历代皇室的赞赏和肯定。① 刘静夫从荀氏家族的家族行为分析指出，作为大族名士出身的儒家大族，与曹操本非同类，荀彧依附曹魏，本是意图借此复兴汉室。所以，随着曹操代汉而立，他们间的矛盾也逐渐增长。荀彧虽接受曹氏的联姻，但对官爵总是拒绝，不想与之合作，所以矛盾也就继续发展。②

仕宦与否不仅与保存和延续家族密切相关，还受到个人政治人格的因素影响。王连儒指出，琅邪王氏家族既有像王戎、王衍那样尸禄耽祟、不亲庶务的清谈领袖，同时也有像王导等人那样致力于政治作为的儒玄兼宗者。究其原因，既与琅邪王氏家族家族成员顺应时势、随时应变的家族观念有关，也有社会政治和时代背景的因素影响。③ 毛汉光在分析琅邪王氏政治生活中的动态时指出，王氏家族成员的政治行为可分为三种类型：无为型，如王戎、王衍；积极型，如王导、王敦；因循型，如王祥。不同类型的政治行为反映了面对现实的不同作风，但其基本心理则都出于保持家族的生存和地位。当然，政治行为的分类目前还存在诸多难处，如各类型之间标准如何？是否有重合交叉之处？是否仅仅这三种行为？④ 这些问题都还有待继续探讨。

政治地位是研究家族必不可少的方面，一则因为仕宦情况是家

---

① 徐婷婷：《陈郡袁氏家学门风述论》，载《河南教育学院学报》2009年第6期。

② 刘静夫：《颍川荀氏研究——魏晋南北朝士族门阀个案研究之一》，载《南充师院学报》1987年第3期。

③ 王连儒：《汉魏六朝琅琊王氏家族政治与婚姻文化研究》，北京：中国社会科学出版社2013年版，第228页。

④ 黄宽重、刘增贵：《台湾学者中国史研究论丛·家族与社会》，北京：中国大百科全书出版社2005年版，第188~193页。

族地位的重要坐标，二则因为官职官位容易进行科学分析而成为研究的重要对象。由于制度史一直是学者们研究历史时关注的重点，所以仕宦情况的研究目前已经十分透彻和成熟。

(三)文化与文学

六朝是我国古代文化璀璨的时期，玄学、礼学、文学、史学、书法、绘画，音乐等迎来了大繁荣的时机。这一时期是家族文学创作的繁荣期，同时也是许多家族权势达到鼎盛的时期，可见文化兴盛与家族地位上升之间的密切关系。刘勰《文心雕龙·时序篇》："尔其缙绅之林，霞蔚而飙起。王袁联宗以龙章，颜谢重叶以凤采，何范张沈之徒，亦不可胜也。盖闻之于世，故略举大较。"①刘师培曾说："自江左以来，其文学之士，大抵出于世族，而世族之中，父子兄弟各以能文擅名"②他认为当时文学的盛况，除了琅琊王氏和陈郡谢氏、吴俊张氏外，还有兰陵萧氏、陈郡袁氏、东海王氏、彭城到氏、吴郡陆氏、彭城刘氏、东莞臧氏、会稽孔氏、庐江何氏、汝南周氏、新野庾氏、东海徐氏、济阳江氏，所列家族大多被学界关注。

研究中古世家大族家族文化，需要考虑其文化环境的特殊性——学术文化的家门化。田余庆在论及东晋门阀时曾说，有些豪强固然可以通过政治、经济权力取得一定地位，称霸一方，但其地位却无法长久。而依托文化，即使出身寒微之人，也可以由于入仕而逐渐发展家族势力，跻身名流，成为世家望族。③ 杨荫楼的《中古时代的兰陵萧氏》以时代为经，以事件为纬，记叙了兰陵萧氏家族从姓氏起源直到隋唐时期的兴衰历程。杨氏认为中古的世家大族累数世而不衰的一个重要原因是其修其家法，维护家族门风，并指

---

① ［梁］刘勰撰，郭晋稀注译：《文心雕龙》，长沙：岳麓书社 2004 年版，第 422 页。

② 洪治纲主编，刘师培著：《刘师培经典文存》，上海：上海大学出版社 2004 年版，第 86 页。

③ 田余庆：《东晋门阀政治》，北京：北京大学出版社 1989 年版，第 354 页。

出士族文化有两个方面的表现：文采词章和经学道德。① 毛汉光在《中古大士族之个案研究——琅琊王氏》中认为，形成士族的主要途径有三条：政治、文化和经济，而琅邪王氏则明显是依据文化上位的。值得注意的是，在王吉、王骏和王崇祖孙三代中，“才学是前代为佳，官位则后代为高”，笔者认为这关键在于“入仕之难易”，说明“世资”的因素在西汉就已经逐渐被重视，可以说是士族的滥觞。② 曹道衡的《兰陵萧氏与南朝文学》认为兰陵萧氏并不是以文化起家，祖先多为军官将领，在取得高官后，子孙才逐渐弃武从文，步入文坛。“这个家族（兰陵萧氏）的人物建立了齐、梁两个皇朝，而南朝文风的丕变也正发生在这个时期。”笔者认为齐梁时代在文学史上有着极为重要的贡献与统治这两个朝代的兰陵萧氏的作用密切相关，仅凭《隋书·经籍志》中著录的情况就可见一斑，在整个南北朝，“出于这一族姓人物的文集就有 23 种 383 卷（包括刘宋时人作 1 种，后梁人作 2 种、北周人作 1 种和隋人作 1 种）；但这还是经过江陵陷落时大焚书后的数字，如果照《隋志》记梁代情况，还应加上 5 种 74 卷。这还仅仅是个人文集一项的统计数字，如果加上所编的总集及其他杂著，数量也很不少”③。

就整体而言，政治和经济通常被当做士族阶层存在的必要基础，但在某些条件或对于某些门户而言，文化也是其提升地位的重要条件，甚至有时候起决定作用。20 世纪 80 年代以后的家族研究纠正以往过度重视物质基础，偏重从唯物史观的角度解读的缺陷，对家族研究，乃至整个历史研究有了很大的完善。④

---

① 杨荫楼：《中古时代的兰陵萧氏》，济南：山东文艺出版社 2004 年版，第 134 页。

② 黄宽重、刘增贵：《台湾学者中国史研究论丛·家族与社会》，北京：中国大百科全书出版社 2005 年版，第 172~173 页。

③ 曹道衡：《兰陵萧氏与南朝文学》，北京：中华书局 2004 年版，第 17 页。除上述外，还有不少的期刊论文，如徐婷婷的《陈郡袁氏家学门风述论》、王大建的《东晋南朝士族家学论略》等。

④ 例如田余庆在其《东晋门阀政治》中勾画的士族文化面貌，余英时从思想发展的内在逻辑等都可以看做是对翦伯赞、范文澜、唐长孺等历史学家唯物史观的补充或完善。

相关的家族文化与文学研究蔚为大观，其中有几大家族甚至多次被学者研究，如琅邪王氏、陈郡谢氏和兰陵萧氏，因为这些家族为一等大家族或者是皇室贵族。但是对于一些流于次等地位的家族及其文化与文学研究，学界则关注不够。① 值得关注的一点是，在上述家族文学研究中，不少是硕士和博士论文，学位论文的比重较之以往有很大的提升。

但是同时也应注意到，近些年的魏晋南北朝家族文化（文学）虽然在个案研究方面取得令人欣喜的卓著成效，但是为把中国古代家族文化推向成熟，学界还应在研究的系统化和全面化、理论探究与个案研究紧密结合等方面取得突破性进展。

（四）教育与伦理

在战乱频仍的魏晋南北朝时期，家族或家庭教育为保存文化、传播儒学起到了不可低估的作用。政治动荡不安，官学萎靡不振，家学成为知识传播的重要渠道，由此诞生了诸多有关家庭、家族教育的事迹，相关研究也多有发明。

尹德新主编的《历代教育笔记资料》囊括魏晋以至明清之际的教育史料，其中的《魏晋南北朝隋唐五代部分》②有《家训》一节，历数各种有关家训、家戒和家约的原始记载，是很好的资料汇编。值得注意的是，从中不难发现，妇女在家庭、家族教育中占有重要地位。这不仅体现在寡妇家庭，即使是在正常家庭中，教育子女的角色也大多由妇女担任。其他不少学者也关注到女性在家族教育中的地位和作用。因为女性往往承担了生育、养育与教育子女的任务，所以在家族文化传承中居于一个中心位置。③ 女子在家族教育中扮演重要角色，除体现在教育子女、孤侄等晚辈方面，出嫁前能

① 常昭：《魏晋南北朝家族文化与文学研究现状与思考》，载《济南大学学报》2009年第4期。

② 尹德新：《历代教育笔记资料》第一册《魏晋南北朝隋唐部分》，北京：中国劳动出版社1990年版。

③ 常昭：《六朝琅琊颜氏氏家文化与文学研究》，山东师范大学2009年博士论文。

给接受良好的家庭教育亦是其社会地位提高的重要表现。王大建认为，“尤其难能可贵的是，女子在家族中也能受到良好的教育，承继家学。如前举徐广之姐，陈郡谢氏女辈也颇具才名，谢安侄女谢道蕴‘有文才，所著诗、赋、诔、颂传于世’”①。

东晋南朝，合乎礼仪规范的“孝”等家庭伦理受到统治者的重视，在政治生活中被强化。在家庭伦理中，晋以后“孝先于忠”的现象引起了学者们的讨论。唐长孺《魏晋南朝的君父先后论》②早已涉及过这个问题，认为自晋以后，亲先于君，孝先于忠的观念得以形成。胡和平《浅议“魏晋以孝治天下”》③认为，魏晋“以孝治天下”的根本原因还在于魏晋的士族社会性质，甄静《论魏晋南朝士人忠孝观的倒错》④一文探讨了忠孝观倒错现象，实际上这些和唐长孺论述的“君父先后论”都是同一个问题。需要关注的是，葛建平通过对载入史籍的孝行事迹的分析，发现东晋南朝的孝行存在一个重要的特点：行孝之人从社会身份来看，属上层者少，为下层民众者多。⑤ 这或许与士族地位下降，新兴寒门阶级上升有关。

家族成员间的称谓亦可以反映出这一时期的时代特色。如最初用“犹子”或“从子”指代兄弟之子，到了晋代，“侄”这个称谓开始从女子对其兄弟之子的称谓变成男子对其兄弟之子的固定称谓。⑥叶凌认为，从魏晋之际的家庭称谓上可以看出家族内父权上升，母

---

① 王大建：《东晋南朝士族家学论略》，载《山东大学学报》1995年第2期。

② 唐长孺：《魏晋南北朝史论拾遗》，北京：中华书局1983年版。

③ 胡和平：《浅议“魏晋以孝治天下”》，载《郑州大学学报》1996年第4期。

④ 甄静：《论魏晋南朝士人忠孝观的倒错》，载《青海师范大学学报》2007年第6期。

⑤ 葛建平：《东晋南朝社会中的家庭伦常》，载《中山大学学报》1990年第3期。

⑥ 冯汉骥：《中国亲属称谓指南》，徐志诚译，上海：上海文艺出版社1989年版，第19页。

系地位直线下降。[1]“总之，家、族内的称谓，与家、族内的尊卑、长幼等级之序一致起来。”[2]

家族内部的教育、伦理或信仰往往集中反映这一家族内在的价值观和政治取向，亦是时代思潮转变的最直接体现。通过对这一内容的研究，使得由于门第隔阂造成的文化和教育垄断现象清晰地呈现在研究者们面前，为透视六朝时期文化传播与交流方式提供了可靠的契机。

(五)生活与生计

婚姻、仕宦、文化、教育等勾画了魏晋南北朝家族的外在框架，一直是这一时期家族研究的重点，而国内学术界对反映其内在家族生活和家族生计所依靠的经济来源则着墨较少。总的说来，家族生活与生计的研究主要包括：家庭关系、家族管理和家族生活对其社会政治的作用。

魏晋南北朝时期社会风气较诸以往更加开放，妇女所受束缚相对较少，在家庭教育中也扮演重要角色。但是这并不意味着父系家长制受到挑战。王玉波认为，两晋南北朝时期，宗族联系相比于小家庭的秦汉时期更加紧密，有组织的宗族活动更加频繁。君权向族权的让渡使得家族集政治、经济、军事于一体，拥有极大权力。家族有族长和各房房长，主管家族内部大小事宜，如婚嫁、分家、立嗣、财产继承和其他纠纷，甚至还要负责为家族小儿起名，父系家长制盛极一时。[3]

经济管理(或者说财产管理)是家族管理的重要构成部分。家族经济通常包括经济收入与日常支出。目前，这一内容的研究尚不

---

① 叶凌：《中国“人伦家教”研究》，南京：南京大学出版社2012年版，第65页。

② 阎爱民：《汉晋家族研究》，上海：上海人民出版社2005年版，第252页。

③ 王玉波：《历史上的家长制》，北京：人民出版社1984年版，第61~71页。

深入。家族生活也有较大的研究空间。①

四、研究现状略评

自20世纪80年代以来，中国魏晋南北朝时期家族研究成就斐然。相比于20世纪上半叶和新中国成立以后的30多年，这一时期的家族研究打破了囿于制度史、政治史的藩篱，淡化了意识形态对学术的禁锢，在多种契机下获得了长足的发展。

一本好的专著既需要创见性的见解和通过宏观方面的理论概括，为其整体构建框架，同时也需要有微观方面的处理和史料的详细辨析。缺乏前者，容易流于繁琐细微的考证；忽略后者，论述会显得空洞、表面。学术研究从整体上看，亦如是。20世纪80年代以来家族个案的丰富，使得30多年的魏晋南北朝家族研究弥补了微观的不足，做到了宏观与微观的有机结合。尤其是有关魏晋南北朝时期家族的个案研究呈现井喷式增长，其中博士、硕士论文数量庞大。这些文章大多侧重于家族源流的梳理，以及对其婚姻、仕宦、文化特征等的研究，家族兴衰原因及其历史影响的评价。尤其是对琅邪王氏、陈郡谢氏、琅邪颜氏、兰陵萧氏、颍川庾氏等家族的研究更是取得了显著的成果。

但是，尽管80年代以来的中国家族研究成效卓著，目前仍然存在诸多不足。

---

① 日本学者谷川道雄曾对家族管理和家族生活有过论述，他继承了京都学派重视道德、精神分析的历史方法，认为魏晋南北朝时期的家族生活具有“公”与“私”两面性质：“私”主要指家族内部管理，如不独居、不异财、不独食；而“公”则主要涉及对外交往。在家族经济活动上，他认为家族经济往往牵涉到宾客接待、赠与和乡党之间的赈恤。在他看来六朝贵族经济，实质上是一种依赖于自然，在维持全家族日常生计的基础上，以追求家族的地位、荣誉为最高理想的。而且，这种赈恤开支之所以能够如愿实施，关键在于家族的每一个成员都要有克己节俭之心，并在大家庭内部中，需具有个人服从家族的精神或境界。谷川氏的论述过于重视精神在家族地位上的影响作用，反驳和批评的声音也早在上世纪就出现，兹不赘述。

第一，中国现当代的社会学研究引进于西方，得利于20世纪三四十年代一大批接受英美系统学习的留学归来的社会学家，费孝通、潘光旦、吴文藻、许烺光、李景汉、陈达等人成果卓著。在家族研究上，他们主要围绕着政治制度、等级婚姻、文化家学等内容来探讨家族历史，而于其他领域则致力尚浅，这就使得在他们之后的中国家族历史研究难以摆脱思维定势，打破旧有格局的限制。

尤其值得注意的是，在借鉴汉学研究方法时，应该注意到汉学是西方学术体系的一部分，源于西方学术的问题意识在多大程度上关联中国传统社会所具有的特殊性和复杂性，这是我们在运用其方法和思维时应该警惕的，以避免削足适履。

第二，进行家族个案研究时，研究者们习惯首先对这一家族的世系进行梳理和考证，然后围绕家族的仕宦情况、婚姻状况、家族文化、家学门风等分析考察，从而窥探家族发展的面貌。研究格局仍显局促，难以突破以往的思维限制。且单个的家族个案研究也具有明显的缺陷，应该秉持的想法是家族的个案研究是获得可靠、具体史料的必要和基础步骤，最终的目的都是为了研究对象，而这显然是一个很好的开端，但是不止于开端。①

第三，20世纪80年代以后，家族、宗族史研究开始焕发勃勃生机，但与先秦和宋元明清家族史、宗族史的研究相比，秦汉魏晋南北朝时期家族史、宗族史的研究仍显薄弱。宋以来，尤其以明清时期家族研究为大多数，这可能与历史资料流传、保存的现状有关。

第四，从研究对象来看，还有相当数量的影响力颇大的北方士族未有文章涉及。在个案研究占据主流的同时，对北朝家族进行宏观研究的成果亦在期待视野中。北朝家族研究有其必要性而任重道远，研究的拓展与深入将会对还原北朝政治、经济、文化发展的真

① ［美］伊佩霞：《早期中华帝国的贵族家庭——博陵崔氏个案研究》，范兆飞译，上海：上海古籍出版社2011年版，第8页。

实面貌有直接促进作用。①

第五，研究对象集中在社会上层知识阶层，而对下层民间社会中的家族着力不够，这就涉及芮德菲尔德所提出的大小传统理论。② 尤其是在研究家族文化时，来自大小不同传统的文化理所应当表现出其差异性。来自民间的小传统作为在广大人民群众生活和实践中形成的文化，影响范围更广。但是目前，至少就魏晋南北朝时期的家族而言，学界对民间普通家族的关注不够。

在 20 世纪，许多人把家族文化定义为封闭性、排他性、落后性的文化，直到现在，仍有不少人持此论。但是，应该看到，传统家族文化的内涵，如尊宗敬祖、和睦亲人的团体意识，讲求孝道的家庭伦理等在当下社会仍具有积极的建设意义。

家和族的历史功能在春秋时期发生转变，在此之前，族(或者说氏)的功能特征明显，是主导祭祀、战争、财产、行政等多项社会活动的主体，是社会基础。但是自封建制逐渐解体，集权政府出现，小家庭逐渐取代大家族成为社会基本单位。这种状况一直延续了两千多年，直至今日。但是族并没有消失，甚至在某一历史时期成为社会重要单位，它在不同的历史时期，承担不同的历史任务。在当今工业化现代社会，家族或存在于田野乡村，或只是在某一阶层零星地分布，导致家族荣誉感、家庭责任感越来越淡漠。或许，当我们追溯历史时，才能真正体会到家族背后的人文情怀。

---

① 叶会昌、申瑞绅、朗瑞萍：《20 世纪北朝家族研究综述》，载《河北北方学院学报》2011 年第 1 期。

② ［美］罗伯特·芮德菲尔德：《农村社会与文化：人类学对文明的一种诠释》，王莹译，北京：中国社会科学出版社 2013 年版，第 1~10 页。

以注为著：《钱注杜诗》研究

2012级国学班　王茹钰

一

明清易代之际，中国历史遭遇了一场天翻地覆的大动荡，政治上的兴废、思想上的裂变、学术上的分野、文坛上的喧嚣，交织成一幅浓墨重彩的壮丽图景。

细究易代这一历史事件，其影响程度却是因人而异的。那些深刻地卷入政治，尤其是处于权力中心的士人所感受到的冲击，与普通民众截然不同。世家迅速衰败，使得人们居无定所，随时可能遭遇生死别离；为了勉强维持生计，他们夹在乱兵、盗匪、家变、天灾与穷困中间左支右绌，窘迫难堪。因此，从这个时期士人们所留下的诗文中，常常可以看到突如其来的杀戮、频繁发生且难以预测的死亡以及无法躲避的灾祸。王朝的暮气早已在他们的心中引起了莫可名状的悲凉，山河的破碎，更使士人们的精神变得敏感而紧张。国破家亡之后个人无所依归的痛苦，异族统治带来的压迫感和屈辱感汇集成破碎人生的悲哀，往往会引发他们对命运无常，人生苦短的感慨。

也正因为如此，易代之际，杜诗研究往往特别兴盛。明末清初所面临的民族危难，远甚于杜甫所处的安史之乱，更甚于宋末的空坑①

① 空坑：南宋景炎二年(1277)文天祥在率军进攻江西的抗元作战中，被元军追击而退至空坑(今江西吉安)，所带领的军队亦被击败溃散。

崖山①之悲。明王朝代元而兴，以“驱逐胡虏，恢复中华”为旗帜而号召天下。汉族人重新赢得国家的执政权，恢复并有力地执行着以儒学为本的教化政策，因此明人自居正统的意识极为强烈。明代衰亡后，北方少数民族取而代之，这使得明代士人所受的刺激之深，远远超出了其他时代。这种对本民族文化的崇尚以及对文化秩序被破坏的忧虑，也引发了明清易代之际华夷之辨的高涨。“天崩地解”、“山呼海立”的时代契机，使身处乱世的士人们对杜诗中的国家倾覆、百姓血泪以及杜甫自身的颠沛流离感同身受。只有经历过“兵戈迭起，民物凋耗，伤心满目”②，才真正体会到“其凄怆愤惋，虽欲止之而不可”③，才能真正地与杜甫产生心灵共鸣。易代之际的历史事件对士人们造成了极大的心理冲击与震撼，也使他们在杜诗研究中贯注了深刻且真切的国家丘墟之痛，表现出鲜明的时代精神与学术品格，并由此引发了明末清初学者注说杜诗的高潮，钱谦益即为其中一典型。

处于四海离乱的易代之际，知识分子们怀着深切的亡国之痛，反思明王朝灭亡的原因。他们认为明朝末期学术风气败坏、思想空疏浮躁与明亡有着莫大的联系。值此之际，钱谦益置身横流，建立了“返经汲古”的“虞山之学”，这也成为明清之际学风转变的代表理论。他首先对宋明理学展开了全面的批评，认为王学末流蹈空浮泛的弊病严重影响了学术风气，使整个社会束书不读，学无根柢，却敢轻毁先圣，莫可穷诘，“汉唐章句之学，或几乎熄灭矣”④。

---

① 崖山：崖山海战，南宋祥兴二年(1279)，宋朝军队与蒙古军队在崖山(今广东新会南崖门镇)进行的大规模海战，是宋元之间的决战，元军以少胜多，宋军全军覆没。这次战役之后，陆秀夫背着少帝赵昺投海自尽，十万军民跳海殉国。赵宋皇朝的陨落，也意味着南宋残余势力的彻底灭亡。

② (明)刘基：《项伯高诗序》，见《刘基集》，杭州：浙江古籍出版社1999年版，第84页。

③ (明)刘基：《项伯高诗序》，见《刘基集》，杭州：浙江古籍出版社1999年版，第84页。

④ (清)钱谦益：《苏州府学志序》，见《牧斋初学集》，上海：上海古籍出版社1985年版，第852页。

基于以上思考，他提出了“返经汲古”的学术宗旨：

> 孟子曰：我亦欲正人心，君子反经而已矣。诚欲正人心，必自反经始；诚欲反经，必自正经始。①

所谓“返经”，就是使经学返回到最原始的状态，纠正朱熹、王守仁对六经的曲解。经学与国运政治、世俗人心、史学文艺都有密不可分的关系，因此正学风必自返经始。钱氏提倡以考证入手进行经学研究，汲取“汉学”的学术精神，“以汉人为宗主，如杜预所谓原始要终。寻其枝叶，究其所穷，优而柔之，餍而饫之，涣然冰释，怡然理顺，然后抉摘异同，疏通凝滞”②。同时，这一剂济学良方也包含着史学和文学方面的“返本”，钱氏提出《史记》、《汉书》是史学之经，六经则是文学之经。“返经汲古”的思想理论在钱谦益治史和为文的学术活动中展现得淋漓尽致，同时也引领了清代严谨的学术风格，掀起了以实事求是为治学宗旨的考据学之潮流。

钱谦益执掌文坛50年，是明末清初的文坛祭酒。郑方坤在《东涧诗钞小传》中评价钱谦益：“(虞山)学问渊博，浩无涯涘。其诗昌大宏肆，鲸铿春丽，一以少陵为宗，而出入昌黎、香山、眉山、剑南，以博其趣。”他一生著述丰富，著有《初学集》、《有学集》、《列朝诗集》等多种。其中《列朝诗集》一书，仿元好问《中州集》“借诗存史”的体例，以诗存人，以人存史，“使一代诗人之精魂留得纸上”，差可弥补其史志不遂之遗憾。

钱氏尤其嗜好杜诗，后半生研究杜诗甚力。他一生拳拳服膺的人便是杜甫：“自唐以降，诗家之途辙，总萃于杜氏，大历后以诗名家者，靡不由杜而出。……以佛乘比之，杜则果位也，诸家则分

---

① (清)钱谦益：《新刻十三经注疏序》，见《牧斋初学集》，上海：上海古籍出版社1985年版，第852页。

② (清)钱谦益：《与卓去病论经学书》，见《牧斋初学集》，上海：上海古籍出版社1985年版，第1705页。

身也。”①直到去世为止，钱氏先后用了约 30 年的时间笺注杜诗，这项工作也成为他晚年最后的精神寄托，至死不辍。

大体而言，钱谦益笺注杜诗可分为四个阶段：

第一阶段，明崇祯六年至七年(1633—1634)，钱谦益受到卢德水的影响，撰《读杜小笺》三卷与《读杜二笺》二卷。②

第二阶段，明崇祯七年至清顺治七年(1634—1650)，钱谦益听从其友程嘉燧“遂及其全”的建议③，继续对杜诗全集进行注解，这便是朱鹤龄所谓的“新笺”④。直至清顺治七年(1650)绛云楼大火之后，钱谦益自称“老归空门，拨弃世间文字”，对杜诗全集的注解暂时告一段落。

第三阶段，清顺治十二年至康熙元年(1655—1662)，此时朱鹤龄馆于钱谦益家塾，钱氏得见朱鹤龄《杜诗辑注》的初稿，二人开始合作，欲将二稿合为一书。

第四阶段，清康熙元年至康熙三年(1662—1664)，朱鹤龄在清康熙元年(1662)复馆钱谦益家，钱氏再见朱书，两人意见产生分歧，遂决定两行其书。在族孙钱遵王等人的协助下，钱谦益得以继续《杜工部集》的笺注工作直至去世。此书最终由李振宜静思堂刊刻行世(1667)，题名《钱牧斋先生笺注杜工部集》⑤。

在《复吴江潘力田书》中，钱谦益曾言注杜之难：

---

① (清)钱谦益：《会房仲诗序》，见《牧斋初学集》，上海：上海古籍出版社 1985 年版，第 928~929 页。

② 钱谦益《草堂诗笺元本序》：“余为《读杜笺》，应卢德水之请也。”崇祯十六年(1643)，《读杜小笺》与《读杜二笺》由钱氏门人瞿式耜合刻于《初学集》之后。

③ 钱谦益《草堂诗笺元本序》：“孟阳曰：‘何不遂及其全?’于是取伪注之纰缪、旧注之踌驳者，痛加绳削；文句字义，间有诠释，藏诸箧衍，用备遗忘而已。”

④ 朱鹤龄：《杜工部集辑注 · 凡例》：“钱守之太史《杜诗笺》，行世已久，近复以新笺见授，具从采录。”

⑤ 又名《草堂诗笺》、《钱注杜诗》。

> 注诗细事耳，亦必须胸有万卷，眼无细尘，任天下函矢交攻，砧椎击搏，了无缝隙，而后可以成一家之言。若犹是掇拾丛书，丐贷杂学，寻条屈步，捉衿见肘，比起书之成也，旦而一人焉，剌驳则愤而求敌；夕而有一人焉，剌驳则趣而窜改。剌驳频烦，窜改促数。前陈若此，后车谓何？杜诗非易注之书，注杜非聊尔之事，固不妨慎之又慎，精之又精，终不应草次裨贩，冀幸举世两目尽眛而以为予雄也。①

注杜之难古人早有共识，然钱氏何以下30年工夫而为之？笔者认为，除了受到好友卢氏、程氏的影响之外，其深层目的有二。

钱氏笺注杜诗，其目的之一在于还原杜诗之“真面目”。在《钱注杜诗·注杜略例》中，钱谦益自言：

> 杜诗昔号“千家注”，虽不可尽见，亦略具与诸本中。大抵荒秽舛陋，如出一辙。其彼善于此者三家：赵次公以笺释文句为事，边幅单窘，少所发明，其失也短；蔡梦弼以捃摭子传为博，泛滥踳驳，昧于持择，其失也杂；黄鹤以考订史鉴为功，支离割剥，罔识指要，其失也愚。余于三家，截长补短，略存什一而已。②

宋代产生了“千家注杜”之盛大局面，然而也产生了两个主要的弊端：一是“紊乱失次”，即便吕大防、樊晃、吴若之辈也无法避免；二是“钩稽年月，穿穴瓅碎”，“穿凿其诗之片言只字，曲为之说”，这方面则以鲁訔、黄鹤等人为代表。③

---

① （清）钱谦益：《复吴江潘力田书》，见《牧斋有学集》，上海：上海古籍出版社1996年版，第1367页。

② （清）钱谦益笺注：见《钱注杜诗》，上海：上海古籍出版社2009年版，第2页。

③ 钱氏虽然对赵、蔡、黄三家都提出了严厉的批评，然而其对杜诗的笺注是以此三家的研究为基础的。在杜诗校勘、编年和笺注等问题上，“最为近古”的吴若本及其他宋元杜集旧本、吕大防编辑的《杜诗年谱》、以宋人黄鹤为代表的以史证诗的阐释方式都给钱氏笺注杜诗提供了一定的方法和思路。

金人元好问所著《杜诗学》对杜诗“支分句解，契旨探微”，且首先提出了“杜诗学”这一名词，然而其《杜诗学》一书今已散佚，今仅存《杜诗学引》一文。

据周采泉《杜集书录》①所统计，元明两代杜诗研究著作仅13部，与宋代的42部差距悬殊。元代的著作除高崇兰的《集千家注批点杜工部集》以外其余两本均已亡佚。明朝的11部书，以评论为多，且多沿袭前人，甚少创见。而且，与重视杜集校勘工作的宋人不同，明代杜诗学者普遍不重视对杜集的校勘，大多数注本未注明文本依据或校勘体例，甚至有无视版本依据而径以臆度进行校勘者。明人校勘古籍，为后代学者指责最多。就杜集而言，能纠正明人好以己意窜改古书，并且付诸实践的便是钱氏所作的《钱注杜诗》。

在《吴江朱氏杜诗辑注序》中，钱氏也曾总结：

> 自昔笺注之陋，莫甚于杜诗。伪注假事，如鬼冯人。剽义窜辞，如虫食木。而又连缀岁月，割剥字句，支离覆逆，交跖旁午。如郑昂、黄鹤、蔡梦弼之流，向有条例破逆，亦趣举一二而已。今人视宋，学益落，智益粗，影明隙见，熏染于严仪、刘会孟之邪论，其病屡传而滋甚。人各仞其所解以为杜诗，而杜诗之真面目，盘回于洄渊漩复，不能自出。②

自宋以来，由于受到了宋明理学的影响，杜诗的注释“人各仞其所解以为杜诗”，导致了“杜诗之真面目，盘回于洄渊漩复，不能自出”的后果。钱谦益在《注杜略例》中以分类举例的形式总结了宋人注杜的八种谬误：伪托故人、伪造故事、附会前史、伪撰人名、改窜古书、颠倒事实、强释文义、错乱地理，他在正文中也逐一进行了刊削。钱氏认为这些谬误会“疑误后学”，因此必须对这

① 周采泉：《杜集书录》，上海：上海古籍出版社1986年版，第53页。
② （清）钱谦益：《吴江朱氏杜诗辑注序》，见《牧斋有学集》，上海：上海古籍出版社1996年版，第699页。

种不良的学术风气加以纠正，从而廓清杜诗的研究道路，还其真面目。

钱氏笺注杜诗，还出于“借诗以存史”的目的。杜维运评价钱谦益，认为其一生学力最为深厚者实为史学。钱氏尤其强调历史的重要性，他在《汲古阁毛氏新刻十七史序》中云：

> 史者，天地之渊府，运数之勾股，君臣之元龟，内外之疆索，道理之窟宅，智谞之伏藏，人才之薮泽，文章之苑圃。以神州函夏为棋局，史其为谱；以兴亡治乱为药病，史其为方。①

钱氏以历史为棋谱，以现实为棋局，认为前者对后者有着指导意义。他又进一步认为，历史可以用来医治和挽救现实之政治。钱氏家传《春秋》，在各种史书中他尤其重视《春秋》，认为“六经伟矣，至《春秋》而始告备者”②，并称“马、班一代之史，孔子之春秋，万世之史也。孔子具万世之眼，马、班具一代之眼”③。不仅如此，钱谦益还欲“援经入史，通过经史之辨以求史”④，从中我们不难看出，钱谦益意在建立一套以史学为核心地位的文化价值体系，使经学服从于史学的主导地位。前面已经提到，钱谦益以六经为文学之经，那么他又如何看待诗与史之间的关系呢？

杜诗的“诗史”的概念最早由五代孟棨提出，宋人对杜诗指陈时事的评价，使得杜诗真正享有了“诗史”之美誉，同时也使得诗与史的距离更加接近。然而，明人对宋人的理论进行了严厉的批

---

① （清）钱谦益：《汲古阁毛氏新刻十七史序》，见《牧斋有学集》，上海：上海古籍出版社1996年版，第681页。

② （清）钱谦益：《陈确庵集序》，见《牧斋有学集》，上海：上海古籍出版社1996年版，第848页。

③ （清）钱谦益：《后香观说书介立诗卷》，见《牧斋有学集》，上海：上海古籍出版社1996年版，第1569页。

④ 张永贵、黎建军：《钱谦益史学思想评述》，载《史学月刊》2000年第2期。

评。以杨慎为代表的明人认为，诗不可以兼史，杜甫直陈事实的作品不能代表杜诗的文学成就。王夫之在杨慎的基础上坚持认为诗与史之间是相互独立的，进一步批评了宋人对杜诗的狭隘理解，认为他们混淆了诗与史之间的关系。

钱谦益更倾向于宋人的观点，《胡致果诗序》一文历来被认为是钱谦益“诗史说”之代表。在文中，钱谦益梳理了从三代以前（含三代）至宋之间诗与史的关系，他认为，三代以前（含三代）诗歌（《诗经》）与历史（《春秋》）是浑然一体的。三代以后，诗歌和历史开始分离，“史自史，诗自诗，而诗之义不能不本于史”，正如曹植、阮籍、刘琨、张载各有记载“千古兴亡升降”、发“感叹悲愤”之心的佳作，至于杜诗，“诗中之史大备，天下称之曰诗史”。到了宋代，诗歌对于历史的记载更加完备，可用之以考察人事。按钱氏的思路，三代之后，诗与史之分离可能导致四种并列的结果：诗之义本于史；史之义本于诗；诗史并列，互相纠缠；诗史并列，互不干涉。然而钱谦益直接排除了后面三种可能性，这使其诗歌附庸于历史的思想表达得更加鲜明。① 将诗歌作为历史的材料而收集起来，利用诗歌的记载来考知历史，这一指导思想落实到学术实践方面就是钱氏的《列朝诗集》及其对杜诗的笺注。

钱氏出于还原杜诗之“真面目”以及“借诗以存史”的目的对杜诗进行笺注，这是钱谦益“返经汲古”的学术思想，及其个人史家关怀之体现。《钱注杜诗》也在一定程度上对清代的杜诗笺注起到了正本清源、拨乱反正的作用。

二

《钱注杜诗》由《读杜小笺》和《读杜二笺》全面发展而来。据统计，钱注全集共收杜诗 1424 首（逸诗在外，与他人和作附于内），有笺者约 50 处，无一字注释之白文有 584 首。明末清初学人几乎

① 张晖：《中国“诗史”传统》，北京：生活·读书·新知三联书店 2012 年版，第 165 页。

众口一词，认为《钱注杜诗》之出现“一洗向来之陋”，是“从来注杜第一善本”，于杜诗之学有“大开生面”之功，在很大程度上代表着明末清初杜诗学的最高成就。钱谦益也在《草堂诗笺原本序》中如此评价自己的作品：“句字诠释，落落星布满，取雅去俗，推腐致新。其存者可咀，其阙者可思。”①笔者拟从笺注内容、笺注方法、评论诗法这三个方面对《钱注杜诗》进行概述与评价。

从笺注内容上来看，钱氏自言其笺注杜诗的出发点在于“刊削宋人伪注谬解”，并将宋人的错谬之处总结概括为以下八条：伪托故人、伪造故事、附会前史、伪撰人名、改窜古书、颠倒事实、强释文义、错乱地理。通过对《钱注杜诗》的综合考察，笔者认为钱氏在笺注杜集时，尤其重视对前人杜诗注释中年谱、诗谱、地理、姓氏、事件“订讹斥伪”的考订工作。

从明末清初的杜诗学来看，众多杜诗学者或注杜或选杜，皆辑有杜甫年谱，大部分杜诗著作也以编年为主。然而这些作品中，真正能够突破前人之窠臼，起到发凡起例作用的还是《钱注杜诗》附录中的《少陵先生年谱》。《草堂诗笺元本序》中，钱谦益借钱曾之口云：“考旧注以正《年谱》，仿苏注以立《诗谱》，地里姓氏，订讹斥伪，皆吾夫子独立创始。”②笔者认为刘重喜在其《明末清初杜诗学研究》上编《〈钱注杜诗〉研究》中，对钱氏编撰杜甫年谱和杜诗编年的特点总结得十分中肯：第一，继承了“知人论世”的思想观念，承袭宋人，重视杜甫年谱和杜诗编年的编撰工作。第二，重视杜诗背后的历史文化背景。第三，重视版本的依据，尤其是吴若本编次的先后顺序，也包括“公自注”以及宋本中出现的一些文字线索。第四，避免宋代鲁、黄诸人在年谱和编年中出现的牵合、穿凿的弊端，能考则考，不能考证则采取“识其大略”的态度。③

① (清)钱谦益笺注：《草堂诗笺原本序》，见《钱注杜诗》，上海：上海古籍出版社 2009 年版，第 4 页。

② (清)钱谦益笺注：《草堂诗笺原本序》，见《钱注杜诗》，上海：上海古籍出版社 2009 年版，第 1 页。

③ 刘重喜：《明末清初杜诗学研究》，北京：中华书局 2013 年版，第 105 页。

通检《钱注杜诗》，不难发现钱氏对地理位置、地理名称的来历与变迁、地理特征等方面的注释在全书中占有相当大的比例，这也是钱氏笺释词语典故时极其出彩之处。如《自京赴奉先县咏怀五百字》，钱氏注“奉先”条：

> 西魏蒲城县，属同州，开元四年改为奉先县，移隶京兆府，以奉睿宗桥陵。十七年，升为赤县，去长安一百五十里。《长安志》：蒲城县，秦名重泉，后魏白水，又改蒲城，开元四年建睿宗桥陵，改为奉先县，隶京兆府，十七年，升为赤县。①

钱氏结合了开元四年建睿宗桥陵的史实，对“奉先”的历史变迁进行了梳理。再如《龙门》的“皇居”一条：

> 《元和郡国志》：炀帝登邙山，望伊阙曰，此非龙门耶，自古何不建都于此。仁寿四年，诏杨素营动静，今洛阳宫是也。北据邙山，南直伊阙之口，洛水贯都，有河汉之象。韦应物诗曰：都门逼相望，佳气生朝文。②

此处是钱氏以《元和郡国志》和韦应物的诗来印证地理。在笺注《不见》的“匡山”条时，钱氏云：

> 《唐诗纪事》载东蜀杨天惠彰明逸事云：元狩二年，补令于此，闻李白本邑人，微时募小吏，弃去，隐居大匡山，今犹有读书台。吴曾《能改斋漫录》、欧阳忞《舆地广记》皆本天惠之说。按太白居庐山，见于诗文，不一而足。《曾巩诗序》云：

① （清）钱谦益笺注：《自京赴奉先县咏怀五百字》，见《钱注杜诗》，上海：上海古籍出版社2009年版，第36页。

② （清）钱谦益笺注：《龙门》，见《钱注杜诗》，上海：上海古籍出版社2009年版，第288页。

> 永王璘节度东南，白时卧庐山，璘迫致之。公怜其因此得罪，故云“匡山读书处，头白好归来”。彰明遗事所载，乃委巷传闻之语，近时杨慎辈力引为蜀中故事，殊不足信。《容斋三笔》亦云：太白乡郡，当以范传正碑为正。范碑云：国朝已来，漏于属籍，神龙初，潜还广汉，因侨为郡人。杜田《杜诗补遗》引范碑云：白之先客、居蜀之彰明、太白生焉云云，此好事者伪为之，以附会杜诗也。①

钱氏以前的诸多注家皆以“匡山”为李白的故乡四川匡山，独钱注引用诗文证明“匡山”乃李白所居的庐山。虽然后世关于“匡山”的争论颇多，钱氏仍可谓持论独到。又如《奉先刘少府新画山水障歌》的“天姥”条：

> 《寰宇记》：天姥山在剡县南八十里。《名山志》曰：山上有枫千余丈，萧萧然。《吴录》云：登者闻天姥歌谣之响。《郡国志》：天姥山与括苍山相连，石壁上有刊字，科斗形，高不可识，春月樵者，闻箫鼓笳吹之声聒耳。元嘉中，遣名画写状与团扇，即此山也。谢灵运诗曰：暝投剡中山，明登天姥岑。《壮游》诗：“归帆拂天姥，盖旧游之地。”故云“悄然坐我天姥下”也。②

钱氏在这里引用了《寰宇记》、《名山志》、《吴录》、《郡国志》等地理志来描述天姥山的地理特征，此外，还引用了谢灵运的诗以及杜集的《壮游》笺释天姥山。

钱氏对人物的考订工作主要集中于以下几点：一是考订前人伪撰之人名，如《醉歌行赠公安颜少府请顾八题壁》中：“顾文学。即

---

① （清）钱谦益笺注：《不见》，见《钱注杜诗》，上海：上海古籍出版社2009年版，第417页。

② （清）钱谦益笺注：《奉先刘少府新画山水障歌》，见《钱注杜诗》，上海：上海古籍出版社2009年版，第38页。

顾八分文学也，旧注以为顾况，甚误。”①《苦战行》中：“马将军。旧注指马璘，大谬。璘以大历十二年卒也。遂州在涪江少南，故曰江南。盖必死于段子璋之乱者。”②

二是对旧注中的人物进行驳证，如《和裴迪登新津寺寄王侍郎》中“王侍郎”注云：“旧注以为王缙，考缙专未尝牧蜀，注家因裴迪而附会也，今削去。”③旧注指的是蔡梦弼的之注，蔡注中以王侍郎为王维之弟王缙，钱氏考王缙之生平后对蔡注进行刊削。

三是对考订杜诗人物的重要文献《唐诗纪事》中出现的错误进行驳证。如《八哀诗·赠秘书监江夏李公邕》中“崔苏”之注：

> 《新书》曰：李峤与崔融、苏味道齐名。《朝野佥载》：李峤、崔融、苏味道、杜审言为文章四友，世号崔李苏杜。崔、苏者，融，味道也。《唐诗纪事》注云崔信明、苏源铭，误矣。”④

四是结合史料对杜诗中出现的人名进行考证，如在《两当县吴十侍御江上宅》中，钱氏根据《方舆胜览》认为“吴侍御”即吴郁：

> 《方舆胜览》：吴郁，两当人，为侍御史，以言被谪，居家不仕，与杜子美交游。唐韦续《墨薮》：吴郁字体绵密，不谢当时。⑤

---

① （清）钱谦益笺注：《醉歌行赠公安颜少府请顾八题壁》，见《钱注杜诗》，上海：上海古籍出版社2009年版，第239页。

② （清）钱谦益笺注：《苦战行》，见《钱注杜诗》，上海：上海古籍出版社2009年版，第132页。

③ （清）钱谦益笺注：《和裴迪登新津寺寄王侍郎》，见《钱注杜诗》，上海：上海古籍出版社2009年版，第379页。

④ （清）钱谦益笺注：《八哀诗·赠秘书监江夏李公邕》，见《钱注杜诗》，上海：上海古籍出版社2009年版，第209页。

⑤ （清）钱谦益笺注：《两当县吴十侍御江上宅》，见《钱注杜诗》，上海：上海古籍出版社2009年版，第98页。

在《荆南兵马使太常卿赵公大食刀歌》“芮公”注中，钱氏据《唐书》考之，认为芮公可能是卫伯玉。此外，与宋代诸家多征引《唐书》来考证人物相比，钱氏则比较重视人物行状、墓志以及家传等第一手材料，对人物的考订更为全面可信。

在《钱注杜诗》中，有注者840首，无注者584首，对于这840首杜诗，钱氏所笺详略不一，其用力最勤之处，主要涉及以下几个方面：一是玄宗、肃宗父子之间的矛盾(《洗兵马》、《壮游》、《收京三首》、《干元中寓居同谷县作歌七首》、《石笋行》、《杜鹃行》)；二是蜀郡、灵武的从臣之别(《收京》、《寄张十二山人彪三十韵》)；三是房琯分镇之议(《建都十二韵》、《有感五首》)；四是琯党(贾至、严武、杜甫等)贬官(《送贾阁老出汝州》、《至德二载自京金光门出干元初有悲往事》、《寄岳州贾司马巴州严使君两阁老五十韵》)、李泌隐居(《寄韩谏议》)等。① 可以看出，这些事件都与当时朝野上下国家根本有着密切的联系。钱谦益继承了前人的“诗史”观念，尤其注重对杜诗中震动朝野的大事件进行考证。这些朝野大事，是杜甫“大头颅”、“大见识”之处，也是杜诗之所以称“诗史”的“大头颅”、“大见识”之处，更是钱笺的“大头颅”、“大见识”之处，故而徐树丕评价牧斋笺杜“直当与‘诗史’相辅而垂不朽”。

另外，由于明末清初印刷业发达，书籍刊刻、流通极为便利，藏书家得以大量收藏。曹溶的《绛云楼书目题词》有云：“虞山宗伯，生神庙盛时，早岁科名，交游满天下。尽得刘子威、钱功父、杨五川、赵汝师四家书，更不惜钟赀购古本，书贾奔赴，捆载无虚日。用是所积充牣，几牣内府。”②绛云楼中的大量藏书为钱谦益校勘笺注杜诗提供了极为丰富、翔实的材料：钱氏以吴若本作为杜集校勘的底本，以“草堂本”、“九家注本”互为参校，此外，还参考了其他宋、元旧版杜集以及类属、总集、别集、笔记、小说、诗话

① 刘重喜：《明末清初杜诗学研究》，北京：中华书局2013年版，第184页。

② (清)钱谦益：《绛云楼书目》，北京：中华书局1985年版，第3页。

等文献。① 据统计，《钱注杜诗》共引书769种，所征引的文献不仅内容丰富，而且具有很高的学术价值，而且这些书籍大部分为元明以前的典籍，很多在后世已亡佚。《钱注杜诗》对它们的征引也在一定程度上考证、保存了亡佚的资料，使我们在千年之后仍能窥其面目之一二。

对于《钱注杜诗》笺注方法的评价，陈寅恪说得最为精到："牧斋之注杜，尤注意诗史一点，在此之前，能以杜诗与唐史互相参证，如牧斋所为之详尽者，尚为之见也。"②钱氏以杜诗和唐史相互参证，无论是以诗考史，还是以史证诗，都不可割裂而观之，二者之间是一体两面的关系，相互依存，不可分割，这也是诗史互证方法之精神所在。

明末清初的文人，如钱谦益、黄宗羲等人，因易代的强烈刺激，特别强调以诗歌补史的功能，他们认为"天崩地解"的易代之际，时代的历史事件不能被史官正常记录，亡国的史实多被记录在诗作之中，正科补史之不备，借诗存史，也正是钱氏笺注杜诗的动机之一。在《钱注杜诗》中，以诗考史的方法主要表现在以诗歌作为材料来考证史实的真伪，补充史之阙漏。如笺《青丝》：

> 董逌《跋崇徽公主手痕碑》云："碑在汾州灵石，怀恩以猜嫌入回纥，没其家入后宫，大历四年，以其女为崇徽公主，嫁回纥可汗。"故云："不闻汉主放妃嫔。"言怀恩独不以妻孥计，意以隐辞代宗也。旧注引肃宗放宫人事，非是。唐史云："养其女于宫中。"亦非实录。③

钱氏以《跋崇徽公主手痕碑》同杜诗互证，证明了宋代旧注和

---

① 刘重喜：《明末清初杜诗学研究》，北京：中华书局2013年版，第35页。

② 陈寅恪：《柳如是别传》，北京：生活·读书·新知三联书店2011年版，第993页。

③ （清）钱谦益笺注：《青丝》，见《钱注杜诗》，上海：上海古籍出版社2009年版，第477页。

唐史记载之误。再如《赠李十五丈人别》中“汧公”条：

李勉，肃宗初年为梁州都督，宝应元年建辰月，党项、奴剌寇梁州，勉弃郡走，后历河南尹，徙江西观察使，大历二年来朝，拜京兆尹，李十五自陕中往访，正勉在江西时也。南入黔阳天，自黔取道之豫章也。旧注云访勉于梁州，甚误。《新书》：大历十年，拜工部尚书，封汧国公。此诗已称汧公，知《新书》误也。①

《新书》谓自岭南节度召归进工部尚书，封汧国公，勉以大历四年入岭南，归在五年，其时乃公没之后。此诗已称“汧公”，因而此处乃《新书》之误。再如钱氏笺《越王楼阁》云：

《绵州图经》：在绵州城外，西北有台，高百尺，上有楼，下瞰州城。唐显庆中，太宗子越王贞为绵州刺史日建。李偓诗：“越王曾牧剑南州，因向城隅建此楼。横玉远开千桥雪，暗雷下听一江流。”贞刺绵州，本传不载，盖史阙也。②

此诗中有“绵州州府何磊落，显庆年中越王作”二句，钱氏引用《绵州图经》与李偓之诗来考证杜诗，诗中所言之事是史实，但《新唐书·李贞传》中并未载其事，可以杜诗补其阙。钱氏笺《送殿中杨监赴蜀见相公》云：

按《旧书·杜亚传》，杜鸿渐以宰相出领山剑副元帅，以亚及杨炎并为判官。《崔宁传》：鸿渐至蜀日，与判官杨炎、杜亚纵观高会。《羯鼓录》：鸿渐出蜀，至嘉陵江，与从事杨

① （清）钱谦益笺注：《赠李十五丈人别》，见《钱注杜诗》，上海：上海古籍出版社2009年版，第533页。

② （清）钱谦益笺注：《越王楼阁》，见《钱注杜诗》，上海：上海古籍出版社2009年版，第435页。

崖州、杜亚辈登驿楼望月，行觞宴语。此诗所谓杨监者，岂即崖州耶？炎以元载败，贬道州司马，诗云："况子已高位，为郡得固辞。"则指炎为高官，正义道州司马辞也。炎《传》不记其为殿中监，其为鸿渐从事，却于别传见之，则史之阙遗多矣。①

钱氏注此诗，发现《旧唐书·杨炎传》中不载杨炎为殿中监一事，然而从《旧唐书·杜亚传》以及《旧唐书·崔宁传》中却见此诗，是史之阙遗也，杜诗可补之。

以史证诗者，主要是两个目的。一是以历史事实指正杜诗之谬误。如《送重表侄王砅评事使海南》篇，钱氏笺"王珪"条：

《新书》：珪始隐居时，与房玄龄、杜如晦善。母李尝曰："尔必贵，但未知所与游者何如人，而试与偕来。"会玄龄等过其家，李窥大惊，敕具酒事，欢尽日，喜曰："二客公辅才，汝贵不疑。"《复斋漫录》：房、杜旧不与太宗相识，太宗起兵，玄龄丈策谒军门，乃荐杜如晦，珪则建成诛后始见召。以史传参考，诗为误也。《西清诗话》：以《新唐书》所载，质之子美之诗，则珪之妇杜，非其母李也，且一妇人识真主与侧微，其事甚伟，史阙不录，是诗歌载之为悉，世号"诗史"，信不诬也。②

二是以历史事实阐释杜诗的深层意涵。《承闻河北诸道节度使入朝欢喜口号十二首》，钱氏笺曰：

河北诸将，归顺之后，治兵完城，自属文武将吏，不供贡

① （清）钱谦益笺注：《送殿中杨监赴蜀见相公》，见《钱注杜诗》，上海：上海古籍出版社2009年版，第235页。

② （清）钱谦益笺注：《送重表侄王砅评事使海南》，见《钱注杜诗》，上海：上海古籍出版社2009年版，第252页。

赋，结为婚姻，互为表里，朝廷专事姑息，不能复制，虽名藩臣，羁縻而已。故闻其入朝，喜而作诗。首举安禄山以示戒，耸动之以周宣、汉武，劝勉之以为孝子忠臣。而末二章，则举临淮、汾阳以为表仪。其立意深远如此。题曰欢喜、曰口号，实恫乎有余悲矣。①

钱氏认为这组诗歌的主旨并非题目所云的欢喜于各藩入朝献贡，而是为了表达杜甫对安史之乱后藩镇割据的忧虑，以及对朝廷姑息藩镇的斥责，钱氏将杜甫深藏于诗句中的忧患意识明白剖析，实在为前人所不及。又如《兵车行》中，钱氏笺曰：

天宝十载，鲜于仲通讨南诏蛮。士卒死者六万，杨国忠掩其败状，反以捷闻，制大募两京及河南北兵，以击南诏。人闻云南瘴疠，士卒未战而死者十八九，莫肯应募。国忠遣御史分道捕人，连枷送军所，于是行者愁。父母妻子送之，所在哭声震野。此诗序南征之苦，设为役夫问答之词。“君不闻”以下，言征戍之哭。海内驿骚，不独南征一役为然，故曰“役夫敢申恨”。“且如”以下，言土著之民，亦不堪赋役，不独征人也。“君不见”以下，举青海之故，以明征南直必不返也。不言南诏而言山东，言关西，言陇右，其词哀怨而不迫如此。曰“君不闻”，“君不见”，有诗人呼祈父之意焉。是时国忠方贵盛，未敢斥言之，杂举河陇之事，错牙其词，若不为南诏发者，此作者之深意也。②

考察诸多注家对此诗的笺注，郭知达、蔡梦弼、黄鹤皆谓刺玄宗；朱鹤龄、仇兆鳌、邓魁英则认为是谓吐蕃而发，唯独钱谦益认为此

① （清）钱谦益笺注：《承闻河北诸道节度使入朝欢喜口号十二首》，见《钱注杜诗》，上海：上海古籍出版社2009年版，第357页。

② （清）钱谦益笺注：《兵车行》，见《钱注杜诗》，上海：上海古籍出版社2009年版，第9页。

诗谓杜甫畏国忠，隐指南诏之事，乃老杜之深意也。

钱谦益这种“诗史互证”的注杜之法，与传统的经学考据学有异曲同工之妙，也与史学的实证方法不谋而合，体现出钱氏的史家关怀与史学修养。这种笺注方法渗透到清代诸家的杜诗笺注之中，可谓开辟了清代杜诗学乃至整个诗学研究的新局面。

《钱注杜诗》中对杜诗技法的评论着实不多，正如钱谦益所言“未能尽发”，但是对《秋兴八首》等连章诗的评论却具有发凡起例之功，对清初乃至现代杜诗学都产生了极大的影响。

钱氏十分强调组诗结构的完整性，以《秋兴八首》为例，钱氏反对前人对于《秋兴八首》乃诗人“偶然”之组合的观点。他在《秋兴八首》的题下笺曰：

> 此诗旧笺影略，未悉其篇章次第，钩锁开合，今要而言之。“玉露凋伤”一章，《秋兴》之发端也。江间塞上，状其悲壮；丛菊孤舟，写其凄紧。末二句结上生下，故即以“夔府孤城”次之。绝塞高城，杪秋薄暮，俄看落日，俄见南斗，炉烟熠而哀猿号，急杵断而悲笳发，萝月芦花，凄清满眼，萧辰遥夜，攒簇一时。“请看”二字，紧映“每依南斗”，即连上城高暮砧，当句呼应耳。夜夜如此，朝朝亦然，日日如此，信宿亦然。心抱南斗京华之思，身与渔人燕子为侣，远则匡衡、刘向之不如，近则同学轻肥之相笑……此诗一事迭为八章，章虽有八，重重钩摄，有无量楼阁门在，今人都理会不到，但少分理会，便空随逐穿穴，如鼷鼠入牛角耳。余义则更分章下详之。①

钱氏分析《秋兴八首》，首先站在整体的角度上。他曾表达自己对前人随意分割《秋兴八首》的不满：“杜之《秋兴》、白之《长恨歌》、元之《连昌宫词》，皆千古绝调，文章之元气也。楚人何知，

① （清）钱谦益笺注：《秋兴八首》，见《钱注杜诗》，上海：上海古籍出版社2009年版，第504页。

妄加评窜。”①他认为“玉露凋伤”一章，是《秋兴》之发端。此章最末二句结上生下，故即以“夔府孤城”次之。而第二首“每依南斗望京华”乃是八首之纲骨，围绕这个主题，诗人叠章描述，重重钩摄，将夔州秋色暮景、个人羁旅失志、国家干戈满地、时局艰险等内容井然有序地层层铺展。

而且，钱谦益不仅指出对《秋兴八首》需从整体进行关照，还认为欣赏其中的某一首也需要从组诗的前后联系中去把握：

> 今谓“昆明”一章，紧接上章“秦中自古帝王州”一句而申言之。时则曰汉时，帝则曰武帝，织女石鲸，莲房菰米，金堤灵沼之遗迹，与戈船楼橹，并在严重，而自伤其僻远而不得见也。于上章末句，克指其来脉，则此中叙致，摄迭环锁，了然分明。如是而曰七言长句果以此诗为首，知此老亦为点头矣。②

在笺释“昆明”一章中，钱氏认为上章末句“秦中自古帝王州”已经申明了此章之来龙去脉，其中之叙致了然分明，不可割裂而观之。由此也可见钱氏反对摘删《秋兴八首》之主张。

钱谦益以《秋兴八首》为组诗来笺注，极为强调结构的完整性，使得此诗同时局的动荡、杜甫个人的经历紧密关联，阐发了杜诗的深层含义。在对《秋兴八首》深刻体会的基础上，钱谦益对连章诗表现出极大的热情，在《解闷十二首》、《承闻河北诸道节度入朝欢喜口号十二首》中也透露了他对这一问题的关注。钱氏对《秋兴八首》的笺注开启了清初杜诗学者对杜甫连章诗艺术的讨论，并为后世分析杜甫其他连章诗法提供了有益的参考。

---

① （清）钱谦益：《列朝诗集小传》，上海：上海古籍出版社 1983 年版，第 569 页。

② （清）钱谦益笺注：《秋兴八首》，见《钱注杜诗》，上海：上海古籍出版社 2009 年版，第 506 页。

三

钱谦益凭借其出入经史的广博学识，对以前注杜诸家的种种谬误进行刊削纠正，虽然为杜诗学的发展作出了极大的贡献，却也因为某些地方穿凿附会而备受批评。细究其因，除了过于求深之外，便是钱氏欲借阐发杜陵心曲来抒写隐衷了。笔者同意陈寅恪的观点，《钱注杜诗》中的某些笺注“皆借李唐时事，以暗指明代时事，并极其用心抒写己身在明末政治蜕变中所处之环境。实为古典今典同用之妙文”①。钱氏以杜诗和唐诗互相证发，其用意是以唐史映射自身所处的社会现状，而钱氏对杜诗的笺注，也正是他在易代之际的真实体验与写照。

在《草堂诗笺元本序》中，钱谦益自言：“若《玄元皇帝庙》、《洗兵马》、《入朝》、《诸将》诸笺，凿开鸿蒙，手洗日月，当大书特书，昭揭万世。”②钱氏在笺释这些诗篇时，对杜诗中暗含讽喻之处多有发明，值得我们涵咏玩味。

如《洗兵马》③笺曰：

> 洗兵马，刺肃宗也，刺其不能尽子道，且不能信任父之贤臣，以致太平也。首叙中兴诸将之功，而即继之曰：“已喜皇威清海岱，常思仙仗过崆峒。”崆峒者，朔方回銮之地。安不忘危，所谓愿君无望其在莒也。两京收复，銮舆反正，紫禁依然，寝门无恙，整顿乾坤皆二三豪俊之力，于灵武诸人何与？诸人徼天之幸，攀龙附凤，化成侯王，又欲开猜阻之隙，建非常之功，岂非所谓贪天功以为己力者乎？斥之曰“汝等”，贱

---

① 陈寅恪：《柳如是别传》，北京：生活·读书·新知三联书店2011年版，第993页。

② （清）钱谦益笺注：《草堂诗笺元本序》，见《钱注杜诗》，上海：上海古籍出版社2009年版，第4页。

③ （清）钱谦益笺注：《洗兵马》，见《钱注杜诗》，上海：上海古籍出版社2009年版，第67页。

而恶之之辞也。当是时，内则张良娣、李辅国，外则崔圆、贺兰进明辈，皆逢君之恶。忌疾蜀郡元从之臣，而玄宗旧臣，遣赴行在。一时物望最重者，无如房琯、张镐。琯既以进明之谮罢去；镐虽继相而旋出，亦不能久于其位，故章末谆复言之。青袍白马以下，言能终用镐，则扶颠筹策，太平之效，可以坐致。如此望之也，亦忧之也，非寻常颂祷之辞也。张公一生以下，独详于张者。琯已罢矣，犹望其专用镐也。是时李邺侯亦先去矣，泌亦琯、镐一流人也。泌之告肃宗也，一则曰“陛下家事，必待上皇”，一则曰“上皇不来矣”。泌虽在肃宗左右，实乃心上皇。琯之败，泌立为营救，肃宗必心疑之，泌之力辞还山，以避祸也。镐等终用，则泌亦当复出，故曰“隐士休歌紫芝曲”也。两京既复，诸将之能事毕矣，故曰“整顿乾坤济时了”。收京之后，洗兵马以致太平，此贤相之任也，而肃宗以谗猜之故，不能信用其父之贤臣，故曰“安得壮士挽天河，净洗甲兵常不用”，盖至是而太平之望亦邈矣。呜呼哀哉。

论至于此，当与商臣、隋广同服上刑，许世子止岂足道哉！唐史有隐于肃宗，归其狱于辅国，而后世读史者无异辞。司马公通鉴万特书曰：“令万安、咸宜二公主视服膳，四方所献珍异，先荐上皇。”呜呼，斯岂李辅国所谓匹夫之孝乎！何儒者之易愚也。余读杜诗感鸡鸣问寝之语，考信唐史房琯被谮之故，故牵连书之如此。

此笺中，钱氏对玄宗、肃宗之间的矛盾以及“琯党”问题的来龙去脉分析尤为细致。他认为，此诗斥责肃宗不尽孝道，不能信任父之贤臣以致太平。肃宗因即位非正，归京之后对上皇及其旧臣诸多提防，不仅行赏功臣有灵武和蜀郡之分，独厚灵武之臣，而且不容蜀郡之臣于朝廷。平定安史之乱有功的房琯“夙负重名”，是最具人望的大臣，因而成为肃宗处置“其父所遣之臣”的主要对象，遭遇贬谪之祸。而后，严武、刘秩等人皆“坐琯党”，相机联翩而去。而后，李辅国、张后窃权争位，逐渐不能遏制，最终导致“太平之望益邈”。所谓“琯党”实际上与“玄宗旧臣”同义，不过是肃宗翦除其父旧臣的借口。

钱氏以前，仅洪迈等极少数人对杜甫作品中的讽喻有点到为止的评论，然而也并未触及更深层的内涵。杜甫高才博学，心怀天下，其讽喻是从儒家的民本思想出发，希望自己的学识与见解，能对君主的统治、国家的社稷有所裨益，因此其讽君的目的在于忠君，在于“致君尧舜上，再使风俗淳”的理想抱负。钱谦益所接受的君臣观念来自儒家的君明臣贤，君臣制约的思想。在君主问题上，他具有独立的批判精神，这种精神与杜甫正是一脉相通的，也因此，钱谦益方能抉隐发微，探得杜甫“诗史”之心。同时，这种精神上的相通，使得他能够借笺注杜诗抒发自己内心的隐幽。

明末清初的士人对故明君主的态度，呈现出非常强烈的对照关系。一方面，他们将君主视为故国的象征，对故明君主怀有十分深厚的感情，因而他们对故明君主，尤其是崇祯帝极尽仰慕与缅怀之词。这其实可以看做是一种感情的投射，是他们对故国的维护与珍视。就这一层面而言，他们对君臣之义的坚守，实际上也是对自己与故国情感联系的坚守。另一方面，也有相当一部分士人在对明亡原因的反思中，有直指君王之过的尖锐言论。他们往往不留情面，大有把亡国罪责归于其身之意。虽然明清之际的士人对明代君主持有两种看似截然相反的态度，但我们仍可以说，君臣之义在这个时期，已经不仅仅是士人对君主的个人效忠，更多地在于他们通过这种方式来表达自己对国家的责任感。①

至于钱谦益，他在笺注杜诗中则更倾向于表达自己对崇祯帝的不满，这与钱氏在政治方面的个人遭遇有关。崇祯帝即位后整治阉党，因与东林党人瓜葛匪浅而难有出头之日的钱谦益看到了希望。钱氏的文学背景、曾经供职翰林院的资历、与江南社会的联系以及同以往的党争几乎毫无干系等条件，使他成为内阁首辅颇为理想的人选，他因此被东林党人推举出来，同温体仁和周延儒竞争。然而在被推为阁臣之后，钱氏又遭遇了温体仁重提浙闱关节案的陷害。

① 李瑄：《明遗民群体心态与文学思想研究》，成都：巴蜀书社2008年版，第155页。

在朝堂对质中，群臣对温体仁的斥责以及对钱谦益的辩护，令崇祯帝感到温体仁对钱谦益结党营私的指控更为可信，钱氏因此被革职。① 在此事件中，钱氏满腔热望却下场悲惨，虽然阁讼之祸的主谋是温体仁与周延儒，但崇祯帝的偏听偏信更使他心怀怨愤。他曾作《团扇篇》并于诗末自注，直截了当地表达了对崇祯帝听信谗言的不满。而且，崇祯帝虽然颇有励精图治的雄心，但其为人狭隘残忍，遇事恣意专断，大权独揽，刚愎自用，使得奸佞有可乘之机，这正与《洗兵马》中的肃宗颇有相似之处。②

钱谦益笺释《洗兵马》，认为时任左拾遗的杜甫，虽然并不是"玄宗旧臣"，但因其上疏救房琯，而使自己卷入了这场政治漩涡之中，乃至与朝廷"诏三司推问，以张镐救，敕放就列"，不久出为华州司功参军，最终度陇客秦，卜居成都，漂泊西南，寓卒荆湘，其生平出处以及事君交友之大事皆系于此一政治事件。③ 浦起龙认为，钱氏直语以此为杜一生之气节，欲高推杜，则极赞房，因极赞房，遂痛贬帝。事实上，钱氏对房琯之赞、对肃宗之贬，有更深层的意蕴。房琯的才干、声望及遭遇与钱谦益自身十分相似。房琯是玄宗与肃宗权力斗争的牺牲品，钱氏更是深受党争之苦，作为东林党之魁首，其一生荣辱、宦海沉浮皆系于此。因此，这种惺惺相惜、同病相怜的情感使得钱谦益对房琯极为回护。这更使我们有理由相信，钱氏之所以在此处强调杜甫与唐代党争之间的关系，实际是暗含了对明末党争之激烈的讽喻。

钱谦益入清后的思想情感在《秋兴八首》之笺中展现得最为集中。在讨论钱氏的笺注之前，笔者欲先对钱氏降清这一事件进行分析。顺治二年(1645)五月十四日，多铎率领清军包围了弘光朝的都城南京。第二天，礼部尚书钱谦益与众多达官显贵一道，打开南

① [美]魏斐德：《洪业：清朝开国史》，陈苏镇译，南京：江苏人民出版社2008年版，第74~75页。

② 綦维：《忠臣孝子看异代，杜陵诗史汗青垂：试析〈钱注杜诗〉中钱氏隐衷之抒发》，载《杜甫研究学刊》2001年第4期。

③ 刘重喜：《明末清初杜诗学研究》，北京：中华书局2013年版，第156页。

京城门，捧着舆图册籍，出郊跪降。自在弘光朝上《矢愚忠以裨中兴疏》迎合马士英及阮大铖一事后，作为东林党的领袖、士人精神的代表，钱谦益彻底毁去了他一世的英名。

关于钱谦益屈膝投降的原因，目前学界有以下几种观点较为符合逻辑：一是忍辱以待说。金鹤冲认为“先生当危亡之际，将留身以待，出奇以制胜，迄无所成，而为腐儒所诟詈，亦先生之不幸也”①。二是性格软弱说。陈寅恪先生持此论，认为“太平之世，(钱谦益)固为润色鸿业之高才，但危亡之时，则舍迎降敌师外，恐别无见长之处”②。三是追求享乐说。李庆等人认为，钱谦益是明末士大夫心态之典型，他身上既有以自我为中心的享乐意识和强烈的生命意识，又有忠于君主的正统理念，体现出相当鲜明的两重性。当他面临肉体与灵魂、生存本能与道德信守之间的抉择时，选择生也是自然的事情了。③ 四是追求功名说。严迪昌认为，“甲胄明亡，政局多变，钱谦益迹似进退失据。然就其本质而言，实系晚明政治生涯的习性的延续”④。深处易代之际的士人，被诸方势力所牵扯，被各种利益所诱惑，被不同的价值观所左右，便会存在选择的多种可能性。必然的历史趋势与偶然的个人经历，理性的决断与一时的冲动，都会导致完全不同的人生选择与命运结局。⑤ 笔者

---

① 金鹤冲：《钱牧斋先生年谱跋》。美国汉学家魏斐德持与此相近的观点，他在《洪业：清朝开国史》第八章《江南抵抗运动》中分析道：“他(钱谦益)可以用这样的想法来安慰自己，那就是：只有他这样的大臣情愿不顾名节之累而与敌人合作，其他中国人才能得以保全。这意味着，一方面他相信投降使他能够保护那些怀疑忠于明君的文友们；另一方面，他也认为，他为非暴力平定江南付出的名誉代价，其实是他自己的光荣。……对钱谦益，这种羞耻与骄傲的复杂情感，还变成一种‘以招抚江南为己任的迷醉’。”

② 陈寅恪：《柳如是别传》，北京：生活·读书·新知三联书店 2011 年版，第 861 页。

③ 李庆：《钱谦益：明末士大夫心态的典型》，载《复旦学报》1989 年第 1 期。

④ 严迪昌：《清诗史》，杭州：浙江古籍出版社 2002 年版，第 362 页。

⑤ 张晖：《帝国的流亡：南明诗歌与战乱》，北京：中国社会科学出版社 2004 年版，第 10 页。

认为，钱谦益之投清，可能并非单一因素作用的结果，这个理由应该是复杂的，受到多方面的影响。然而可以肯定的是，当钱氏耳闻目睹清军在江南肆意屠戮百姓，制造“扬州十日”、“嘉定三屠”等血腥事件，杀害弘光皇帝及潞王时，他的理由越复杂，他心中的故国之思、亡国之痛、降清之辱便更加深刻，更加使他感受到疼痛。顺治三年(1646)钱谦益被任命为礼部侍郎，并管秘书院事，充修明史副总裁，当年六月，他便萌生退意，辞官还乡。故国沦灭，物是人非，自己也变成了受人唾弃的贰臣，世人的羞辱与自身的悔恨，使得他只能选择沉默。顺治四年(1647)，钱谦益因涉嫌山东起兵案被捕，经柳如是斡旋，不久被释。这一事件对于钱谦益而言是一个转机，在赞颂河东君临难相救的同时，他也开始广为宣传自己的复明心迹，希望得到家乡故老、江南遗民的同情与谅解。顺治五年(1648)，凤阳巡抚获反清失败的黄毓祺，钱谦益坐与交通罪，经家人多方奔走诉辩，钱氏被判定与黄毓祺素不相识，得以放还。这次被捕引发了江南遗民极大的同情与声援，也使得钱谦益完成了一次精神上的救赎与转换：他已不再是苟且偷生以侍新朝的失节之人，而是一名抗清志士。

《秋兴八首》①中，每首皆有“笺曰”、“又曰”的部分。“笺曰”多为崇祯时所作《读杜小笺》之原文，“又曰”则是钱氏与朱长儒反目后参加复明活动时所作。此时经历了山河巨变的钱谦益与安史之乱后的杜甫在心灵上产生了巨大的共鸣，对这段时期的杜诗也理解得更加深入了。因此，他常常借笺杜抒发自己的情心声。甚至在《投笔集》中，钱氏还以和《秋兴八首》的形式创作了108首十三迭，记录了其复明活动由高涨到衰竭的过程。笔者遂不惮其长，将钱笺《秋兴八首》摘录如下，并浅作分析：

> 此诗旧笺影略，未悉其篇章次第，钩锁开合，今要而言之。“玉露凋伤”一章，《秋兴》之发端也。江间塞上，状其悲

① (清)钱谦益笺注：《秋兴八首》，见《钱注杜诗》，上海：上海古籍出版社2009年版，第504页。

壮；业菊孤舟，写其凄紧。末二句结上生下，故即以“夔府孤城”次之。绝塞高城，杪秋薄暮，俄看落日，俄见南斗，炉烟熠而哀猿号，急杵断而悲笳发，萝月芦花，凄清满眼，萧辰遥夜，攒簇一时。“请看”二字，紧映“每依南斗”，即连上城高暮砧，当句呼应耳。夜夜如此，朝朝亦然，日日如此，信宿亦然。心抱南斗京华之思，身与渔人燕子为侣，远则匡衡、刘向之不如，近则同学轻肥之相笑。第三章正申“秋兴”名篇之意，古人所谓文之心。然“每依北斗望京华”一句，是三章中吃紧啮节。萧条岁晚，身事如此，长安綦局，世事如此。企望京华，平居寂寞，故曰“百年世事不胜悲”也。次下乃重章以申之。“蓬莱宫阙”一章，思全盛日之长安也。“瞿塘峡口”一章，思陷没之长安也。“昆明池水”一章，思自古帝王之长安也。“昆吾御宿”一章，思承平昔之游长安也。由“瞿塘峡口”一章，指曲江禁近之地，兵尘秋气，万丽连延。首章即云塞上风云接地阴也。唐时游幸，莫盛于曲江，故悲陷没则先举曲江。汉朝形制，莫壮于昆明，故追隆古则特举昆明。曰汉时，曰武帝，正克指自古帝王也。此章盖感叹遗迹，企想其妍丽，而自伤远不得见，乃迭申曲江，末句文势了然，今以为概指丧乱则迂矣。天宝之祸，干戈满地，营垒俱在国西。及郭令收西京，陈于香积寺北，澧水之东，皆汉上林苑地，在昆明御宿之间。然城南故地，风景无恙，故曰“自逶迤”也。碧梧红豆，秋色依然，拾翠同舟，春游如昨，追綵笔于庄盛，感星象于至尊，岂非神游化人。梦回帝所，低垂吟望，至是而秋兴之能事毕矣。此诗一事迭为八章，章虽有八，重重钩摄，有无量楼阁门在，今人都理会不到，但少分理会，便空随逐穿穴，如鼷鼠入牛角耳。余义则更分章下详之。

《秋兴八首》下有题解，是钱氏对《秋兴八首》内容、结构以及文势的整体把握。

（玉露凋伤枫树林）笺曰：《招魂》曰：“湛湛江水兮上有

枫，目极千里兮伤春心。”宋玉以枫树之茂盛伤心，此以枫树之凋伤起兴也。

又曰：江间汹涌，则上接风云，塞上阴森，则下连波浪，此所谓悲壮也。业菊两开，储别泪于他日；孤舟一击，傲归心雨故园，此所谓凄紧也。《秋夜客舍》诗云：“南菊再逢人卧病。”公在夔府，两见菊花，故有两开之句。旧笺指樊川故里之菊，非也。《九日》诗云：“击舟身万里。”孤舟一击，即已辨故园之心矣。所谓远望当归也。以节则杪秋，以地则高城，以时则薄暮，刀尺苦寒，急砧促别。末句标举兴会，略有五重。所谓嵯峨萧瑟，真不可言。公孙白帝城，亦英雄割据之地，此地闻砧，尤为凄断。《上白帝城》诗云，“老去闻悲角”，意亦如此。

此笺之中，“悲壮”二字尤能得杜陵之气象。钱氏正是对故国沦灭、山河破碎有了切身的体验，才能对杜甫所见的物是人非，及其所兴起的故园之心尤为感同身受。

钱谦益因降清而被视为有失大节的贰臣，世人的讥毁以及与旧朝之间千丝万缕的情感牵扯使内心他备受煎熬，深感悔恨。如果说参与复明活动使他完成了一次精神上的救赎与转换，那么通过以上叙述可以得出结论：笺注杜诗是钱谦益在学术领域实现自我救赎的重要方式。钱氏降清的屈辱、悔恨，以及秘而不发的复明活动在其对杜诗的笺注中得以袒露。他以杜诗文本为媒，在故国之思、亡国之痛等方面都与杜甫寻找到了极大的共鸣，并且通过笺注杜甫的“诗史”，完成了其个人“诗史”的书写。

结　论

钱谦益笺注杜诗“年四五十即随笔记录，极年八十书始成”，可谓殚精竭虑，死而后已。在对杜诗旧注进行批评的基础上，钱氏“刊削宋人伪注谬解，烦仍踳驳之文”，以求还原杜诗“真面目”，因此他在继承前人旧注的基础上，从年谱、诗谱、地理、姓氏、事件等方面进行“订讹斥伪”的考订工作，对杜诗注释起到了正本清源、拨乱反正的作用。身处明清易代之际，钱谦益进一步肯定了“诗史”的观念，主张将诗歌作为历史的材料而收集起来，利用诗歌的记载来考知历史。因此，他以“诗史互证”的方法笺注杜诗，以诗歌作为材料来考证史实的真伪，补充史之阙漏，同时又以历史事实指正杜诗谬误，阐释杜诗之深意，与传统的经学考据学有异曲同工之妙，也与史学的实证方法不谋而合，鲜明地体现了钱谦益的史家关怀以及深厚的史学功底，反映了他“返经汲古”的学术思想和严谨的治学态度，同时也是钱氏转变明末空疏学风的成功实践。

身处天崩地拆的易代之际，钱氏先是浮沉于党争，后又以弘光朝礼部尚书的身份降清，旋即悔恨痛苦，辞官归乡之后秘密参加了抗明复清的行动。其政治行为与笺注杜诗的学术活动之间也有千丝万缕的联系。如果说因丁亥狱案、黄毓祺案牵连入狱后，江南遗民的道义声援对于钱谦益来说，是一次精神上的救赎与转换，那么《钱注杜诗》对于他而言，无疑是一种学术上的自我救赎与突围。钱氏以杜诗和唐诗互相证发，以唐史映射明末政治与社会现状以及自己在易代之际的体验，通过笺释杜陵心曲来抒发自己的心声，隐幽地表达了自己的故国之思，亡国之痛及降清之辱。其中虽有穿凿之处，然其“凿开鸿蒙，手洗日月”之功着实不可抹杀。

《左传》记梦探析

2012 级国学班　苗宇

一、绪　　论

梦文化是中国历史文化中的重要方面，在中国梦文化的发展过程中，有许多重要的历史时期，其中先秦时期是一个奠基的时期，中国梦文化是以先秦时期为基础而日益繁盛的。先秦典籍中记载梦最多的，就是《左传》。《左传》记梦繁多，范围甚广，具有重要的历史价值，我们从中可见先秦时期的“占梦”状况以及那个时期特有的社会制度和意识形态。

《左传》作为记载中国春秋史事的一部典籍，其中保存了大量珍贵丰富的资料。而《左传》中关于“梦”的记载，亦是《左传》区别于其他史书的特色之一。对比中国汉代及以前的史书，不论是《战国策》、《国语》，还是后来的《史记》、《汉书》，其对于梦的记载都远远不如《左传》的数量大、种类多。且《左传》记梦，多与卜筮、预言等结合，为其蒙上了一层神秘色彩，同时也体现了春秋时期的文化、思想状况，是我们研究先秦社会和思想状况的重要材料。

过常宝《原史文化及文献研究》中有专门论述《左传》梦验记录文化意蕴的章节，将梦按其内容分为：祖先和子嗣，复仇和报恩，死亡相关三类。针对有的文章认为《左传》中的梦“大多与祭祀或者政治斗争、战争有关”①的观点，过常宝认为：“在春秋时期的各

① 陈圣宇：《试析〈左传〉中梦的记述》，载《江苏广播电视大学学报》2004 年第 2 期。

种占卜中，与现实政治诸如战争、国家兴亡、君主废立等密切相关的是星占和气占……而梦占则主要与血缘宗亲等观念有关，其客观原因应该是梦的感情因素比较重，符合血缘宗亲的特点。”①他认为春秋时代梦占的主要文化功能，就是利用这种神秘现象增强人们的血缘意识和宗法观念，阐释《左传》中梦象与中国宗法制社会文化之间的关系。

此方面的论文也有很多，如傅正谷《论〈左传〉记梦》②，以《左传》中的记梦为切入点，分析了中国古代占梦与圆梦的方法与标准，还对《左传》中的记梦作出了评价，认为《左传》记梦的目的是为了“神道设教”，是作为叙妖祥，辨百凶，示惩戒，行王道的一种特殊形式。且《左传》记梦作为一种史传文学，对后世史书产生了重大影响。薛亚军《〈左传〉梦占预言述论》③将《左传》的释梦方法分为直解、转释、反说，认为梦占预言的记述和描写不仅在《左传》中起到系连相关材料、增强史籍可读性的作用，而且对中国古典小说戏剧和史学产生了重大影响；宋小克《先秦史官文化与〈左传〉所载梦象》④认识到了《左传》的梦象与先秦史官文化存在的诸多关联。他指出，史官是梦象文献的记录者、保存者，《左传》的许多梦象出自史官之手。史官的职责使得《左传》的梦象重视人神之间的血缘关系及祭祀的规范，史官的思维方式使《左传》梦象具有象征性，史官所持的理念则使《左传》梦象具有道德批判属性。

此类论文还有张卫中《〈左传〉占梦、占星预言与春秋社会》⑤、刘丽文《论〈左传〉的历史观——兼论〈左传〉神梦巫卜及以成败论人

① 过常宝：《原史文化及文献研究》，北京：北京大学出版社 2008 年版，第 151 页。

② 傅正谷：《论〈左传〉记梦》，载《晋阳学刊》1988 年第 5 期。

③ 薛亚军：《〈左传〉梦占预言述论》，载《阴山学刊》2001 年第 1 期。

④ 宋小克：《先秦史官文化与〈左传〉所载梦象》，载《北方论丛》2009 年第 2 期。

⑤ 张卫中：《〈左传〉占梦、占星预言与春秋社会》，载《史学月刊》1999 年第 4 期。

的本质》①、王瑜《〈左传〉记梦与〈史记〉记梦对比研究》②、郑晓峰《梦象与占梦：〈左传〉叙事的巫史文化因素解析》③，薛亚军《〈左传〉梦占预言应验原因探析》④，等等。我国台湾学者在这个话题上也有一些研究，如：韩秀利《〈左传〉中梦之底蕴探索》⑤、《论历史与文学之相互渗融——由〈左传〉梦征谈起》⑥。这类论文对《左传》记梦进行了基本的探讨，有的站在文学角度，分析其中的文学技巧和文学价值；有的站在思想史角度，分析先秦的伦理与社会思想；有的还对《左传》中对梦的记载进行了列举和归类，为后来的研究提供了极大的便利。

对《左传》记梦进行研究的论著不在少数，且各有其特色与侧重点，但是对《左传》记梦所体现的历史思想与文化背景的讨论仍有进一步深入的必要。本文就是要在对《左传》中记梦的章节片段进行详尽的搜集与分析的基础上，更多地从历史、思想的角度，对其记载进行归类分析和多方面探讨，进而以此窥探春秋时期的社会文化、政治伦理和哲学思想。

二、《左传》记梦的统计与特点

对材料进行整理与分析是对《左传》记梦进行分析的前提。《左传》中共有 28 处记梦，为了方便接下来的讨论，我们现在将《左

① 刘丽文：《论〈左传〉的历史观——兼论〈左传〉神梦巫卜及以成败论人的本质》，载《求是学刊》2006 年第 6 期。

② 王瑜：《〈左传〉记梦与〈史记〉记梦对比研究》，陕西师范大学 2013 年硕士学位论文。

③ 郑晓峰：《梦象与占梦：〈左传〉叙事的巫史文化因素解析》，载《北方论丛》2012 年第 2 期。

④ 薛亚军：《〈左传〉梦占预言应验原因探析》，载《青海社会科学》2002 年第 4 期。

⑤ 韩秀利：《〈左传〉中梦之底蕴探索》，载《东方人文学志》2009 年第 9 期。

⑥ 韩秀利：《论历史与文学之相互渗融——由〈左传〉梦征谈起》，载《实践博雅学报》第 11 期。

传》中所有关于梦的记载都列表如下，并对其进行编号，指出其时间、内容和征验情况：

编号	时间	内容	征验情况
1	僖公四年	晋献公梦齐姜	大子缢于新城
2	僖公二十八年	晋文公梦与楚子搏	晋军大胜
3	僖公二十八年	子玉梦河神求琼弁玉缨	楚子玉战败，后自杀
4	僖公三十一年	卫成公梦康叔	甯武子不可，请改祀命
5	宣公三年	燕姞梦天使与己兰	生穆公，名之曰兰
6	宣公十五年	魏颗梦结草老人	老人“结草图报”
7	成公二年	韩厥梦其父子舆	韩厥从其言，作战不立左右，而全其命
8	成公五年	赵婴梦天使	祭之，明日而亡
9	成公十年	晋景公梦大厉	景公卒
10	成公十年	晋景公梦疾为二竖子	景公“病入膏肓”
11	成公十年	晋小臣梦负景公登天	小臣从厕所中背出景公遗体，并活殉景公
12	成公十六年	吕锜梦射月，中之，退入于泥	吕锜射中楚共王，但自己亦被射死
13	成公十七年	声伯梦涉洹而食琼瑰	声伯卒
14	襄公十八年	荀偃梦与厉公讼	荀偃瘅疽，生疡于头，死不瞑目受含
15	昭公元年	邑姜梦天帝赐名	武王之子生而有文在其手曰“虞”
16	昭公四年	叔孙穆子梦天压己而得牛助	妇人献以雉。召而见之，则所梦也

续表

编号	时间	内容	征验情况
17	昭公七年	昭公梦襄公祭路神；襄公梦周公祭路神	昭公如楚
18	昭公七年	晋平公梦黄熊入寝门	韩宣子为晋侯祭祀鲧，而后晋侯逐渐好转
19	昭公七年	郑人梦伯有之魂	壬子日，驷带卒；壬寅日，公孙段卒
20	昭公七年	孔成子梦康叔；史朝梦康叔	卫襄公之宠姬嫡始生子名元，孔成子及史朝立之
21	昭公十一年	泉丘女梦以其帷幕孟氏之庙	泉丘女奔从鲁大夫孟僖子，生二子
22	昭公十七年	宣子梦文公携荀吴而授之陆浑	宣子让荀吴领兵，荀吴最后在晋文公庙里奉献了俘虏
23	昭公二十五年	宋元公梦太子栾即位于庙	宋元公卒
24	昭公三十一年	赵简子梦童子裸而转以歌	吴国虽入郢都，但终亦弗克
25	哀公七年	曹人梦众君子立于社宫	宋人伐之，晋人不救，筑五邑于其郊，曰黍丘、揖丘、大城、钟、邘。公孙彊执政，曹人之子从父言，离开曹国
26	哀公十六年	卫庄公占梦	逐大叔遗，遗奔晋
27	哀公十七年	卫庄公于北宫梦浑良夫叫天无辜	卫庄公卒
28	哀公二十六年	得梦启北首而寝于卢门之外，己为鸟	宋得被立为国君

注：(1)为方便讨论，笔者将上述的记梦都进行了编号，下文列举时仅举编号。

(2)有学者将20号梦拆分为二，这里将“孔成子梦康叔”与“史朝梦康叔”同视为20号梦。

通过对《左传》中所有关于梦的记载的列举和初步分析，我们可以发现，《左传》记梦有着如下特点：

(1)《左传》记梦在时间和地域的分布上不是很均匀，在时间上以成公、昭公时期的最多，在地域上，发生在晋国的梦最多。对于这样的现象，我们推测，一方面是不同时期和地域的史料有多有少，另一方面也可能是各国、各时期史官对于梦的态度不同，如晋国的史官在记录史料时就可能更热衷于记录梦占等事件。

(2)除了1号梦和26号梦无梦境描写外，其他关于梦的记载都或多或少对梦境有着一些叙述描写。其中5号梦、13号梦、16号梦、28号梦等对梦境的描述尤为详细。如13号梦(成公十七年)：

> 初，声伯梦涉洹，或与己琼瑰，食之，泣而为琼瑰，盈其怀。从而歌之曰："济洹之水，赠我以琼瑰。归乎！归乎！琼瑰盈吾怀乎！"惧不敢占也。还自郑，壬申，至于狸脤而占之，曰："余恐死，故不敢占也。今众繁而从余三年矣，无伤也。"言之，之莫而卒。①

声伯梦到自己过河，有人给自己琼瑰，他吃下去后，哭出来的眼泪都变成了琼瑰，且落满了自己的怀抱。因为琼瑰是入殓时放入人口中的珠子，因此是不祥的象征。声伯醒后不敢占卜，而是过了三年之后以为已经没事了才敢将此梦语人占梦，可当天晚上就死去了。这段描写，可以说不仅详细地描写了梦境，还对当事人的心理状态、做梦之后所发生的事情交代得十分清楚。尤其是其三年之后仍然"有效"的梦，更是让人称奇，类似这种梦境描写增添了《左传》的故事性和文学性，体现了《左传》记梦的文学价值。

(3)多数做梦者做梦以后，自行或者请人对梦进行了占卜或解梦，有些还作出了相应的对策和行为来趋利避害。其中12号梦、13号梦、20号梦、24号梦、27号梦直接点明了做梦者做梦后的占

---

① 杨伯峻：《春秋左传注》，北京：中华书局1981年版，第899页。

卜行为。还有很多做梦者在做梦后寻求巫官(如14号梦)、史官(如24号梦)、士大夫等人解梦。如上文列举的13号梦，声伯在做梦三年以后令人占卜，占卜完以后当晚就死去。下文将会对解梦、占梦进行更详细的讨论。

(4)几乎所有关于梦的记载都具有预言性质，因为在后文中可以看到梦境的征验。但一些学者认为，1号梦无征验，17号梦是有占无验，26号梦无征验。① 但即便是保守地排除这三次记载，我们也可以说，《左传》中记梦大多属于有征验的预言。正是如此，很多学者在研究《左传》中的预言时，也多将梦占预言作为一个重要的方面。如9号梦、10号梦和11号梦中，晋侯梦到恶鬼，请巫人解梦，巫人说晋侯吃不到新麦子了。于是晋侯病重，要请医生来看病。接着就梦到他的疾病变成两个小孩，一个说："良医要来，我们躲到什么地方好?"另一个说："躲到肓之上，膏之下。"医生来后，果然说："病已经到达肓之上，膏之下，艾灼不能治，针刺够不着，没法治了。"而后，晋侯想吃麦，令人献上新麦烹煮，正要吃时，觉得腹痛去厕所，便跌入厕所而死。有个宦官早上梦到他背着晋侯登天，中午就被派去把晋侯从茅坑里背出来，并且被作为殉葬。这一系列的梦，个个都成为预言，并且十分灵验。晋侯已经烹好新麦却未能吃上，宦官梦到负晋侯登天，竟然也一语成谶，我们不排除《左传》作者在记载时对这些梦有过演绎和改造，但正是《左传》记梦的预言性质，不仅增添了《左传》叙事的文学性，而且也真实地反映着当时社会的风俗习惯和思想状况，因为一个时代的作者和文学作品，总是不可避免地受到当时社会制度和意识形态的影响。

三、《左传》占梦分析

正如上文所说，《左传》中的记梦多与占梦相结合，做梦者常

① 王瑜：《〈左传〉记梦与〈史记〉记梦对比研究》，陕西师范大学2013年硕士学位论文。

常自己或者请人来占卜、解释梦境，以安排今后的行为对策。且占卜结果通常与事实相一致，这使得《左传》的梦具有了预言、神秘的性质。上文提到，有学者将占梦的方法分为直解、转释和反说三种，下面就来一一分析这三种占梦方式。

（一）占梦方法

先秦的占梦常常被作为一种职业，因此，占梦者也必定有一套系统的占梦方法。尽管占梦者一般对于其占梦方法秘而不宣，或者并未系统记录下其占梦方法，但是占梦必须把已经出现的梦象同将要发生的事件联系起来。这种联系有可能是相同的、相近的，也有可能是相反的。因此，根据这三种情况，我们可以把占梦方法归纳为三种，分别是直解（相同的）、转释（相近的）与反说（相反的）。

1. 直解

顾名思义，直解就是直接解释梦的内容，以梦象的内容直接说明所预兆的人事，梦象与人事是相同关系。这类状况主要是由于梦境较为直白，而且有相当一部分是做梦人自己就可解梦，无需占卜，或者是经人简单提醒即可自悟。如 5 号梦、6 号梦、7 号梦、10 号梦、14 号梦、15 号梦、19 号梦、20 号梦、22 号梦、23 号梦、25 号梦等属于这种状况。这其中最典型的要数 7 号梦（成公二年）：

> 韩厥梦子舆谓己曰："且辟左右。"故中御而从齐侯。邴夏曰："射其御者，君子也。"公曰："谓之君子而射之，非礼也。"射其左，越于车下。射其右，毙于车中，綦毋张丧车，从韩厥，曰："请寓乘。"从左右，皆肘之，使立于后。①

韩厥梦到他的父亲子舆对他说："明天不要站在战车的左右两侧。"韩厥听从并且让綦毋张一起站在战车的中间，最后都安然无恙，而站在车左右两边的战士则双双死亡。在这次梦的记载中，梦的内容

① 杨伯峻：《春秋左传注》，北京：中华书局 1981 年版，第 793 页。

非常直白，而韩厥做梦后也并无占卜或者询问他人的举动，直接根据梦象来行事，最后得以保全性命。

这种解梦属于直解。刘文英认为，对梦占家来说，直解的方法实际上属一大忌，“若对应验没有充分把握，他们绝不轻率用之”①。直解的方法虽然最为简单，但是在人事同梦象之间完全直应的情况很少，所以很容易在事实面前“占而不验”，失去回旋的余地。占梦者们最喜欢用的方法，是转释。

2. 转释

转释就是先把梦境进行一定形式的转换，以转换过的形象来解释它所预兆的人事。由于经过了或多或少的转化，这样占梦者们解释起来就有更大的自由空间，如此所做的预测也会更“准确”。转释法又可以分为几类，如象征、类比、解字、谐音等。

象征阐释就是最典型的转释方法，这种方法把梦象先转换成它所象征的某种东西，然后据此说明梦象的含义和它所预兆的吉凶情况。梦本身是非理性的，它只能作为一种象征而被人们所接受。梦本身就有神秘性，为了能够被人们所接受，各种象征的意义，一般以共同的民族文化和民族心理为基础。象征阐释在梦占中最为普遍，12 号梦、13 号梦、18 号梦、21 号梦、28 号梦等都属于这种状况。如 12 号梦（成公十六年）：

> 吕锜梦射月，中之，退入于泥。占之，曰：“姬姓，日也。异姓，月也，必楚王也。射而中之，退入于泥，亦必死矣。”及战，射共王，中目。王召养由基，与之两矢，使射吕锜，中项，伏弢。以一矢復命。②

在这则梦中，涉及日、月两个意象。“在中国古代象征体系中，象

① 刘文英：《星占与梦占》，北京：中央编译出版社 2008 年版，第 162 页。

② 杨伯峻：《春秋左传注》，北京：中华书局 1981 年版，第 886～887 页。

征物一般是成对出现的，所以月这一意象，相对于日来说，它的象征意义是外、阴、柔等。周王朝为姬姓，以姬姓为尊，所以各诸侯国也自然以姬姓和异姓分为内外两个体系。”①晋国是姬姓国，所以月便可转释为异姓的楚国，代指楚王。而吕锜退入泥中，与人死后埋入地下也有相似之处，暗喻他将要死去。这些象征性的解释后来也都得到验证。

3. 反说

反说就是从梦象和梦境的反面来解释梦。2 号梦、3 号梦、8 号梦、16 号梦等属于这种状况。如 2 号梦(僖公二十八年)：

晋侯梦与楚子搏，楚子伏己而盬其脑，是以惧。子犯曰：“吉。我得天，楚伏其罪，吾且柔之矣。”②

晋文公的军队与楚成王的军队对垒，晋文公梦到他与楚成王搏斗，楚成王伏在自己身上吮吸他的脑浆。而解梦者子犯却说：“这是吉兆，我们仰面得天，楚俯伏服罪，我们将要使他驯服了。”按常理来说，梦到别人吸食自己的脑浆，显然是个噩梦和凶兆，可子犯却巧妙地利用反说来解释梦境，而最终也得到应验，“楚师败绩”。这种将梦境反释的例子，说明了当时人们意识到根据实际情况对梦进行解释，体现了理性实践精神的萌动。

(二) 占梦者

《左传》中记梦对象并不是随意的，除了 19 号梦“郑人或梦伯有”与 25 号梦“曹人梦众君子立于社宫”没有点明做梦者外，其他得以记载的主要是诸侯公卿、大将大臣之梦，也有部分记载诸侯公卿之妾的梦。那么，《左传》中又是哪些人在解梦、释梦呢？通过对《左传》文本的分析，我们可以将《左传》中的释梦者分为四类：

① 过常宝：《原史文化及文献研究》，北京大学出版社 2008 年版，第 160 页。

② 杨伯峻：《春秋左传注》，北京：中华书局 1981 年版，第 459 页。

一是做梦者自释，二是卿大夫，三是史官，四是巫官。

(1)做梦者自释，如5号梦、6号梦、7号梦、13号梦、16号梦、20号梦、21号梦、22号梦、25号梦、28号梦等。这类自释多为直解法，不需要特别的知识与技能。如28号梦(哀公二十六年)：

> 得梦启北首而寝于卢门之外，己为乌而集于其上，咮加于南门，尾加于桐门。曰："余梦美，必立。"①

得梦到启头朝北睡在卢门之外，自己化为乌鸦停在他上面，嘴巴放在南门之上，尾巴放在北门之上。得醒来以后，认为自己面朝南方停在启的身体之上，于是这是一个吉兆，自己一定能被立为国君。这个梦中虽然出现了很多象征与意象，但得并没有请教巫官和史官，自己就宣布自己"必立"。我们不得不猜测这是得在急于运用释梦来为自己将要获得的权力做辩护。

(2)卿大夫解梦，如2号梦、4号梦、18号梦、23号梦等。卿大夫释梦，多从现实理性和政治角度出发，阐述自己的政治主张，迷信的程度较轻。如上文所提到的2号梦，士大夫子犯从理性出发，将噩梦反释为吉兆，这是出于现实政治与德性的考量。

(3)史官解梦，如17号梦、24号梦、27号梦等。商周时期巫史不分，这种情况一直到春秋时期仍有残余，春秋时期的史官不仅要执笔记录国家大事，也要参与或主持占卜、祭祀等事宜。史官释梦，正是这种巫史文化残余的表现之一这在后文中将会有更为详细的论述。

(4)巫官解梦，如9号梦、14号梦等。拿上文提到过的9号梦来说，晋景公梦到厉鬼闯入自己卧室，等他醒过来召见桑田巫来问梦的吉凶，这时"巫言如梦"，巫人所叙述的情况与景公的梦境一模一样。这样的叙述就为解梦的环节增添了一丝预言与神秘的色

---

① 杨伯峻：《春秋左传注》，北京：中华书局1981年版，第1730~1731页。

彩。巫官释梦，体现出春秋时期鬼神文化的残留，人们对于梦境有着一种神秘的崇拜，从而会寻求巫官，以此来打通梦与神明。

四、《左传》梦象生成的心理因素

梦是人在睡眠状态下所呈现出的一种心理现象，与做梦人的生理病理、心理精神、生活经历都有关系。精神分析学家弗洛伊德指出："一切梦的共同特性，第一就是睡眠。梦显然是睡眠中的心理活动。"①不过，先秦的人们并不能确切理解梦与人的心理之间的关系，他们把梦与鬼魂、神明联系起来，认为梦是上天、神明对现实人事的指点和暗示，具有预兆现实中的吉凶祸福的功能，所以梦对于他们来说是完全神秘化的，具有预言的性质。正如弗洛伊德所说："原始时代的人们深信梦与超自然的存在有着密切的关系，一切梦均来自他们所信仰的鬼神所发的启示。"②《列子·周穆王篇》中也有"神通为梦"③的说法。可见，先秦时期人们并未认识到梦象产生的心理因素，所以他们将梦看做是一种人与天道鬼神交流的一种途径，认为梦体现了天命或鬼神的愿望。随着当今人们对梦的产生原理的分析越来越深入，我们在考察《左传》中的梦时，就有必要对其中梦象生成的心理因素进行分析。

弗洛伊德认为，梦分为外显的梦和内隐的梦。外显的梦就是做梦者能够直接感受到的杂乱的梦象，但这些梦象只是"化妆了的代替物"，并非梦的真正含义。梦的真正含义蕴含在内隐的梦之中，是隐藏的潜意识思想，两者就像是画谜与谜底的关系。④ 而根据他的理论，梦的两重性含义根源于人类的精神层次结构，他说：

---

① ［奥地利］弗洛伊德：《精神分析引论》，高觉敷译，北京：商务印书馆1984年版，第61页。

② ［奥地利］弗洛伊德：《梦的解析》，赖其万、符传孝译，北京：作家出版社1986年版，第4页。

③ 杨伯峻：《列子集释》，北京：中华书局2012年版，第86页。

④ ［奥地利］弗洛伊德：《精神分析引论》，高觉敷译，北京：商务印书馆1984年版，第83页。

> 在每个人的心灵之中，都有两种精神力量，其中一种势力构成梦所表示的愿望，另一种势力则作为检察官对这个梦的愿望发生作用，迫使梦的表现发生歪曲……只有经过第二关，加以各种变形，并使得满意之后，才能进入意识的领域。①

这里的第一种势力指的是人的潜意识中的动机与欲望，这种潜意识处于意识阈限之下，人自身感觉不到。第二种势力指的是社会风俗习惯与法律道德观念的约束。潜意识中的欲望受到了习惯、道德和法律的约束和“检查”，于是不得不“变形”、“化妆”，幻化成梦象出现在人的梦境中。弗洛伊德同时认为，潜意识的欲望来源于人的“原欲”。② 不过，有学者认为人的潜意识并不是来自所谓“本我”的“原欲”，而是人的整个精神生活的积淀，包括自我意识的积淀。③

我们可以尝试用梦的精神分析理论来看《左传》中所记载的梦，如5号梦“燕姞梦天使与己兰”。燕姞潜意识(第一种势力)中一直想得到郑文公的宠幸，为文公生下孩子，以抬高自己的身价，但是她受到种种政治环境的限制(第二种势力)，知道自己不能贸然行动。这样，她渴望被宠幸的潜意识就在梦中“化妆”和“变形”，以“天使与己兰”来象征自己怀孕。燕姞所梦到的天使与兰花等梦象，都是“外显的梦”，而渴望被宠幸的愿望作为一种“内隐的梦”，可以说是一种“原欲”，也可以说是燕姞自我意识的积淀，是她一直以来的愿望。现代的精神分析理论固然有其不可忽视的价值，它为我们研究《左传》中的梦提供了一种新的视角。但需要注意的是，《左传》记梦有其特定的历史和文化环境，代表了春秋时期特有的

---

① [奥地利]弗洛伊德：《梦的解析》，赖其万、符传孝译，北京：作家出版社1986年版，第75页。

② [奥地利]弗洛伊德：《精神分析引论》，高觉敷译，北京：商务印书馆1984年版，第369页。

③ 刘文英：《梦的迷信与梦的探索》，北京：中国社会科学出版社1989年版，第4页。

思想特征，我们更应该历史地看待其产生、存在、流传的特点和因素，绝不能生搬硬套，以现在的理论去解读春秋时代的历史现象。

在汉代以前，也有关于梦的理论。《周礼·春官·占梦》以做梦人的心理和情感状态，将梦分为六类："以日月星辰占六梦之吉凶：一曰正梦，二曰噩梦，三曰思梦，四曰寤梦，五曰喜梦，六曰惧梦。"①根据郑玄注，正梦是"无所感动，平安自梦"，噩梦是"惊愕而梦"，思梦是"觉时(白天)所思念而梦"，寤梦是"觉时(白天)所道之而梦"，喜梦是"喜悦而梦"，惧梦是"恐惧而梦"。可以发现，除了正梦外，其余五种梦都是人受到了心理和精神上的刺激所做的梦。《左传》中所记载的梦，几乎都是属于后五种梦，是出于恐惧、焦虑、期待、愿望等非正常状态下所产生的梦。李炳海认为："《左传》中的许多梦象生于恐惧心理，由于对战争的恐惧而产生相应的梦象最为常见……《左传》中还有一类出自恐惧心理的梦象，反映的是权力危机造成的心理恐惧，这种情况以国君和朝廷大臣居多。有的梦象出于复仇的恐惧心理，因担心被害方复仇而出现梦象。"②《左传》中梦象的产生与做梦人自身的心理因素有关，主要包括战争中的忧虑心理、政治斗争中的担忧和期待心理，以及担心被害人寻仇的恐惧心理，也有部分梦反映了做梦者的心愿和欲望。这些心理的产生主要与做梦人潜在的自我意识的积淀有关。

五、《左传》记梦之底蕴探微

如本文开头所言，《左传》中有关梦的记载，其数量和种类繁多，远超先秦两汉其他史书，那这背后体现了春秋时期怎样的历史文化背景呢？徐复观对《左传》中包括记梦在内的神异故事给出了这样的阐释：

① （清）孙诒让：《周礼正义》，北京：中华书局2013年版，第1968页。

② 李炳海：《〈左传〉梦象与恐惧心理》，载《社会科学战线》2007年第5期。

> 春秋二百四十二年之间，正是原始宗教与人文精神，互相交错乃至交替的时代；左氏只是把此段历史中交错现象及其在历史上所发生的影响，判别轻重，如实纪录。①

而张端穗对徐复观的说法的补充，也是非常中肯的：

> 《左传》所以记载那么多神奇鬼怪的言论与事件，原因不仅如徐复观先生所说：春秋时期正是原始宗教与人文精神，互相交错乃至交替时代，自然有神奇鬼怪言论与事件发生；这些言论事件出现在《左传》中，是经过作者的选择、诠释与判断结果。换句话说，《左传》的内容不仅反映春秋历史，也反映《左传》作者的价值观与历史观。②

综合上述两种观点，我们可以说，《左传》对梦的记载，既是原始宗教遗留的结果，也是春秋时期原始宗教与人文精神的相互交错这一文化背景的体现。另外，《左传》对梦的有选择地记录与诠释，是作者价值观和历史观的反映。循着这两点，我们来对《左传》中大量的梦境记载进行详细分析。

（一）《左传》中的梦反映了春秋时期原始宗教与人文精神的交错、交替

春秋时期是我国思想文化大发展大繁荣的阶段。一方面，在这一时期，夏商周以来的原始宗教思想以及其他传统观念在人们心中仍然起着巨大的作用，发生着普遍的影响，人们仍然相信鬼神的存在，并认为其对于人间事务有所影响，进而乐于去通过各种方式来探求鬼神所表现出的吉凶祸福。另一方面，民本思想和实践理性的等人文思想也逐渐发展起来。《左传》中大量记梦正是这种思想文

① 徐复观：《两汉思想史（三）》，北京：九州出版社 2014 年版，第 250~251 页。

② 张端穗：《左传思想探微》，台北：学海出版社 1987 年版，第 11 页。

化背景的体现，即传统宗教观念与以人为本的人文思想杂糅与碰撞。正如陈来所说："就中国的春秋时代而言，神灵信仰的没落和实践理性的成长，才更准确地揭示了它的发展线索。"①但同时他也指出："由于这一过程是一个复杂的缓慢的过程，所以我们不能从一种纯粹的角度来设想西周到春秋神本信仰和人本理性的紧张。事实上，春秋思想大多尚未彻底摆脱神话思维的框架，而是在此框架内发展起人本的因素，体现着人文精神的跃动。"②这是一个双方力量相互抗衡并且实践理性逐渐超越神灵信仰的过程，它不是短时间内迅速完成的转换，而是一个逐渐发展变化的过程。

1.《左传》记梦反映了鬼神崇拜传统的延续

先民由于知识和视野所限，不能科学地解释梦而产生梦迷信，再加上统治者的需要，与原始巫术紧密结合的梦的占卜术得以盛行和发展，从一开始，梦就被中国古代统治者、占梦官视为上天、鬼神对人间吉凶祸福的一种预示。这种早期鬼神观念传统在春秋时期仍然得以延续。上述 5 号梦的例子很能反映春秋时期的神本观念残留：

> 冬，郑穆公卒。初，郑文公有贱妾曰燕姞，梦天使与己兰，曰："余为伯鯈。余，而祖也。以是为而子。以兰有国香，人服媚之如是。"既而文公见之，与之兰而御之。辞曰："妾不才，幸而有子。将不信，敢征兰乎？"公曰："诺。"生穆公，名之曰兰。③

有学者认为，燕姞梦兰的故事，是一则假托梦境，为自己谋求利益的记梦故事。由于燕姞的地位卑贱，所以不能与郑文公常相

① 陈来：《古代宗教与伦理：儒家思想的根源》，北京：生活·读书·新知三联书店 2009 年版，第 15 页。

② 陈来：《古代宗教与伦理：儒家思想的根源》，北京：生活·读书·新知三联书店 2009 年版，第 16 页。

③ 杨伯峻：《春秋左传注》，北京：中华书局 1981 年版，第 672～674 页。

聚，因此在偶聚时候，编造“天使与己兰”故事，争取怀孕以抬高身价。① 当时燕姞正利用郑文公对祖先降灵不可违抗的敬畏之心，从而达成其愿望。若春秋时人无鬼神崇拜的残留并且不信梦，那么燕姞假托梦境的方式来抬高自己的目的就不能实现。

2.《左传》中梦的反释以及部分不信梦占的例子，反映了春秋时期人文理性精神的崛起

陈来说，春秋时代的文化特色是“神本观念的明显衰落和人本思潮的广泛兴起”②，“从春秋思想文化的发展来看，有如下渐进的发展：继承着西周文化的发展趋向，充满实证精神的、理性的、世俗的对世界的解释越来越重要，而逐渐忽视宗教的信仰、各种神力及传统的神圣叙事。宗教性和非宗教性的仪典形式逐步让位于德性精神的强调，礼仪文化渐渐转化，形式化的仪典文明渐渐转变为理性的政治思考和道德思考”③。春秋战国是中国思想文化发生巨变的一个时期，在这一时期，长期以来居于统治地位的鬼神崇拜、上天崇拜等观念逐渐受到人们的质疑，理性人文精神开始萌生，人们开始意识到人本身的重要性，开始强调德性精神、礼仪文化与理性思考，这一思想趋向在《左传》记梦体系中也能得到验证。

将梦境反释，说明人们对于梦境能做出灵活的、符合自己需要的解释，将梦“为我所用”，而不是一味地迷信梦占，他们在判断和决策时，采取的主要依据是客观现实。也可以说，他们可能在做梦之前，已经知道自己接下来应该何去何从，只是通过做梦和占梦，给自己以心理上的安慰和支持。除此之外，《左传》中更有不信梦的例子，这样的例子更能表现出当时人们对鬼神的一些怀疑和否定。正如陈来所说：“春秋时代出现了不少神祇预言家和卜筮活动受到抵制或轻忽的事例，同时‘筮’与‘德’何者优先的问题也突

① 王维堤：《神游华胥——中国梦文化》，上海：上海古籍出版社 1994 年版，第 13 页。

② 陈来：《古代宗教与伦理：儒家思想的根源》，北京：生活·读书·新知三联书店 2009 年版，第 11 页。

③ 陈来：《古代宗教与伦理：儒家思想的根源》，北京：生活·读书·新知三联书店 2009 年版，第 13 页。

出起来，占卜在实际事务的决策中重要性逐步下降，理性和道德在事务中占据上风。”①如8号梦：

> 婴梦天使谓己：“祭余，余福女。”使问诸士贞伯，贞伯曰：“不识也。”既而告其人曰：“神福仁而祸淫，淫而无罚，福也。祭，其得亡乎？”祭之，之明日而亡。②

赵婴梦到天使对他说：“祭我，我保佑你。”他派人去向士贞伯请教吉凶。士贞伯说：“我不知道。”不久后又告诉那人说：“神明保佑仁爱的人而降祸给淫邪的人，淫邪而没受到惩罚，就是福了。祭祀了难道就能免除祸吗？”赵婴祭祀了神，第二天就被放逐。

士贞伯的释梦体现了理性的思想，他在释梦时开始注重现实的德性与客观需要，对卜筮等神秘活动不再一味地相信，“神福仁而祸淫”是他的判断准则，由此可以看出他在释梦时已经将“仁”德作为重要的依据，体现了春秋时期人文精神的崛起。

（二）《左传》大量记梦反映了《左传》作者的历史观

《左传》大量记梦既是当时大的思想背景导致的，也与《左传》作者自身的文化传统密切相关。《左传》的作者是史官，其大量记录梦境与梦占，是春秋时期史官身上的巫祝文化遗存所致。正如李冬生所说：“史官通巫，巫官通史，巫即史官，史官即巫，是夏商周这个历史阶段产生的特殊现象。”③这种现象在春秋时代仍然没有消亡，《左传》中的“祝宗”、“祝史”与早期的巫官关系密切。“中国古代社会初期的史官、卜官和礼官都是由巫充任的，就是史书上所称的‘卜’、‘占’、‘祝’、‘巫’一类人物。……《左传》称这类官

---

① 陈来：《古代思想文化的世界：春秋时代的宗教、伦理与社会思想》，北京：生活·读书·新知三联书店2009年版，第16页。

② 杨伯峻：《春秋左传注》，北京：中华书局1981年版，第821～822页。

③ 李冬生：《中国古代神秘文化》，北京：人民出版社2011年版，第294页。

为‘祝宗’、‘祝史’。”①春秋时期的史官，他们自身掌握着占卜技术，对占梦预言活动的非常熟悉，因此为《左传》的编写提供了大量的梦占史料，面对前代留下来的梦占和预言的历史，《左传》作者的史官职责使他能够大量地记录下来。

但是春秋时期史官已经不仅是神职性的职官了，而多了一些人事理性主义的因素。“早期史官的记事可能主要与占卜有关，以后随着历史的延续和国家事务的扩大，人事的记录越来越占重要地位。”②史官的职责之一是记录纷繁复杂的历史，这就要求史官能够以冷静的头脑和客观的态度面对历史，并在记录、观察和思考历史的过程中，注重总结历史的成败兴衰的规律，在一定程度上成为时代的先知。这就决定了在《左传》中既有神秘的解梦说法，也有依据理性、人事来进行解梦的方法。史官的巫祝出身要求他们能够宣扬天道观念，而逐渐趋于理性的先知的身份，又要求他们能够预知人事。而无论是宣扬天道还是预知人事，以何种方法解梦是作者的精心设计和安排的，他通过记录一次又一次地占梦以及应验的事件，以此来体现自身的是非价值判断和历史观念，揭示历史的发展规律。

史官的身份与功能与《左传》中大量的梦境与应验记载有着密不可分的关系。事实上，史官不但负责记载、保存梦象，还通过对梦象的叙述及其应验的描写进行道德评判，委婉地表达其对历史人物和事件的倾向性，从而起到惩恶扬善的作用。

还是举上文 8 号梦的例子，士贞伯的话：“神福仁而祸淫，淫而无罚，福也。祭，其得亡乎?”其实可以看做是《左传》作者的态度。我们知道，《左传》中记载的梦多数能够应验，其原因之一在于作者的筛选，很多没有应验的梦不会被载入《左传》。因此相反，士贞伯这种不信梦占而信道德的话语，之所以被记录于《左传》，

① 李冬生：《中国古代神秘文化》，北京：人民出版社 2011 年版，第 293~294 页。

② 陈来：《古代宗教与伦理：儒家思想的根源》，北京：生活·读书·新知三联书店 2009 年版，第 49~51 页。

也很有可能是作者筛选的结果。作者借士贞伯之口，来表达作者对历史发展和历史人物命运的看法，为以后事件的发展埋下伏笔。

又如《左传·宣公十五年》记载魏颗梦老人报恩之事。宣公十五年秋七月，秦桓公出兵伐晋，晋军和秦兵在晋地辅氏交战，晋将魏颗与秦将杜回相遇，二人在交战过程中，魏颗突然见一老人用草编的绳子来回遮拦杜回，杜回被绊倒在地，被魏颗所俘。当天夜里，魏颗在梦中见到那位白天为他结绳绊倒杜回的老人，老人说，我就是你把她嫁走而没有让她为你先人陪葬的那女子的父亲。我今天这样做是为了报答你的大恩大德。

《左传》作者在记载完晋军和秦军的辅氏之役后，又补叙了老人结草助魏颗获胜的原因：

> 初，魏武子有嬖妾，无子。武子疾，命颗曰："必嫁是。"疾病，则曰："必以为殉。"及卒，颗嫁之，曰："疾病则乱，吾从其治也。"及辅氏之役，颗见老人结草以亢杜回，杜回踬而颠，故获之。夜梦之曰："余，而所嫁妇人之父也。尔用先人之治命，余是以报。"①

原来，晋国大夫魏武子有位无儿子的爱妾。魏武子刚生病的时候嘱咐儿子魏颗说："我死之后，你一定要把她嫁出去。"不久魏武子病重，又对魏颗说："我死之后，一定要让她为我殉葬。"等到魏武子死后，魏颗没有把那爱妾杀死陪葬，而是把她嫁给了别人。魏颗说："人在病重的时候，神志是昏乱不清的，我嫁此女，是依据父亲神志清醒时的吩咐。"

不论这个梦境真实与否，《左传》作者在此安插一段对魏颗梦境的描写，是委婉地表达对魏颗仁爱之举的认同与褒扬，向人们说明做仁爱之事在以后会有好的报应。在神灵崇拜和梦征观念盛行的时代，作者借助鬼魂谕示灵异的梦，利用人们对鬼神的敬畏之心来影响人事的进行，这一方面显示了作者对事件和人物的倾向性；另

① 杨伯峻：《春秋左传注》，北京：中华书局1981年版，第764页。

一方面也显示出梦象是统治者以及史官可以直接利用，以促使人民顺服的一种方式和手段。这种方式既如实地反映了春秋时代的思想状况，又将作者的是非论断和价值裁判蕴含在对梦象的叙述中，省去了枯燥的说教和解释。

这种例子在《左传》中还有很多，僖公二十八年城濮之战后，《左传》补叙了楚帅子玉战前做梦的事情：

> 初，楚子玉自为琼弁玉缨，未之服也。先战，梦河神谓己曰："畀余，余赐汝孟诸之麋。"弗致也。大心与子西使荣黄谏，弗听。荣季曰："死而利国，犹或为之，况琼玉乎？是粪土也，而可以济师，将何爱焉？"弗听。出，告二子曰："非神败令尹，令尹其不勤民，实自败也。"①

《左传》作者在这里追叙楚子玉之梦并非单纯的猎奇心态使然，其主要目的是通过对梦境的描写来间接地揭示其战败的深层原因：视个人财宝重于国家利益。

（三）记梦是《左传》的叙事方式之一

《左传》中大量记梦除了归因于原始巫传统的遗留以及当时人们思想知识的局限外，也与《左传》自身的叙事体系有关。

《左传》是一部编年体史书，这就容易使其在叙事时混乱或不完整，所以作者刻意用梦占预言以及其他各种预言来弥补这种不足，这一点体现了梦占等预言在情节结构的组织安排上的作用；其次，《左传》记载了大量的梦，但并不是每个人的梦都能受到重视并被记录下来，《左传》的梦占预言多与当时的重要政治人物、重大历史事件有关。作者使用补叙、插叙等方式有选择地记录梦境以及对梦境的解释，借助说梦这一为当时人所接受的行事表达自己的思想观念，实质上起到了揭示历史发展规律，进行政治伦理的训诫

① 杨伯峻：《春秋左传注》，北京：中华书局 1981 年版，第 467～468 页。

诱导的作用。

《左传》的作者是史官，史官的职责之一是记录纷繁复杂的历史，面对大量的、复杂的史料，史官在记录时需要对事实的叙述进行设计，正如潘万木所说："历史的发生发展与历史的记录也是两种时间关系，历史的叙述不可能按照历史的原样在文本中浮现，而是融汇了记录者编写叙述历史的组织方法和技巧。"①《左传》作者进行的设计就是在对事件的叙述中插入大量的梦象、梦占预言以及其他预言。所以记梦在《左传》中的一个重要作用就是安排情节结构，同时又造成悬念，以虚幻的梦境以及梦占预言的应验来连接、充实情节的发展，揭示历史发展的规律，使人物的性格更加鲜明。

《左传》记梦对其叙事的另一作用就是潜移默化地进行政治伦理的训诫诱导。《左传·成公十四年》："《春秋》之称，微而显，志而晦，婉而成章，尽而不汙，惩恶而劝善。"这句话点明《春秋》记事的目的之一是惩恶扬善。《左传》中大量记梦也与这一目标密切相关。《左传》中所记载的梦很多具有预言性质，并且预言中绝大多数能够应验。作者以梦来验证战争的成败、预兆国家的灾祥，预测个人的祸福，如果梦的主体能够合于礼义、立身修德，便能获得成功，反之则会招致祸患或失败。礼敬道德是事实上裁判吉凶的标准。当然，《左传》中有很多记梦是对梦境的直接描写，并没有必然的预言性质。总而言之，作者记梦只不过是采取当时人更容易接受的形式来表达自己的价值判断和思想观念，使人们在对鬼神的虔诚与敬畏中不知不觉地接受作者想要宣传和表达的观念，既丰富了叙事的文学性，又提升了宣传效果。例如，成公十年的"晋侯梦大厉"与哀公十七年的"卫侯梦浑良夫之鬼魂"，作者记载这两个梦的目的是进行人文教化，鬼神会复仇作祟，只要做亏心事，纵使人已不在世上，祖先也会显灵索命，作者在这里通过记梦与预言来进行政治伦理的训诫诱导，这种叙事方式对后世也产生了深远的影响。

① 潘万木：《左传叙述模式论》，武汉：华中师范大学出版社 2004 年版，第 204 页。

《论语》“听讼”章别解

——从汉语“法谚”入手重新思考“无讼”的社会理想

2012级国学班　邹小舟

一、引　　言

《论语》“听讼”章是《论语》细分章节研究的一个热点。此章极短，现引述：子曰：“听讼，吾犹人也。必也使无讼乎！”①此章中，“听讼”二字少有争议。“讼，争也。”②发生争端后，诉说于人，请之裁决，即听讼之意。此外，亦有学者对“吾犹人也”的意义做出一些探讨，笔者以为可下定论，即听讼的过程、模式等与人相同。③ 此章争论处则是在于对“无讼”④的解读，关于其解读的不同进路对中国的传统法律观念影响深远。“无讼”被认为是孔子所试图构建的一种社会理想，这种理想状态被后世学者不断的解释与阐发，逐步形成了一种一以贯之的法律观念，甚至上升到意识形态的地位。无论儒学、伦理学、法理学、法制史、社会学等学科门类，探讨中国自先秦以来的诉讼观念与法律思想，皆不能绕过《论语》“听讼”一章。

① 杨伯峻：《论语译注》，北京：中华书局2009年版，第126页。

② （清）段玉裁注，（东汉）许慎著：《说文解字注》，杭州：浙江古籍出版社2006年版，第100页上。

③ 宁全红：《〈论语·颜渊〉“听讼”章新解》，载《孔子研究》2015年第2期。该文章已经对“吾犹人也”做出了详尽且合理的辨析，笔者以为然。

④ 其实，笔者认为此章亦可名为“无讼”章，且更具针对性。但是出于惯例，仍以篇章开头“听讼”二字为名。

但前人研究，特别是中国古代对于此章的讨论，主要集中在《论语》文本本身意义与其所反映的社会理想①，这种讨论一直延续至今。虽然当今学界运用了大量文献学、语言学的方式，但就"听讼"章本身的意义，仍有分歧。古代学者关于此章的讨论鲜有涉及小传统社会的考察，而是仅仅停留在精英阶层思想的阐发。明清以降，西学东渐，方才有学者关注小传统的乡民社会中的诉讼观念。此外，法学界的研究，则主要考察此章中"无讼"思想所代表的中国古代法律传统与其之于现代中国法制建设的现实意义，缺乏一种结合古典文献的对于思想演变的考察。因此，对"听讼"一章做进一步的反思，特别是对其所构建的社会理想重新思考，是极有必要的。

谚语是人类智慧的结晶、语言的精华。自亚里士多德至今，我们对什么是谚语，以及谚语与短句(比如诗歌、格言等)之间的区别是什么，下过难以数讨的定义。巴特利特·杰·惠延在他的《谚语的特征》一文里，汇集提供了一个颇为有趣的历代谚语定义表，最后他以自己的定义作为其长篇论文的结尾：

> 谚语由于源于人民，是一种在形式上和措辞上能证明其起源的表达形式。谚语用朴实无华的语言表达某种基本真理——自明之理——且常用头韵和尾韵加以修饰。谚语通常但又不总是简练，通常但又不总是揭示真理。有些谚语既有字面意思，又有比喻意思，且两者都有完整的意义；但更多的是仅有其中之一。谚语必须具有历史悠久的特征，必须具有历史的烙印；此外，这种烙印或许可由聪明的学者所伪造，那么谚语就应在不同地域经受不同时代的检验。对于早期文学作品，我们通常无法用最后这一条去检验，因为我们手头缺少完整的文献

① 如，郑玄《礼记正义》、朱熹《四书章句集注》、颜师古《汉书·贾谊传注》等。

资料。①

给谚语下定义是一个极为困难的问题，然而归纳谚语的特征，却是可能的，即使这种归纳相对模糊。这些特征是：第一，源自人民；第二，精练朴实；第三，富有智慧；第四，历史悠久；第五，形式固定。

源于民间、流传广泛的谚语与其他文学形式相比，由于具有这些特征，所以具有更加浓厚和深刻的乡土色彩。但就文学资料而言，其中绝大多数作品已经文人墨客润饰和改写，故而难免掺杂了他们的思想观念，乃至相关的教化意图，至少，其所表达出来的心态也是文人阶层与百姓群体的混合物。② 因为，中国书面和口语谚语的历史在中国社会文化人的“大传统”和普通百姓——主要是农民的“小传统”的互相影响中得到验证。而法谚，即法律谚语，梁治平于《清代习惯法：社会与国家》③中提出“法语”与“法谚”的概念。可以说，法谚是谚语的一种，也就意味着其生成并同行于大众之中，是一种有关法律的民间用语。既然，谚语属于民间话语，所以，相较于官方的文献，法谚也就更能够反映中国百姓日常生活中思想与情感，也就更能体现中国百姓传统的法律意识。故而，将谚语（或者说法谚）作为历史考察的材料，是有价值的。

关于“法谚”这一概念，需在此特别说明。④ 在现今中国的语

---

① 转引自陈平：《谚语的定义及其基本特征》，载《韩山师范学院学报》1997年3月第1期。

② 徐忠明：《传统中国百姓的法律意识与诉讼心态——以谚语为范围的文化史考察》，载《中国法学》2006年第6期。

③ 参见梁治平：《清代习惯法：社会与国家》，北京：中国政法大学出版社1996年版。

④ “法谚”一词是由台湾学者在研究西方法律格言时将其译为“法谚”的，见郑玉波译《法谚》（一）“自序”，台湾三民书局1984年版，第1页。其属于舶来的概念，法律格言与法律谚语本身即两个概念，这种翻译是不甚准确的。笔者在此对“法谚”的概念进行剖析，是就其狭义的范畴而言，即法律谚语，不包括格言的部分。

境下，讨论“法谚”，尤其应当注意其与西方“法谚”的区别。西方社会的法谚，有一种“自下而上”的特征，其往往是由百姓在日常生活实践中所总结出的一些行为规范，经法学家的凝练与提取，逐渐被成文法采用，甚至上升为法律的原则与精神，具有较强的法律效力，通常遵循民间到官方的发展传播路径。

与西方不同的是，中国本土的“法谚”，笔者认为称为“与法律相关的谚语”更为恰当。缘何？其一，这些谚语的生成过程是较为复杂的，里面存在相当程度的悖论现象，或者说表达上的不一致与吊诡。究其原因，主要是这些谚语的生成虽然主要来自民间，但已经被官方进行润色，不论这种润色是官方的刻意为之，还是民间的主动接受。进一步说，这些谚语并没有如同西方“法谚”一样上升到国家法律体系当中去，不具备法律效力，究其根本也只是百姓对于国家法律形态的思考与反映。其二，之所以称为“与法律相关的谚语”而不直接指称为“法谚”或者“法律谚语”，是因为现今社会中法律的范畴与中国古代社会相比已经有了极大的变化。如今看来，属于法律范畴下的谚语在古代中国很大程度上是属于“礼”或“俗”的范畴的。因此，如果简单地将这些谚语称为“法律谚语”，笔者以为实有粗暴之嫌。然而，出于行文的便捷与流畅，笔者还是将中国传统的“与法律相关的谚语”在文中以“法谚”或“谚语”代替。

以非洲法谚、拉丁法谚以及许多西方成文的著名法谚为研究对象的研究已经取得了相当的成果，然而，汉语法谚的研究却并不充分。① 虽然，与法律相关的汉语谚语的研究已经取得了一定的成果。② 但是，这些研究多从谚语出发，考察谚语本身，或者谚语所

① 特别要指出的是，笔者点明为“汉语法谚”而非“中国法谚”或“传统法谚”是出于对中国诸多少数民族语言中亦有此现象的考虑。

② 这些相关研究成果有，徐忠明：《传统中国百姓的法律意识与诉讼心态——以谚语为范围的文化史考察》，载《中国法学》2006 年第 6 期；霍存福：《法谚：法律生活道理与经验的民间形态——汉语谚语的法文化分析》，载《吉林大学社会科学学报》2007 年第 2 期；易军：《谚语中的法文化——民间法的视野》，载《广西社会科学》2011 年第 11 期。

代表的古代的法律文化与法律意识。但是，这些研究多是法学学者所做，其缺少对法谚背后的深厚中国传统思想的梳理，也没有厘清法谚与传统主流思想脉络之间的关系，对传统法律思想在民间展开后，于法谚上所体现的诸多矛盾现象的分析亦显不足。

因此，从《论语》“听讼”一章出发，梳理传统主流诉讼观念与法律意识，并由法谚入手，考察传统儒家法律观念在民间的展开，重新思考中国古代“无讼”社会理想，并对其背后的原因进行探析，就显得尤有意义。

二、“听讼”章中“无讼”的辨析与变异

如笔者前文所说，“听讼”一章，其焦点就在于“无讼”二字。后文诸多探讨，亦建立在此对此二字的解释之上。笔者先举一例翻译：

> 孔子说：“审理诉讼，我同别人差不多。一定要使诉讼的事件完全消灭才好。”①

如上翻译，出自杨伯峻先生《论语译注》，是一种比较通行的说法。将“必也使无讼乎”理解为一种使诉讼事件完全消失的状态，或说社会理想。此外，另一种看法，主张将“无讼”理解为，在具体案件中的争议的消解。主张者甚少，笔者不展开分析。

就第一种理解，我们举颜师古《汉书·贾谊传注》所云：

> 言使吾听讼，与众人等，然能先以德义化之，使其无讼。②

不难理解，这是一种对于“和”的社会状态的诉求，于争讼之

① 杨伯峻：《论语译注》，北京：中华书局2009年版，第126页。

② （唐）颜师古：《汉书·贾谊传注》。

前，以德化之，使争讼无法产生。既满足统治者的需求，也符合老百姓的期望。同为汉初时期的陆贾在谈及无为境界时说：

> 君子之为治也，块然若无事，寂然若无声，官府若无吏，亭落若无民，闾里不讼于巷，老幼不愁于庭……老者息于堂，丁壮者耕耘于田，在朝者忠于君，在家者孝于亲。①

可见，陆贾有比较强的“无为而治”的倾向，试图通过“无为”以至于“闾里不讼于巷”的社会状态。

陆贾与贾谊的思想均是兼综儒道，一方面，继承了汉初黄老之学的政治理想，另一方面也吸收了先秦儒家的仁义观念。然而，据此可以看出，孔子“无讼”的言论在这一条进路中，主要体现为一种消弭讼争于未讼之时的无讼的社会状态，与黄老道家的“无为”观念相掺杂，其可行性是值得商榷的。三国时期的王弼大抵也是继承了这种意见，认为“在前以道化之，使无争讼，乃善”②。

其实，最先解释“无讼”的是《礼记·大学》。它在引用了孔子那句话之后说：“无情者不得尽其辞，大畏民志。”郑玄注云：“情犹实也，无实者多虚诞之辞，圣人之听讼与人同耳，必使民无实者不敢尽其辞，大畏其心志，使诚其意不敢讼。”按照这种解释，无讼就是借助于法庭的威严使无实者畏而不敢讼。③ 这实际上对于达至“无讼”之理想社会的另一条进路，即通过听讼而使百姓不讼。在《易经》中，我们便可找到形成此种观念的思想因素。如：“讼，有孚窒，惕，中吉；终凶，利见大人，不利涉大川。”④该卦象的解释是，争讼是由于诚信被窒塞而引起，倘若心中能够有所戒惧，坚持中正而不偏颇，可获吉祥；若穷争不止，将导致凶险。遇到公正

---

① （西汉）陆贾：《新语·至德》。

② （魏）王弼：《论语注疏》。

③ 徐进：《孔子“无讼”辨证》，载《齐鲁学刊》1984 年第 4 期。

④ 《易经·讼卦第六》。此处亦有句读为“讼，有孚窒惕，中吉；终凶，利见大人，不利涉大川。”则将警惕之意划作“有孚窒”这一意群当中，笔者以为差别不大，取文中句读方式。

的“大人”(即法官)裁判以解决争讼将有利，倘像涉大川一般逞强冒险，则不利。这里承认了讼争的存在，将争讼的解决寄托与“大人”，以至于“无讼”。

那么，孔子的“无讼”观念的思想基础是何？其本来面目是怎样的呢？

> 道之以政，齐之以刑，民免而无耻；道之以德，齐之以礼，有耻且格。①

孔子以为，用政法来诱导百姓，只是暂时使其免于罪过，更不可能使其有廉耻之心，只有以道德教化百姓，以礼制来规化百姓，百姓才会有廉耻之心，且人心归附。可见，孔子之“无讼”理想是建立在其道德礼教的思想基础之上的，是其“克己复礼”所要达至的理想之一，而争讼作为欲望的表达，自然难以得到提倡。应该说，孔子既承认了讼争之存在，希望有“大人”可以“道之以德，齐之以礼”，以至于“无讼”，而这种“道之以德，齐之以礼”是近乎无为的政治手段，是希望使民自觉且自愿不讼，而非不敢讼。

然而，孔子之义出现了分化。若想达至“无讼”这一理想的社会状态，大抵有两种路径：一是自《易经》至《论语》，再到《大学》，认为讼争是由于不诚实等原因引起，解决其解决方式是由“大人”按照“中”的方式来评判以息讼，试图达到一种使百姓“不敢讼”的无讼社会；二则是自《论语》至陆贾、贾谊，以至于王弼，杂糅黄老道家学说改造后的“无讼”，设想“无为而治”，“以德化之”，使诉讼消弭于纷争之前，全然无讼，尝试构造一种无事的和谐社会。② 古代社会乡民的诉讼观的真实情况是怎样的呢？这种“无讼”的社会理想实现了么？

① 杨伯峻：《论语译注》，北京：中华书局2009年版，第11~12页。

② 为便于行文，下文将第一种进路称为进路一，第二种进路称为进路二。

三、从汉语谚语入手的考察

(一)对"无讼"的考察

在了解了孔子"无讼"观念在历史文献所载的大传统下的演变与分化后，下面笔者以传统汉语谚语为例，分析一下"无讼"观念在百姓社会中究竟是如何呈现的。为便于分类分析，特列表如下：

<table>
<tr><th>编号</th><th>传统民谚</th><th colspan="2">诉讼观念类型</th></tr>
<tr><td>1</td><td>穷死别做贼，冤死不告状①</td><td rowspan="3">惧讼</td><td rowspan="4">无讼</td></tr>
<tr><td>2</td><td>衙门八字朝南开，有理无钱莫进来</td></tr>
<tr><td>3</td><td>一场官司一场火，任你好汉没处躲</td></tr>
<tr><td>4</td><td>为人解忿息争，胜造七级浮屠；唆人告状倾家，定入阿鼻地狱</td><td>厌讼</td></tr>
<tr><td>5</td><td>种肥田不如告瘦状</td><td rowspan="3"></td><td rowspan="3">健讼</td></tr>
<tr><td>6</td><td>要恶做个媒人，要好打头官司</td></tr>
<tr><td>7</td><td>真有冤来告状，我劝大家把心放</td></tr>
</table>

通说认为，传统中国社会，和谐被视为不易的真理，冲突应尽力避免，否则；最好也能迅速弭平，让秩序重新恢复。法规范的功能，除了刑事法作为安邦治民之具外，与其说是在判明是非曲直，倒不如说是重在追求矛盾与纠纷的平息。② 如前文所述，基于对和

① 温瑞政等：《中国谚语大全》，上海辞书出版社2004年版。表格内及下文谚语皆引自该书，不再单独注明。

② 黄源盛：《中国法史导论》，桂林：广西师范大学出版社2014年版，第105页。在讨论诉讼问题之前，我们必须知道现行中国法律对于诉讼的区分，即民事诉讼、刑事诉讼与行政诉讼。古代中国社会有着刑事、民事不分的特点，而孔子所说听讼与无讼，主要是指民事诉讼的范围，也就是"民间细故"，亦稍兼有刑事诉讼。而刑事诉讼的判决在古代常称为"断狱"，而非"听讼"。

谐社会状态的追求，“无讼”的社会理想一直作为官府的大传统而贯穿中国传统社会。但是，诚如表格中民谚所展示的，这种“无讼”，并非在上者“以德化之”，而是在上者过分地追求前文路径二之理想，过分地使用路径一之手段，使百姓“异化”为“惧讼”与“厌讼”，甚至有直接背离大传统的“健讼”。

就传统百姓的诉讼观念而言，型塑其诉讼观念的基本因素有二：其一，帝国官方的诉讼态度和司法实践的腐败无能；其二，乡土社会的人情关系和生活境遇。① 这两点也就是孔子“无讼”观在乡民社会产生变异乃至背离的主要原因。

第一，从官方层面入手，对百姓“无讼”观念的外生性因素做一点分析。就官方的诉讼态度而言，“息讼”一直是官方处理百姓讼争的基本指导思想。无论前文中所提及的哪一种进路，均体现出避免争讼、以和为贵的思想。在这背后其实主要是“礼之用，和为贵”思想的体现。在乡土社会中，维持礼俗的力量不在身外的权力，而是在身内的良心。每个人知礼是责任，社会假定每个人是知礼的，至少社会有责任要使每个人知礼。所以“子不教”成了“父之过”。教得认真，子弟不会有坏的行为。打官司也成了一种可羞之事，表示教化不够。② 因此，如果全社会注重道德教化，每个个体注重修身养性，那么就可以达至理想的社会状态，也即“礼治”。笔者以为，这的确是孔子的“无讼”理想，是其“道之以德，齐之以礼”思想的体现。正是基于以上的思想因素的影响，官府衙门致力于在民间推行教化，若一个地方百姓好讼，则说明官府教化不力，致使民风刁蛮，讼风盛行；当百姓之间发生讼争而诉至官府，官员首先要做的是设法调停息讼，若是调停不成而必须进行裁判时，导引听讼者判定的基准，时而也无需受律条严格形式的束缚，反而拘泥于伦理或其他体制的价值规范。更直接地说，是根据“中国式的

① 徐忠明：《传统中国百姓的法律意识与诉讼心态——以谚语为范围的文化史考察》，载《中国法学》2006 年第 6 期。

② 费孝通：《乡土中国》，北京：人民出版社 2008 年版，第 68～69 页。其实，亦有英国社会学家斯普林可尔认为，乡土社会是“反诉讼的社会”。

正义衡平观——情理”来寻求具体妥当的解决。① 这样一来，以所谓情理的变通方式，使本欲“以德化之”的无讼社会，彻底在“无讼”的大方针下成为一种空想，对于进路一的异化使用，百姓的“不敢讼”也不再是出于“无情”，即自己的不诚实，而是对于官府的惧怕与厌烦。

此外，由于进行诉讼需要耗费大量的时间，对于官府衙门来说，我国古代地方行政机关与司法机关职能不分，处理讼争的时间、人力、物力的耗费无疑会大大加重衙门的工作负荷；而对于百姓来说，长时的讼争过程也无疑会影响农业生产，而耽误了生产，使无法保证官府的税捐能够得到及时的足缴。因此，基于此两点经济上的考虑，官府大多也对诉讼的态度较为冷漠。

就司法实践的腐败而言，且看几条传统百姓的谚语。“衙门八字朝南开，有理无钱莫进来”一句道尽百姓的无奈与戏谑。衙门本是百姓陈述己理、正义得以伸张之地。但现在却“有理百口莫辩”，“有钱能使鬼推磨”，在金钱的操控下，诉求难以告诉，正义不能伸张。更有甚者，“千金不死，百金不刑”，金钱的数量直接可以决定犯罪的量刑，以致“县令县令，听钱调令”，“三年清知府，十万雪花银”，只留下百姓“衙门从古向南开，就中无个不冤哉”的悲鸣。在这样的情形之下，百姓即使有真正的冤屈与诉求，往往也选择隐忍与退让，因为，诉讼将导致“衙头府底赔杯酒，赢得猫儿卖了牛”，“一场官司一场火，任你好汉没处躲”，“被盗经官重被盗”，“人命官司两家穷”等更为不利的后果，导致百姓产生“穷死别做贼，冤死不告状”的诉讼观念。其实质是一种“惧讼”的观念表达。应该说，腐败是专制主义政治体制之下的常态。加之传统社会中，法是专制权力的象征。韩非子“抱法处势”的思想深入在上者，“法”始终与“势”相结合，百姓处于被统治的地位，自然对于与“势”紧密结合的“法”产生一种恐惧与不安，而对于与“法”相联系的“诉讼”，则内生出一种畏惧，理所当然的敬而远之了。基层官

① 黄源盛：《中国法史导论》，桂林：广西师范大学出版社 2014 年版，第 109 页。

员极难从顶层设计出发为政，无论进路一、二，其更倾向于选择“看起来”能够实现政治理想的“行之有效”的方式。故法家“以刑去刑”的相较于儒家“以德去刑”的手段在基层治理中更易“见效”，实在不能不令百姓畏之惧之。

第二方面，从百姓自身生活环境层面入手，对百姓“无讼”观念的内生性因素进行一下梳理。从经济生活的角度来看，传统中国是一个农村社会；而从基层组织的视野来看，传统中国则是一个费孝通所谓的“乡土社会”。乡土社会的根本特点乃是百姓的安土重迁，他们出生于此，成长于此，终老于此，归葬于此，由此而形成了“情浓于水”的社会关系。也正因为如此，这种乡土社会也是人们所说的“熟人社会”，从而与现代“陌生人社会”不同；另外，乡土社会主要依靠礼俗来维持日常运作，费孝通把它称为“礼俗社会”，又与现代“法理社会”构成鲜明的对比。①

在这种“熟人社会”中，社会流动性较低，百姓与外界联系较少，能够保持较长时间的稳定性。但同一区域内的百姓之间的生产、生活联系却非常之紧密。因此，即使是发生矛盾纠纷，抑或碍于情面，抑或从家族关系出发，百姓大多选择“得忍且忍，得耐且耐；不忍不耐，好事变坏”，“退一步天高地阔，让三分心平气和”的处世态度与待人之道。又如，“有本事能惹事，惹下事无本事；无本事能忍事，忍了事有本事”，“我懦由我懦，有祸落别个”之类的“处世法则”。当真要试图构建所谓“鸡犬之声相闻，民至老死不相往来”②的无摩擦社会。要之，便是尽最大限度地避免介入与他人的纠纷，即便不得以发生纠纷，也要采取退让的态度以化解纠纷。而对于诉讼这种纠纷解决途径，总体来说，百姓是厌恶或者鄙视的。一部分是由于该行为破坏了相邻之间和睦的关系，另一部分则是由于百姓对于法律的悸怕。这无疑是对《易经》中将争讼视为不详之事的一种表现，传统百姓自觉或不自觉地继承了这一传统。

① 转引自徐忠明：《传统中国百姓的法律意识与诉讼心态——以谚语为范围的文化史考察》，载《中国法学》2006年第6期。

② 《老子》第八十章。

因而有“为人解忿息争，胜造七级浮屠；唆人告状倾家，定入阿鼻地狱”的说法。

基于以上原因，这种由士人以上精英阶层所形塑的“无讼”的和谐观，折射成普罗百姓的“惧讼”进而“厌讼”的诉讼观，形成了传统中国人民鄙视法律、悸怕法律，甚至避讼的消极法律意识。①笔者以为，这种折射，是对孔子“无讼”社会理想的一种扭曲，甚至变异，这种变异，既可以在精英阶层中流传的文献里找到蛛丝马迹，又可以在反映乡民意识的民间谚语中找到如山铁证。这种扭曲，在大传统的鼓吹下使得精英阶层偶尔忽视其背反面——健讼。

（二）对“健讼”的考察

虽然“无讼”思想在大传统上主导着传统社会的诉讼观念，但在民间则一直存在着“兴讼”或者说是“健讼”思想，在此我们可谓之“小传统中的小传统”②。传统社会不可避免会产生《诗经·小雅·伐木》所谓“民之失德，干糇以愆”③，甚至忍无可忍的事情；此时，通过诉讼途径解决纠纷，同样是百姓的主要选择——“真有冤来告状，我劝大家把心放”。事实上，只要衙门不甚腐败，诉讼并非不能接受。④ 而且，在前文笔者提到，对于“听讼”章有学者认为是孔子对于具体争讼案件所发出的议论，是要就讼争来息讼，而并非彻底地消除争讼。

而随着中国经济重心的南移，以及中国传统手工业及商品经济的发展，经商之风日盛，百姓之间的民事日益增多，进而有更多的讼争产生。滋贺秀三曾指出，较之于现代的日本，中国清代时的“打官司”与民众的距离要近得多。为此，他举出清代嘉庆年间安

① 黄源盛：《中国法史导论》，桂林：广西师范大学出版社 2014 年版，第 110 页。

② 相较于精英阶层的大传统，乡民社会是属于小传统的，而相较于乡民社会中的“无讼”主流，“健讼”自然属于这一小传统社会中的小传统。

③ 此句诗的大体意思为：有人早已失美德，一口干粮也会致埋怨。

④ 徐忠明：《传统中国百姓的法律意识与诉讼心态——以谚语为范围的文化史考察》，载《中国法学》2006 年第 6 期。

徽省六安州知州的例子作为论据：他在任的10个月间处理了1360件案件。而夫马进提出了更多的论据加以支持，他通过列举官员笔记中的记载说明清代时，每当放告日，各州县所收到的呈词少则百余，多则三四百，甚至有上千这样极端的例子。以一年8个月理讼，每月三八放告计算，一年有48天告期，则收到的呈词有近万。以汪辉祖任职的湖南宁远为例，不过有23366户，近万的呈词可谓惊人。当然，诉状并不意味着新的案件，其中有相当一部分属于催促状，而且县令披阅后认为呈词不实或不合要求的也不会受理，真正能进入诉讼程序的不过十之一二。即便如此，一个两万户的县一年有500件案件，千余人出入公堂也是很可观的。① 流传下来的"种肥田不如告瘦状"，"要恶做个媒人，要好打头官司"等民谚体现出当时"健讼"观念的流行，从而使专门为人打官司的"讼师"行业也逐渐发展起来。

这种诉讼成风的现象，显然与孔子"听讼"章所阐述的"无讼"观点是背道而驰的。实际上，这段时期，士大夫阶层对于诉讼的观念也出现了新的见解。诚如清乾隆时学者崔述所说：

> 凡有血气皆有争心，必此争而彼甘于让，斯已耳；苟不甘于让，则必讼之矣！故陵人者常讼，其大较也。且争而甘于让者，惟贤与孤弱者耳。然理固有当让有不当让，势应有能让有不能让；所争者非一人之得失，则不当让；让之而争者不已，让之而争者得逞，人皆从而效之，则亦不能终让，故虽贤与孤弱者亦不能尽无讼也。②

崔东壁的观点无疑受到了戴震"血气心知"、"理存于欲"的影

① ［日］夫马进：《明清时代的讼师与诉讼制度》，［日］滋贺秀三等：《明清时期的民事审判与民间契约》，北京：法律出版社1998年版。转引自张洁：《"无讼"还是"健讼"——对中国传统社会诉讼观的思考》，载《法制与社会》2007年第6期。

② （清）崔述：《无闻集》，见顾颉刚：《崔东壁遗书》卷2，上海：上海古籍出版社1983年版，第700~703页。

响，明清之际，人们对于理与欲的关系，有了新的理解，"理也者，情之不爽失者也。未有情不得而理得者也"①。人的道德就在于情感的恰当表达。这无疑对"无情者不得尽其辞"的"息讼"观念做出了深刻的反思。"道之以德"则可以阐发为使人们恰当的表达诉求而合乎道德。

其实，自有生民以来，莫不有讼。讼即源于百姓的利益之争，欲望之所在，必有利益之冲突，而利益之冲突则导致讼争不止。要之，欲望存在，讼争不止，本是人类社会之常态，中国传统社会亦不能免。带有禁欲主义色彩的传统无讼理想不分进路一、二都应该实现其创造性的转化。

四、对《论语》"听讼"章的反思

通过对如上民间谚语的分析，我们发现，"无讼"的思想作为一种社会理想，难以实现，甚至出现了变异与背反。而如今学界有人试图将"无讼"思想折中理解，既不将其理解为大的社会理想状态，也不将其理解为小的具体案件解决，而将其作为一种寓教于讼的案件审理方针。其实，前人早有此见地，教民息讼成为州县官审理词讼案件的基本原则。清朝政府有规定：

> 州县放告收呈，须坐大堂，详察真伪，细讯明确，如审系不实不尽者，则以圣谕中息诬告以全良善教之；审系一时之忿，及斗殴并未成伤者，则以戒仇忿以重身命教之；审系同村相控者，则以和乡党以息争讼教之；审系同姓相控者，则以笃宗族以昭雍睦教之。②

---

① （清）戴震：《孟子字义疏证》卷上。

② 参见《牧令须知》"听讼"。转引自顾元、李元：《无讼的价值理想与和谐的现实追求——中国传统司法基本特质的再认识》，载《中国人民公安大学学报（社会科学版）》2008年第1期。

雍正帝也曾下谕州县官：

> 州县官为民父母，上之宣朝廷之德化，以移风易俗。次之奉朝廷之法令，以劝善惩恶，听讼者所以行法令而施劝善惩恶者也。明是非，剖曲直，锄豪强，安良懦，使善者从风而向化，恶者革面而洗心，则由听讼以训致无讼，法令行而德化亦与之俱行矣。①

然而，这种折中的、所谓的寓教于讼的审判方针的实际效力，反观前文所举诸民间谚语，不言而喻。因为，哪怕是这种寓教于讼的讲法，不过是“无讼”社会理想在乡民社会的手段化的表现，仍没有跳出传统“无讼”理想之框架。

可以说，“花落讼庭”的“无讼”境界几乎成了千古以来中国士大夫阶层的共同理想。② 在某种意义上，它是官方与士人阶层“话语”建构的一个反映，而非小民百姓自己关于“厌讼”的“述说”。“无讼”是一个“几千年的中国梦”，在现实法制生活中则是无一日没有争讼，以致官方当局每每哀叹“世风浇漓”和“人心不古”。

其实，笔者无意否定孔子“无讼”的理想。一种观念的产生与演变有其历史的偶然性，也有其内在思想逻辑上的必然性。传统“无讼”思想，作为一种顶层设计，不论其多么美好与合理，当其落实到百姓日常的生活当中，下放到乡民社会的衙门当中时，“无讼”作为一种政治目标，其为生民塑造美好生活的可能性几乎消亡。

清人袁枚对“听讼”章理解是一种很好的反思：

---

① 参见《钦颁州县事宜》“听断”。转引自顾元、李元：《无讼的价值理想与和谐的现实追求——中国传统司法基本特质的再认识》，载《中国人民公安大学学报(社会科学版)》2008年第1期。

② 黄源盛：《中国法史导论》，桂林：广西师范大学出版社2014年版，第106页。

甚言无讼之难，非言听讼之易也。今之人不能听讼，先求无讼；不过严状式、诛讼师，诉之而不知，号之而不理，曰吾以息讼云尔。此如防川，怨气不伸，讼必愈多。不知使无讼之道，即在听讼之中。当机立决，大畏民志，民何讼耶？①

的确，不能把"无讼"简单地看成一种可以通过"大畏民志"或"以德化之"而达至的社会理想，也不能将其局限在具体的诉讼案件之中，更不能以所谓"寓教于讼"为古代的"无讼"理想开脱。诉讼行为，从本质上来看，总是与其存在的经济基础、政治结构、生活方式等诸多因素有着密不可分的关系，从而形成各具时代与地方特色的诉讼法律文化。中国传统的诉讼法律文化生成于自给自足的小农经济、专制的政治统治，以及宗法社会和熟人社会的社会条件，同时也是传统哲学思想的产物与反映，是中国传统法律文化与法律意识的集中体现。在这样的背景下，传统诉讼法律文化直接表现为诉讼的道德化、非专业化、人情化、低程序化和司法的个别化与非逻辑化。时至今日，尽管传统社会法律体系已经解体，但传统法律的精神和思想的影响依旧深远。

诉讼法律制度建设的步伐正在加快，急需向法律文化中汲取养分。挖掘和继承传统诉讼法律文化，完善纠纷解决机制，并使之向现代转型已经成为当下法制建设中一项迫不及待的任务。孔子"无讼"观念作为古代中国诉讼法律文化的核心思想，对其批判性的继承，极富意义。如果"情"可以与"理"恰当地结合，那么是否"情"、"理"可以与"法"相融呢？"无讼"的情理基础是否有机会与法制社会的契约精神相贯通呢？当今社会所倡导的多元化纠纷解决机制，实际上已经在向"无讼"的社会理想靠拢，这种靠拢恰恰是建立在法制社会的基础上的，笔者将其目标表述为：有必要通过诉讼途径的解决的纠纷能够按照法律程序解决，没有必要上升到诉讼途径解决的纠纷通过多元化的解决机制得以解决，而这种"必要"

① (清)袁枚：《袁枚全集》第二册，南京：江苏古籍出版社 1999 年版，第 303 页。

与否是有其制度支撑的，而非以情理为准。如此，使各类纠纷公正、合理、经济的得以解决。若于具体案例上看，当讼者，可讼；不当讼者，无讼。那么，放之社会家国，便是无限地接近于无讼的理想社会了。

笔者以为，寓无讼于听讼之中，敢于直面诉讼，不断完善多元化的诉讼解决机制，重视教育德化，特别是现代化的契约精神与制度意识的培养，同时把“无讼”始终作为理想社会的目标，才是现代社会建设的传统无讼理想在今天应有的样态。

戴震与章学诚修志争论之探析

2012 级国学班　杨永政

一、绪　　论

戴震与章学诚都是清代的著名学者，二人也都有过修地方志的经历，并提出过一些修志理论，章学诚更是被后人誉为“方志之圣”，是方志学的奠基人。① 不过，戴震作为皖派朴学的代表，章学诚则以其史学成就闻名于后世，二人的学术体系的差异，必然也会在其各自的修志思想上有所体现。根据学术界较为公认的说法，戴震的修志更注重地理沿革，而章学诚则更注重保留地方文献及史料记载。二人在清乾隆三十八年(1773)就修志问题展开了一番争论，争论的内容主要保留在章学诚的《文史通义·记与戴东原论修志》一文中。此文集中展现了戴震与章学诚争论的焦点与内容，反映了二人修志思想的差异。

作为清代学术史以及方志学史上的著名争论，一大批学者对此进行了研究，研究成果大体上可分为两类。

第一类是关于戴章二人整体学术体系分歧的研究，其研究焦点不仅仅限于修志思想的争论，而是更多地集中在二人“经学训诂”与“文史校雠”的分歧，即考据与义理、经学与史学的对立。厘清二人整个学术体系与学术背景的差异，也是探究二人修志思想差异所必需的环节。这其中较为重要的研究成果有余英时的《论戴震与

① 梁启超：《中国近三百年学术史》，北京：人民出版社 2008 年版，第 334 页。

章学诚》①、吴根友的《从来前贤畏后生——重评章学诚对戴震的批评》②、杨艳秋的《章学诚对戴震的学术评价》③等。其中《论戴震与章学诚》是一部影响极大的著作，作者从戴震与章学诚的学术关系入手，运用历史心理学等分析方法，细致地分析了戴震对章学诚学术的巨大影响。

第二类研究与本文有着直接的关系，是有关戴章二人修志思想的比较研究。此类研究与本文有着直接的关系，此类专著主要有黄苇的《方志学》④，仓修良的《方志学通论》⑤，李开的《戴震评传》⑥，仓修良、叶建华的《章学诚评传》⑦等，这些著作中的相关章节对二人的修志思想做出了比较与评析。《方志学》与《方志学通论》认为戴章二人的争论属于对方志根本性质归属的争论，并将戴章二人分为两种方志学派；《戴震评传》和《章学诚评传》则分别为戴震与章学诚的修志思想做了辩护。此类研究的论文也数量较多，如梅森的《方志性质之争抑或编纂方法之论》⑧与孟庆斌的《重论章学诚与戴震的修志之争》⑨，此二文认为不应该将戴章二人划分为方志的地理学派与历史学派，二人的争论并不涉及方志属性的问

① 余英时：《论戴震与章学诚》，北京：生活·读书·新知三联书店2012年版。

② 吴根友：《从来前贤畏后生——重评章学诚对戴震的批评》，载《安徽大学学报（哲学社会科学版）》2008年第3期。

③ 杨艳秋：《章学诚对戴震的学术评价》，载《南开学报（哲学社会科学版）》2007年第3期。

④ 黄苇等：《方志学》，上海：复旦大学出版社1993年版。

⑤ 仓修良：《方志学通论》，上海：华东师范大学出版社2013年版。

⑥ 李开：《戴震评传》，南京：南京大学出版社1992年版。

⑦ 仓修良、叶建华：《章学诚评传》，南京：南京大学出版社1996年版。

⑧ 梅森：《方志性质之争抑或编纂方法之论》，载《中国地方志》2014年第9期，第19页。

⑨ 孟庆斌：《重论章学诚与戴震的修志之争》，载《中国地方志》2008年第2期，第8页。

题；徐道彬的《驳章学诚"戴震不解史学"论》①认为章学诚对戴震的批评有偏颇之处，戴震并非不重视文献；张景孔的《对章、戴论争的再认识》②认为章学诚重著述亦不轻视文献，戴震重地理沿革但非唯地理论。

通过对上述研究成果的分析，我们发现关于戴章二人的方志学论争，研究者在如下方面还存在分歧：一是关于二人争论的焦点与实质，有学者认为是方志根本属性的问题，而有的学者则认为是修志方法论上的问题，这里还牵扯到二人分派的问题；二是关于二人理论孰优孰劣的问题，当然，大部分学者不会全盘否定其中任何一方，但是对于二人理论究竟各自有多少可取之处，各家学者关于这个度的把握仍存在分歧。因此，本文的目的就是要在前人研究的基础上，通过较为全面的背景、文本等分析，试图更加清晰地梳理戴章二人争论的来龙去脉及其背后的内涵，并对上述两个问题提出一些见解。

二、争论背景与经过

章学诚的《文史通义·记与戴东原论修志》一文中，记载了他在"乾隆三十八年癸巳夏，与戴东原相遇于宁波道署"，并且与戴震争论修志问题的经历。在分析戴章二人的争论之前，我们有必要探究一下戴震与章学诚此时的学术地位以及二人争论之缘起。

戴震是清代考据大家，精通语言文字、天算地理，但因不善诗赋文辞而屡不中举，直到40岁(乾隆二十七年)中试举人，其后六次会试皆不第，故晚入仕途。戴震虽然未做高官，但其学问通博，33岁时入京城，"一时馆阁通人如河间纪昀、嘉定王鸣盛、青浦王

① 徐道彬：《驳章学诚"戴震不解史学"论》，载《安徽史学》2012年第2期。

② 张景孔：《对章、戴论争的再认识》，载《黑龙江史志》1995年第6期。

昶、大兴朱筠，先后与定交，于是海内皆知有戴先生"①，"惠栋殁，吴材衰，学者皆拥树戴氏为大师"②。而其到1773年与章学诚争论之时，已经51岁，正是其享誉四方，学术地位如日中天之时，且其曾主持修纂《汾州府志》(1769)和《汾阳县志》(1771)，自己的方志学思想也已经成熟。

章学诚在与戴震争论时，只有36岁，并且仕途也很不顺利。他从23岁开始7次应乡试而不及第，且因其"辩论之间，颇乖时人好恶"③，所以在国子监中也遭人冷落。不过章学诚在1764年参与编纂《天门县志》，并撰写《修志十议》，有了自己初步的方志学思想。1772年年初，经朱筠介绍，章学诚开始编纂《和州志》，但《和州志》书稿刚成，新上任的安徽学政就不满于《和州志》的编纂，与章学诚意见多不一致。这时，章学诚的性格与学术都不被社会主流所接纳，他早已被人"视为怪物，诧为异类"。而且此时他也知道自己"以读书当得大意，又少年气锐，专务涉猎，四部九流，泛览不见涯涘，好立议论，高而不切，攻排训诂，驰骛空虚，盖未尝不憪然自喜，以为得之"④，"立志甚奇，而学识未定"⑤，"吾读古人文字，高明有余，沉潜不足"⑥，学术思想还未成熟，在学术界更没有自己的一席之地。

戴震的学术对章学诚产生了长远而深刻的影响，从《文史通义》和《章学诚遗书》中，我们都经常可以看到讨论戴震的文字，尽

① 钱穆：《中国近三百年学术史》，北京：商务印书馆1997年版，第338页。

② 《清儒》，见章炳麟：《章太炎全集》，上海：上海人民出版社2014年版，第483页。

③ 《庚辛之间亡友列传》，见(清)章学诚：《章学诚遗书》，北京：文物出版社1985年版，第190页。

④ 《与族孙汝楠论学书》，见(清)章学诚：《章学诚遗书》，北京：文物出版社1985年版，第224页。

⑤ 《跋甲乙剩稿》，见(清)章学诚：《章学诚遗书》，北京：文物出版社1985年版，第319页。

⑥ 《家书三》，见(清)章学诚：《章学诚遗书》，北京：文物出版社1985年版，第92页。

管这些文字对戴氏有褒有贬，正如《章学诚评传》所说："章学诚对戴震的学术成就，肯定大于否定，褒扬大于贬斥。"①章学诚从戴震身上找到了做学问的灵感与方向，在清代考据学极盛的情况下，文史校雠的章学诚对考据与义理并重的戴震颇有惺惺相惜之感，但同时又在很多方面对戴震有着批判。当然，正如上文所论述的，章学诚在当时的学术地位远远不及戴震，余英时说："实斋之晦和东原之显恰是一个鲜明的对比……东原从来没有把实斋放在眼里，他的文字中也全无实斋的痕迹。"②而且章学诚自己也这样说："戴氏生平未尝许可于仆。"③总之，在戴章二人争论之时，戴震的学术成果和名声远在章学诚之上，而章学诚作为后辈，其也有着自己的修志思想与实践，并期待着被戴震所承认。

乾隆三十八年(1773)，朝廷征召民间学者来京修《四库全书》，戴震亦在此列。此前戴震在金华书院主持讲学，得召后便中断讲学上京，并途中经过宁波，暂居宁波道署，于是章学诚与戴震二人就在这里相遇。乾隆五十五年(1790)，章学诚追记了这次争论，是为《文史通义》外篇中的《记与戴东原论修志》。

根据文章的记载，章学诚首先拿出《和州志例》给戴震看，戴震认为：

> 此于体例，则甚古雅，然修志不贵古雅。余撰《汾州》诸志，皆从世俗，绝不异人，亦无一定义例，惟所便尔。夫志以考地理，但悉心于地理沿革，则志事已竟。侈言文献，岂所谓急务哉?④

---

① 仓修良、叶建华：《章学诚评传》，南京大学出版社1996年版，第197页。

② 余英时：《论戴震与章学诚》，北京：生活·读书·新知三联书店2012年版，第3页。

③ 《与邵二云书》，见(清)章学诚：《章学诚遗书》，北京：文物出版社1985年版，第82页。

④ 《记与戴东原论修志》，见(清)章学诚著，叶瑛校注：《文史通义校注》，北京：中华书局1994年版，第869页。

争论由此拉开序幕。章学诚认为，若从世俗，则世俗之人皆可为之；若只重沿革，那么就不必召集人手，成书且累。而如果注重保留文献，那么“载籍具在，人人得而考之，虽我今日有失，后人犹得而更正也”。而戴震却认为，“沿革苟误，是通部之书皆误矣”。以上是二人第一天的辩论内容，明显可以看出，二人主要在辩论地理沿革与保存文献孰轻孰重的问题，戴震主要认为若考证不清地理沿革，那么就会张冠李戴；而章学诚则认为，保留文献才能便于后人考证，否则出了错就无可挽回。第一天辩论后，戴震“拂衣径去”，第二天，二人又会面，戴震拿出了自己的作品《汾州府志》，二人又开始了新的论战。戴震认为僧人应该编排在古迹、古寺一类，而章学诚则讥讽戴震不把僧人当人，主张应该将僧人归到人物类。

三、争论辨析

仅从《记与戴东原论修志》这篇文章来看，章学诚在争论中往往曲解戴震本义，刻意攻击戴震的说法，因此并不完全可取。但总体上，戴章二人修志各有侧重和特色，并不存在孰对孰错、孰优孰劣的问题。

（一）章学诚对戴震有曲解，其看法有偏颇之处

《记与戴东原论修志》中有多处戴震的神态、动作描写，如“闻余言史事，辄盛气凌之”、“戴他顾而语人曰”、“戴拂衣径去”等，力图展现出戴震对章学诚学说的轻蔑的、不屑一顾的态度，然而事实恐怕并非如此。

《记与戴东原论修志》是章学诚在 17 年后追忆这次辩论所做的。这次辩论后，章学诚饱受打击，深感自己被轻视，这也在另一方面促进了他决心另辟蹊径，走史学研究的道路。而且，“实际上，自章学诚决定从事自己的文史校雠之学起，就已经下定了要与经学考据一争高下的决心。所以以这次争论为起点，章氏开始了对

戴氏体系长达20余年的清算”①。我们从章学诚的很多文章中都可以看到其对戴震的批评，而这些批评中很多都是明显偏激的、不中肯的。如他在《书朱陆篇后》中说戴震“久游江湖，耻其有所不知，往往强为解事，应人之求，又不安于习故，妄矜独断”，又在《又答朱少白》中说戴震“以惹人笑柄之《汾州府志》津津得意”。从这些文字中我们显然可以看到章学诚对戴震的不满乃至怨恨。② 因此，当他在17年后追忆此次辩论时，曲解戴震，并且将戴震描述得轻蔑和冷漠，也就一点也不奇怪了。所以说，对于《记与戴东原论修志》这篇文章本身，我们就应该谨慎地看待，不能被章学诚的一面之词所蒙蔽。

从《记与戴东原论修志》来看，章学诚都有哪些地方曲解了戴震呢？笔者认为有三点：

第一，戴震称《和州志例》“此于体例，则甚古雅，然修志不贵古雅。撰《汾州》诸志，皆从世俗，绝不异人，亦无一定义例，惟所便尔”，而章学诚则说：“如云但须从俗，则世俗人皆可为之，又何须择人而后与哉？方志如古国史，本非地理专门。”此处戴震所说的“从世俗”，恐怕并不是与“古雅”相对的“世俗”，而是在警告章学诚《和州志例》不要过分地标新立异，不与主流学术相合，甚至误入歧途。就拿《和州志・皇言纪序例》来说，章学诚为了仿国史之体例来修志，特地创造了《皇言纪》来模仿国史中的本纪，收录皇帝诏谕至于方志之首，以显示“古雅”。不过我们很难说这种做法不是生搬硬套，所以此举也难免会遭到戴震的批评。而且章学诚本来就是一个“怪人”，不论是青年时期在国子监被人冷眼相待，还是后来到志局遭人排挤，还是再后来《和州志》不被人重视，这都与章学诚本身的性格与学术与当时主流格格不入有关，尽管章

① 孟庆斌：《重论章学诚与戴震的修志之争》，载《中国地方志》2008年第2期。

② 当然，章学诚自己不会承认其在某些方面误解了戴震，他在《答邵二云书》中曾说：“或谓戴氏生平未尝许可于仆，仆以此抱怨者，此则置之不足辨也。”

学诚后来的确在史学方面作出了突出贡献。章学诚提出“六经皆史”，还提出新颖的修志思想并付诸实践，这都与当时的“世俗”不符合。这里的世俗指的是主流学术，而并非是“下里巴人”。即便不是戴震这样有着鲜明修志特色的学者，看到章学诚的《和州志例》，恐怕也会一时难以接受，觉得不合“世俗”。这一点在下文中也会有详细的论述。

第二，戴震将名僧归到古迹一类，认为“取名僧事实，归之古迹”，而章学诚则讥讽他说：“如云僧不可以为人，则彼血肉之躯，非木非石，毕竟是何物邪？笔削之例至严，极于《春秋》。其所诛贬，极于乱臣贼子。亦止正其名而诛贬之，不闻不以为人，而书法异于圆首方足之伦也……无其识而强作解事，固不如庸俗之犹免于怪妄也。”这里章学诚未仔细分析戴震的道理，就立即给戴震扣上其认为“名僧不是人”的帽子。这里戴震大概也是犯了错误，认为儒家才是正统，而认为佛道之人只能附在寺观之属。正如《隋志》等一些图书分类法中，将佛道当做附录，连子部都算不上一样。戴震的这种观点可以说是较为狭隘的，但是像章学诚那样斥责戴震认为僧人连肉体上的人都不算，也是偏颇的。

第三，也是最重要的一点，就是章学诚认为戴震唯地理沿革是从，他在争论中讥讽戴震说：“如云但重沿革，而文献非其所急，则但作沿革考一篇足矣，何为集众启馆，敛费以数千金，卑辞厚币，邀君远赴，旷日持久，成书且累函哉？”“若云但考沿革，而他非所重，则沿革明显，毋庸考订之，州县可无庸修志矣。”在章学诚的另一篇文章《书朱陆篇后》中，他甚至批评戴震“又谓修志贵考沿革，其他皆可任意”①，这显然是章学诚在修志方面对戴震最大的误解。戴震作为清代鸿儒，不可能简单片面地以为修志只需要明地理沿革即可，只能说是以地理沿革为重，并且兼顾其他方面。且

① 《书朱陆篇后》，见(清)章学诚著，叶瑛校注：《文史通义校注》，北京：中华书局1994年版，第275页。

戴震自己也说："余于沿革之外，非无别裁卓见者也。"①

首先，在修志过程中，戴震是极其重视地理沿革的。他说："夫志以考地理，但悉心于地理沿革。""俢言文献，岂所谓急务哉？"他在乾隆三十四年（1769）代人所作的《应州续志序》中也曾说："郡邑志书，其于经史中地名山川、故城废县以及境内之利病，往往遗而不载，或载之又漫无据证……古今沿革，作志者②以为重。"③他在《乾隆汾州府志例言》中也说"沿革不明，不可以道古"，"疆域辞而山川乃可得而记"。④ 戴震通晓地理学，其撰《水地记》，治《水经注》，解决了长期以来《水经注》经注不分、错简的问题。并且他深感前代修志者对地理沿革不熟悉，使得方志漏洞百出，因此他很注重将历史地理学的知识运用到修志上来，认为明地理沿革是方志的第一要务。

但是，戴震认为修志的任务绝不仅仅是厘清地理沿革。在与章学诚的辩论中他也说："余于沿革之外，非无别裁卓见者也。"戴震不仅重视地理沿革，也同样注重保留文献，"戴震是以文献为手段，明沿革为目的，二者相辅相成，不曾偏废"⑤。从戴震的《汾州府志例言》中可知，戴震将沿革、星野、疆域、山川、城池置于志首，以官署、学校、户口、田赋、盐税等次之，职官、人物、古迹、艺文再次之，最后附上地图及沿革表。在这里我们清楚地看到戴震以地理为主线，统率整部方志，且把地理沿革置于首位，有着鲜明的特色。但方志中仍记录有户口、职官、人物等其他方面，戴

---

① 《记与戴东原论修志》，见（清）章学诚著，叶瑛校注：《文史通义校注》，北京：中华书局1994年版，第869页。

② 笔者按：《戴震集》与《戴震全书》等通行本中此句作"作志首以为重"，清刻本作"作志者以为重"，今据改。

③ （清）吴炳：《应州续志》，见《中国地方志集成·山西府县志辑29》，南京：凤凰出版社2005年版。

④ （清）戴震：《乾隆汾州府志》，见《中国地方志集成·山西府县志辑27》，南京：凤凰出版社2005年版，第15页。

⑤ 徐道彬：《驳章学诚"戴震不解史学"论》，载《安徽史学》2012年第2期。

震绝非如章学诚所批评的那样仅仅记录地理沿革。《汾州府志》中关于官署、赋税、人物、文苑的记载，都是其注重保留文献的明证。且"在戴震的著述中，对《春秋》史地的考证、历代正史志表的研究文字随处可见，《吴越春秋》、《三辅黄图》、《华阳国志》也是其常用的资料"①。因此，戴震既重视地理沿革，又不偏废保留文献，是毋庸置疑的。

（二）章学诚也非只重视保留文献，且其成熟后的修志理论也并无根本性的缺陷

章学诚在辩论中说道："不得已而势不两全，无宁重文献而轻沿革耳。"显然章学诚也并非唯文献是从者，他也是重视文献而并非只求保留文献。近来一些研究者在为戴震辩护的同时，贬低章学诚的修志思想，认为章学诚"不顾地理沿革，主张将地理沿革变迁的考证，留待后人去做"，其所修之志若出现"名为此州志，实非此州也"的错误，那么方志上的错误将世代相袭，方志将永无可信之日了。② 这样的看法也是不可取的。若根据《记与戴东原论修志》文本来看，章学诚的确十分偏激，曲解戴震以申己意，有无的放矢之嫌疑。而且正如上文所言，尽管章学诚作为方志学的奠基人，其有一套较为完善系统的修志理论，但在 1773 年与戴震辩论之时，章学诚修志思想尚未完全成熟，其《和州志例》中的修志理论的确有一些漏洞。因此后世研究者若仅从《记与戴东原论修志》的记载来批评章学诚，也是片面并且有失公允的。

在 1773 年辩论遭到戴震批评后，章学诚大概也开始反思他的修志理论。他在 1789 年修《亳州志》时说：

> 近日撰《亳州志》，颇有新得，视《和州》、《永清》之志，

① 徐道彬：《驳章学诚"戴震不解史学"论》，载《安徽史学》2012 年第 2 期。

② 徐道彬：《驳章学诚"戴震不解史学"论》，载《安徽史学》2012 年第 2 期。

一半为土苴矣……而地广道远，仆又逼于楚行，四乡名迹，未尽游涉，而嫠妇之见存者，不能与之面询委曲，差觉不如永清。然文献足征，又较永清为远胜矣。此志拟之于史，当与陈、范抗行，义例之精，则又文史通义中之最上乘也……永清撰志，去今十二年，和州则十八年矣，由今观之，悔笔甚多，乃知文字不宜轻刻板也。①

章学诚依然坚持其以文献记载为中心的修志思想，称赞其正在修的《亳州志》“文献足征”、“义例之精”。不过，章学诚却认为之前的《和州志》和《永清县志》一半为“土苴”。可见，章学诚的修志思想是一步步走向成熟的，且他与戴震的这次争论很可能对他的修志思想的转变起到了极大的推动作用。不过，章学诚并没有详细说明其修《亳州志》的“新得”是什么，且《亳州志》现仅存人物表例议、掌故例议各三篇，我们也难以考证其“新得”。但我们可以猜测，章学诚现在已逐步改变了其之前以《皇言纪》为纲的做法，而是以编年纪、大事编年取而代之。因为他在《为毕秋帆制府撰石首县志序》中说：“首曰编年，存史法也。志者史所取裁，史以纪事，非编年弗为纲也。”②在《书灵寿县志后》中也说：“编年而书，是于一县之中，如史之有本纪者也。”③显然，章学诚用大事编年代替皇言纪，以对应史书中的本纪，是一个较大的进步。

而且，我们知道，章学诚在《方志立三书议》中提出了其最著名的修志观点，也代表着他修志思想的成熟：“凡欲经纪一方之文献，必立三家之学，而始可以通古人之遗意也。仿纪传正史之体而作志，仿律令典例之体而作掌故，仿《文选》、《文苑》之体而作文

① 《又与永清论文》，见(清)章学诚：《章学诚遗书》，北京：文物出版社1985年版，第86页。

② 《为毕秋帆制府撰石首县志序》，见(清)章学诚：《章学诚遗书》，北京：文物出版社1985年版，第131页。

③ 《书灵寿县志后》，见(清)章学诚著，叶瑛校注：《文史通义校注》，北京：中华书局1994年版，第935页。

徵。三书相辅而行，阙一不可；合而为一，尤不可也。”①这样的修志思想，在我们当今仍然有巨大的指导意义。因此，章学诚成熟后的修志思想，并无根本性的缺陷，是非常有见地的。

综上所述，笔者认为，在1773年的辩论中，章学诚误解了戴震，并对戴震做出了有失公允的批评。且章学诚此时的修志思想并未完全成熟，其理论反而有可商榷之处。但纵观戴震与章学诚总体的修志思想，尤其是在章学诚的修志思想成熟后，二人的理论变得各有特色，虽然侧重点不同，但都是有道理的，不存在孰对孰错、孰优孰劣的问题。

四、争论原因

戴震所认为的修志应该侧重地理的这种观点，是当时学界的传统的、主流的观点。如《四库全书》就将方志划分为地理类，且《四库提要·地理类总序》中说：

> 古之地志，载方域、山川、风俗、物产而已，其书今不可见。然《禹贡》、《周礼职方氏》，其大较矣。《元和郡县志》颇涉古迹，盖用《山海经》例。《太平寰宇记》增以人物，又偶及艺文，于是为州县志书之滥觞。元明以后，体例相沿。列传侔乎家牒，艺文溢于总集。末大于本，而舆图反若附录。其间假借夸饰，以侈风土者，抑又甚焉。……其编类，首宫殿疏，尊宸居也。次总志，大一统也。次都会郡县，辨方域也。次河防，次边防，崇实用也。次山川，次古迹，次杂记，次游记，备考核也。次外纪，广见闻也。②

① 《方志立三书议》，见（清）章学诚著，叶瑛校注：《文史通义校注》，第571页。

② （清）纪昀总纂：《景印文渊阁四库全书·史部总目二》，台北：台湾“商务印书馆”1983年版，第450页。

可见，《四库提要》认为，地理书是方志的起源，且“元明以后，体例相沿”，同时还批评了一些方志不重地理、“末大于本”的做法，并且提出了方志应有的编类目次，当然，这种目次也是以地理为重。章学诚以史学立身，仿照史书体例来撰写方志，这样的做法在当时不能不说是一种“异类”。

明代的胡松曾同样仿史书体例撰写过《滁州志》，但对此，《四库提要》评价：“以志名而用史体，文虽创而义则乖矣。”①而且，后人王棻在《柔桥文钞·与戴鳌峰论修志书》中也批评章学诚以史书体例写方志的做法，认为其“过于求异”，“任意刊改，向壁虚造而已”，还称其“言修志之例详矣，然其大弊在欲仿史……且史之例不可仿也，即如帝纪一门，实斋欲以振卹诸事仿之，夫振卹、灾祥、兵寇，皆天道之变，人事之穷，地方之不幸，而可以为首乎？”②可见，方志重地理是元明以来直到清代的修志传统，是学术主流。

综上我们可以看出，戴震认为章学诚修志体例不应“古雅”，而应“从俗”，就是这个原因。“俗”指的是修志重地理的学术传统。更何况，戴震借鉴其治《水经注》的方法来修志，因此戴震本人肯定更为注重方志的地理沿革，因此他如此批评章学诚，也丝毫不显得奇怪了。

从章学诚这边的角度看，章学诚认为当时方志学界太过注重地理沿革而忽视保留文献，对此早已痛心疾首。因此，为了针砭时弊，他才提出了自己重文献的方志理论。同时，这种重视文献的思想也是与他的以史法修志的思想紧密联系的。章学诚作为一个史学家，他在修志方面最鲜明的主张就是要把方志看成国史、正史的材料来源，坚持用撰写史书的方法来修志。他认为“志为史体”、“体

① （清）纪昀总纂：《景印文渊阁四库全书·史部总目二》，台北：台湾“商务印书馆”1983年版，第559页。

② （清）王棻著：《柔桥文钞》卷十三《与戴鳌峰论修志书》，见《清代诗文集汇编（707）》，上海：上海古籍出版社2010年版，第755页。

裁宜得史法"①，还说：

> 郡县志乘，即封建时列国史官之遗；而近代修志诸家，误仿唐宋州郡图经而失之者也……（方志）是一国之史，无所不载，乃可为一朝之史所取裁……是方志之与图经，其体截然不同，而后人不辨其类，盖已久矣。②
>
> 且有天下之史，有一国之史，有一家之史，有一人之史。传状志述，一人之史也；家乘谱牒，一家之史也；部府县志，一国之史也；综纪一朝，天下之史也。比人而后有家，比家而后有国，比国而后有天下。惟分者极其详，然后合者能择善而无憾也。谱牒散而难稽，传志私而多谀；朝廷修史，必将于方志取其裁。③

我们可以看到，章学诚批评近代修志者将方志和图经混为一谈，他非常强调方志与图经的分别。而且，章学诚将方志看成国史的材料来源，"可为一朝之史所取裁"，这也是章学诚史学思想的集中体现。"实斋主张方志是用来表现类似春秋的'义'，所以必须成为朝廷在编纂国史或正史时的资料。修史到了国史、正史阶段，方志当然要将自己作为记注以辅翼国史、正史的撰述。"④章学诚仕途不顺，无法进入朝廷为国家修史，只得用修志来实践自己的史学思想，因此，他将史学思想带入修志实践，也是顺理成章的。

从这里，我们显然能看出，包括戴震在内的清代学界主流修志传统，都是主张修志要以地理为重的。注重地理沿革，并非只是戴

---

① 《答甄秀才论修志第二书》，见（清）章学诚著，叶瑛校注：《文史通义校注》，北京：中华书局1994年版，第825页。

② 《为张吉甫司马撰大名县志序》，见（清）章学诚：《章学诚遗书》，北京：文物出版社1985年版，第129页。

③ 《州县请立志科议》，见（清）章学诚著，叶瑛校注：《文史通义校注》，北京：中华书局1994年版，第588页。

④ ［日］山口久和：《章学诚的知识论——以考证学批判为中心》，王标译，上海：上海古籍出版社2006年版，第217页。

震的个人观点。当然，戴震将治水经注的经验带入修志，其本人应该更加重视方志中的地理沿革。而恰恰相反，章学诚痛斥时人将志书与图经混淆，力求划清二者界限，并且追求用写史的方式来修志，注重保留文献。一个传统，一个新锐，这两种修志方式必将产生分歧，也直接成为戴章二人此次关于修志争论的原因。所以，这次争论，我们可以看做是章学诚用他的史学思想对整个清代当时修志传统的挑战，并非完全是对针对戴震本人思想的批评。

五、争论实质与二人分派

本文绪论中说道，当今学者对于戴章二人争论实质的认识仍存在分歧。一些学者认为，争论实质是方志的性质问题，并在此基础上把章学诚划为方志的“文献派”或“历史派”，把戴震划为方志的“地理派”，前者认为方志的性质是史书，后者认为方志的性质是地理书；另一些学者认为，争论的实质是修志应该重地理沿革还是应该重保留文献，二者无根本上的区别，对方志性质的认识也不存在分歧，只是方法论上的争论。因此，笔者在此也不揣固陋，提出一些自己的见解：上述两种说法都有一些偏颇，应将二者结合起来看，即可以将二人分派，但分派不代表二人有根本的分歧，只代表二人修志各有侧重。戴震修志偏重地理沿革，而章学诚偏重保留文献，这一点是显然的，因此我们完全可以把戴震分为地理派，而把章学诚分为文献派。

关于第一种说法，有学者认为，戴震将方志看做地理书，章学诚将方志看做历史书，因此二人一个是地理派，一个是历史派。①对此，笔者不完全赞同，因为戴震并未将方志“看做”地理书，章学诚也未将方志“看做”历史书。戴震只是以地理沿革为纲来修志，而章学诚则是模仿史书体例来编纂，并非是二人将方志看做完全不同的东西。我们来考察一下戴章二人究竟有没有将方志“看做”两种不同的书。戴震的《汾州府志》，其内容体例与目录，上文已经

① 黄苇等：《方志学》，上海：复旦大学出版社1993年版，第357页。

有提及，是以地理沿革串联全书，但并非仅仅记载地理，成为一部真正的地理书。我们再来看章学诚的《永清县志》①，其首先是皇言纪、恩泽纪，其次是职官表、选举表、士族表，再次是舆地图、户书、礼书、水道图、吏书等考志书，然后是列传、文征，最后是吏户、礼刑、兵工等掌故。我们可以看出，章学诚修志的确是注重地方文献的保留，其全书多为地方文献之汇总。可见，戴章二人修志的确各有所偏重，但是我们仔细观察就会发现，二人修志尽管体例不同，但其内容都不外乎舆地、职官、吏户、租税等方面，且都是较为全面的志书，完全没有根本性的不同。因此，我们不能说戴章二人在方志性质的认识上有分歧，更不能因此而将二人分成地理派与历史派(文献派)。

关于第二种说法，一些学者认为通过考察戴震《汾州府志例言》和章学诚《永清县志序例》，发现“从两志内容看，看不出哪部是地理性质的书，哪部是历史性质的书，均既有地理也有历史”②，由此认定将戴章二人分派是断章取义的。但笔者认为，二人修志的确都是既有地理也有历史，但是我们绝不能无视二人修志有所侧重的事实。戴震以地理沿革至于志首，系联全书，而章学诚则用地方文献来统率整志。诚然，二人的分歧的确不是根本的分歧，仅仅是方法论上的论争，但二人各自修志的鲜明特色已经足以让我们对其进行分派。

六、结　　论

戴震与章学诚在1773年于宁波道署就修志问题展开了一场争论，二人争论的焦点在于修志应该重视地理沿革还是重视文献保留。当时章学诚尚还年轻，且修志思想未完全成熟，遭到了戴震的批评。章学诚于争论的17年后作《记与戴东原论修志》追述这件

① 据章学诚《文史通义·外篇二》中保留的《永清县志》序例。

② 梅森：《方志性质之争抑或编纂方法之论》，载《中国地方志》2014年第9期。

事，在文中对戴震有曲解和批评。但事实上，二人的修志思想各有特点，并无高下对错之分。戴震并非只重视地理沿革而忽视其他内容，章学诚也不是唯文献是从。一些学者认为戴章二人在修志上有根本的分歧，也有一些学者认为不应该将戴震与章学诚分为地理和文献两派，笔者认为两种说法都是不可取的。戴章二人修志各有侧重，因此可以将二人分为地理派与历史派两派，但是这并不代表二人在方志性质问题的看法上存在根本的分歧。我们必须全面认识戴震与章学诚的修志思想，才能做出正确的判断。此外，二人争论反映出清代学术界修志以地理为重的传统，这种传统与章学诚的重文献、以写史方法来修志的思想格格不入，这才导致了戴章二人的争论。

《笠翁诗集》用韵研究

2012级国学班　倪晓梦

李渔，号笠翁，浙江兰溪人，明末清初文学家，戏曲理论家。因其一生文学艺术著述颇丰，以往对李渔的研究大多是关于其文学造诣或是其人物本身的经历，而对他的《笠翁诗集》和《笠翁诗韵》就音韵方面展开讨论的尚未出现在公众视野。实际上，这两本书内容翔实，并且关于其创作年代和地域的考证已经比较深入，确实值得好好利用，以了解当时的诗歌的用韵习惯，甚至语音情况。

浙江古籍出版社整理出版的《李渔全集》第二卷中的《笠翁诗集》(后文简称《诗集》)，以雍正八年芥子园刊本《笠翁一家言全集》为底本，康熙十七年翼圣堂本为主校，民国会文堂石印本为参校，收录了清初诗人李渔的诗作，包括近体诗和古体诗，共1083首。《诗集》以简体字印刷，分为三卷：卷一为五言古诗、七言古诗、五言律诗；卷二为七言律诗；卷三为五言绝句、六言绝句和七言绝句。

关于诗歌创作年限和地域的问题，一般认为，《诗集》每种体裁内的诗歌大致是按照创作时间的先后顺序编排的，但也存在不严谨的地方。单锦珩的《李渔年表》①对《诗集》中部分作品的写作时间有过判断。在单锦珩的基础上，高山的《〈笠翁诗集〉编年办法》②根据李渔的生活游历与《诗集》的五言古诗中收录的相关篇目整理出了一条基本的时间线索，再辅之以《诗集》中的纪年诗以及其他文献资料，推断出《诗集》所收录的诗歌大体创作于明崇祯初

① 单锦珩：《李渔年表》，载《浙江师范学院学报》1982年第4期。

② 高山：《〈笠翁诗集〉编年办法》，载《图书馆界》2010年第3期。

至清康熙十六年之间，即李渔的青年到老年，也有小部分少年时的作品；多为李渔在江浙地区生活时所作，其中也包括少数为他游楚、粤途中及两次入都时所作。李渔本身是浙江金华人，诗歌的创作背景又多为其在江浙生活时所作，因此我们在研究中应注意，其用韵可能受到江浙方言的影响，另一方面或许也能作为江浙诗歌用韵情况的反映之一。

本文的第二个基础材料——《笠翁诗韵》(后文简称《诗韵》)同样采用的是浙江古籍出版社 2010 年出版的《李渔全集》中的本子，收录在《全集》第十八卷。据单锦珩的《李渔年表》，《诗韵》成刊时间应该在康熙十三年(1674)①，《诗韵》以手抄繁体印刷，依声调排布，按上平声、下平声、上声、去声、入声依次分为五卷，上下平声各 15 部，上声 29 部，去声 30 部，入声 17 部。与《广韵》的大致对应情况如下：

表一

广韵 诗韵	平声	上声	去声
东	一东	一董	一送
冬钟	二冬	二肿	二宋
江	三江	三讲	三绛
支脂之	四支	四纸	四寘
微	五微	五尾	五味
鱼	六鱼	六语	六御
虞模	七虞(残缺)	七麌	七遇
齐(祭)	八齐	八荠	八霁
泰			九泰
佳皆(夬)	九佳	九蟹	十卦

① 单锦珩：《李渔年表》，载《浙江师范学院学报》1982 年第 4 期。

续表

广韵 诗韵	平声	上声	去声
灰咍(废)	十灰	十贿	十一队
真谆臻(稕)	十一真	十一轸	十二震
文欣	十二文	十二吻	十三问
元魂痕	十三元	十三阮	十四愿
寒桓	十四寒	十四旱	十五翰
删山	十五删(下缺字)	十五潸	十六谏
先仙	一先	十六铣	十七霰
萧宵	二萧(下缺字)	十七篠	十八啸
肴	三肴(残缺)	十八巧	十九效
豪	四豪	十九皓	二十号
歌戈	五歌	二十哿	二十一箇
麻	六麻	二十一马	二十二祃
阳唐	七阳	二十二养	二十三
庚耕清	八庚	二十三梗	二十四敬
青	九青	二十四迥	二十五径
蒸登	十蒸		
尤侯幽	十一尤	二十五有	二十六宥
侵	十二侵	二十六寝	二十七沁
覃谈	十三覃	二十七感	二十八勘
盐添	十四盐	二十八琰	二十九艳
咸衔严凡	十五咸	二十九湛	三十陷

因入声各韵部不与舒声韵部相通，故单独列出。《诗韵》中入声 17 部依次如下：

屋，沃，觉，质，物，月，曷，黠，屑，药（下缺字），陌（上缺字），锡，职，缉，合，叶，洽。

由于《诗韵》缺字的情况，在与这些韵部相关的韵字的判读中，便需要其他韵书等资料作为参考，一般辅以《广韵》和《中原音韵》来推断。

《诗韵》每卷内韵部基本沿袭中古《广韵》二百零六韵的顺序编排，但其分合宽严略有调整，多有合并。一般是依照《广韵》韵目名称命名，将《诗韵》相邻两韵目间原来在《广韵》中有细分韵部归入前者。各韵部内的韵字随文附有小字直音，以及解释或组词。该本《诗集》每页页眉处有副格，以横线与正文隔开，有明末清初各文学家对于对应位置的诗作的评论。尽管《笠翁词韵》也设副格，但不同的是，《词韵》的副格是用以收录生僻字和极少入韵的字，而《诗韵》的副格将所有韵字都放在正格，且附有注释。其成倍于《词韵》的篇幅使语音研究有了更丰富的素材。不过，在系联的过程中可以发现，不将韵字分正副格，也可能是因为有的生僻字根本没有被收录其中，甚至在诗集中常用的韵脚字也没有录入《诗韵》。其另一特点与《词韵》的不同是不分小韵，且注音的小字也有的是隔韵部的，这又为判定字音和整理分析增加了难度。《诗韵序》①称《诗韵》是“非取古人已定之四声，稍稍更易之而攘为己有”，原为“一人自用之书”。是因作者李渔在阅读古书、研习古韵时，感到“未尽翕然于口”，在认识到古今音变之后，为当时写诗入韵之便所撰写的韵书。虽然李渔将其称作一家之法，而“人实使之”，再加上其有意与古音相分别的写作意图和诗歌本身口头传诵的性质，《诗韵》可作为研究清初实际语音的重要资料。尤其是对《诗集》用韵与《诗韵》记韵之间所存在的偏差的审视比较，更容易让我们窥探出当时实际语音的特征。

---

① （清）李渔：《笠翁诗韵》，见《李渔全集》第十八卷，杭州：浙江古籍出版社 2010 年版，第 207~208 页。

一、《诗集》系联情况概述

《诗集》共收录李渔的诗作 1083 首，韵脚字排除重复后①，共计 1658 个。《诗集》所包括的韵脚字覆盖了《诗韵》平声所有韵部、入声除合部(尚不能确定)②以外的韵部以及上声和去声的绝大部分韵部。

考虑到所收集的韵脚存在多音字，加上清代音与今音的差异，收录整理时，尤其是在判断转韵诗开始换韵的位置时，不单单凭现在的一般读法由句意推断字音，也由字形推测声符，再参照《诗韵》和该诗具体的押韵情况定音，若有必要，再参考其他文献资料作为引证，即系联与定音相辅而行。如全入平声韵的诗中，有一今音去声的韵脚字，那么该字很可能在诗中读入平声。这样的现象就不被视作不同韵或调的通押，而是某字在特定情况下的叶韵了。又或者是该字在当时确有平声读法，进而借助《诗韵》和中古音来验证，最终得出结论。文章随后的第三部分便整理了《诗集》中这样的例子。

《诗集》兼含近体诗与古体诗，从格律上来看，二者的主要差别在于，是否讲究平仄、黏对。这主要是指声调的宽严，但押韵始终是两者的共同法则。因此，在不区别声调的“韵”的研究中，是不需要将近体、古体区别对待的。不过，律诗基本上都以平声字作韵脚，用韵严格且一韵到底，在篇数足够多的条件下，非常有助于我们整理较为纯正的韵部，所以在这里既做了贯穿整个诗集的系联，也有单独将五言和七言律诗作了系联，以便在必要时用以

① 在统计过程中需要分别来看的有：异音异义的多音字，如行，有平仄均沾的阳、庚、敬三韵(依《诗韵》例)；简化体字形相同，实则为含义不同的两个字的，如云、雲等。

② (清)李渔：《笠翁诗集》，见《李渔全集》第二卷，杭州：浙江古籍出版社 2010 年版，第 22 页。《三山夹阻风二首》(其二)，“此时愁叹声，与昔欢歌答”，其中“答”字《诗韵》未收，《广韵》归为入声第 27 合部。《诗集》中，与合部相关的韵脚字仅此一例。

参考。

按照以上原则，《诗韵》的韵脚字可系联出颇具规模的10支。

(一)较为整齐的7个韵类

以《诗韵》的分韵为称，以平声赅上去①(入声另作讨论)，歌、麻、尤三大韵部，除尤部偶有上去通押之外②，绝无与其他韵部相通的例子。那么这三个相对独立的韵部与今古音对比，情况又是怎样呢？《诗韵》的歌韵对应《广韵》歌、戈二韵，按照王力拟音，分别为-ɑ和-uɑ/-ĭɑ/-ĭuɑ，二者存在的是介音的差异。而在实际用韵和语音发展的过程中，介音的作用有被淡化的趋势，这也便是到了近古两韵终并为一韵的原因。《中原音韵》已将《广韵》的歌、戈二韵划入"歌戈韵"。尽管该韵部是今音分作-ɤ/-o两个韵基韵母的主要来源，但在清初，这些韵字还是被视为连通一体的。麻韵，在中古对应为假摄麻韵，《中原音韵》将其分为家麻和车遮两韵。以今天的读音来看，这种分法是符合由中古至今语音变化的过渡的，因前者今读大部分为-a韵，后者为-ie/-ɤ韵。但矛盾在于，代表清初语音的《笠翁诗韵》及《诗集》又重新将两韵部混同。不过，从现在的语音来看，这样开倒车的现象应当为作诗、读诗时仿古的表现，而并没有成为长久的音变趋势。尤韵对应《中原音韵》中的尤侯韵，《广韵》尚分作尤(-ĭəu)、侯(-əu)、幽(-iəu)三个韵部，而越往今天发展其囿于介音差异的分韵方法逐渐被打破，不仅表现为用韵，在韵书编写上也得到了体现。

除以上三部，阳部也表现出系联结果中较为纯正的一支，仅有上去声的通押，偶有与江部通押的例子。实际上，在《中原音韵》中这两个韵部已经合并为"江阳韵"，《诗韵》又沿袭中古的做法，

---

① 比对《广韵》分韵，《诗韵》的迥部对应为青、蒸两韵的上声，径部对应为青和蒸韵的去声。泰韵无对应的平、上声。

② (清)李渔：《笠翁诗集》，《李渔全集》第二卷，杭州：浙江古籍出版社2010年版，第54页。《黄河篇》"水之积也力斯厚"，"厚"为有部字，入"宥"韵：与囿、斗(dòu)、就相押。但因"厚"字位于七古诗转韵首句，受到格律限制较小，可能这正是其表现出上去通押的原因。

仍将其中的江摄(-ɔŋ)与宕摄(-aŋ/-ɑŋ)对立，分成了江、阳两个韵部。在《诗集》的用韵中，较为严格地遵循着分韵规则，仅有两例江阳通押的例子：

降(ɕiaŋ^{35})：藏(ts^{h}aŋ^{35})长(tʂ^{h}aŋ^{35})防梁①
江窗双降(ɕiaŋ^{35})：航②

值得一提的是，以上第二例的校勘记指出：“航，翼本初集作‘缸’”③。“缸”为江韵，若按此说，则第二例也为严格入韵。可见，在李渔这里，江阳二韵还是保持着较为鲜明的界限的。另外，东、冬二韵多相通，就连《诗集》里一般以同韵同调贯一的律诗中也有东冬相押的情况，系联出独立的一类。此二韵对应《广韵》中为通摄的一东、二冬、三钟三个韵部。元代《中原音韵》将三部都合归“东钟”一韵，即说明了当时东冬通押实为常例。

还有鱼虞两韵常相通，并且在律诗中也有通过首句以邻韵入韵的方式通押的用例。

如七律：

吁$_{\text{虞}}$：予④居墟躇$_{\text{鱼}}$⑤
虚$_{\text{鱼}}$：虞躯窬驹$_{\text{虞}}$⑥

① (清)李渔：《笠翁诗集》，见《李渔全集》第二卷，杭州：浙江古籍出版社2010年版，第54页。

② (清)李渔：《笠翁诗集》，见《李渔全集》第二卷，杭州：浙江古籍出版社2010年版，第153页。

③ (清)李渔：《笠翁诗集》，见《李渔全集》第二卷，杭州：浙江古籍出版社2010年版，第252页。

④ 诗中表示“我”的“予”字，在《诗韵》的平声韵部中未收录此字形，据《广韵》归部。《诗集》中这样的“予”字，均视作与“余”同，鱼韵。

⑤ (清)李渔：《笠翁诗集》，见《李渔全集》第二卷，杭州：浙江古籍出版社2010年版，第163页。

⑥ (清)李渔：《笠翁诗集》，见《李渔全集》第二卷，杭州：浙江古籍出版社2010年版，第181页。

系联结果还体现出，萧、肴、豪三韵可串联为一大韵类，但在《诗集》律诗部分与之相关的10首中无一例相通的情况。据此推测，或许在当时，三个韵部之间还存在着能够口头辨别的差异，不过不影响用韵时的互通。

从以上系联结果来看，在清初时，今音的-a/-əu/-aŋ/-uŋ/-au韵已经具备雏形。但也存在与今音相悖的情况，即《诗集》的用韵中，歌部，-ɤ/-o尚未分化。其次，也存在着效仿古读的现象。

（二）系联结果中包含多个韵部的两大韵类

最庞大的一支队伍包罗了《诗韵》上平声真、文、元、寒、删、先、庚、青、蒸、侵、覃、盐、咸等韵部，涵盖了以今音-an/-aŋ/-ən/-əŋ为韵基的多个韵母。

在语音发展的漫长历史中，清代距今时代较近，其语音特点也与现在有着很大关联。其中，突出的一点就是韵尾-n/-ŋ的混同以及-m韵尾的逐渐消亡。前者在今天的普通话中仍有体现，且前后鼻音通押的诗例不胜枚举，这里不做赘述。后者则大概只能从今天的某些方言和普通话的对比中得到印证了。那么《诗集》中具体的用例又是如何体现的呢？

-m韵尾多见于中古的深摄字和咸摄字，即《诗韵》下平声侵、覃、盐、咸四个韵部（以平声赅上去）。

包含以上四韵的诗共49首，其中11首有这些韵部与非-m韵尾的字相押。

五古：三男：闲潸安翰环藩郸娴斓兰班①

庆：岸饭惯羡贱变愿窜片绢面宴忭恋姗②遍线幻汉涧患万间绽扇见讪③

① （清）李渔：《笠翁诗集》，见《李渔全集》第二卷，杭州：浙江古籍出版社2010年版，第15页。

② 此"姗"字在后文第三部分有特别讨论。

③ （清）李渔：《笠翁诗集》，见《李渔全集》第二卷，杭州：浙江古籍出版社2010年版，第30页。

七古：艳：线燕①

蟾：贤年②

泛：翰岸③

阴霖：臣身辛④

金：人身情

饮：冷骋⑤

滥憾：算⑥

五绝：险：浅⑦

音：明⑧

七绝：吟：陵灯⑨

由此可见，尽管在《诗韵》中保持着独立的韵部，-m 韵尾与-n/-ŋ 韵尾确实存在着通押现象。不过，在以上 49 首中所含的 14 首律诗里，绝无-m 韵尾与其他部通押的例子。这说明，明末清初仍处于-m 韵尾消亡过程中的过渡阶段，几个-m 尾的韵部，严格来说，还是相对独立的。

---

① （清）李渔：《笠翁诗集》，见《李渔全集》第二卷，杭州：浙江古籍出版社 2010 年版，第 39 页。

② （清）李渔：《笠翁诗集》，见《李渔全集》第二卷，杭州：浙江古籍出版社 2010 年版，第 51 页。

③ （清）李渔：《笠翁诗集》，见《李渔全集》第二卷，杭州：浙江古籍出版社 2010 年版，第 53 页。

④ （清）李渔：《笠翁诗集》，见《李渔全集》第二卷，杭州：浙江古籍出版社 2010 年版，第 57 页。

⑤ 以上两组出自同一首七古诗，见《李渔全集》第二卷，杭州：浙江古籍出版社 2010 年版，第 60 页，《赠施匪莪司城》。

⑥ （清）李渔：《笠翁诗集》，见《李渔全集》第二卷，杭州：浙江古籍出版社 2010 年版，第 79 页。

⑦ （清）李渔：《笠翁诗集》，见《李渔全集》第二卷，杭州：浙江古籍出版社 2010 年版，第 260 页。

⑧ （清）李渔：《笠翁诗集》，见《李渔全集》第二卷，杭州：浙江古籍出版社 2010 年版，第 270 页。

⑨ （清）李渔：《笠翁诗集》，见《李渔全集》第二卷，杭州：浙江古籍出版社 2010 年版，第 320 页。

另一支韵类是由支微齐佳灰各韵部辗转通押得到的。在系联过程中，相邻韵部的转相系联起到了重要作用，因此，对于这种成分复杂的系联结果，切忌笼统地认为其中任意两两韵部之间都有同等紧密的联系，还应当考虑到《诗韵》划分韵部时的宽严问题，以及是否有通韵的实例。

在格律较严，通常一韵到底的律诗中，也存在如下两组通押：

(1)支齐微：

五律：

衣饥①$_{微}$：嘶题$_{齐}$②

七律：

携$_{齐}$：其时诗$_{支}$③

(2)佳灰：

五律：

谐：来开猜④

但将所有体裁诗歌韵脚字一起系联时，就有了更多相通的例子，最终将这五个韵部连成一类。

① 后文对此“饥”字有单独分析。

② (清)李渔：《笠翁诗集》，见《李渔全集》第二卷，杭州：浙江古籍出版社2010年版，第109页。

③ (清)李渔：《笠翁诗集》，见《李渔全集》第二卷，杭州：浙江古籍出版社2010年版，第221页。首句不入韵。

④ (清)李渔：《笠翁诗集》，见《李渔全集》第二卷，杭州：浙江古籍出版社2010年版，第115页。

(三)入声韵的系联情况

入声17韵，除第15合部不确定是否有入韵之外，其中14个韵部之间均可以转相联通，唯独屋、沃两韵部(中古通摄)只互相通押，绝无与其他韵部相通的例子。王力在《汉语诗律学》中讲到唐代通韵问题时，也提到“(入声)职可与陌锡通，又可与屋沃通，但陌锡绝不能与屋沃通”①。可见，明末清初时，入声虽不像前代细分，但还保留着屋、沃两韵与入声其他韵部的界限。

二、分体裁概述《诗集》用韵情况

韵字系联并不是简简单单地呈现数据，毕竟诗歌的创作也不是完全严格地按照程式输出。那么，在数据背后还包括在确定诗的韵脚字的时候，是遵循怎样的原则的？有五言七言夹杂的诗，有首句入韵，有转韵，有通押等问题，并且在不同体裁的诗歌中又有不同的表现，在这些问题上是如何考虑的，也关乎我们的最终结论。系联过程中需要强调的问题，仍需交代清楚。

《诗集》涵括7种体裁，即五言古诗、七言古诗、五言律诗、七言律诗、五言绝句、六言绝句和七言绝句。各体裁的押韵情况如下：

(1)五言古诗：共68首，隔句押韵，多为一韵到底，其中含有通押的情况。依据《诗韵》及诗歌用韵的一般习惯判断，其中7首为转韵诗。

由于转韵的五言古诗数量太少，且在有限的几例中也并未体现出一定的转韵的间隔，或是转韵的标记(如换韵后的首句入韵等)，加上韵脚平仄不齐，考虑到可能包含不同韵部通押和同韵、相近韵的平仄通押等多种复杂情况，难以准确辨析分合，因此将五古转韵诗的88个韵脚字单独拎出，只计入韵脚字总数统计，不做系联。

① 王力：《汉语诗律学》，上海：上海教育出版社2005年版，第340页。

韵脚字共 845 字次，去除重复，不计转韵诗韵脚字，得到的有效韵脚字为 592 个。

(2)七言古诗：48 首。韵脚字 1198 个，去除重复为 762 字。一般为转韵诗，隔句押韵，起韵或转韵的首句入韵。多数 4 句换一韵，第 6、8 句等其他偶数句作为一个押韵的小节也是很常见的。在有转韵的诗中，按照偶数句押韵的规则，入声韵一组内有多个韵部通押及连续多句入韵的现象时有出现。值得注意的还有，偶有一两处出现奇句入韵，却又不是在转韵首句的，如七古诗《黄河篇》最后以四个连续入韵的句子收尾：

> “呜呼！彼壅此决民安之，田禾为沼居为池。方今圣人已生天下治，千年一清斯其时。寄语官人浚勿迟，主德无亏孰承疵？不于其物于其司。”①支

王力先生曾在《汉语诗律学》②中将这样的现象作为“柏梁体”的要素之一提及，即所谓“独立句”。尽管奇句入韵使得诗歌呈现出连续入韵的现象，但《诗韵》七古诗中少有多句连续入韵的，因此，是该作为一种体式还是偶然入韵，其判断标准具有较大主观性。考虑到这一点，系联时，原则上还是按照一般格式，即偶数句隔句押韵，换韵则首句入韵的规律收集韵脚字(即不考虑以上例子中的“迟”字)。还有七言诗中夹杂五言句的，在以上规律下，凡一组内全为五言者，则首句不入韵；或者，前几句以五言开头，后面仍以七言为句，则首句可以不入韵。《诗集》中共有三首一韵到底的五古诗，其中两首为入声韵，一首押纸韵。③

(3)五言律诗：190 首，隔句押韵，其中有 8 首首句入韵，其

---

① (清)李渔：《笠翁诗集》，见《李渔全集》第二卷，杭州：浙江古籍出版社 2010 年版，第 54 页。

② 王力：《汉语诗律学》，上海：上海教育出版社 2005 年版，第 362~366 页。

③ (清)李渔：《笠翁诗集》，见《李渔全集》第二卷，杭州：浙江古籍出版社 2010 年版，第 60~61 页。

中包括2首仄头平韵①，其余均为同调一韵到底。共768个韵脚字，去处重复有396字。

(4)七言律诗：298首，同样是隔句押韵，其中16首首句不入韵。共1474个韵脚字，去除重复有562字。

(5)五言绝句：因五言绝句首句一般不入韵，且每首诗可系联的韵脚字过少，故在此体裁中，韵部间是否通押不能确定，对首句押韵的问题先不做判断。在此前提下，181首诗，依据偶数句押韵的规律，可确定的韵脚字有362个，去除重复有264个。

(6)六言绝句：9首18字。偶数句押韵。

(7)七言绝句：共289首，偶数句押韵，其中11首可确定首句不入韵，韵脚字共有856个，去处重复有431字。

三、关于部分韵脚字音义的判定

《诗集》所收录的诗歌中有少数韵脚字不严格符合以上所总结的通例的现象，其读音和字义需要特别讨论，以便于进一步推断它是单纯的出韵还是存在改音叶韵的情况。另外，即使是一些不常在诗歌中入韵的字，为了避免系联的失误，其音与义也有必要特别辨析。

(一)古今字及其他需要判读的字

(1)《怀王左车》②：

“各生同病怜，中心忧以痒。”

① (清)李渔：《笠翁诗集》，见《李渔全集》第二卷，杭州：浙江古籍出版社2010年版，第112页。《过王子敬山居留赠》，地(寘部)入支韵。第139页，《写忧》，象(养部)与入韵。

② (清)李渔：《笠翁诗集》，见《李渔全集》第二卷，杭州：浙江古籍出版社2010年版，第16页。

虽《诗韵》中，“痒”仅养韵一读，但《广韵》上平声阳韵中有“痒”字，释“病也”①。《诗经·小雅·正月》有“哀我小心，癙忧以痒”，段玉裁《说文解字注》认为，“‘癙’、‘痒’皆病也”②；程俊英将“痒”释为“疡”，创伤。③

按李渔此诗中的“痒”应同为病创之意，读入平声而非上声痛痒之“痒”，诗中的“痒”与今天的“疡”应当为古今字关系。

(2)《与杭人谈粤中山水》④：

“但知矜所矜，不自姗所姗。”

“姗”本应为平声(《诗韵》缺此字，依《广韵》判断)，此处押入去声韵(岸饭惯羡贱厌变愿窜片绢面宴忭恋姗遍线幻汉涧患万间绽扇见讪)。且依平声解释，为缓缓行走的样子，与诗意不符。《说文》释“姗”为“诽也”，段注“所晏切”，去声。一说与“讪”相通。⑤《汉书·诸侯王表》：“因矜其所习，自任私知，姗笑三代。”颜师古认为“姗，古讪字也。讪，谤也，音所谏反，又音删。”⑥结合两者说法，“姗”与“讪”为一组古今字，这里“姗”应当读作去声，对应《诗韵》中的谏韵，意为毁谤、讥讽，是《诗集》依照古法用字的又一例。另一方面，这首诗最末一个韵脚即“讪”，这里的“姗”也或许是为了避免重韵而刻意换字。

---

① (宋)陈彭年：《宋本广韵》，南京：江苏教育出版社2008年版，第48页。

② (清)段玉裁：《说文解字注》，上海：上海古籍出版社2015年版，第349页。

③ 程俊英、蒋见元：《诗经注析》(下)，北京：中华书局2012年版，第562~563页。

④ (清)李渔：《笠翁诗集》，见《李渔全集》第二卷，杭州：浙江古籍出版社2010年版，第30页。

⑤ (清)段玉裁：《说文解字注》，上海：上海古籍出版社2015年版，第625页。

⑥ (汉)班固：《汉书》第2册，颜师古注，北京：中华书局2013年版，第393页。

(3)《活虎行》①：

> “……今年三月得双兽，通国相传善生斗。……只有搏人未经睹，请以身试谁能拚?”

“拚”与平声寒韵(寒蟠酸湍肝棺)相押。《广韵》中，“拚”有两读，去声第三十三线韵，意为击手，同“抃”。② 另有二十三问韵，释作扫除。③《说文》：“拊手也”。段注：“拊，揗也。拍，拊也。此不但言拊，言拊手者，谓两手相　也。今人谓欢拚是也。读作去声“皮变切。④《吴都赋》：“拚射壶博”，孟康曰：“手搏为拚”。⑤ 结合诗句意思，“拚”应当为同于上面所说的击手、拍打，与前一句中的“搏手”对应，引申为搏斗之意，属《广韵》去声第三十三线韵，在《诗韵》中对应霰韵。此例为平仄通押。

(4)飢、饑：

《秋怀》⑥：

> “爱闲辞宿饮，防病忍朝饥。”

《久雪》⑦：

① (清)李渔：《笠翁诗集》，见《李渔全集》第二卷，杭州：浙江古籍出版社2010年版，第45页。

② (宋)陈彭年：《宋本广韵》，南京：江苏教育出版社2008年版，第119页。

③ (宋)陈彭年：《宋本广韵》，南京：江苏教育出版社2008年版，第114页。

④ (清)段玉裁：《说文解字注》，上海古籍出版社2015年版，第604页。

⑤ (唐)李善注：《文选》，北京：中华书局2013年版，第88页。

⑥ (清)李渔：《笠翁诗集》，见《李渔全集》第二卷，杭州：浙江古籍出版社2010年版，第109页。

⑦ (清)李渔：《笠翁诗集》，见《李渔全集》第二卷，杭州：浙江古籍出版社2010年版，第272页。

"欲征来岁饱，先甚隔年饥。"

两首诗中的"饥"都是饥饿的意思，在《诗韵》中，"饑"（微部），饿也；"飢"（支部），饑也。因此，以上两首诗中的"饥"是可以看做"饑"的，并且这样一来，更合于上文承接的韵字，即"衣"（微部）、飞（微部），与近体诗严于格律的惯例吻合。

但实际上，按《说文》"飢"、"饑"二字，"飢"训饿，居夷切（脂部），"饑"训谷不熟，居衣切（微部）。①《康熙字典》也有记载："汪来、虞方伯说，'饑馑'之'饑'从'幾'，'飢渴'之'飢'从'几'，诸韵书俱分列支微两韵，止《集韵》飢字训或从幾，经传颇通用。"②若从前代各典籍来看，则上面两处"饥"，不能作"饑"，而应当为"飢"。

浙江古籍出版社的《诗集》已经是简化字体版，不论"飢"或"饑"都是写作"饥"，在尚不能得到原稿求证的情况下，不妨推测一下李渔作诗时——要使能够满足饥饿之意的"饥"押入"微部"，用字的两种可能。第一，即李渔在创作时当用"飢"（支部）表达相应的饥饿之意而误用了"饑"（微部），以配合诗中所押的微韵，满足近体诗格律严谨的特点，且认为"饑"可用作饥饿之意。第二，李渔所用原字即为"飢"（支部），只是将其读入微韵，或者说，认为用此字不影响诗歌的押韵。不论是哪种情况，都可作为实例之一，说明《诗韵》所划分的支与微两韵相通。

（二）同义多音字与多义多音字

另一类值得注意的情况是多音字。一般是平仄两读（也有舒声韵、入声韵两读的，如"读"），而这样的字又有异音同义或异音异义之分，前者一般表现为有些字今天虽只读作仄声，但在以前却有

① （清）段玉裁：《说文解字注》，上海古籍出版社2015年版，第222页。

② （清）《康熙字典》，北京：中华书局1980年版，戌集下，第18页。

平仄两读的字，并且，其在如今不被通用的平声读法，恰恰常在诗歌中入韵。后者则指有的字虽有平仄两读，或者其他多个读音，但意义不同，而诗歌中也有将同一字形、不同读法的两字字义彼此借用，使该字便于入韵的做法。① 在《诗集》中，这两例都有体现，下面分别举例说明。

同一字有平仄两读，且意义相同，依诗中实际押韵情况入韵。这种情况颇为常见，且多为两读而入平声韵。诗集中一般表现为平去两读的字，入平声韵，如：论、翰、看、过、忘、望等。

表二

韵字	韵部	释义	以平声押入所在诗韵的次数/出现的次数						
	平/仄		五古	七古	五律	七律	五绝	六绝	七绝
论	元/愿	议也	3/3	1/1	1/1	—	—		—
看	寒/翰	视也	2/2	1/2	—	3/3	1/1		6/6
翰	寒/翰	毛羽/鸟羽	2/2	0/1	—	1/1	—		—
漫	寒/翰	水广大/水败物	1/1	—	—	—	1/1		—
叹	寒/翰	喘息也②/太息也	2/2	1/2	—	—	—	—	—
过	歌/箇	广也/超也	1/1	—	1/1	6/6	1/1		3/3
忘	阳/漾	不识也/遗忘也	3/3	—	3/3	4/4	—		—
望	阳/漾	瞻也/瞻望也	2/2	0/1	—	—	—		—

① 王力：《汉语诗律学》，上海教育出版社 2005 年版，第 135~146 页。

② 在《诗韵》中字形或为“啴”。

此外，还存在音改则义异的多音字，本应读作 A，在某诗中却入 B 韵，换了声调，甚至换韵的，即韵义不相合。王力的《汉语诗律学》也提到了这样的字在入韵时的特殊情况，即依意义应读平声，在诗中读仄声，或依意义该读仄声，在诗中则读平声。① 诸如此类。在《诗集》中表现为以下几首。

(1)《赠家仁熟二首》(其二)②：

"序齿叨鱼贯，论才愧雁行。"

"行"，一般应读"çiŋ^{35}"，但该句入阳韵(堂乡场)，因此读为"xaŋ^{35}"，释为名词，即大雁的队列，隐喻有秩序。

(2)《灌园便》③：

"筑成小圃近方塘，果易生成菜易长。"

"长"应读作上声"tʂaŋ^{214}"，但此处前后分别与平声的塘、方二字相押。有为了入韵而"保义换音"之嫌。此外还有《郑房季为阃君、如君新设二榻，并祝宜男。诸同人各拟赋诗，属予首倡，遂成八首，为荀氏八龙之兆》(其八)④：

"儿子虽生易得长，鹓雏一弄便成行。"

"长"应读作上声"tʂaŋ^{214}"，但此处后文与平声的"行"、"床"

---

① 王力：《汉语诗律学》，上海教育出版社 2005 年版，第 145 页，注二十二。

② (清)李渔：《笠翁诗集》，见《李渔全集》第二卷，杭州：浙江古籍出版社 2010 年版，第 125 页。

③ (清)李渔：《笠翁诗集》，见《李渔全集》第二卷，杭州：浙江古籍出版社 2010 年版，第 311 页。

④ (清)李渔：《笠翁诗集》，见《李渔全集》第二卷，杭州：浙江古籍出版社 2010 年版，第 341 页。

二字相押。有为了入韵而“保义换音”之嫌。

(3)《问病答》①:

“我病在腠理，易笃亦易差。”

入支部韵。据诗意推测，此处“差”应读如“瘥”(卦部)，意为病愈，与“笃”(病重)相对。《广韵》去声第十五卦部有收录“差”，释“病除也”，后文“瘥，上同”②。又，古文多“差”作今“瘥”的用例：清代袁枚《祭妹文》“后虽小差，犹尚殗殜”③。“小差”即“小瘥”意为病情稍微好转，“殗殜”指病情不很重。《三国志·魏书二十九·华佗传》有“病者言‘已到’，应便拔针，病亦行差”④，这里的“差”也是作“瘥”用。因此，“差”与“瘥”应为一组古今字，在这首诗里用“差”作为病愈之意，本应读去声，而“差”又有支韵的读音(《诗韵》里该读音释为“不齐”)，此处或许是借用了“差”字的支韵的读音，来表达“瘥”的意思。

(4)怒:《诗韵》中，“怒”有两读，一为上声麌韵，释“愤也”；一为遇韵，释“恚也”。颜师古的《匡谬正俗》指出，“怒”有二音，《诗·小雅·巧言》的“君子如怒”⑤，《诗·大雅·桑柔》中的“逢天僤怒”⑥，读为上声。《诗·邶风·柏舟》逢彼之

① (清)李渔:《笠翁诗集》，见《李渔全集》第二卷，杭州：浙江古籍出版社2010年版，第6页。

② (宋)陈彭年:《宋本广韵》，南京：江苏教育出版社2008年版，第110页。

③ 朱惠国选注:《元明清诗、词、文》，广州：广东人民出版社2002年版，第619页。

④ (晋)陈寿:《三国志》(中)，邬远等译，北京：团结出版社2002年版，第810页。

⑤ 程俊英、蒋见元:《诗经注析》(下)，北京：中华书局2012年版，第608页。

⑥ 程俊英、蒋见元:《诗经注析》(下)，北京：中华书局2012年版，第870页。

怒①，《诗·小雅·小明》的“畏此谴怒”②，读为去声。“今山东河北人读书，但知怒有去声，不言本有二读，曾不寻究，失其真矣。”③《康熙字典》分析道：“盖字有动静音，人多不讲，皆此类也。”④即“怒”作动词时，读作上声，作名词时，读作去声。可见，自颜师古时至《康熙字典》（成书于康熙五十五年，即公元1716年）编撰时期之间，都存在“怒”字的上去两读，及其上声字读作去声的现象。

按上说，《诗集》中四处韵脚字“怒”全部音义不合。

《汉阳树》⑤：

> “一朝遇斩伐，似为天所怒。”

“怒”作动词，应读为上声，却入去声御、遇二韵。

《书所闻》⑥：

> “我适居其中，无喜亦无怒。”

“怒”作名词，应读去声，却入麌韵。

《薄命歌》⑦：

① 程俊英、蒋见元：《诗经注析》（上），北京：中华书局2012年版，第63页。

② 程俊英、蒋见元：《诗经注析》（上），北京：中华书局2012年版，第650页。

③ （唐）颜师古：《匡谬正俗》，北京：中华书局1985年版，第92~93页。

④ （清）《康熙字典》，北京：中华书局1980年版，卯集上，第6页。

⑤ （清）李渔：《笠翁诗集》，见《李渔全集》第二卷，杭州：浙江古籍出版社2010年版，第16页。

⑥ （清）李渔：《笠翁诗集》，见《李渔全集》第二卷，杭州：浙江古籍出版社2010年版，第36页。

⑦ （清）李渔：《笠翁诗集》，见《李渔全集》第二卷，杭州：浙江古籍出版社2010年版，第39页。

“飞蓬不戢愁郎怒，修娥画就遭人妒。”

“怒”作动词，应读作上声，却入去声韵(妒、诉)。

《念庵招饮后，蟹遭雾障，售者寥寥。越十日而复招啖蟹，予子及婿皆在焉。因复歌之，仍用蟹头鱼尾之韵》①：

“谁知好事遭人妒，密谮于天天震怒。”

“怒”作动词，应读上声，却入去声韵(妒、雾)。

以该字本身在具体押韵环境下的可能发生换读这一点来看，尽管《诗韵》还存留着上去两读，但实际上已经有混同的表现，至少在诗歌用韵中有叶韵之嫌。另一种可能是，字的读法未变，是诗歌本身存在上去通押。从《诗集》中“怒”字的动静用法完全颠倒这一现象来看，后一种可能性更大，且《诗集》中，甚至在多为一韵到底的近体诗中，也不乏其他麌、遇二部上去通押的例子：

五古：$\text{户}_{\text{麌}}$：遇韵②

七古：$\text{竖}_{\text{麌}}$：$\text{去}_{\text{御}}\text{住}_{\text{遇}}$③

七律：$\text{柱}_{\text{麌}}$：$\text{素}_{\text{遇}}$④

五绝：$\text{户}_{\text{麌}}$：$\text{路}_{\text{遇}}$⑤

(5)《诗集》中还有一例舒声韵与入声韵两读字的例子，即七古

① (清)李渔：《笠翁诗集》，见《李渔全集》第二卷，杭州：浙江古籍出版社2010年版，第78页。

② (清)李渔：《笠翁诗集》，见《李渔全集》第二卷，杭州：浙江古籍出版社2010年版，第7页。

③ (清)李渔：《笠翁诗集》，见《李渔全集》第二卷，杭州：浙江古籍出版社2010年版，第41页。

④ (清)李渔：《笠翁诗集》，见《李渔全集》第二卷，杭州：浙江古籍出版社2010年版，第256页。

⑤ (清)李渔：《笠翁诗集》，见《李渔全集》第二卷，杭州：浙江古籍出版社2010年版，第257页。

诗《薄命歌》①：

“三岁能言教句读。”

按诗句意思及《笠翁诗韵》和《广韵》、《集韵》常例，“句读”中“读”本应作“宥”韵，而此处却押入声韵(玉哭)。

四、结　　语

尽管《笠翁诗韵》基本沿袭中古传统韵书，而设韵更宽于前代，但通过系联可以得出，《笠翁诗集》的用韵仍体现出在《笠翁诗韵》所划分的多个韵部间通押的情况，不过律诗的用韵仍然保持着《诗韵》所划分的各韵部间严格的界限。

从系联结果可以看出清初尚处于中古音向今音过渡的阶段的几点特征。第一，介音对用韵的限制减弱，尤韵将中古时以介音相区别的尤侯幽三部归拢来、歌戈二部归入歌部，并保持着内部的稳定；第二，-m 韵尾的韵部有少数与-n/-ŋ 韵尾韵部相通的例子，不再保持绝对独立；第三，阳声韵之间有比较宽泛活跃的通押。

但另一方面，歌韵-ɤ/-o 的分离尚未完成；麻韵甚至把《中原音韵》时已有所区别的-a 与-ie/-ɤ 又合并起来，有回归中古假摄字的倾向；屋、沃两部还保持着在入声韵部中的相对独立。而且，律诗的用韵还是比较严格地区分韵腹韵尾，至少以《诗韵》比对观之，极少有通押的现象。

除在韵部划归这样有系统的做法方面的体现之外(如麻韵将《中原音韵》的家麻与车遮两韵重新合并)，李渔在用韵时，还其他有采用古法入韵的例子，如“痒”读作“疡”，“姗”读作“讪”，“差”读作“瘥”等。其中“姗”字一例，也不排除是为了避免出现重韵影响美感，而采用古字，避免与后面的“讪”重韵。尽管存在少数用

① (清)李渔：《笠翁诗集》，见《李渔全集》第二卷，杭州：浙江古籍出版社2010年版，第39页。

古字、依古读的现象，但基本符合其以当时音读入韵的创作初衷。在用韵时的“飢”、“饑”不辨，“怒”字上去声读音不分也是细节上其语音朝向今音发展的体现。

另外，《诗集》中某些韵字依本身读法则不能入韵的现象也表明当时可能存在如王力先生所说的“多音字借用其另外的读音来入韵”的情况。而且经过总结，这样的例子不在少数，当是《诗韵》用韵的一个显著特点。再回过头来看，关于本应读作某，而实际入另一韵的这种现象是值得我们注意的。在语音发展过程中可能正是这种多音字间的“换用”对后来语音的变化产生了重大影响。正如文字的借用导致了更多地新字出现，甚至完全取代了旧字。若能把握住这些看似不经意的用例或特点，从诗歌用韵字的方式入手，向前推测古代文字音、义间可能存在的关系，以及把握可能发生的类似于“借用”的特殊情况，对于研究古代文献将有非常重要的意义。

钱锺书《左传》研究述论：以“五例”为中心

2012级国学班　高斯洁

一、引　　论

学术史上对《左传》文本的认识和接受是一个不断变动、融合的过程，期间经学、史学、文学等多种角色，随着时代的演进而不断发展，《管锥编》对《左传》文学价值的发现也与其经史特性密切相关。因此我们不应漠视《左传》除文学以外的其他文本角色，而要发掘钱锺书笔下《左传》文学素质的生成路径，进而探究其中经学、史学和文学等多重属性间的联系和互动。《管锥编》在解读《左传正义》时，体现了钱锺书怎样的“《左传》观”？这与《管锥编》全书的精神主旨有何相通？为什么他能够从文学的立场、文史的共同精神去解读《左传》？《左传》作为文学文本与经学文本、史学文本间有哪些区别与联系？钱先生的这种解读的意义又在哪里？对这一系列问题的解答，将是我们深入解析《管锥编·左传正义》，客观评价钱锺书《左传》研究的起点。

钱锺书和《管锥编》的研究是当代显学，通论研究已有不少，其中较为重要的有郑朝宗《管锥编研究论文集》(1984)、蔡田明《管锥编述说》(1991)、张文江《钱锺书传》(1993)和《管锥编读解》(2005)、何明星《管锥编诠释方法研究》(2006)等。以上均为通论研究，对《左传》的相关论述也囊括在全书主旨之内。钱学专家郑朝宗曾建议对《管锥编》不再作一般的推荐或评论，而应以专题的形式出现，力求深透。① 但事实上，针对10种古籍的专题研究并不多，针对《管锥编》中《左传正义》的研究与《毛诗正义》、《周易正义》等相比就更少。王先霈《善意误读的弊与功——从〈管锥编〉对〈春秋〉五例的解读与阐发说起》②和张高评《〈管锥编〉论左传之叙事与记言——钱锺书之左传学》③是其中较为重要的两篇。王先霈从“五例”本义出发，抓住《春秋》之“称”的基本内涵，辨析了《管锥编》对“五例”误读的事实以及“春秋书法”在后世文论发展中的变化。张高评则从“《春秋》书法即文章之修辞”、“《春秋》‘五例’实作史之楷模”、“《左传》记言、拟言、代言之妙”三个角度，强调钱先生对《左传》叙事与记言的发现。其他论述或重在分析《左传》的文学价值，或片面强调钱锺书“打通”和“比较”的方法论，没有讲清楚《左传》的经、史、文三义在钱锺书那里的多向互动，因此也未能从整体把握钱先生的《左传》观。本文希望结合前人研究，以“五例”为中心，从整体上把握钱先生对待《左传》的态度，进而探究其背后的文史研究旨趣。

二、以“五例”④为中心的《左传》观之呈现

在《汉书·艺文志》中，《左传》和《太史公》、《国语》、《世本》、《战国策》一同分属“六艺略”中的“春秋家”⑤。“六艺略”基本属于儒家经典，可见此时《左传》经、史特质关系密切。到西晋

① 郑朝宗：《钱学亟待专题研究》，见《郑朝宗纪念文集》，厦门：鹭江出版社2000年版，第155页。

② 王先霈：《善意误读的弊与功——从〈管锥编〉对〈春秋〉五例的解读与阐发说起》，载《山东师范大学学报》2012年第5期。

③ 张高评：《〈管锥编〉论左传之叙事与记言——钱锺书之左传学》，载《国学研究》第十五卷，第351页。

④ 此“五例”指杜预《春秋经传集解序》中提到的《左传》对春秋笔法的五种概括，即“微而显”、“志而晦”、“婉而成章”、“尽而不污”、“惩恶而劝善”。

⑤ （汉）班固撰，（唐）颜师古注：《汉书·艺文志》，北京：中华书局1962年版，第1713页。

旬勖的《中经新簿》，将《左传》与《史记》、《旧事》、《皇览簿》等一同分在“丙部”①，经史在目录学意义上正式分离。再到南北朝，刘勰的《文心雕龙·史传》一文，体现了时人对《左传》文学价值的认可。考虑到《左传》成书与先秦诸子的关系，将汉代以前的《左传》归于子书似乎也不为过。《左传》的学术史发展及其面貌呈现本就复杂多样，几乎贯穿经史子集而又彼此交融。

《左传》文本角色的多样性，我们从《管锥编》所研究的十部古书的分类也可看出。在《管锥编述说》一书中，蔡田明用了两种方式为《管锥编》中的十部古书分类。按文史哲划分：

> 文学方面：《毛诗正义》、《楚辞洪兴祖补注》、《太平广记》、《全上古三代秦汉三国六朝文》
>
> 史学方面：《左传正义》、《史记会注考证》、(原作者：也可视为古典文学名著)
>
> 哲学方面：《周易正义》、《老子王弼注》、《列子张湛注》、《焦氏易林》

按“四部”分类划分：

> 经部：《周易正义》、《毛诗正义》、《左传正义》
> 史部：《史记会注考证》
> 子部：《老子王弼注》、《列子张湛注》
> 集部：《楚辞洪兴祖补注》、《太平广记》、《全上古三代秦汉三国六朝》②

这两种分类虽略显粗糙，但很具有代表性，张文江所述《管锥

---

① (唐)魏徵等：《隋书·经籍志》，北京：中华书局1973年版，第909页。

② 详见蔡田明著，周振甫审读：《管锥编述说》，北京：中国友谊出版公司1991年版，第5~13页。

编》四种文献结构中的第一种与上述一致①，从中我们可以直观地看出《左传》文本的独特。它虽是史书，却也可视为古典文学名著；它记录史实，但并非史部著作而归于经部。《史记》也有文学接受的过程，但相比《左传》少了传经的可能；《诗经》在文学史上占有重要地位，也一直称经，但它并不记录史实。相比之下，十种古籍中显然《左传》的文本性质最为复杂多样。这样独特的文本特性决定了钱锺书对《左传》的研究绝不可能从文学或史学等单一向度出发，他的"《左传》观"必然是三者均有体现又彼此关联，蕴含了钱先生的独特思考。

《管锥编》中每卷第一则为总论，是作者对这部书的总体认识，第二则以下对相关段落进行考订和评论。②《管锥编·左传正义》的第一则标题为"杜预序"，探讨了《春秋》"五例"和《左传》"记言"两大问题。作为研究《左传》的纲领性文本，杜预《春秋经传集解·序》的重要性不言而喻，而"五例"是《左传》文本性质问题的交汇中心。钱先生在文中阐释的观点非常丰富，诸多问题有待挖掘，故本文以此篇为中心展开论述。

（一）以"五例"品目《左传》

> 窃谓五者乃古人作史时心向神往之楷模，殚精力竭，以求或合者也，虽以之品目《春秋》，而《春秋》实不足语此。③
>
> 盖"五例"者，实史家之悬鹄，非《春秋》所树范。④

---

① 详见张文江：《营造巴比塔的智者——钱锺书传》，上海：复旦大学出版社2011年版，第86~87页。其他三种文献结构分别是西方典籍、汉译佛典、道藏，与题旨无关此不赘述。

② 张文江：《营造巴别塔的智者：钱锺书传》，上海：复旦大学出版社2011年版，第103页。

③ 钱锺书：《钱锺书集》，《管锥编》(第1册)，北京：生活·读书·新知三联书店2007年版，第267页。全文所引《管锥编》原文皆出自该书该版本，下仅列书名和页码。

④ 《管锥编·左传正义》，第268页。

钱先生认为“五例”是古人作史时的追求，即使殚精竭虑也要达到此标准，虽然一直挂着《春秋》的名头，但《春秋》实则配不上“五例”的要求。张高评指出，这里钱先生将“五例”的“智慧财产权”①判定归属了《左传》。即我们通常所说的“春秋五例”在钱先生看来是名不副实的，《春秋》并非是“五例”行文的典范，相反后世史家倒是孜孜以求。换言之，钱先生认为应以“五例”来品目《左传》而非《春秋》。笔者以为这是钱锺书《左传》研究的核心观点，也是理解《管锥编》解读《左传》时淡化其经学意蕴，转而发明其文史价值的关键。原本用来评价《春秋》的“五例”为何在《春秋》中“不足语”，而在史籍《左传》却有所发明？很明显，在钱先生那里“五例”的内涵发生了某些转变。

钱先生已经指出，“五例”非杜预首创，而是有所来源：

> 按五例迳取之成公十四年九月《传》：“君子曰：‘春秋之称，微而显，志而晦，婉而成章，尽而不汙，惩恶而劝善。非圣人孰能修之！”……昭公三十一年冬《传》：“春秋之称，微而显，婉而辨”……《春秋繁露·竹林》篇：“《春秋》记天下之得失而见所以然之故，甚幽而明，无传而著。”②

钱先生引上述文献意在说明《杜预序》中“五例”是“迳取”而并非原创，我们可以借此辨析一下在这些引文中“五例”的本义。从最初所指的对象来看，“五例”有明显的主语“春秋之称”。对这一问题，王先霈已经作过很好的说明，他认为“五例”在春秋时的本义是指“《春秋》如何称名，如何称人物之名、事件之名，以引导世人和后人维护礼制秩序，并对违背礼制秩序的行为提出批评和谴

① 张高评：《〈管锥编〉论左传之叙事与记言——钱锺书之左传学》，载《国学研究》第十五卷，第351页。

② 《管锥编·左传正义》，第267页。

责”①。在成公十四年“称”指的是称“叔孙侨如”与“侨如”的不同，“君子”认为其中显示了《春秋》作者的深心。昭公三十一年则是《春秋》称举“黑肱”的名字，《左传》解释为“贱而书名，重地故也”。第三则材料中，《春秋繁露》认为《左传》“记天下之得失而见所以然之故”与前两则材料说《春秋》“微而显，志而晦”的意思相通，“天下之得失及其所以然”正是既“微”而“显”、既“志”而“晦”的内容。钱锺书引董仲舒语，进一步说明以“五例”评价《春秋》是学术传统上的认知。在这一层面，作为“春秋之称”的“五例”不仅在《春秋》中“足语”，更是树立了《春秋》“正名”的典范意义，《春秋》“五例”经由“正名”所彰显的经学意蕴毋庸置疑。

可见，钱先生忽略“春秋之称”，主张以“五例”品目《左传》确实存在一定程度的误读，但是这并不是我们在探究钱先生的《左传》学研究时要否定的部分，相反需要思考的是钱先生做这种误读的用意何在？基于此而写作的《管锥编·左传正义·杜预序》又体现了他其怎样的文史研究观念。这一问题暂且按下不表，我们再来看钱先生关于《春秋》经传关系的论述。

> 《经》之于《传》，尤类今世报纸新闻标题之与报道。……苟不见报道……记事之“尽”与“晦”、“微”与“婉”，岂能得之于文外乎？……桓谭《新论·正经》：“左氏《传》于《经》，犹衣之表里，相待而成。《经》而无《传》，使圣人闭门思之，十年不能知也”。……刘知几《史通》申说：“《左传》不作，则当代行事安得而祥？”②

自从刘歆提出将《左传》立于学官以来，《左传》是否解经的争论就已经开始。但争论的视角常在于《左传》中内容是否能与《春秋》相对应，或者在成书初期这两本书是否有关。而《管锥编》看待

① 王先霈：《善意误读的弊与功——从〈管锥编〉对〈春秋〉“五例”的解读与阐发说起》，载《山东师范大学学报》2012年第5期。

② 《管锥编·左传正义》，第268页。

对这一问题的重心却不同以往。钱先生承认《左传》与《春秋》关系密切，“新闻标题与报道”的比喻表明了《左传》以《春秋》为纲，是对《春秋》所载史事更为详细具体的说明。钱先生引桓谭、刘知几之说，也在阐发《左传》详细记载《春秋》史事本末的史书价值。但在对经传关系探讨上，钱先生明显避开了传统经学问题的争论。在承认二者有关的基础上，他的论述重心全在《左传》之详述史事的价值，并不关心其与《春秋》是否对应，又是否承袭了《春秋》的精神。钱先生并不在乎《左传》是否为经而发，也不作由成书疑团引发的可能的经史区分，他承接上文当以“五例”品目《左传》的观点直接肯定《左传》详细记录史实的价值。不论是主张以“五例”评价《左传》，还是后面探讨经传关系的角度，他也并不因《左传》是解《春秋》经之作而降低其地位，相反在钱先生那里《左传》的文学价值和史学价值似乎更胜于《春秋》。

结合下面几则材料，我们可以明白钱先生认为“五例”是“史家之悬鹄，非《春秋》所树范”这一论断，实则体现了他打通经史壁垒，在经、史、子部中发现其共通的“精神蜕迹”，探索各类古籍中的“词章机趣”的研究主旨。

> 《程氏遗书》卷二上云：“《诗》、《书》载道之文，《春秋》圣人之用”……《朱子语类》卷一百二十一云：“或问《左传》疑义。曰：公不求之六经《语》、《孟》之中，而用功于《左传》；《左传》纵有道理，能几何……吕伯恭爱与学者说《左传》，尝戒之曰：《语》、《孟》六经多少道理不说，恰限说这个；纵那上有些零碎道理，济得甚事。”……盖以经与史界判鸿沟也。①
>
> 存迹示法云云，只说得事即道，史可作经看；未说明经亦是史，道亦即事，示法者亦只存迹也。尝试言之。道乃百世常

① 钱锺书：《谈艺录》(补订本)，北京：中华书局 1984 年版，第 263~264 页。

新之经，事为一时已陈之迹。①

阳明仅知经之可以示法，实斋仅识经之为政典，龚定庵《古史钩沉论》仅道诸子之出于史，概不知若经若子若集皆精神之蜕迹，心理之征存，综一代点，莫非史焉，岂特六经而已哉。②

涉笔成趣，以文为戏，词人之所惯为……哲人说理，亦每作双关语……经、子中此类往往而有。盖修辞机趣，是处皆有；说者见经、子古籍，便端肃庄敬，鞠躬屏息，浑不省其亦有文字游戏三昧耳。③

可以发现，钱先生以“五例”解读《左传》的用意与上述材料所呈现的经史观是完全一致的。首先，钱先生并不赞成“以经史界判鸿沟”。第一段材料中他引程、朱等人的说法表明其“尊经轻史”的倾向。第二段材料中指出认为程子、阳明“说殊浅陋”，经史是二而为一、彼此汇通的。第三则材料钱先生认为岂止“六经皆史”，“若经若子若集皆精神之蜕迹，心理之征存，综一代点”何尝不是史？因此，将“五例”的智慧财产权判归古代史家，其一，肯定了《左传》的史书价值和文学价值，从史学和文学两方面突出《左传》的地位并不低于《春秋》，完全无需贬《左传》而抬高《春秋》；其二，“五例”既是古代史家孜孜以求的著史目标，则其中所蕴含的古人历史观念、褒贬态度等足可以窥见“历代人心”，符合钱先生“经、子、集皆心史”的观点；其三，以“五例”品目《左传》正是对“春秋笔法”的修辞学解读，而“春秋笔法”钱先生认为是“两汉时期最有后世影响之理论”④，亦是发现《左传》中文字三昧的关键。

① 钱锺书：《谈艺录》(补订本)，北京：中华书局1984年版，第265页。

② 钱锺书：《谈艺录》(补订本)，北京：中华书局1984年版，第266页。

③ 《管锥编·老子王弼注》，第709页。

④ 敏泽：《论钱学的基本精神和历史贡献》，载《文学评论》1999年第3期。

本文以为，钱先生以“五例”品目《左传》是其《左传》学研究最核心的观点，与他的文史观、经史观相呼应，也为他接下来对《左传》的史书性及文学性的阐发做了充分准备。对“五例”作史学向度的解释，则重在阐发《左传》的史书价值；作文学向度的解释，则可以说明“春秋笔法”对后世文论发展的影响。因此，“五例”的“智慧财产权”由《春秋》到《左传》的变化，正与钱先生汇通《左传》经史文三义，打破经史之学与词章之学的壁垒的治学路径一脉相承。若仅看到钱先生对“五例”的误读，则犹如买椟还珠，未识其治学的深远意旨。

（二）“有史书未遽即有史学”

上文我们探讨了钱先生以“五例”评价《左传》的深刻用意，这一节来看钱先生关于《左传》史书性质、史学价值的观点。

> 就史书之撰作而言，“五例”之一、二、三、四示载笔之体，而其五示载笔之用。① ……就史学之演进而言，“五例”可证史家不徒记事传人，又复垂戒致用，尚未能通观古今因革沿变之理，道一以贯，三阶已陟其二矣。②
>
> 有史书未遽即有史学，吾国之有史学，殆肇端于马迁欤。③

“五例”作为史家殚精力竭撰写史书的追求，就其内容而言，前四条是“载笔之体”，说明书写准则；第五条是撰写史书的目的，在于“垂戒致用”。就史学的发展演变来看《左传》作史的目的已从“记事传人”发展到“垂戒致用”，但钱先生认为还有第三阶段的“通观古今因革之变”尚未达到，故说是“三阶已陟其二”。以上两条皆从史学角度分析了“五例”对于《左传》的意义，体现出《左传》作为

① 《管锥编·左传正义》，第269页。
② 《管锥编·左传正义》，第269页。
③ 《管锥编·史记会注疏证》，第418页。

史书的文本特点。但作为史书的《左传》成书明显早于《史记》，为何钱先生不认为《左传》是我国史学的肇端呢？结合司马迁自称写史“欲究天人之际，通古今之变，成一家之言”的观点，再看钱先生在《管锥编·史记会注疏证》中的论述，我们可以发现《左传》和《史记》在史学发展史上的重要区别，这里隐藏着钱先生对《左传》史书意义的真实评价。

《史记》之前，史家把惩恶劝善、以史为鉴作为撰写史书的目的和宗旨，《左传》就是其中代表。“五例”之第五条“惩恶而劝善”是典型的垂戒史观，钱先生对这一问题进行过专门论述。

> 范宁《〈谷梁传〉集解序》：“左氏艳而富，其失也巫”，杨士勋注：“谓多叙鬼神之事，预言祸福之期：申生之托狐突、荀偃死不受含、伯有之厉、彭生之妖是也。”……汪中《述学》内篇一《左氏春秋释疑》则谓“左氏之言鬼神，未尝废人事”，有资“戒劝”……左氏记贤人君子之言鬼神，即所以垂戒劝。①
>
> 左氏中鬼神之不惜使诈，正其伦类。既征古宗教家言之尚浅椎鲁，而信奉鬼神者衷曲之抵牾矛盾亦无心流露焉。②

一般认为《左传》多语怪力乱神，与孔子的主张不符，但钱锺书指出《左传》写鬼神，正是为了对当权者形成统治压力，迫使其修德爱民，其目的在于垂戒致用。可以看到，《左传》记录史实只是手段而非目的，因此历史事件的真实性也可以放在次要地位。也正因为《左传》记录历史事件并非为了总结人类社会发展的规律，因此《左传》的出现并不代表史学的产生，它缺失对历史演变规律的整体观照。司马迁的《史记》超越前代史家之处，正在于他看到了历史发展演变的规律并进行探讨。反观《左传》其著史目的还停留在“垂戒致用”的阶段，重在阐发政治伦理，因此其并非史学的自觉。

---

① 《管锥编·左传正义》，第304页。
② 《管锥编·左传正义》，第305页。

由以上两部分分析我们可以推知，在钱先生看来，不论是呈现传统经学面貌的《左传》，还是现代史学意义上的《左传》，或许都不如文学意义上的解读更有价值，它不是纯粹的经学文本，也不像《史记》可以做更多的现代史学意义上的分析。经由“五例”内涵的转变，作为史书和文学文本的《左传》得以在《管锥编》中合理呈现。

（三）“史笔”几与“诗笔”莫辨

在将“五例”指归判定于《左传》的基础上，钱先生叙述了“微婉隐晦”成为“载笔之体”，人多称美其“词约义隐”的缘由。即史家为何要追求“五例”？他认为“五例”所称扬的“微”、“晦”并非作史本义，而是“纸笔之故”造成了“因伛以为恭，因难以见巧”的错觉。他认为：

> 春秋著作，其事繁剧，下较汉晋，殆力倍而功半焉。文不得不省，辞不得不约，势使然尔。① ……古人无笔砚纸墨之便……非如今人下笔千言，言事甚易。②

这种归因的不妥，王先霈一文已经举《尚书》的例子反驳，他认为同样是在无纸时代书写，《尚书》的文字并不像《春秋》一样简省。钱先生此说固然不够充分，但我们应当看到的是，这样的“误读”承接上文对“五例”的指归，连通了下文讨论史笔与诗笔的重要性。“春秋书法”在这个阐释过程中，由原本称“名”的经学解释，变成了史家著史的楷模；同时，在文学实践上，史笔又与诗笔产生了交流互动。钱先生的这种误读，实际上从反面论证了《管锥编》中《左传》文学性与经、史两方面的关系。

基于上述观点，我们试举一例说明《管锥编》中是如何处理《左传》文本的。

① 《管锥编·左传正义》，第270页。
② 《管锥编·左传正义》，第270页。

称“郑伯”，讥失教也；谓之郑志。不言出奔，难之也。①

以“克”为文者，此非夫子之心，谓是郑伯本志，不欲言其出奔，难言其奔，志在于杀，故夫子承其本志而书“克”也。②

按庄公七年春，“文姜会齐候于防，齐志也”皆指隐衷蓄意而言……为心事之不可告人者。昭公十六年韩宣子曰：“二三子请皆赋，起亦以知郑志”……指心事之可公诸众者……斯亦一字歧出分训之例。③

第一则材料是《左传》原文，第二条则孔疏对“克”与“志”的解释，第三则是钱先生对“志”字的阐发。从孔疏与钱先生阐释同一“字”的不同角度，我们可以看出《左传》中经学意蕴与文学阐释的两种展开。孔疏释“克”字，紧抓“志在于杀”，强调不是“夫子”强加于郑伯，而是他本有杀心。故不言“出奔”以“克”来责难之。孔疏的解释充分体现了《左传》承袭圣人著史精神，以称正名、善善恶恶的道德崇高性，及其经学地位的神圣性。但钱先生完全避开了这一面向的解读，转而辨析《左传》中不同“志”的出现，是“意内”还是“言外”，是“隐衷蓄意”还是“公之于众”。

我们再看钱先生对“志而晦”的解释。

成公十四年：“志而晦”，《注》：“志，记也”……皆指记载之斑斑可见者，此“志”又为言外。④

原本作为“春秋之称”的“志”与“晦”相对，指“书而能隐晦”，重在对文本微言大义的发明。但钱先生的诠释方向是“志为言外”，

① （清）阮元校刻：《春秋左传注疏》，见《十三经注疏》清嘉庆刊本，上海：上海古籍出版社1997年版，第1716页。

② （清）阮元校刻：《春秋左传注疏》，见《十三经注疏》清嘉庆刊本，上海：上海古籍出版社1997年版，第1716页。

③ 《管锥编·左传正义》，第284页。

④ 《管锥编·左传正义》，第270~271页。

与“意内”相对，形成文学表达上的“歧出而分训”，重在说明其文学效果的达成。对“郑志”的不同分析角度，印证了钱先生避开《左传》的经学个性，转向文学阐释的特点。

再者，钱先生认为由“春秋五例”而发源的“史笔”与“诗笔”有相通之处，在于他们对词约意深的追求。他认为：

> 言史笔几与言诗笔莫辨。……《史通叙事》一篇实即‘五例’中‘微’、‘晦’二例之发挥。……《史通》所谓‘晦’，即《文心雕龙-隐秀》篇所谓‘隐’，……施用不同，波澜莫二。①

这里借由《春秋》“五例”的发明，打通了史与诗的疆界，体现的是《左传》的史书文本特征与文学性的交流互动。前文已述，《春秋》作为先秦史书，所秉持了劝善惩恶的著史精神，“文约意深”的真实目的也在于此。因此“史笔”、“诗笔”在文学目的上虽然一致，但“微晦婉隐”的生发路径实则不同。

综上，在对《左传》的论述中钱锺书首先将“五例”的指称的对象由《春秋》转变为《左传》，避开经传关系之争，在汇通《左传》经史文三义的宏观旨趣下，重在对《左传》的史学和文学价值进行阐发。同时他认为《左传》并非史学之肇端，其史学价值不可从总结历史规律的含义去理解，而应强调其记事传人、垂戒致用的史书特性。最后提出“五例”是史家的著史追求，在文学实践上对史笔的文学指导与诗笔难以分辨，强调“微晦婉隐”与历史叙事语言的一致，最终完成《春秋》“五例”到史家作史之“五例”的论述。以上是《左传》在《管锥编》中经、史、文性质之间的呈现与互动。

三、评价钱锺书的《左传》研究

钱先生曾在《谈艺录》初版序言中介绍了自己的治学思路与方法，说道：

---

① 《管锥编 · 左传正义》，第270~271页。

东海西海，心理攸同；南学北学，道术未裂。

本文对钱先生之《左传》研究的相关论述正是这一学术旨趣的缩影。《左传》作为中国史传文学的鼻祖，先秦叙事文学之典范①，其自身文学特征极其丰富多彩，对后世文学发展的启发也毋庸置疑，但本文的论述重点并不在此。本文并非将《左传》预设为文学文本、史书史料或者儒家经学典籍，也不是企图通过钱先生的分析界定《左传》的文本性质，而是看到了《左传》文本面目呈现角色之丰富，希望以此为例，探究钱先生如何面对中国古代典籍多种文本角色重合的特点。

由前文分析，我们看到钱锺书在分析《左传》时并没有排斥、回避《左传》性质之复杂，也没有片面地以单一属性去理解《左传》文本，在钱锺书的论述中他同样注意到了《左传》文本性质之复杂。也正是因为钱先生本人深厚广博的学识积淀，使得《左传》中各种角色的文本属性得以挖掘并彰显。这也启发我们在面对古籍之时，是以现代学术理论所构建的体系去生搬硬套，还是从历史事实出发，看到古籍成书之复杂、解释层次之丰富、学术接受之嬗变。从这一角度来看，钱先生放弃理论构建，以札记体的形式对中国古代文化史上重要的十部著作进行分析评论其实是非常合理的。这样的研究方式乍看之下似乎零散杂乱，但其实每一细微之处组合起来即符合古籍之真面目。

敏泽认为，钱先生在《管锥编》中不是从文学作品本身，而是从文艺领域之外的一般的经史子集中来掘发与文心、诗心相通之处，这在整个学术发展史上也是一个重大的创举。② 钱先生的《左传》研究背后实则蕴含的是他的文史观、经史观，甚至整体文化

① 张高评：《管锥编论左传之叙事与记言》，载《国学研究》第十五卷，第351页。

② 敏泽：《论钱学的基本精神和历史贡献》，载《文学评论》1999年第3期。

观。他的这种打通各人文学科的治学思想，不但体现出钱先生通览古今典籍，广求治学材料的宏大视野，更彰显了其融通经史子集、汇通人文之学的宏大抱负，对于重建古典人文学传统，反思当前偏向西学的人文研究格局，极具启发意义。

四、余　论

由于《管锥编》对很多问题都是“皆发其端，而未竟其绪”，学界对其中《左传正义》的专题研究仍要加强。如张高评所说，《管锥编》中有关《春秋》、《左传》之探究尚存在极大讨论空间①，本文的论述也还有许多亟待深入探讨的话题。如，论及诗史关系时，“诗言志”与“惩戒史观”的关系；《易》和《春秋》作为“六经两端”，则还应探《左传》在经学向度与《周易正义》的联系；再有史学方面《左传正义》与《史记会注疏证》的比较等。《管锥编》中这一系列与《左传》文本特性相关的问题，对于全面理解钱钟书对中国传统学术的整体观照具有重要意义。一方面，长期以来的儒学文化积淀赋予了大部分儒家典籍根深蒂固的经学性格，对其自身的研究及其学术史的研究两方面均不能避开。但另一方面，随着西方学术生态在本国的发展，经典又必须对现代学术体系的构建作出回应。钱先生毕生巨著《管锥编》因其巨大的学术能量和典范意义，成为各方问题交汇的一个十字路口。由此出发，应能窥见钱先生深厚的学术积淀、宏大的学问格局。泰山仰止，景行行止，本文仍有许多疏漏之处，仅只是做了一些可能的尝试，更多问题有待方家继续探讨。

---

① 张高评：《管锥编论左传之叙事与记言》，载《国学研究》第十五卷，第352页。

北魏张彝案及其相关问题研究

2013 级国学班　李自鹏

一、引　　言

北魏神龟二年(519)，上千羽林、虎贲将士重伤征西将军张彝，烧杀其长子始均，烧伤其次子仲瑀。这是北魏末期的一件大事。《魏书·张彝传》载其事梗概云：

> 第二子仲瑀上封事，求铨别选格，排抑武人，不使预在清品。由是众口喧喧，谤讟盈路，立榜大巷，克期会集，屠害其家。彝殊无畏避之意，父子安然。神龟二年二月，羽林、虎贲几将千人，相率至尚书省诟骂，求其长子尚书郎始均，不获，以瓦石击打公门。上下畏惧，莫敢讨抑。遂便持火，虏掠道中薪蒿，以杖石为兵器，直造其第，曳彝堂下，捶辱极意，唱呼嗷嗷，焚其屋宇。始均、仲瑀当时逾北垣而走。始均回救其父，拜伏群小，以请父命。羽林等就加殴击，生投之于烟火之中。及得尸骸，不复可识，唯以髻中小钗为验。仲瑀伤重走免。彝仅有余命，沙门寺与其比邻，舆致于寺。远近闻见，莫不惋骇。①

在历史上，选举官吏一向是一件很敏感的事情，因为这关系着

① (北齐)魏收：《魏书·张彝传》，北京：中华书局 2013 年版，第 1432 页。

权势阶层的利益。在某些特定时期，选举问题往往伴随着腥风血雨。三国时期，崔琰、毛玠为曹操典选，号称亮直，但是二人最终不见容于曹操，一死一废；吴国张温、暨艳掌管选曹，二人好为清议，最终，孙权废黜张温，暨艳自杀谢罪。崔琰、毛玠一案历来有名，史家论述不绝；暨艳案经过田余庆研究，也得到了许多史学家的关注。① 相对而言，张彝案并未受到史学家的关注。当然，相关研究的缺失并不等于张彝案缺乏研究价值。少数民族入主中原，想要开创盛世，其中有种种难处，最关键的在于如何与汉民族文化接轨，如何协调本民族各阶层与汉族士人的关系。鲜卑族建立北魏，逐渐统一北方，本民族与汉民族之间的关系很是微妙。透过张彝案，我们可以探究孝文帝迁都洛阳、鲜卑族进一步汉化对胡汉民族关系的影响，进而探讨北魏政权在民族融合过程中的得失。

张彝案虽然有一些学者论述，不过很简略。古代学者解释张彝案，一般跳不出历史评论的范围，很少深入案件去考察深层次问题。

杜佑《通典》曰：

> 礼部员外郎沈既济曰："异乎选法之难行久矣。"夫天产万类，美寡而恶众，人分九流，君子孤而小人群，虽消长迭有，而善恶不常，此古今之通理。然也，将退不肖而惩其滥，必悬法以示，而俾人知惧，举善以劝，而不仁自远，可以阴骘而潜移之，固难明斥其恶而强挤也。暨艳、张彝皆以不及是而败。悲夫！斯理甚明，盖非英明之君不可以语焉。故崔、毛当魏武而政举，卢、薛值隋文而身坠，时难不其然乎？②

沈既济是唐朝史学家，曾任左拾遗、史馆修撰、礼部员外郎，与杜佑交好。他认为长期以来，选举之法难行于世。杜佑以为其原因在

① 田余庆：《秦汉魏晋史探微（重订本）》，北京：中华书局2011年版，第298~329页。

② （唐）杜佑：《通典·选举三》，北京：中华书局1984年版，第81页。

于天地间正人君子较少，卑劣小人较多，且善恶无常。想要革除弊端、劝恶扬善，就不能操之过急，在赏罚分明的同时，还需要缓缓图之。想要革除选举方法上的弊端，需要英明之君的支持；否则，改革者只能是身死道消的下场。暨艳、张彝之所以失败，在于没有认识到这些道理，他们在没有明君支持的情况下，急于革除弊端，最终遭受失败。但杜佑只是单纯指出张彝革除选举弊端太过急切，因而遭受失败，并未讨论此案背后所涉及的问题。

到了元代，马端临虽然承认朝廷没有严惩行凶军士的做法不妥，但是却否定了张彝父子"排抑武人，不使预在清品"的建议的正确性：

> 按先儒因高欢之言，以为当时不能伸张彝之冤酷，歼羽林之骄横，可以见魏政之不纲。然愚尝考之，拓跋氏起自云朔，据有中原，兵戎乃其所以为国也。羽林、虎贲，则宿卫之兵，六镇将卒则御侮之兵，往往皆代北部落之苗裔，其初借之以横行中国者。(原注：孝文诏军士自代来者皆以为羽林、虎贲)自孝文定鼎伊、洛，务欲以夏变夷，遂至矫枉过正，宗文鄙武。六镇兵卒，多摈弃之，有同奴隶。边任浸轻，裔夷内侮，魏之衰弱，实肇于此。任城、广阳二王之言可见当时为国远虑者正当少遵创造之规，优假介胄之士，以救其偏，而彝复欲排抑武人，不豫清品，且当时幼主尸位，政出房闼，选举无章，贤否混杂，所谓清品岂皆佳士？而独欲摈羽林、虎贲，使不得预乎？军士贼杀大臣而不能讨，纪纲隳矣。然彝父子谋之不臧，固有以取死也。①

马端临指出，北魏得以建国，依靠的是其强大的武力，其中包括羽林、虎贲等宿卫之士。孝文帝迁都后，崇文鄙武，军人地位下降，这并不利于北魏的统治。张彝父子被杀固然说明北魏朝纲不振，可

① (元)马端临：《文献通考·兵考三》，北京：中华书局2014年版，第4526页。

张彝父子排抑武人的建议也并不利于北魏统治。马端临的观点有独到之处，他看到了孝文帝迁都洛阳，进一步汉化对鲜卑族的冲击。

清人李慈铭曰：

> 北魏张彝父子欲铨别选格，排抑武人，不使得与高品，言甫出口，身焚家毁。夫祖、张之所为，亦晚世之急务也，而祸已如此，然则后之君子负澄清之志，而不幸为世所指目者，尤当审其势以出之，无沾沾焉自矜其名，而使其祸并中于家国或反为小人所借口也哉。①

李慈铭以为暨艳、张彝所为之事是有利于天下国家的，但是他们的行为却触犯了一些人的利益，容易招致灾祸。所以，有志君子不能汲汲于名，要审时度势，善于保护自己。

总之，除了马端临稍有深度，看到了孝文帝迁都洛阳，进一步汉化对鲜卑族的冲击外，以上诸家说法大多是史评性质，只是对张彝案的简单议论，并未深入探讨此案背后所反映的问题。

近代以来，史学家使用新的方法，从新的角度解释张彝案，对张彝案的研究不断深入。

陈寅恪指出："自孝文帝迁都洛阳，推行汉化，'以夏变夷'，遂至崇文鄙武，把武人排斥在清途之外。洛阳羽林、虎贲起来发难，实际是六镇起兵的前奏。"②陈寅恪考察了孝文帝迁都前后，武人（尤其是六镇官兵）地位的变化，从武人与士人（包括汉族士人与迁到洛阳、不断汉化的鲜卑贵族）利益冲突的角度解释了张彝案。日本学者谷川道雄则从胡汉民族冲突的角度诠释了张彝案。他认为张仲瑀想将武人和士人区分开来，以此抬高门阀地位，但是，羽林军的哗变却迫使门阀主义让步，崔亮被迫设置"停年格"，而张彝

① （清）李慈铭：《越缦堂文集》，见《清代诗文集汇编》第713册，上海：上海古籍出版社2011年版，第244~245页。

② 万绳楠整理：《陈寅恪魏晋南北朝史讲演录》，贵阳：贵州人民出版社2007年版，第235页。

成了汉人门阀与鲜卑贵族矛盾斗争的牺牲品。① 以上诸家说法各有所得。但对于张彝案来说，论述仍显单薄，或是简单附在六镇问题上，或是仅将其放在官员选拔方面论述。

其实，通过张彝案，我们可以对北魏汉化过程的得失进行进一步探讨。首先，孝文帝迁都洛阳后，移植门阀制度，鲜卑武士地位下降，武人日益不满，不利于北魏统治。然而，孝文帝去世后，北魏朝纲不振，政局混乱，武人问题遂不受执政者重视，隐患始终得不到解决。其次，胡汉民族间的冲突一直困扰着北魏。北魏后期权力斗争激烈，汉族士人处境尴尬，张彝父子之死与当时的政治环境关系重大。最后，孝文帝移植门阀制度，意图深入汉化，却导致门阀制度衰落，也斩断了北魏选才之路，加速了北魏的灭亡。

二、张彝案本末

张彝案的发生与当时的政治环境有密切关系。北魏后期各方势力交错，政局混乱，朝廷已经渐渐失去权威。

北魏后期，大臣擅权，女主干政，朝纲不振，政局混乱不堪，腐蚀了北魏的根基。迁都洛阳、移植门阀制度有一个坏处就是导致了鲜卑贵族的腐化。② 孝文帝在位时，凭借其杰出的政治才能，鲜卑贵族的腐化或不至于严重，但其死后，北魏无明主，官员贪腐，大臣擅权，女主干政，北魏庙堂的根基不断被腐蚀。世宗朝，茹皓、高肇擅权。肃宗朝，于忠势大，矫诏杀郭祚、裴植。之后，胡太后专政，“逼幸清河王绎”，又有元叉、刘腾之乱。北魏朝局乱象已现。③

---

① ［日］谷川道雄：《隋唐帝国形成史论》，李济沧译，上海：上海古籍出版社 2011 年版，第 122~126 页。

② 鲜卑贵族门阀化后，由于缺乏文化积累，不能辨别优劣，习得了汉人浮华奢侈的风气，逐渐腐化。此处简单提及，具体情况可参考下文论述。

③ 北魏后期，吏治十分腐败。当时的吏部尚书元晖竟然公开卖官鬻爵：“(元晖)迁吏部尚书，纳货用官，皆有定价，大郡二千匹，次郡一千匹，下郡五百匹，其余官职各有差，天下号曰‘市曹’。”卖官是政治腐败中后果十分恶劣的一项，花钱买官的人，大多急不可耐，想把成本加倍赚回来，他们根本不会考虑如何为国为民。所以，卖官成风最终会演变为贪污成风，形成官场的普遍腐败。

北魏后期缺乏明主。史家魏收对世宗元恪的评价是："世宗承圣考德业，天下想望风化，垂拱无为，边徼稽服，而宽以摄下，从容不断，太和之风替矣。比夫汉世元成安顺之俦欤?"①世宗在位时，朝纲不振，政局混乱。主持政事的皇室亲王也多贪污腐败、软弱无能。② 肃宗继位时年幼，大臣和胡太后争权，导致朝纲不振，政局混乱。

在北魏朝廷腐败的过程中，一些汉族官员试图拯救局面，却孤掌难鸣，遭遇失败。在肃宗朝，这样的臣子前有郭祚、裴植，后有张彝父子。郭祚出身汉族高门，因反对领军于忠专权，被于忠杀害：

> 领军于忠擅权专恣，仆射郭祚劝雍出之。忠怒，矫诏杀祚及尚书裴植，废雍以王归第。③
>
> 祚持身洁清，每以孤门往经崔氏之祸，常虑危亡，苦自陈挹，辞色恳然，发于诚至。冲谓之曰："人生有运，非可避也，但当明白当官，何所顾畏。"自是积二十余年，位秩隆重，而进趋之心更复不息于时，领军于忠恃宠骄恣，崔光之徒，曲躬承奉，祚心恶之，乃遣子太尉从事中郎景尚说高阳王雍，令出忠为州。忠闻而大怒，矫诏杀祚，时年六十七。④

于忠出身鲜卑贵族。于忠父子两代曾先后担任领军一职，颇为

① （北齐）魏收：《魏书·世宗纪》，北京：中华书局2013年版，第215页。

② 如咸阳王元禧"受遗辅政，为宰辅之首，从容推委，无所是非，而潜受贿赂，阴为威惠者，禧特甚焉"。元雍"识怀短浅，又无学业，虽位居朝首，不为时情所推。既以亲尊，地当宰辅，自熙平以后，朝政褫落，不能守正匡弼，唯唯而已"。参见《魏书·咸阳王禧传》、《魏书·高阳王雍传》。

③ （北齐）魏收：《魏书·高阳王雍传》，北京：中华书局2013年版，第554~555页。

④ （北齐）魏收：《魏书·郭祚传》，北京：中华书局2013年版，第1426页。

皇室倚重。世宗朝，外戚高肇得势，高后无子。世宗去世后，究竟谁继承皇位尚不明朗。此时，于忠拥立肃宗，立下了大功。于忠自恃功高，日益跋扈，擅权专政，朝臣无人敢言。唯独仆射郭祚不满于忠专权，劝高阳王元雍将于忠外放。郭祚出身高门，是曹魏车骑将军郭淮之弟郭亮的后人。他早年曾遭受大祸。郭祚的两个姑姑分别嫁给了崔浩兄弟，其父郭洪之因崔浩案被株连。郭祚出身汉人高门，虽早年受大祸，仍然“持身洁清”。因为曾受崔浩事件株连之苦，郭祚曾一度迷惘，失去方向感。李冲对他进行劝解，劝他“明白当官”，只求问心无愧，无需顾忌其他。郭祚果然坚持了自己高洁傲岸的崇高品格，不畏权势，不避灾祸。郭祚晚年反对于忠专权，却孤掌难鸣，最终被于忠所杀。当时，出身清河崔氏的重臣崔光见死不救，虽为后人所讥，也足以从侧面说明当时政治环境对汉人高门的不利。

张彝与郭祚的经历有相似性，二人都出身高门，为官正直，却死于上书言事。出身于清河崔氏的崔光曾上书肃宗“彝及李韶，朝列之中唯此二人出身官次本在臣右，器能干世……帖穆选叙”①。崔光的说法或许是自谦之词，但也足以说明张彝确实出身高门。张彝出身于清河东武城张氏，据史书记载应是西汉留侯张良的后裔。曹魏时期，张良的裔孙泰山太守张岱举家迁居清河东武城。张彝的曾祖张幸曾“率户归国”，被封为平陆侯。张彝的家教非常严格，他性格刚强、遍览经史，很有才名。孝文帝初年，张彝袭爵平陆侯。他初入朝为官，和卢渊、李安民结为知己好友。卢渊出身范阳卢氏。李安民出身受史料限制，尚无法得知，不过，属于当时世家大族应无疑。很明显，张彝身处汉族高级士族圈内。

张彝曾先后担任主客令、太中大夫、黄门侍郎等官职，深得孝文帝器重，先后参与了孝文帝以汉化为中心的一系列改革活动，如制礼作乐、迁都洛阳以及移风易俗等。张彝“以参定迁都之勋，进

① （北齐）魏收：《魏书·张彝传》，北京：中华书局2013年版，第1431页。

爵为侯，转太常少卿……甚有声闻”①。张彝此人个性张扬，十分傲慢，冯太后曾批评他，但他并未改正。张彝“爱好知己，轻忽下流，非其意者，视之蔑尔”，“虽年向六十，加之风疾，而自强人事，孜孜无怠。公私法集，衣冠从事；延请道俗，修营斋讲；好善钦贤，爱奖人物”②。张彝身处汉族高级士族圈内，与卢渊相友善，他的知己大概是那些有教养的高门子弟。张彝“轻忽下流”，晚年在家“爱奖人物”，大多时候恐怕是赞扬有文化的高门子弟，可以预见的是，如此爱憎分明的张彝必然会受到一些鲜卑贵族的忌恨。张彝的儿子张始均还曾得罪过军人：

> 初，大乘贼起于冀瀛之间，遣都督元遥讨平之，多所杀戮，积尸数万。始均以郎中为行台，忿军士重以首级为功，乃令检集人首数千，一时焚爇，至于灰烬，用息侥幸，见者莫不伤心。及始均之死也，始末在于烟炭之间，有焦烂之痛，论者或亦推咎焉。③

军人平乱时，杀伤无辜百姓，以获取更多的人头来积累军功，这种事情在历史上屡见不鲜。张始均不满军人所为，严格检查，区分人首是不是贼首，最终查出数千人首进行烧毁。张始均此举是在阻碍军人升官发财，无疑会引起军人的仇视。

张彝案的性质是十分恶劣的：军人聚众闹事，打死朝中大臣。一般情况下，这样一件大案肯定是要严办的。可张彝案的结局却是：

---

① （北齐）魏收：《魏书 · 张彝传》，北京：中华书局 2013 年版，第 1428 页。按张彝本爵为侯，然张彝本传称其曾“例降爵为伯”。据《魏书 · 高祖纪下》记载太和十六年正月：“制诸远属非太祖子孙及异姓为王，皆降为公，公为侯，侯为伯，子为男。”太和十六年，孝文帝未迁都，此时，张彝降爵为伯。

② （北齐）魏收：《魏书 · 张彝传》，北京：中华书局 2013 年版，第 1429、1431 页。

③ （北齐）魏收：《魏书 · 张彝传》，北京：中华书局 2013 年版，第 1433～1434 页。

官为收掩羽林凶强者八人斩之，不能穷诛群竖，即为大赦以安众心，有识者知国纪之将坠矣。袁还所焚宅，与始均东西分敛于小屋。仲瑀遂以创重避居荥阳，至五月，创得渐瘳，始奔父丧，诏赐布帛千匹。灵太后以其累朝大臣，特垂矜恻，数月犹追言泣下，谓诸侍臣曰："吾为张彝饮食不御，乃至首发微有亏落。悲痛之苦，以至于此。"①

胡太后收掩羽林、虎贲凶强者八人斩之，其余不复穷治。乙亥，大赦以安之，因令武官得依资入选。识者知魏之将乱矣。②

朝廷没有深究此案，反而对暴乱军人妥协，大赦以安众心，"因令武官得依资入选"。张彝念念不忘国事。他临终时，曾口占左右上启："臣第二子仲瑀所上之事，益治实多，既曰有益，宁容默尔。"③而朝廷并未采用他的主张。张彝是三朝元老，曾出将入相，在朝素有威望，胡太后为他"饮食不御，乃至首发微有亏落"，悲痛之情不可谓不深。可胡太后最后却不深究此事，甚至还要做出妥协。胡太后维护作乱军人究竟是出于什么原因呢？难道仅仅是因为当时的禁军统帅是其妹夫元叉的父亲元继？羽林、虎贲在袭击张彝宅第前，曾"克期集会"，扬言要屠害张彝一家。可张彝父子"殊无畏避之意，父子安然"，对可能出现的危险视而不见，这令人颇为不解。胡三省认为："方羽林虎贲立榜克期之初，魏朝既不为之严加禁遏，纵彝父子欲以为意，奈之何哉！"④朝廷不采取行动约束

① （北齐）魏收：《魏书·张彝传》，北京：中华书局2013年版，第1433页。

② （北宋）司马光：《资治通鉴·梁纪五》，北京：中华书局1986年版，第4643页。

③ （北齐）魏收：《魏书·张彝传》，北京：中华书局2013年版，第1432页。

④ （北宋）司马光：《资治通鉴·梁纪五》，北京：中华书局1986年版，第4643页。

羽林、虎贲，那么，单凭张彝父子几人根本无法制止羽林、虎贲的行动。面对事发前那么明显的征兆，北魏朝廷为何没有做任何预防措施？为何不主动约束那些禁军呢？

关于张彝案，史料记载简略，只有《北齐书》所载高欢之事可以与《魏书》相对照：

(高欢)及自洛阳还，倾产以结客，亲故怪问之。答曰："吾至洛阳，宿卫羽林相率焚领军张彝宅，朝廷惧其乱而不问，为政若此，事可知也。财物岂可常守邪？"自是乃有澄清天下之志。①

高欢认为朝廷害怕惩治禁军会引起大乱而妥协，这一做法表明北魏政局已经糜烂，于是，高欢"倾产以结客"，有了争夺天下的志向。高欢从张彝案看出了北魏政局的糜烂，这是他的看法。张彝案颇为隐秘，具体的真相到底如何难以考证。我们只能通过考证张彝案所涉及的问题以及当时的政治环境，来探讨张彝案。

三、张彝案中北魏武人的生存状况

张仲瑀上书封事，排抑武人，看似针对整个军队，牵连甚广，其实，受损失的主要是禁军和镇兵。

上文马端临评论张彝案时，曾指出拓跋氏能入主中原、统一北方，主要依靠其强大的武力，而其军事力量主要由鲜卑族人构成，这些鲜卑武士在北魏前期地位甚高。羽林、虎贲和六镇军士源于"代北部落之苗裔"，即禁军和镇兵均为鲜卑人，这恐怕是北魏建国之初的情况。此后，随着北魏疆域的不断扩大，禁军吸纳了其他民族士兵，不再单纯由鲜卑武士构成。《魏书·高祖纪下》载：

---

① (唐)李百药：《北齐书·帝纪第一》，北京：中华书局2008年版，第2页。按张彝并未担任过领军一职，此处"领军张彝"有误。

> 诏选天下武勇之士十五万人为羽林、虎贲，以充宿卫。①
>
> 以代迁之士皆为羽林、虎贲。②

“天下武勇之士”应该不仅仅指鲜卑武士，此时，似乎羽林、虎贲虽以鲜卑武士为主体，但也包括其他民族士兵。

再如《魏书·地形志上》载：

> 前自恒州已下十州，永安已后，禁旅所出。③

恒、朔等十州有大量鲜卑人和高车人居住。可见一直到魏末，羽林、虎贲中都有高车等其他民族存在。但禁军主要由鲜卑武士构成，此点确信无疑。

由于军事上的原因，六镇军士在孝文帝迁都之后，地位急剧下降，这也是“六镇之乱”爆发的根本原因。关于这一点，经过陈寅恪等学者的详细论证，已经成为学界共识。孝文帝迁都后，从军事和政治角度看，羽林、虎贲等禁军仍然重要，可他们的生存状况并不理想。跟随孝文帝迁都而来的普通鲜卑族人，并未在经济上得到好处。迁都之初，楼毅指出：

> 京邑新迁，百姓易业，公私草创，生途索然，兼往岁弗稔，民多饥馑，二三之际，嗟惋易兴。④

跟随孝文帝迁都到洛阳的鲜卑族人放弃了原有的一切，还要忍

---

① （北齐）魏收：《魏书·高祖纪下》，北京：中华书局2013年版，第147页。

② （北齐）魏收：《魏书·高祖纪下》，北京：中华书局2013年版，第150页。

③ （北齐）魏收：《魏书·地形志上》，北京：中华书局2013年版，第2504页。十州指恒、朔、云、蔚、显、廓、武、西夏、宁、灵等十州。

④ （北齐）魏收：《魏书·楼伏连传》，北京：中华书局2013年版，第718页。

受饥荒，生活确实不易。楼毅所说的情况在迁都之初大概是不可避免的。毕竟，迁都是件大事，对于国家和个人都是如此，迁都之初，国家无力照顾到普通百姓，人民经受一些痛苦是很正常的。可是，迁都洛阳十年后，代迁户的生存状况仍不太理想。李平曾指出迁都对代迁户的伤害，建议朝廷让他们休养生息：

> 嵩京创构，洛邑俶营，虽年跨十稔，根基未就。代民至洛，始欲向尽，资产罄于迁移，牛畜毙于辇运，陵太行之险，越长津之难，辛勤备经，得达京阙。富者犹损太半，贫者可以意知，兼历岁从戎，不遑启处，自景明已来，差得休息，事农者未积二年之储，筑室者裁有数间之屋，莫不肆力伊，人急其务，实宜安静新人，劝其稼穑，令国有九年之粮，家有水旱之备，若乘之以羁绁，则所废多矣，一夫从投，举家失业。①

从旧都迁来的鲜卑人在迁徙的过程中跋山涉水，跨过太行山，渡过黄河口，他们损失了大量财物，在经济上遭受巨大损失，“富者犹损太半，贫者可以意知”。可以说，迁都过程中的种种艰难使不少家庭陷入困境，有家人当兵的家庭，由于缺乏劳动力从事农业生产活动，生活更是凄苦。禁军将士的出路不外乎通过军功升官发财，张始均的严苛早已引起了他们的不满，此时，张仲瑀上书排斥武人，不让武人“预吏部之选”，无疑是在毁坏他们的前途，禁军将士怎会不愤怒呢？

四、张彝案中各方势力的态度

张彝案牵扯甚广。张彝本是汉族士人，排斥武人又牵扯到禁军。关于张彝案，鲜卑贵族、汉族士人等势力态度各异。

胡太后持一种矛盾态度：

---

① （北齐）魏收：《魏书·李平传》，北京：中华书局2013年版，第1451页。

> 灵太后以其累朝大臣，特垂矜恻，数月犹追言泣下，谓诸侍臣曰："吾为张彝饮食不御，乃至首发微有亏落。悲痛之苦，以至于此。"
>
> 初，彝曾祖幸，所招引河东民为州裁千余家，后相依合，至于罢入冀州，积三十年，析别有数万户。故高祖比校天下民户，最为大州。彝为黄门，每侍坐以为言，高祖谓之曰："终当以卿为刺史，酬先世诚效。"彝追高祖往旨，累乞本州，朝议未许。彝亡后，灵太后云："彝屡乞冀州，吾欲用之，有人违我此意。若从其请，或不至是，悔之无及。"乃赠使持节、卫将军、冀州刺史，谥文侯。①
>
> 胡太后收掩羽林、虎贲凶强者八人斩之，其余不复穷治。乙亥，大赦以安之，因令武官得依资入选。②

胡太后是当时的执政者，她对张彝案态度是矛盾的。一方面，胡太后十分欣赏张彝此人，因为张彝遭难，"数月犹追言泣下"，甚至后悔自己当初没有答应张彝担任冀州刺史的请求。另一方面，胡太后又没有严惩行凶士兵，反而准许武官依资入选。胡太后前后矛盾的态度，原因有二：第一，北魏后期，权力斗争频繁，领军将军和其领导的禁军具有重要政治作用，一定程度上可以这样说，谁掌握了领军将军和禁军，谁就掌控了北魏朝廷。胡太后是女主干政，若想维持自己的地位，打压宗室和朝臣的反对，她就必须牢牢控制住禁军。所以，她不可能严惩禁军，主动去得罪禁军。第二，鲜卑贵族与汉人高门之间存在固有矛盾，这是张彝案发生的根本原因。鲜卑族入主中原，对于汉族士大夫，一方面要拉拢，使汉人为我所用；另一方面，他们对汉人不信任，他们提防戒备汉族士人。

---

① （北齐）魏收：《魏书·张彝传》，北京：中华书局 2013 年版，第 1433 页。

② （北宋）司马光：《资治通鉴·梁纪五》，北京：中华书局 1986 年版，第 4643 页。

北魏前期，崔浩位高权重，深受皇帝宠信，可是，最终因为“国史案”，崔浩被灭门，并株连九族。① 北魏后期，郭祚、裴植案不过刚发生数年。张彝父子排斥武人，意图抬高门阀地位，得罪了靠军功兴起的鲜卑贵族和普通鲜卑武士，引起了鲜卑贵族的猜疑，受到反击实属必然。

如前文所述，鲜卑贵族对于以门第自矜的汉族士人没有好感。张彝父子排斥武人，牵扯到鲜卑贵族的利益。所以，当禁军将士叫嚣着要杀死张彝，形势已经十分危急时，军方作壁上观，并没有采取行动来约束禁军，保护张彝。

汉族士人和张彝有着相似的身份，他们本来可以成为张彝的后盾。然而，汉族士人此时的处境是十分尴尬的，郭祚被杀时，崔光选择了明哲保身，即可说明问题。其实，汉族士人虽然是北魏政坛上的一股力量，但自始至终他们都不是北魏朝廷的核心力量。在鲜卑人眼中，汉人士族是“异族”，是他们猜忌防范的对象。崔浩“国史案”发生时，株连甚广，“清河崔氏无远近，范阳卢氏、太原郭氏、河东柳氏，皆浩之姻亲，尽夷其族”②。崔浩的才能地位不可谓不高，崔浩受皇帝恩宠不可谓不深，清河崔氏、范阳卢氏、太原郭氏、河东柳氏之门第不可谓不高、势力不可谓不大，然而，一旦触动了鲜卑人的“逆鳞”，尽被诛杀。此时，张彝案发生，禁军将士群情激愤、来势汹汹，鲜卑贵族又态度暧昧，汉族士大夫只有选择沉默。

五、门阀主义的衰落

谷川道雄认为门阀主义在对待武人的态度上具有两面性，门阀

① 关于崔浩的死因，史家多有论述。比较统一的说法是崔浩欲“齐整人伦，分明姓族”，企图建立以士族为中心的政治，不能为鲜卑族所容忍，因而被杀，“国史”事件不过是一个导火索。参见逯耀东《崔浩世族政治的理想》一文，文章收录于《从平城到洛阳：拓跋魏文化转变的历程》，北京：中华书局2006年版，第71~95页。

② （北齐）魏收：《魏书·崔浩传》，北京：中华书局2013年版，第826页。

主义的本质要求它必须打压武人，但是，现实却使门阀主义不得不对武人做出一定的让步，张彝案对这点做出了很好的诠释。透过张彝案，我们可以看到门阀主义正在衰落。

孝文帝定姓族，建立门阀制度时，曾将官员分为清流和浊流。当然，清浊之分主要是为了拉拢士族。唐长孺曾说，北魏“文官不必皆清官，但武官皆浊官”①。羽林、虎贲是鲜卑贵族子弟的起家官，是浊官，可贵族子弟是希望转入清流，做文官的。但张彝第二子张仲瑀上书“求铨别选格，排抑武人，不使预在清品”，这就得罪了禁军。禁军的反弹是强有力的，朝廷被迫让步，崔亮设“停年格”，准许官员依资历入选，结果门阀制度抹杀了自身本就不强烈的求才特点，遭到沉重打击，几乎走入了死胡同。②

其实，孝文帝移植门阀制度，本意在于使鲜卑贵族迅速取得与汉人门阀相当的社会地位，将鲜卑贵族和汉人士族整合成一个利益共同体，加快整个民族的汉化进程。孝文帝的出发点是好的，可这一做法却有些急功近利了。在鲜卑贵族缺乏文化底蕴的情况下，迅速将他们士族化，将他们放入一个新的文化环境中，无疑是在揠苗助长。鲜卑贵族士族化以后，附庸风雅，刻意与汉族名士进行比较，模仿其生活方式，可他们只学到了外在的形式，并不理解其中的文化内涵。这种模仿行为导致了鲜卑贵族的堕落。

> 时宗室外戚权幸之臣，竞为豪侈，高阳王雍，富贵冠一国，宫室园圃，侔于禁苑，僮仆六千，妓女五百，出则仪卫塞道路，归则歌吹连日夜，一食直钱数万。李崇富埒于雍而性俭啬，尝谓人曰：“高阳一食，敌我千日。”

① 唐长孺：《山居存稿》，武汉：武汉大学出版社2013年版，第33页。

② 张彝案发生后，胡太后为笼络鲜卑武人，“令武官得依资入选”。当时官位少，而入选者多，吏部尚书李韶循常选人，再次引起羽林、虎贲的普遍磋怨。于是朝廷以崔亮代替李韶担任吏部尚书，“亮乃奏为格制，不问士之贤愚，专以停解日月为断。虽复官需此人，停日后者终于不得，庸才下品，年月久者灼然先用”。崔亮设“停年格”，此后，官员选拔只讲资历，不论贤愚。

> 河间王琛，每欲与雍争富，骏马十余匹，皆以银为槽，窗户之上，玉凤衔铃，金龙吐旆。尝会诸王宴饮，酒器有水精锋、马脑椀、赤玉卮，制作精巧，皆中国所无。又陈女乐、名马及诸奇宝，复引诸王歷观府库，金钱、缯布不可胜计，顾谓章武王融曰："不恨我不见石崇，恨石崇不见我。"融素以富自负，归而惋叹，卧疾三日。①

高阳王元雍富冠一国，元琛想和元雍争富，请王宫贵族参观他的府库时，竟然发出"不恨我不见石崇，恨石崇不见我"这样的"豪言壮语"。元融"素以富自负"，看到元琛的富有，竟至于"归而惋叹，卧疾三日"。由此可见，此时的鲜卑贵族生活腐化、好富不好德已达到了令人震惊的程度。这些新晋士族文化水准不高，却占据高门地位，是对门阀主义的一大讽刺。

此时，门阀制度既已造成鲜卑贵族的腐化堕落，其自身又失去了兼顾才能的特点，那么，门阀制度被取代也只是时间问题了。

通过对张彝案的分析，我们可以得到如下认识：

第一，孝文帝迁都洛阳，进一步推进汉化，对鲜卑民族产生了冲击。鲜卑武士的地位不断下降，这不利于北魏统治的稳固。

第二，鲜卑族建立北魏，不断汉化，但他们一直面临一个问题，即如何协调本民族各阶层与汉族士人的关系。鲜卑贵族对待汉族士人的态度是利用和猜忌，无论是崔浩"国史案"、郭祚案，还是张彝案，都说明鲜卑贵族与汉族士人无法达成一致，鲜卑族的汉化是无法维持北魏统治的。

第三，孝文帝移植门阀制度，这一做法有些功利，既伤害了鲜卑民族的淳朴本性，也不利于门阀制度的发展。张彝案爆发，崔亮被迫设"停年格"，门阀制度失去了求才色彩，遭受重大打击。

---

① （北宋）司马光：《资治通鉴·梁纪五》，北京：中华书局1986年版，第4646页。

王弼"无"概念之辨析

2013 级国学班　付子轩

一、引　　言

王弼(226—249)，字辅嗣，曹魏时与何晏等人同为魏晋玄学的代表人物，作为魏晋玄学早期具有开创性的思想家，王弼在何晏等人的基础上进一步发展了"贵无论"。魏晋玄学作为中国哲学史上不可忽视的一环，近代以来关于魏晋玄学的研究著作可谓浩如烟海，王弼的思想又是其中之关键。早期具有开创性的学者如汤用彤，认为王弼引领的魏晋玄学已经超越汉代宇宙论哲学而迈入了本体论哲学范畴①，这一观点至今仍占据主流。新中国成立后，魏晋玄学的研究进一步发展，但体现出利用马克思主义哲学再分析及向研究政治与经济的影响方面靠拢的趋势。直到"文革"结束后，关于玄学的研究出现空前繁盛，无论是合于哲学史类著作中，还是单独做专人专题的探讨，皆有丰硕的成果。在港台地区，如牟宗三、钱穆、唐君毅等亦都有玄学方面的著述。

然而，在认定王弼之"无"为本体论范畴后，"无"在王弼的话语体系中究竟为何意，则始终存在巨大的分歧，这种分歧一直以来

---

① 例如汤用彤在《魏晋玄学流别略论》中提出："……魏晋之玄学则不然。已不复拘泥于宇宙运行之外用，进而论天地万物之本体。汉代寓天道于物理。魏晋黜天道而究本体，以寡御众，而归于玄极；得意忘相，而游于物外。"引自汤用彤：《魏晋玄学论稿及其他》，北京：北京大学出版社 2010 年版，第 35 页。

受到学者的关注与讨论。有学者认为“无”是抽象的一般，是黑格尔的“纯有”，如冯友兰①、汤一介②；有学者认为“无”是一般否定的抽象，即黑格尔的“纯无”，如陈来③；还有学者认为“无”也具有生成义④、规则义⑤、境界义⑥等。对于王弼的思想体系是否统一也有争议，有学者认为王弼的体系可以圆融一致，并不将“无”作多义解，也有学者认为受到魏晋以前的学术影响，王弼的体系并不完全一以贯之，甚至是根据对老子的理解随文训释而已，种种说法不一而足。那么王弼的“无”究竟该如何解释？其“贵无论”的核心价值何在？究竟是纯粹思辨领域的哲学理论探讨，还是与时政相结合的方法论的学说？这些都是亟待解决的问题。

本文将在前人研究的基础上，辨析各方的观点，并结合传世文本进行探讨。由于王弼短暂的生命和较少的著述，尤其是其传世的著述以注解形式为主，涉及诠释学等复杂问题，从中辨析出其独有的思想体系较为困难，甚至很多历史记载的王弼的著述早已失传，

① 冯友兰认为王弼的“无”是一种抽象的有，因其外延极大而内涵极小，故称之为无。参见冯友兰：《中国哲学史新编·中》，北京：人民出版社2007年版，第343页。

② 汤一介认为王弼的“无”是事物的共性，“统之有宗，会之有元”，而唯有无规定性的无能够统一任何事物。参见汤一介：《魏晋玄学论讲义》，厦门：鹭江出版社2006年版，第114~115页。

③ 陈来认为王弼的“无”等同于黑格尔的“纯无”，是为社会事务上的“无为”提供抽象的本体论支撑。参见陈来：《魏晋玄学的“有”“无”范畴新探》，载《哲学研究》1986年第9期。

④ 认为“无”仍保留有生成义，如侯外庐认为王弼玄学仍是汉代神学的一种延续，仍向有神论倾斜，又如康中乾认为王弼之无虽有本体义，但仍透露生成义的痕迹。分别参见侯外庐：《中国思想通史·第三卷》，北京：人民出版社2011年版，第103页；康中乾：《有无之辨——魏晋玄学本体论思想再解读》，北京：人民出版社2003年版，第168页。

⑤ 认为“无”是一种方法论意义上的准则、规律，如高晨阳，参见高晨阳：《论玄学‘有’‘无’范畴的根本义蕴》，载《文史哲》1996年第1期。

⑥ 认为“无”是一种认识和思想的境界，如康中乾认为“无”的功能义与境界义并列，参见康中乾：《有无之辨——魏晋玄学本体论思想再解读》，北京：人民出版社2003年版，第201页。

根本无从一窥，这无疑为进一步研究王弼思想带来不便。① 因此，本文在前人的既有理论的基础上，分析王弼学说的产生背景、思想体系，以传世文本做辅助性引证②，探讨王弼“无”的概念之确义。

二、王弼之“无”的研究现状

关于王弼“无”的概念，前人在研究中存在较大分歧，其中较有代表性的观点可分为“生成义”、“抽象义”、“纯无义”、“准则义”、“境界义”、“中空义”，以及认为“无”具有多义性的观点，前文已有介绍，下面本文将针对各个观点具体阐释，其中因为多义观点与其他观点多为重合关系，仅附于具体观点中，不单独探讨。

（一）“生成义”：认为王弼的“无”仍然带有生成论的色彩

此观点或认为王弼的思想等同于汉代宇宙论的延续，仅有生成论含义；或认为王弼已有本体论思想，但仍有生成论痕迹。

支持前者的如侯外庐，在《中国思想通史》中提到：“所谓‘混成’或‘无’都是第一理，他也称之为‘道’。……这个‘道’，他又称作极或宗主。”③表明认为王弼之“无”等同于其话语体系中的道，

---

① 关于王弼文本的存世情况，可参考王晓毅在《王弼评传》附录中的《王弼著作历代著录及考辨文字》，大体来说，《旧唐书·经籍志》、《新唐书·艺文志》尚有《王弼集》的记载，而后则不见记载，约于唐宋间失传，而王弼的传世文本仅有对《老子》、《易经》、《论语》的部分诠释。其中《老子》注因唐代道教兴盛，更推崇河上公注本，王弼注本几近失传，至宋代晁说之补充整理才得重现，而《老子指略》更是王维诚自《云笈七签》与《道藏》中辑佚而成，独《易经》注因列为官学而保存较完整，《论语释疑》则只存于皇侃、邢昺等人的引用中。参见王晓毅：《王弼评传》，南京：南京大学出版社1996年版，第375~384页。

② 王弼主要传世著述有《老子道德经注》、《老子指略》、《周易注》、《周易略例》、《论语释疑（辑佚）》。据（魏）王弼著，楼宇烈校释：《王弼集校释》，北京：中华书局1980年版。

③ 侯外庐等：《中国思想通史·第三卷》，北京：人民出版社2011年版，第103页。

又说：“现实世界有‘宗主’，万物的最后根源也有‘宗主’，因此，抽象的形而上学的道便是像上帝的一种‘宗主’了，它掌握着人类社会的一切命运。”①认为王弼的“无”本论与汉代神学相似。

而支持后者如王葆玹认为“(王弼哲学)既是由宇宙构成论演化而来的，便不可能隔断同宇宙构成论的联系。”②该观点认为，王弼在如“凡有皆始于无。故未形无名之时，则为万物之始”③、“妙者，微之极也。万物始于微而后成，始于无而后生”④等句中，“无”当作生成义讲。王晓毅亦认为王弼哲学中道既有“始万物”之意，又有“成万物”之意，前者即生成论：“汉代讲宇宙生成论，认为一事物要成为它事物的根据，必须以母子式生成关系为前提。王弼也没有完全突破这一樊篱。”⑤

(二)“抽象义”：认为“无”是指抽象的一般、共相

持此观点较有代表性的人是冯友兰，认为“从逻辑上说，一个名的外延越大，它的内涵就越少，在理论上说‘有’这个名的外延最大，可以说是‘至大无外’，它的内涵就越少，少至等于零，既然它的内涵等于零，它的外延也就等于零，这也就是无，《老子》和玄学贵无派把‘道’相当于‘无’，所以强调‘道’是‘无名’”⑥。康中乾在论证“无”具有抽象义时，又不同于冯友兰，认为道德经首章的“玄之又玄”即是指：“有”、“无”皆是“道”的性质之一，都

① 侯外庐等：《中国思想通史·第三卷》，北京：人民出版社 2011 年版，第 104 页。

② 王葆玹：《怎样认识王弼的本体论》，见《魏晋玄学笔谈(一)》，载《文史哲》1985 年第 3 期。

③ (魏)王弼著，楼宇烈校释：《王弼集校注》，北京：中华书局 1980 年版，第 1 页。

④ (魏)王弼著，楼宇烈校释：《王弼集校注》，北京：中华书局 1980 年版，第 1 页。

⑤ 王晓毅：《对王弼哲学的几点新认识》，见《魏晋玄学笔谈(一)》，载《文史哲》1985 年第 3 期。

⑥ 冯友兰：《中国哲学史新编·中》，北京：人民出版社 2007 年版，第 343 页。

是“玄”；此为表层意思上的玄，而“有”、“无”作为有机统一且能够互相转化、共同构成“道”的全体，这才是深层意义的玄。① 此观点的关键就在于如何理解因“形必有所分，声必有所属”而推出的“能为品物之宗主，苞通天地，靡使不经”的“无形无名者”②。

该观点认为，如在“大音希声”、“大象无形”等句中，“大音”、“大象”应当指“音”、“象”之全称，即“音”、“象”的一般抽象，王弼在《老子指略》中又有“四象不形，则大象无以畅；五音不声，则大音无以至”③。似乎印证了唯有“四象”、“五音”之全，才保障了“大象”、“大音”的成立。而在低级的抽象之上，继续推出全部的抽象，即得到抽象一般的概念。如冯友兰说：“王弼在讲‘大音’、‘大象’的时候也承认‘大音’固然不是宫商角徵羽中的任何一种声音，但如果没有任何一种声音，‘大音’也就没有了……玄学顺着这个方向发展下去，那就可以得到‘一般寓于特殊之中’的结论。这是关于一般和特殊关系问题的正确解决。”④

（三）“纯无义”：认为“无”是指黑格尔的“纯无”

此观点以陈来为代表，陈来在《魏晋玄学的“有”“无”范畴新探》中认为，黑格尔的“纯无”乃是由针对一般事物的单纯否定意义的“无”抽象而来的纯粹的“无”，而玄学中的“无”亦即在“无形”、“无声”、“无名”等一般否定的“无”之上抽象而来的纯粹的“无”。陈来进一步指出：“‘无’是无的‘本体’；‘无为’是无的‘发用’或‘流行’。因此，‘无’作为高度的抽象是贵无论用来从更加普遍的

---

① 参见康中乾：《有无之辨——魏晋玄学本体论思想再解读》，北京：人民出版社2003年版，第184页。

② 见《老子指略》，（魏）王弼著，楼宇烈校释：《王弼集校注》，北京：中华书局1980年版，第195页。

③ （魏）王弼著，楼宇烈校释：《王弼集校注》，北京：中华书局1980年版，第195页。

④ 冯友兰：《中国哲学史新编·中》，北京：人民出版社2007年版，第364页。

意义上、从本体论上为社会事务的无为确立根据。”①

黑格尔提出：“纯存在或纯有之所以当成逻辑学的开端，是因为纯有既是纯思，又是无规定性的单纯的直接性，而最初的开端不能是任何间接性的东西，也不能是得到了进一步规定的东西……但这种纯有是纯粹的抽象，因此是绝对的否定。这种否定，直接地说来，也就是无……如果说，无是这种自身等同的直接性，那么反过来说，有正是同样的东西。因此‘有’与‘无’的真理，就是两者的统一。这种统一就是变易。”②陈来据此认为：“为了实现逻辑学的范畴推衍，黑格尔比较强调‘纯有’与‘纯无’的一致方面，即同样没有规定、没有内容、在自身中没有区别，正是在这个意义上他宣称‘纯有’也就是‘纯无’，于是逻辑学得以从‘纯有’过渡到‘纯无’。但是，如果认为黑格尔哲学中的‘纯有’与‘纯无’是‘两者同出，异名同谓’，也不正确……不管黑格尔对于‘纯无’有什么思辨的说法，十分清楚，‘纯无’与‘纯有’的不同就在于，对于人类的思维来说，‘纯无’是从一切规定了的‘无’中抽象而来的。”③此说法与前文的“抽象义”相比，差异在于抽象的本质来源不同、从一般有抽象而来还是从一般无抽象而来。

（四）“准则义”：认为“无”是一种方法论意义上的准则

陈来在提出“纯无义”时，同样看重“无为”在王弼学说中的核心作用，乃至于认为“‘无为’思想是玄学‘以无为本’思想的真正内容和基础。裴頠的《崇有论》表明，‘崇有’与‘贵无’之争，从根本上说就是‘有为’与‘无为’之争。离开了这一现实根据就不可能阐

① 陈来：《魏晋玄学的“有”“无”范畴新探》，载《哲学研究》1986年第9期。

② ［德］黑格尔：《小逻辑》，贺麟译，北京：人民出版社2009年版，第185~190页。

③ 陈来：《魏晋玄学的“有”“无”范畴新探》，载《哲学研究》1986年第9期。

明'有'、'无'范畴及其争论"①。

也有说法干脆抛开"无"之"本"而以"无为"为本。《晋书》中载:"魏正始中,何晏、王弼等皆祖述老庄,立论以为:'天地万物皆以无为本。无也者,开物成物,无往不存者也。阴阳恃以化生,万物恃以成形,贤者恃以成德,不肖者恃以免身。故无之为用,无爵而贵矣。'"②校勘记载原文为"皆以无为为本"③。有学者据此认为当为"以无为为本",而"无"本身就是"无为"的简称。如楼宇烈认为:"'道'这个名字的意思是道路,引申为规律,它本身不具有'无为'这个思想内涵,将其改造为含有'无为'内涵的'无',成了王弼建立哲学体系的第一步改造工程。"④又如高晨阳在分析"无"时认为:"所谓'无'是指某种'作用方式'或某种特定的原则或原理,其内容即是自然或无为……这就是说,无指以自然或无为为内容的作用方式,或万物存在变化所依据的原则。"⑤他还认为"老子每有'道生万物'之说,但并不是说道以能生、能造的实体形式而为万物的本体。道非是一物,非是实存,而只是一种玄德,它仅仅表示对万物不施不为,不主不宰,畅开万物之源而任万物自生自化之义……进而言之,玄学所理解的宇宙本体,乃系于主体的'体无'之境而言,或者说,玄学的有无本末之辨,旨在解决工夫和境界的可能与途径,它与'道法自然'问题相联系,所凸显的是一种崇尚自然的精神"⑥。

① 陈来:《魏晋玄学的"有""无"范畴新探》,载《哲学研究》1986年第9期。

② 见《王戎传·从弟衍》,(唐)房玄龄等:《晋书》第四册,北京:中华书局2002年版,第1236页。

③ (唐)房玄龄等:《晋书》第四册,北京:中华书局2002年版,第1248页。

④ 楼宇烈:《玄学与中国传统哲学》,载《北京大学学报》1998年第1期。

⑤ 高晨阳:《论玄学'有''无'范畴的根本义蕴》,载《文史哲》1996年第1期。

⑥ 高晨阳:《玄学的本质及其对道家思想的继承和发展》,载《中国哲学史》1996年第4期。

(五)"境界义":认为"无"是作为一种体认的境界

承接上一观点,亦有学者将无的方法论方面理解为体认之境界。此观点最直接的一条例证即《世说新语》记载:

> 王辅嗣弱冠诣裴徽,徽问曰:"夫无者,诚万物之所资,圣人莫肯致言,而老子申之无已,何邪?"弼曰:"圣人体无,无又不可以训,故言必及有;老、庄未免于有,恒训其所不足。"①

有学者认为此处文本提出的"圣人体无",似将无作为一种境界来看。如康中乾在《有无之辨》中提出王弼"无"有五义②,认为"'无'的功能性和境界性是'无'的本体性的运用,即由体向用的铺开,如果说'无'的功能性是'无'的本体性在事象方面的运用的话,那么'无'的境界性则是'无'的本体性在人的精神方面的运用,因此,'无'的功能性和境界性之间是平列的,可以说境界性是功能性在主观体验意义上的表现"③。

也有学者认为"无"本身即是一种体认的境界,此说法类似于认为"无"是一种方法准则,皆认为"无"的内涵就在于其指导意义,只不过一是从行为上讲,一是从思想上讲。

(六)"中空义":认为"无"指物体中中空的部分

这是一种比较奇特的解读,如田永胜认为,在"三十辐共一毂,当其无,有车之用。埏埴以为器,当其无,有器之用。凿户牖

---

① 此事记载于《世说新语》与《晋书》,二者大同小异,因《晋书》成书晚于《世说》且多从中取材,此处引《世说》。(南朝·宋)刘义庆著,(南朝·齐)刘孝标注,朱奇志校注:《世说新语校注》,长沙:岳麓书社2007年版,第96页。

② 引者注:本体义、生成义、抽象义、功能义、境界义。

③ 康中乾:《有无之辨——魏晋玄学本体论思想再解读》,北京:人民出版社2003年版,第201页。

以为室，当其无，有室之用。故有之以为利，无之以为用”①中，“无”指的就是器物中间中空的部分，而没有本体之义。细考<此章王弼的注解，“以其无能受物之故，故能以寡统众也”，又言“言无者，有之所以为利，皆赖无以为用也”②。从字面的情景来看，车轮能转是因为中空，器物能装是因为中空，房间能住人亦是因为中空，故而将此处的无解释为中空。

三、王弼学说的历史背景

研究一位思想家的思想，既要抓住其思想的核心点，也要关注其思想发展的历史线索；一方面要注意其受到经济、政治、社会形态等多方面外在因素的制约，另一方面也应该看到思想发展的“内在理路”③。中国古代的哲学思想多以指导实践为指向，与实践相结合，因此，想要准确地评价一种思想，必须关注其背景和影响，关注其对于实践的意义。如钱穆所言：“若使此一思想在当时，乃为前无承而后无继，则是前无来历，后无影响。此则决不能岿然显于世而共尊之为一家言。故知凡成一家言者，则必有其思想线索可寻。”④何晏、王弼的时代是魏晋玄学的正式兴起时期，想要确切了解其思想，对其历史背景和学术继承关系也要略作分析。

---

① 《道德经》第十一章，(魏)王弼著，楼宇烈校释：《王弼集校注》，北京：中华书局1980年版，第27页。

② (魏)王弼著，楼宇烈校释：《王弼集校注》，北京：中华书局1980年版，第27页。

③ 余英时在《论戴震与章学诚》一书中，沿着宋明理学朱陆之争的线索提出了“内在理路”说，“思想史本身也是一个具有相对独立性的领域，有它的内在的问题，我们可以从它的发展过程中找到上一个阶段转变到下一个阶段的线索”，“展示学术思想的变迁也有它的自主性”。参见余英时：《论戴震与章学诚》，香港：三联书店2005年版。

④ 钱穆：《庄老通辨》，北京：九州出版社2010年版，第8页。

(一)社会背景：三国战乱与曹魏政权

汉末动乱、诸侯混战作为史实，在此不予赘述，其对于思想产生的影响则可以归结为以下几个方面：

首先，政治混乱和选官制度使得品评人物为主的“名实学”日渐兴盛。汉代末期的政治黑暗、宦官外戚当权，以及汉代实行的察举制渐露弊端，催生了汉末之“清议”，评论人才、品名察实已远有端倪，而后虽有党祸，未可断绝。三国时期的月旦评等一直延续到魏晋，魏晋的选官制度也仍与“名”息息相关。直到王弼所处的时代，品评人物仍是重要议题。与王弼所处时代相近的《人物志》①更是作为此类的集大成者。形名学的发展无疑与玄学的产生有着千丝万缕的联系，以汤用彤为代表，认为“魏初清谈，上接汉代之清议，其性质相差不远。其后乃演变而为玄学之清谈”②。究其内在联系，“谈论既久，由具体人事以至抽象玄理，乃学问演进之必然趋势”③。如此观点成立，相当于承认了魏晋玄学是通过一般的政治类探讨抽象而来的思想，与“魏武好法术，而天下贵刑名；魏文慕通达，而天下贱守节”④的社会背景相承接。汤用彤在《读〈人物志〉》⑤中指出，刘劭的《人物志》作为品评人物的“名家”之作，已经蕴含了“总论其理则”的思想，反映了正始前之学风，

① 如田永胜指出，《三国志·刘劭传》记载有“正始中，执经讲学，赐爵关内侯。凡所撰述，《法论》、《人物志》之类百余篇”。可见其成书当与何、王活动时期相近。见田永胜：《王弼思想与诠释文本》，北京：光明日报出版社2003年版，第12页。

② 汤用彤：《魏晋玄学论稿及其他》，北京：北京大学出版社2010年版，第12页。

③ 汤用彤：《魏晋玄学论稿及其他》，北京：北京大学出版社2010年版，第12页。

④ 《傅玄传》，见(唐)房玄龄等《晋书》第五册，北京：中华书局2002年版，第1317页。

⑤ 汤用彤：《魏晋玄学论稿及其他》，北京：北京大学出版社2010年版，第5页。

“谈者由具体事实至抽象原理，由切近人事至玄远理则”①，即一方面出于学术的自然推进，另一方面由于对政治压迫的恐惧回避。冯友兰亦将《人物志》与“四本论”视为“玄学的先河”②，就实例来说，王弼所谈及的“圣人有情”亦是人物品评的一种延伸，与王弼的玄学思想一脉相承，不可谓没有受到“清议”、“名理”的影响。

其次，战乱与疫病的侵扰使得社会急需稳定与休养生息。汉末的社会动荡使得户籍制度崩塌，流动人口剧增，大量流民成为豪族的“部曲”，这样的社会背景使得建立于旧有乡党缙绅之上的礼仪制度随之崩溃。如侯外庐等著《中国思想通史》认为：“汉之‘本’反映于支配思想以师法家法的名物训诂为根据，而在农村自治体一度被动摇之时，此师法家法的地基早已失去效力，礼法便成了枯朽的东西，连经师马融也‘学无常师’，郑玄也‘依方辩对’了。在魏晋看西汉经师，‘皮之不存，毛将焉附’，反而要颠倒本末，以汉之章句烦琐为末，而魏晋之烦琐为本了。”③进一步讲，魏晋玄学是面对此种社会背景的要求，寻求解决之道。如康中乾指出，魏晋玄学孕育于政治实力最强而最不稳定的曹魏，是这种政治问题促使思想家探讨使政治走向稳定的方略。④ 相应地，我们会发现，在历史上，黄老之学往往在政权尚不够稳定的朝代初期兴盛，其清静无为、休养生息的政策非常适合国家在百废待兴之际积蓄力量。与之对应来看，王弼提出的“崇本举末”便恰恰体现了这种政治需求，并为之提供了更为深入和系统的解释和依据。“无为”的思想早在孔子、老子时已有，孔子有“无为而治者，其舜也与？夫何为哉，

---

① 汤用彤：《魏晋玄学论稿及其他》，北京：北京大学出版社 2010 年版，第 13 页。

② 冯友兰在《中国哲学史新编》中第三十六章题目即《玄学的先河——刘劭的〈人物志〉和钟会的〈四本论〉》，见冯友兰：《中国哲学史新编·中》，北京：人民出版社 2007 年版，第 325 页。

③ 侯外庐等：《中国思想通史·第三卷》，北京：人民出版社 2011 年版，第 37 页。

④ 康中乾：《有无之辨——魏晋玄学本体论思想再解读》，北京：人民出版社 2003 年版，第 48 页。

恭己正南面而已矣”①之说，老子更多次提及“无为”，但无为的思想能够在魏晋时期受到广泛的认可和重视，则无疑是社会环境所致。

再次，“人命危浅”之感，促使人们寻求新的精神支柱。汉末党祸时，范滂就曾哀叹：“吾欲使汝为恶，则恶不可为；使汝为善，则我不为恶。”②政治的黑暗在很大程度上使士人丧失了对原有道德体系的信仰，或转向消极避世、修身养性，或转向建立事功、名法为用。加之兵祸战火、食物匮乏、瘟疫横生等，“白骨露于野，千里无鸡鸣”的悲惨景象使得人们时时刻刻要面临死亡威胁。这些一方面使得魏晋逐渐形成对“不为外物所累”的玄虚人格的钦羡，另一方面也更加追求个人意志的自由和对精神世界的探索。社会的动荡是对原有儒家经学信仰体系的重大打击，也恰好给道教等思想提供了一次发展的契机；时代对于新思想的渴求与呼唤，无疑也加速了玄学的产生。

最后，汉末魏晋之际，庄园经济逐渐成形。自给自足的庄园经济对皇权的依赖降到最弱，甚至拥有一定兵力的魏晋士族亦要求独立、要求上位者减少干涉。玄学提出“无为而治”，其对应的社会经济基础即是以家族为单位的“庄园经济”、“贵族经济”。魏晋以来皇权对地方的统辖力度较弱，贵族、世家往往具有富可敌国的经济实力和高度自给自足的经济模式，他们对于国家政策的需求多在于保障基本的社会安宁与稳定，减少对私有经济体的干涉，甚至是一种极端的自由主义。而平民虽然处于受压迫的地位，但汉末因饱受战火、疾病的困扰，暂时满足于依附大家族的形式，且历史上强迫豪族交出“保户”后，往往意味着更多的缴纳税款，使得平民的生活更加艰难，因此政府的“无为”更符合主流的利益。王弼所处时代虽还不如东晋般全然被豪族主导，但汉末以来的世家大族与统

① 出自《论语·卫灵公》，见(宋)朱熹：《四书章句集注》，北京：中华书局2012年版，第163页。

② 出自《后汉书·党锢列传》，(南朝·宋)范晔：《后汉书》，北京：中华书局1965年版，第2207页。

摄能力相对较弱的曹魏政权矛盾也已存在，皇权的“无为”显然代表了一部分人的利益相关。

(二)学术背景：经学蜕变与名、法、道家兴起

汤用彤在《王弼大衍义略释》中提道：“汉末玄风渐起，其思想蜕变之迹，当求之于二事：一为名学，一为易学。”①他指出，《周易》与《太玄》因其关乎天道，在汉末最受重视，自扬雄起学士文人已有企慕玄远之风，并宗老氏②，玄学重视道家、抗志玄妙自此已有端倪。一方面，汉代后期官学逐渐沦于琐碎繁杂，经学内部已逐渐反省，至于汉末有尚通之风气，贾逵、马融、郑玄等皆其明证。一些在魏晋时仍有较大影响的人物，如王充、张衡、王符、仲长统等，皆反映出对经学、谶纬的不满，虽然不同于玄学而仍着眼于汉代宇宙生成论，但已有反思的端倪。汤用彤又考据汉末“荆州学派”学风最为尚新，亦重视《周易》、《太玄》，颇具影响，王弼家世又与荆州学派关系密切，其注《周易》或许亦受此影响。经学的革新讲求“删划浮辞，芟除烦重”，在形式上启王弼注释简练通达之风。另一方面，“援老入易”自汉代严遵以来已有此风③，经学家在研究注释《周易》时已有结合老庄之言的思想，王弼亦对前人注释有所引述，是以在内容上也可以看做经学内部的发展和革新。观正始玄学之初，着重于《易》、《老》、《论语》，与儒家思想结合紧密，汤用彤言“远有今古学之争，而近则有荆州章句之后定”④，将玄学的产生放在经学转变的背景之下。从外在形式上讲，正始时期的玄学仍以儒学为正统，以孔子为圣人，虽渐及老庄，却仍围绕

① 汤用彤：《魏晋玄学论稿及其他》，北京：北京大学出版社2010年版，第45页。

② 汤用彤：《魏晋玄学论稿及其他》，北京：北京大学出版社2010年版，第35页。

③ 参见《王弼之〈周易〉、〈论语〉新义》，见汤用彤：《魏晋玄学论稿及其他》，北京：北京大学出版社2010年版，第64页。

④ 汤用彤：《魏晋玄学论稿及其他》，北京：北京大学出版社2010年版，第60页

儒家经典进行讨论和诠释，而从内在本质上讲，正始时期的玄学仍重视解决当时时代所面临的问题，承接汉代天人之际的思想，试图在汉代神秘性质的宇宙论渐渐失去效力之后，寻求一个新的思想体系，其担当起的任务，相当于旧有经学传统的一种接替。

而在经学以外，道家思想亦可以追溯到先秦老庄，在民间却始终不曾断绝，不仅如此，很多经学家、学者都对老庄的言论很有兴趣或颇有研究，有作为学术的道家，继承老庄清静无为、养生等思想，或与经学谶纬等相结合；亦有作为方术的道家，以术士、隐士甚至仙人的身份出现在历史中，对老庄进行玄虚化的阐发，直至汉末黄巾军所奉《太平经》(或称《太平清领书》)亦与之有关。与之相伴的是刑名学说的兴盛，司马迁在《史记》中记有："申子之学本于黄老而主刑名。"①且论老庄申韩"皆原于道德之意，而老子深远矣。"②不禁会让人想到，"魏武好法术，而天下贵刑名；魏文慕通达，而天下贱守节"③的社会是否也带来了道家思想的一次复兴呢？而相比之下，汉末经学的日渐衰微，"章句渐疏，多以浮华相尚，儒者之风盖衰"④。乃至"博士倚席不讲"⑤等，而三国时更有云："今之学者，师商、韩而上法术，竞以儒家为迂阔，不周世用。"⑥这一兴一衰之间，似乎玄学与道家思想关系更为紧密。劳思光认为，道家思想在汉代以后的演变可分为三种：一种是先秦道家寻求超越的思想逐渐演变为寻求"长生"之道教；一种是先秦道家否定

① (汉)司马迁：《史记》第7册，北京：中华书局1959年版，第2146页。

② (汉)司马迁：《史记》第7册，北京：中华书局1959年版，第2156页。

③ 出自《傅玄传》，前文已见。

④ (东汉)范晔：《后汉书·儒林传》，北京：中华书局1965年版，第2547页。

⑤ (东汉)范晔：《后汉书·儒林传》，北京：中华书局1965年版，第2547页。

⑥ 出自杜恕上疏，语见《三国志·魏志·杜畿附子恕传》。(晋)陈寿：《三国志》，北京：中华书局1959年版，第502页。

礼制的思想渐渐成为放诞行为而演变为魏晋清谈；还有一种是先秦道家“守柔”的思想结合申韩成为一种政治权术思想。① 此三种似乎皆能在魏晋玄学的观念中寻到痕迹，且从直接记载上看，正始时期及之前的曹氏父子、裴徽、何晏、钟会等人皆曾直接引述老庄，并有喜好道家的相关记载。在当时人心中，儒道并重已成常谈，儒家思想与其中融入的道家因素共同构成了正始玄学。康中乾认为，“以上三个方面(引者注：指‘魏晋玄学是对汉代繁琐经学的否定’、‘魏晋玄学是汉魏时期人物品评制度之发展结果’、‘魏晋玄学是解决汉魏之际时代课题的政治方略的哲学理论’三条)的条件都是诱发玄学产生的诱因，先秦道家的思想传统才是玄学产生的主因”②。他还指出，从地缘和家学方面来看，扬雄《太玄》经宋衷、王肃对王弼产生影响是非常有可能的。

由以上分析可以看出，王弼的学说很可能是站在与其有家学渊源的经学，尤其是《易》学的基础上，同时受到日益兴盛的刑名、道家思想影响，一方面发扬了经学逐渐展现的“新风”，另一方面也融合了刑名、黄老的基本思想和简洁严密。其所面对的时代难题，是要继经学而建立起一套新体系，为汉末魏晋以来新兴的人生观念、政治理想提供强有力的理论支持，更为进一步指导实践，在选任贤才、稳定政治、休息民生乃至于个人的自处和修养方面给出自己的回答。从其思想线索和时代背景来看，对于王弼的学说，绝不能脱离实践而视作纯粹的形而上思索，亦不能简单视作政治观点而忽略了其寻求精神支柱、重建信仰体系的内涵。诚如陈来所批判的，“在研究玄学的纯粹形而上学方面，我们常常不自觉地偏向于把玄学仅仅当作一个思辨哲学去分析，忽视了从社会思潮的整体背景上阐明玄学的玄虚形式与其现实要求的相互关联。把‘无’仅仅看做是追求最高本体无规定性的结果，在某种程度上就是反映了这

① 劳思光：《新编中国哲学史·二卷》，桂林：广西师范大学出版社2005年版，第22页。

② 康中乾：《有无之辨——魏晋玄学本体论思想再解读》，北京：人民出版社2003年版，第49页。

样一种仅从本体论自身去考察本体论的方法”①。可以说，想要正确地理解王弼的思想，一方面要从理论的逻辑与文本本身考察，不能全然附会以社会的功利目的；另一方面也要将其置于社会历史背景之中，以其“用”来反证其“体”，而不失于空疏。

四、王弼之“无”与“道”

在研究王弼的“无”时，多数学者并不对“无”与王弼体系中的“道”做辨析，往往视二者为一物，认为“无”只是王弼继承发展了老子的“道”而提出的观点。如冯友兰认为“道家和玄学的贵无论都说‘无’就是‘道’，它们都强调道是无名。所谓无名就是没有规定性”②。

分析认为“无”与“道”无异的观点，如王晓毅在《王弼评传》中提道：“他用形名学方法将《老子》中的‘道’变为‘无’，将万物变为‘有’，他说：‘无形无名者，万物之宗也。不温不凉，不宫不商，听之不可得而闻，视之不可得而彰，体之不可得而知，味之不可得而尝。故其为物也混成，为象也无形。’……而‘道’是无形的，所以‘道’也就无名了，无形无名的简称就是‘无’，因此‘无’就成了宇宙本根‘道’的不是名的名了。”③又如田永胜指出，例如王弼在注解“道生一”时言及“万物万形，其归一也，何由致一？由于无也，由无乃一”④，认为王弼在注释《老子》时明显地将原文中的“道”替换成了“无”。但在解读王弼的“无”时，我们也不得不怀疑，如果老子的“道”已经被树立为本体了，王弼为何定要提出一

---

① 陈来：《魏晋玄学的“有”“无”范畴新探》，载《哲学研究》1986年第9期。

② 冯友兰：《中国哲学史新编·中》，北京：人民出版社2007年版，第344页。

③ 王晓毅：《王弼评传》，南京：南京大学出版社1996年版，第208页。

④ (魏)王弼著，楼宇烈校释：《王弼集校注》，北京：中华书局1980年版，第117页。

个“无”来与“道”相混用呢？在王弼的话语中，二者是否存在不同之处？

王弼对于道的注释，在注“字之曰道”时言：“夫名以定形，字以称可。言道取于无物而不由也，是混成之中，可言之称最大者。”①即认为老子之所以勉强将其称之为“道”，是着眼于万物由之而生而成的功能。在《老子指略》中更明确提出：“名也者，定彼者也；称也者，从谓者也。名生乎彼，称出乎我。故涉之乎无物而不由，则称之曰道；求之乎无妙而不出，则谓之曰玄。妙出乎玄，众由乎道。故‘生之蓄之’，不壅不塞，通物之性，道之谓也。‘生而不有，为而不恃，长而不宰’，有德而无主，玄之德也。”②因为王弼认为“名”是根据事物的属性来确定的，而“称谓”则是事物相对于我带来的感知、认识、功能等而产生的，因此“道”、“玄”皆不能算是这个本体真实的“名”，而只能是称谓。道这个称谓是源于本体作为万物存有的根据，万物无不由道而成，因此以这个“必经之路”的道来作为称呼，玄则是倾向于其能够生长养育万物而微妙不可捉摸的“德”，因其“妙”而称为玄。这里也印证了王弼将“道”所代表的本体赋予了真正的本体意义，跨越了汉代宇宙演化的过程，并不由道而经过太虚太始二仪四象之类的过程，而直接作为“万物由之”的存在根据。

而当王弼言说本体的特点时，除了“道”和“玄”，又有“深”、“微”、“大”、“逝”、“远”、“反”等，如果说这些尚且是王弼随文训释的附会，则王弼最为强调的一点就是“无形无名”，那么是否因为“道”的无形无名便称之为“无”了呢？王弼在注释“道法自然”时提道：“道不违自然，乃得其性，法自然也。法自然者，在方而法方，在圆而法圆，于自然无所违也。自然者，无称之言，穷极之

① （魏）王弼著，楼宇烈校释：《王弼集校注》，北京：中华书局1980年版，第63页。

② （魏）王弼著，楼宇烈校释：《王弼集校注》，北京：中华书局1980年版，第197页。

辞也。用智不及无知，而形魄不及精象，精象不及无形，有仪不及无仪。"①根据对应来看，人"用智"而地"无知"，地属于"形魄"而天属于"精象"，道"无形"而"有仪"，自然则"无仪"，是"无称之言、穷极之词"了。那么置于这样一种对应关系中，"无"会和"道"一样尚且是"有仪"的吗？笔者认为，王弼之所以提出"无"而不仅仅沿用"道"，是将"无"放在高于道的地位上，"道"所代表的性质已具有本体的意义，但这仅仅是针对实有万物的功效，道在王弼看来，无形无相但却有一定的规律可循，是一种方式(仪)，因此才能讲"行于大道"，而道之所以能够有此作用，就在于其"无"的性质，道虽然已经接近"无"，但相对于"自然"尚且不足，"自然"才算达到了"穷极"于无。如高晨阳认为："'道'之原义为道路，作为哲学范畴，表示万物由之而生成的一种原则或原理，其内容便是自然。"②此中自然才等同于无，如果要进一步推想，"无"当是"道"之所以为"道"的根据，是"道"所具有的一种品质，亦是"道"的内容。之所以在一些场合可以将"无"来替换"道"，恰恰是在于强调此时发生作用的原因在于"无"这种特性。如"由无乃一"③、"无在于一"④等，"无"皆可以视为一种性质，而突出强调万物由之而生的本体功用语境中，王弼则保留了"道"这个称谓。

五、"无"的三个特性

上文讨论了"无"与"道"在王弼话语中的差别，那么既然王弼将"无"作为"道"的内涵，其理由又在于什么呢？想要辨析清楚王

① (魏)王弼著，楼宇烈校释：《王弼集校注》，北京：中华书局1980年版，第65页。

② 高晨阳：《玄学的本质及其对道家思想的继承和发展》，载《中国哲学史》1996年第4期。

③ (魏)王弼著，楼宇烈校释：《王弼集校注》，北京：中华书局1980年版，第117页。

④ (魏)王弼著，楼宇烈校释：《王弼集校注》，北京：中华书局1980年版，第126页。

弼“无”的概念，就必须了解王弼认为“无”之所以能够担任“道”之内涵的理由。笔者认为，王弼是在其以前的“贵无”思想的基础上，从全面性、根本性、虚空性三个方面层层推进，进一步明确了“无”的本体论作用。

(一)“全面性”：对“有”之有限性的反思

在王弼以前，较有代表性的“贵无论”思想家如何晏①，在《无名论》中认为“无”即“道”，且“夫道者，惟无所有也。自天地已来皆有所有矣。然犹谓之道者，以其能复用无所有也”②。在何晏看来，无所有的状态只在万有之前，并不实际存在于当下，而其作用更像是一种认识的境界，因为主观上可以达到以无名为名、无誉为誉的境界而为圣人，从中并不能看出真正称得上本体论的思想。但何晏等人也已经意识到想要认识到“道”的不偏颇，便不能以实在的名称为之摹状，唯有“无能名焉”者可遍以天下之名名之。从中也可以看出，贵“无”在发端上实际是对于“有”的反思，由实际的存有的局限性而构想如何超越，据此而提出“无”，正因“无”不再有形有名有限定而能涵盖万有。

在此基础上，王弼亦着眼于“无”之能“全”，从而以“无”为本体。王弼多次提到无形无名者有“不温不凉、不宫不商”③的性质，“不炎不寒，不温不凉，故能包统万物，无所犯伤”④。其理由与

① 据王晓毅认为，何晏的贵无论当分为两个时期：一是早期自创的体系，二是晚期受到王弼启发之后的改变。何晏的哲学思想以《无名论》、《道论》、《无为论》最为重要，而王晓毅认为只有《无名论》属于何晏早期原创的思想，后两者则很可能受到王弼影响，因此在王弼以前思想中只讨论何晏的《无名论》。详细论证见王晓毅：《王弼评传》，南京：南京大学出版社 1996年版，第126页。

② 原文及注释、译文参考王晓毅：《王弼评传》，南京：南京大学出版社 1996年版，第129页。

③ (魏)王弼著，楼宇烈校释：《王弼集校注》，北京：中华书局 1980年版，第195页。

④ (魏)王弼著，楼宇烈校释：《王弼集校注》，北京：中华书局 1980年版，第88页。

之前的思想一脉相承，源于一种对一般"有"的有限性的不满。如注文有"夫有系则必有分，有分则失其极矣"①、"名则有所分，形则有所止。虽极其大，必有不周，虽盛其美，必有忧患"②等语，皆着眼于"有"的有限、有分，而"无"能成其全。

"无"的全面性最重要的还是落实到指导实践的"无为"上，如言"有为则有所失，故无为乃无所不为也"③。但这就涉及另一个极富争议性的问题，即，"无"之所以能够"全"，究竟在于如冯友兰等所认为的，是"无"就是抽象的一般，因此本身即是全，还是如陈来认为，"无"是抽象的"纯无"，是以其"无分、无限"而使物能得其全？笔者认为后者更有说服力。

在绝对的抽象领域，"有"与"无"的范畴很难区分，甚至在黑格尔的体系中互为辩证的"变易"，但二者的比较可以通过落实于方法论来反证。"抽象义"的问题也就在于，一旦落实于方法论，这样的说法便会带来矛盾。字面上，王弼多次提到"无为而无不为"，此句中"无为"似乎等同于"无不为"，强调的是"为"之全。但方法论看待"无"的内涵，对于玄学家来说，"无为而治"的理想君主真的可以"无所不为"么？如果君主鼓吹仁义、提倡刑罚，甚至抽取重税等，这样的君主能够称为"无为"吗？而以上的行为却实在是"为"的一部分，如果将王弼之"无"理解为全体之抽象义，那么对应的方法论亦将是"全可为"、"全需为"，甚至是将"末有"之为一一为之，则终与玄学的政治理想大相乖谬。这也就是说，纯粹抽象的"有"本身固然不可以有内涵，但其所负载的却是有之全。由此知"无"必然只能是"纯无"而不能是"纯有"，无之谓"万物之宗"在形而下即对应为人之君，其"无为"是彻底的，最终达到"下

① (魏)王弼著，楼宇烈校释：《王弼集校注》，北京：中华书局1980年版，第63页。

② (魏)王弼著，楼宇烈校释：《王弼集校注》，北京：中华书局1980年版，第95页。

③ (魏)王弼著，楼宇烈校释：《王弼集校注》，北京：中华书局1980年版，第128页。

知有之”①的境地，其“无不为”也只是不妨碍任何为，而非事事皆为，“居无为之事，行不言之教”②即可。

而同时，联系王弼以前的思想背景，以王弼的“无”为一般否定之无的终极抽象是一个比较准确的理解。从思路上看，玄学得出“无”是通过对“一般有”的限制的不满，玄学并没有构建一个抽象的统称来说明其包含之全，而是以“无形”、“无名”的没有限制来说明不会有一部分被刨除在外的“全”，这样的抽象过程更符合当时的思维习惯，抽象的“无”的全比抽象的“有”的全更符合直觉。实际上，对于“有”的概念，在整个魏晋玄学中都没有证据显示其达到了“纯有”的高度，而是始终作为一种“存在”的性质，笼统地指代具体的事物和具体事物的全体。而“无”不同于“有”，“无”不具有与之对应的具象，所谓“一般的无”也只是对“一般的有”的否定，而“无”带给人的直观只是“否定”的概念，这一概念本身已经是足够抽象的“无”。抽象的“有”、“无”二者虽然都承担着“全”的任务，却一个是对应该主体本身达到“全”的方法论，一个是对应因主体之“无”而使得客体之“全”的方法论，因此二者之不同，实是失之毫厘，谬以千里。

据此，有理由认为王弼是在其以前“贵无论”的基础上，继承了“全面性”的特点，并以“全面性”作为“无”之所以能够为“本体”的理由之一。

（二）“根本性”：“无”之为“本”的作用方式

在注释“天下万物皆生于有，有生于无”时，王弼注：“有之所始，以无为本。将欲全有，必反于无也。”③这里明确地提出了“以无为本”这一概念，标志着正始玄学本体论的发展。王弼学说的关

① （魏）王弼著，楼宇烈校释：《王弼集校注》，北京：中华书局1980年版，第40页。

② （魏）王弼著，楼宇烈校释：《王弼集校注》，北京：中华书局1980年版，第40页。

③ （魏）王弼著，楼宇烈校释：《王弼集校注》，北京：中华书局1980年版，第110页。

键之处便在于构建了不同于宇宙生成论的本体论哲学，那么，王弼又是如何诠释贵无论的本体论思想的呢？

首先要厘清一个常见的误解，即提到“本体论”便认为王弼的“无”等于“本体”。将“无”等同于“本体”无疑是变相地将“无”实体化、成为一种“存在”，全不符合“无”之本义。“无”之所具有的根本性，并非一个自在性质附着于“无”本身，因“无”本不可以附着“无”以外的性质，这个“根本性”乃是“无之用”。在王弼的话语中，“体”非是“用”之本体，而是指一般的实体，而“用”则是指本体性的“无”的作用，认识到“无”的本体性，务必从用入手，而这个“用”便体现了“无”的所谓性质。如王晓毅认为，在王弼的话语体系中，“体”为现象，“用”为本体的功能，体用在王弼这里并不是一对用来表示本体与现象关系的范畴。① 无之用，实则就在于其“能受物之全”，据前文提到的“无之全面性”，“无”保障了“万有”之“可受”，与“无”的本体能够保障万有由之以生以成如出一辙。

具体地落实到方法论中，王弼提出的一个核心理论，即“崇本以息末，守母以存子”②。在其后的论证中，王弼通过批判名家、儒家、墨家、杂家有所推尚而带来的弊端，说明他们所推崇的只是“末”，因此总会因偏颇而带来流弊，那么相应地，“本”应当是隐于这些作为表象的道德背后更为“不偏不倚”的“道”。而“道”也因为带有“无”的属性而变得更加有弹性，结合无全面性的优点，能够适应时代与坏境，类似于因地制宜的灵活思想，因而能“在方而法方，在圆而法圆”。是以“无”的性质恰恰是“道”能够成为较之一般事物而更为根本的原因。

其中一个值得注意的问题，即王弼的“无”是否仍带有生成义？笔者认为，《老子》的原文中尚有较明显的宇宙生成论，而王弼则力图矫正之，使归于本体论，如王葆玹、王晓毅认为王弼之“无”

① 王晓毅：《王弼评传》，南京：南京大学出版社 1996 年版，第 235 页。

② （魏）王弼著，楼宇烈校释：《王弼集校注》，北京：中华书局 1980 年版，第 196 页。

仍有生成义的观点值得商榷。在王弼的文本中，“无”一方面作为绝对抽象的“无”，另一方面也作对一般之否定的“没有”、“未有”状态讲。如在“无名天地之始，有名万物之母”下注：“凡有皆始于无。故未形无名之时，则为万物之始。”①则“有”之前为“无”符合一般的逻辑直觉，并非王弼的独有观点，亦不必作生成义。就“有生于无”这一句的解释来说，王弼注为：“天下之物，皆以有为生。有之所始，以无为本。将欲全有，必反归于无也。”②我们完全可以跳开生成义而作另一种理解，即纯粹从逻辑上讲，万物皆物理意义上的存在，只能由物质“生”物质，此谓“万物生于有”，而纯无是不可能生出物质的。而“有生于无”则要将“有”的概念分析来看：如果“有”代表存在事物的个体，则不同于“万物生于有”的过程，这其中并不存在一个“无”来生成、化成“有”，而是“有”本身自尚且“没有”的阶段变化到“有”的阶段，如“万物始于微而后成”即体现这一过程，具体的事物在“存在”之前总是“不存在”的，其产生的过程对于具体事物来讲便是“有生于无(未有)”；而如果“有”代表存在事物的全体，则推想这个全体在存在之前亦当是不存在的。但在这个语境中的“无”又不等同于单纯的“未有”，而是贯穿于“有”与“未有”的。因为只要承认王弼之“无”仍“存在”于万物已有之后，则“无”并非单指“未有”之状态已明，既然“无”非“未有”，则此“无”并不转化、生成“有”，亦无法作生成义解释。

在此基础上，如田永胜认为“无”所具有的中空之义，亦是其一个侧面的例证，简单来讲，如碗里有了饭便盛不下汤，有了汤便盛不下饭，碗之所以能盛万物，必须其中无物，这个“无”保障了“万有”之“可受”，与“无”的本体能够保障万有由之以生以成如出一辙。如车之毂、室之户皆以具体的用来譬喻“无”所具备的根本性。值得注意的是，王弼在注“谷神不死”句时有对“中空”更明白

① (魏)王弼著，楼宇烈校释：《王弼集校注》，北京：中华书局1980年版，第1页。

② (魏)王弼著，楼宇烈校释：《王弼集校注》，北京：中华书局1980年版，第110页。

的解释：“谷神，谷中央无者也。无形无迹，无逆无违，处卑不动，守静不衰，物以之成而不见其形，此至物也。”①此处王弼以“谷神”为山谷中空处，而以下的描写则与描绘本体意义上的“道”别无二致，由此可见“中空”之义当归之于本体义的一个具象的喻例。

而王弼在文本中常常强调“无以为用”，正是因为“无”作为哲学概念之所以有其至高的地位，必定会体现在“用”上。这种“用”不是简单的“方法论”，而是具有“本体论”高度，它能使“阴阳恃以化生，万物恃以成形，贤者恃以成德，不肖者恃以免身”，由此“无”才能“无爵而贵”。② 可以说，“无”的根本性在王弼的话语中，主要是通过“为本”之“用”来表现的。

（三）“虚空性”：“圣人体无”的人生哲理

对“圣人”，即作为统治者身份的理想君主，王弼给出了“体无”的评价。那么怎样的境界才符合王弼的“圣人体无”呢？笔者认为，“体无”的方法论在王弼的体系中可以分为两个方面，即“无为”与“无私”。

在前人对王弼的研究中，“无为”一直是备受重视的一面。从圣人之境界的角度来讲，无的功能原就是无之所以能为本体的理由，与本体义是体用关系；而所谓无的境界则是明确了无之体用关系后，指导行为的方法论。因为无的功能是始终存在的、由无本身带来的，而所谓境界却是人为的，无本身不能保障任何人能体会这种境界，二者并非并列。如将“体无”之“无”理解为一种境界，则是视其为主观的“无”，更像是受到佛教影响的“心无义”③。在王弼看来，圣人一方面“体无”而“言有”，另一方面也是“应物而无累

① （魏）王弼著，楼宇烈校释：《王弼集校注》，北京：中华书局 1980 年版，第 17 页。

② 出自《晋书·王衍传》，（唐）房玄龄等：《晋书》，北京：中华书局 2002 年版，第 1236 页。

③ “心无宗”为般若学六家七宗之一，由支愍度创立，主张心体为无，“虚而能知，无而能应”。陈寅恪认为其与王弼思想相近。

于物者”①。要“应物”，物是有者，所以言必及有，而“无累于物”则需要“体无”。而对“体无”更准确地解释，则是“圣人茂于人者神明也……神明茂，故能体冲和以通无”②。笔者以为，“体无”当作“体冲和以通无”的简略之言。王弼答裴徽力图简略，未能详说，体“冲和”是其境界，而最终通于“无”，则是一种性质；纯以理论来讲，圣人本身也是“有”，只是其所行所为能够达到“无”的所要求的状态。

但同时需要注意的是，“无”的虚空性固然要引出“无为”的方法论和“体无”的境界要求，但不能就此认为“无”本身即作为准则义、境界义。从王弼对“无为”的表述来看，王弼在注文中提到“无为”，基本都是从字面意义上的行为方式来讲，如：“天地任自然，无为无造，万物自相治理，故不仁也。”③“橐籥之中空洞，无情无为，故虚而不得穷屈，动而不可竭尽也。”④“雌应而不唱，因而不为。”⑤……他未将“无为”并作为本体义之例。无为作为一种行为的准则，是方法论意义上的“道”的体现，而“无为”之所以“有益”，恰需要“无”以作为本体的理论支持，二者是世界观和方法论的关系。如果像高晨阳等将“无”解释为“无为”之简称，则“无也者，开物成物，无往不存者也”句难以成立，“无为”无论以字面义或引申义皆难以承担主体性的作用。“无为”本是老子已有的观念，在《道德经》原文中多次提到，王弼若将其简化为无，更与原文杂用，难免会造成混乱且没有益处。

---

① (魏)王弼著，楼宇烈校释：《王弼集校注》，北京：中华书局1980年版，第640页。

② (魏)王弼著，楼宇烈校释：《王弼集校注》，北京：中华书局1980年版，第640页。

③ (魏)王弼著，楼宇烈校释：《王弼集校注》，北京：中华书局1980年版，第13页。

④ (魏)王弼著，楼宇烈校释：《王弼集校注》，北京：中华书局1980年版，第14页。

⑤ (魏)王弼著，楼宇烈校释：《王弼集校注》，北京：中华书局1980年版，第23页。

“无为”固然是贵无论的重要观点，但不足以替代无而为“本”。应该注意到，无的虚空性使得“无”的方法论除了要“无为”以外，还要兼顾“无私”，即“外其身而身存”①，以及“慎终除微，慎微除乱”②等。“无”作为一个常用语词，本身就带有否定、虚无的意味，王弼的“无”固然不同于一般的否定，但也不违背于“无”作为语词的原有之意。而这个最寻常的虚无之意，则使得“无”暗含一种谦卑，“夫存者不以存为存，以其不忘亡也”③，即是一种谦卑之用；“天地虽广，以无为心；圣王虽大，以虚为主”④亦是谦卑的体现。王弼在注释“反者，道之动”时认为，“高以下为基，贵以贱为本，有以无为用，此其反也。动皆知其所无，则物通矣”，这一串排比中，无的位置同于“下”、“贱”这种一般带有贬义之词，而无所本有的这种“谦卑”恰是提醒“有”者时时反思其所短，时时注意到有的局限性，因而以无为心。从这个角度来讲，无的哲理恰恰就蕴含在最基本的“无”的概念中。

王弼注“人之道则不然”句，有“如惟无身无私乎？自然，然后乃能与天地合德……言谁能处盈而全虚，损有以补无，和光同尘，荡而均者？唯有道者也。是以圣人不欲示其贤，以均天下”⑤之语。虽然随文训释，较为支离，但可见王弼认为圣人体无的表现，一为“无为”、一为“无私”，皆“无”所对应的方法论，而非自在之体。不当以“体无”为“无”本身有境界之义，而只应视作认同以无为本、以无为用后，根据“无”来指导行为的方法论，而“无”之所以为

① （魏）王弼著，楼宇烈校释：《王弼集校注》，北京：中华书局1980年版，第19页。

② （魏）王弼著，楼宇烈校释：《王弼集校注》，北京：中华书局1980年版，第166页。

③ （魏）王弼著，楼宇烈校释：《王弼集校注》，北京：中华书局1980年版，第197页。

④ （魏）王弼著，楼宇烈校释：《王弼集校注》，北京：中华书局1980年版，第93页。

⑤ （魏）王弼著，楼宇烈校释：《王弼集校注》，北京：中华书局1980年版，第186页。

“本”就在于其“用”。因此“无”的方法论也必是要学习、模仿“无”的性质来达到可为“本”之“用”的境界，为圣人、为有道者。

（四）王弼理论体系中的“体”与“用”

关于“体、用”在王弼文本中的含义，王晓毅在《王弼评传》中已作出了明确的考辨与解释。王晓毅引用钟会的老子注来作为辨明这一观点的辅证：

> 明有无相资，俱不可废。故有之以为利，利在于体；无之以为用，用在于空。故体为外利，资空用以得成；空为内用，借体利以得就。利、用相借，咸不可亡。①

王晓毅提出无与有是从形名角度观察，用与利是从作用角度观察，空与体是从质料角度观察，此说应是。统而言之，即体指具体的形体，属于形而下者，用则指后世所谓本体的应用，为形而上者的投射和表现。体用观在王弼的思想中已有展现，如汤用彤说王弼之思想“体用不二”亦不为过，但“体用”的名称在王弼这里却不同于后世的理解，需要特别注意。

对于“体”的作用原理，王弼对《老子》文本中“道”所具备的“无物不由”、“生之蓄之”的原理解释极少，只提到“凡物之所以生，功之所以成，皆有所由。有所由焉，则莫不由乎道也。故推而极之，亦至道也”②。似乎只是在定义一个本体的概念，作一定逻辑推衍。而在结合政治理论时，则只强调无为，反对提倡、崇尚作为枝梢末节的具体道德和事物，认为只要“不扰”③，则能“我无为

---

① 原文出自《道德真经取善集》卷二《三十辐章第十一》，引钟会言。转引自王晓毅：《王弼评传》，南京：南京大学出版社 1996 年版，第 237 页。

② （魏）王弼著，楼宇烈校释：《王弼集校注》，北京：中华书局 1980 年版，第 137 页。

③ 王弼在“治大国若烹小鲜”下注“不扰也”。（魏）王弼著，楼宇烈校释：《王弼集校注》，北京：中华书局 1980 年版，第 158 页。

而民自化”①。从这一方面看来，本体在王弼眼中也许并不具备过度夸张玄虚的“生、化”之用，而只是统有万物而不加干扰，万物之生长成就依赖于道的“清静无为”，也更依靠万物各自的生、化。从王弼的注释中难以找到直接叙述“无”有生成义的阐发，更没有论证之语，王弼是否仍有生成论思想乃至于是否在贵无论的架构中有生成义的倾向是值得怀疑的，此亦可见王弼注文与老子原意的差异。

综合来看，以上三个性质中，全面性当为根基，而根本性则是全面性之“用”，虚空性更是“用”之“体会、启发”，相当于说，全面性既是王弼“贵无”的起因与关键，又是整个体系的理论基础，而根本性、虚空性所带来的方法论，则是其理论的目的和方法论。

六、“无”的方法论

王弼的思想归根结底要体现于其对实践的指导上来，如果说构建了“无本论”的体系是理论支持，那么“贵无”的方法论才是其最终目的所在。笔者认为，其方法论从大体上可以分为两种：对外来讲为“无为”，对内来讲为“无私”。下面即针对这两种方法论详细辨析。

（一）“无为”：君主的理想

一提到“无为”，人们往往都会联想到道家思想，但实际上，“无为”作为一种政治理想，儒家、道家皆有提及，儒家以“垂裳而化”、“鸣琴而治”作为美谈，更认为君主当“居其所而众星拱之”②，道家则更为强调“我无为而民自化”，尤其认为要“不尚贤，

① （魏）王弼著，楼宇烈校释：《王弼集校注》，北京：中华书局1980年版，第150页。

② “为政以德，譬如北辰，居其所而众星拱之。”语出《论语·为政》，见（宋）朱熹著：《四书章句集注》，北京：中华书局2012年版，第53页。

使民不争；不贵难得之货，使民不为盗”①等，比儒家更为彻底地“无为”。可以说，早在王弼以前，“无为”就已经成为一种较为普遍的政治理想。而王弼通过构建“贵无”的体系，以理论说明了“无”之有“用”，从而为“无为”的理想君主政治提供了支持。在王弼的话语中，“无为”正面体现在“处无为之事，行不言之教”②、“崇本以息末、守母以存子”③，反面则体现在对“刑以检物，巧伪必生；名以定物，理恕必失；誉以进物，争尚必起；矫以立物，乖违必作；杂以行物，秽乱比兴”④的反对。

由“以无为本”的本体论，推出“无为”的方法论，即着眼于要求君主、统治者无所贵尚、包容万类，何况于严刑苛税、举兵征伐？理想中的统治者要能够顺应自然，“应而不唱，因而不为”⑤，此“无为”在王弼注释中多有体现。联系上文分析过的魏晋时代的历史背景，也可知此政治理想当属王弼对于其所面对的时代问题给出的回答。

（二）无私：圣人的境界

与“无为”之明显为准则、方法不同，“无私”更像是一种要达到的境界。“无私”又可分为两个方面，一是“谦卑谨慎、不自大”，一是“少私寡欲、不争先”。

首先，在谦虚谨慎方面，对应的便是“无”的空虚义，因“无”本空虚，相比于“有”为不足，是以要“生而不有，为而不恃，功成

---

① （魏）王弼著，楼宇烈校释：《王弼集校注》，北京：中华书局1980年版，第8页。

② （魏）王弼著，楼宇烈校释：《王弼集校注》，北京：中华书局1980年版，第6页。

③ （魏）王弼著，楼宇烈校释：《王弼集校注》，北京：中华书局1980年版，第196页。

④ （魏）王弼著，楼宇烈校释：《王弼集校注》，北京：中华书局1980年版，第196页。

⑤ （魏）王弼著，楼宇烈校释：《王弼集校注》，北京：中华书局1980年版，第23页。

而弗居”①，认识到“因物而用，功自彼成”，且能因为不居功自傲而“是以不去”②。而在处事上亦要谨慎，这便是要“为在未有”③，老子原文即有“圆难于其易，为大于其细”、“为之于未有，治之于未乱”之语，王弼更注曰：“当以慎终除微，慎微除乱。”④此皆处事之谨慎。同时，这种谨慎也体现在一些“不可知论”的观点上，如“祸兮福之所倚，福兮祸之所伏。孰知其极？其无正？”王弼注之曰：“言谁知善治之极乎？唯无可举，无可形名，闷闷然，而天下大化，是其极也。”可以说，这种谨慎作为在内的境界与上文的“无为”亦是相辅相成的。

其次，在少私寡欲方面，更能体现“无”在养生处世上的功用。“不敢为天下先”⑤、“后其身而身先，外其身而身存”⑥，王弼解读“无私”为：“无私者，无为于身也。身先身存，故曰‘能成其私’也。”⑦其理由即：“金玉满堂，莫之能守。富贵而骄，自遗其咎。”⑧由此得出要“善利万物而不争，处众人之所恶”、“居善地，心善渊，与善仁，言善信，事善能，动善时”⑨的方法论。其与上文“无为”的差

① (魏)王弼著，楼宇烈校释：《王弼集校注》，北京：中华书局1980年版，第6页。

② (魏)王弼著，楼宇烈校释：《王弼集校注》，北京：中华书局1980年版，第7页。

③ (魏)王弼著，楼宇烈校释：《王弼集校注》，北京：中华书局1980年版，第186页。

④ (魏)王弼著，楼宇烈校释：《王弼集校注》，北京：中华书局1980年版，第166页。

⑤ (魏)王弼著，楼宇烈校释：《王弼集校注》，北京：中华书局1980年版，第170页。

⑥ (魏)王弼著，楼宇烈校释：《王弼集校注》，北京：中华书局1980年版，第19页。

⑦ (魏)王弼著，楼宇烈校释：《王弼集校注》，北京：中华书局1980年版，第19页。

⑧ (魏)王弼著，楼宇烈校释：《王弼集校注》，北京：中华书局1980年版，第21页。

⑨ (魏)王弼著，楼宇烈校释：《王弼集校注》，北京：中华书局1980年版，第20页。

别在于侧重不同，“无为”更侧重其对外物、民众之有益，而“无私”则更侧重其对己身之“无尤”。“无私”最终达到的，乃如王弼注“没身不殆”曰：“无之为物，水火不能害，金石不能残。用之于心，则虎兕无所投其爪角，兵戈无所容其锋刃，何危殆之有乎！”①这已全然是一种类似于“神通”的境界了。有学者认为王弼因为其人生阅历局限，对养生论所知甚少，诠释亦不足。但作为随文训释来讲，王弼实际上并没有忽略养生、处世方面的意思。点明其义，“无私”即是将“无”用之于心，如此得到“没身不殆”的境界。因此“无私”在王弼的体系中仍可归之为“无”的方法论。

（三）“息末”与“举末”

关于王弼思想的方法论，比较值得注意的还有“崇本息末”和“崇本举末”两种说法的关系。笔者认为此两种说法并无矛盾之处，而是分别从两个角度来说。

“崇本”而“息末”是从纯然的方法来说，“无”之本所对应的方法论要求“无为”，即包含了要守“无”为本、抛弃末有之造作，崇本、息末从本质上讲都是达于道的方法，但二者之间亦有先后，即，想要息末，不是靠直接对末有的攻击，而是靠“崇本”来完成。王弼提出：“闲邪在乎存诚，不在善察；息淫在乎去华，不在滋章；绝盗在乎去欲，不在严刑；止讼在乎不尚，不在善听。故不攻其为也，使其无心于为也；不害其欲也，使其无心于欲也。”②这正是对“崇本以息末”的绝佳注脚。

“崇本”以“举末”则是以前者为方法，后者为最终目的。崇本也好、息末也罢，落到实处，不是只剩下空洞洞的“无”，而恰是要以此达到更好的“有”。从字形来源上讲，本为树根，末为树梢，常识可知，如果枝叶繁茂而到了秋冬无以维持时，则删繁就简，重

① （魏）王弼著，楼宇烈校释：《王弼集校注》，北京：中华书局1980年版，第37页。

② （魏）王弼著，楼宇烈校释：《王弼集校注》，北京：中华书局1980年版，第198页。

在保护根部不受损伤，而如果根深蒂固，又自然可以再生发出繁茂枝条。本之所以可贵，恰在于末需要由之而生，末乃是本的目的和意义，而如果仅仅着眼于末，不能顾及本，反而是揠苗助长、欲速不达，因此要“崇本”以“举末”。本末关系从一般的植物生长规律引申而来，自古有之，且极易为农耕为主的中国古代社会所接受，日常用语中亦比比皆是，原无可滞碍处。

而从本质上来说，“崇本”也好，“守母”也好，最终还是归属于“无为”之下的，是作为“无为”的一种具体诠释。单论王弼“无”的方法论，“无为”与“无私”足可以涵盖之。

七、结　　论

通过对前人理论的辨析和对文本的理解，笔者认为王弼的“无”应属于立足于“否定”意义的“纯无”的一种延伸。

从概念上讲，“无”即抽象的“纯无”，即对“有”的彻底否定，其内涵即“无性质”、“无形无象”、“不可命名”。“无”本身并非完全等同于“道”，而是作为“道”的性质，道之所以为道，正因为其具有“无”的“属性”。这种“无”是建立在一般言语中否定意义的“无”基础上的进一步抽象，达到彻底的“否定之无”，亦可以等同于“否定之无”这个概念本身。

而从功用的角度讲，这样纯粹的“无”在王弼看来，具有本体的作用。其原理即前文所提到的：无具有“全体性”、“根本性”、“虚空性”。因为彻底的“否定之无”是“无限”的，因为其全面性保障了不会与任何形式的“有”相抵牾，因此其在延展性上表现出“全”。而当“道”具有“无”的这种“全”性后，其方才可以作为万物之本，以其“不害”，全“物”之自生。王弼尚未完整地提出“独化”的思想，而在万物自生自化之上置一“无为”之本，但此“本”因其“无”之特性，本就不能具体地影响到万物之生化，因此在此基础上说万物乃是独化，亦无违背处。而王弼之所以并不推至“独化”这一步，则是其理论需要围绕此“无为之本”进行展开和落实。

“无”作为本体的性质，其能有使万物自生的“用”，则由此得到的方法论，体现在两方面，对外来讲为“无为”，对内来讲为“无私”。“无为”正面体现在“处无为之事，行不言之教”①、“崇本以息末、守母以存子”②，反面则体现在对“刑以检物，巧伪必生；名以定物，理恕必失；誉以进物，争尚必起；矫以立物，乖违必作；杂以行物，秽乱比兴”③的反对。而“无私”则从认识上体现为“谦卑、谨慎”，不以自身之功为功，“安者实安，而曰非安之所安；存者实存，而曰非存之所存；侯王实尊，而曰非尊之所为；天地实大，而曰非大之所能；圣功实存，而曰绝圣之所立；仁德实著，而曰弃仁之所存”④；从行为上体现为“不敢为天下先”⑤、“后其身而身先，外其身而身存”⑥，“不争”、“少私寡欲”等。可以说，无本论带来的方法论是包含了政治经济、为人处世乃至于养生保身等多方面的，在这些方面，王弼表现出来的创见不多，而主要是贴合老子的原文来解释和阐发，将之圆融一体。

统而言之，笔者认为，王弼的“无”的含义应当是一致的，并不具有明显自相矛盾的歧义，且其构建的体系从本体论到方法论可以做到一以贯之，合乎逻辑且自圆其说。王弼的学说也在一定程度上合乎其所处时代需求的学术理论和政治理想，只是作为哲学思辨毕竟不同于具体的政治理论和实践，是以有空疏之讥。后人对王弼的思想多有继承或曲解，因而王弼的哲学在对当时和后世的具体影响上表现如何便有待具体研究了。

---

① (魏)王弼著，楼宇烈校释：《王弼集校注》，北京：中华书局 1980 年版，第 6 页。

② (魏)王弼著，楼宇烈校释：《王弼集校注》，北京：中华书局 1980 年版，第 196 页。

③ (魏)王弼著，楼宇烈校释：《工弼集校注》，北京：中华书局 1980 年版，第 196 页。

④ (魏)王弼著，楼宇烈校释：《王弼集校注》，北京：中华书局 1980 年版，第 197 页。

⑤ (魏)王弼著，楼宇烈校释：《王弼集校注》，北京：中华书局 1980 年版，第 170 页。

⑥ (魏)王弼著，楼宇烈校释：《王弼集校注》，北京：中华书局 1980 年版，第 19 页。

谈《怀风藻》对六朝文学的受容

2013 级国学班　陶轶

成书于公元751年(日本孝谦天皇天平胜宝三年，唐玄宗天宝十年)的《怀风藻》是日本历史上现存的第一部汉诗集，该集收录了近江朝至奈良朝80余年间64位诗人创作的120首汉诗(佚4首)，兼收作者小传9篇、诗序6篇。《怀风藻》从编订到内容，无不显示着六朝文学影响的痕迹。笔者在此以《怀风藻》文本为基础，通过《怀风藻》与六朝部分主要文学作品的比照，从编纂体例、文辞用语、文化思想等方面来一探《怀风藻》对六朝文学的受容情况。

关于《怀风藻》对六朝文学的受容的著述甚多，笔者未能尽览前人言说，然试图以管窥豹，做一简要梳理。一直以来，学术界对日本第一部汉诗集《怀风藻》的评价褒贬不一。持否定说的论者，从作品表达、思想内容和韵文体裁等方面，指出《怀风藻》存在表达欠圆润、内容缺乏真情实感、体裁模仿尚显幼稚等缺憾。① 持肯定说的论者，则从文化里程碑意义、推动日本古代诗歌文化以及诗歌草创期这一特定历史阶段等角度对《怀风藻》给予了积极的评价。就国内著述来看，严绍璗的研究最为全面与深入，大至东亚文化圈文化的交流与受容，小至诗歌的音节用词，皆有讨论。另有不少学者在某些具体问题上也有自己的研究看法与见解，但未有整体规模上的创新与突破。日本学界关于《怀风藻》的著述远多于国内，但笔者所知有限，文中只引了小岛宪之、辰巳正明、加藤周一等几家少数说法，进一步研究需要更多地阅读日本学者的著述。

---

① 马骏：《日本上代文学"和习"问题研究》，北京：北京大学出版社2012年版，第401页。

一、编纂体例

在《怀风藻》的序文中，撰述者讲述了日本诗歌文学发展概况、诗集的编纂目的和书名由来等。可以明显地看出，这篇序文主要参考《文选·序》写就而成。① 日本在公元701年由藤原不比等制定了《大宝律令》，其中规定《文选》为“进士”科的考试用书。从其时间来看，《文选》的传入应远远早于公元701年，经过时间的累积，在文人和应举人中有了广泛影响。②《怀风藻》受其影响也是合理的。再具体比照《怀风藻》序文与《文选》序文，《怀风藻》序中“余以薄宦闲游，游心文囿”云云，与昭明太子在《文选》序文中所说的“余监抚余闲，居多暇日，历观文囿”几乎如出一辙。由此可见，《怀风藻》的编者在编撰时很可能参照了《文选》，并以其为蓝本收集编撰了有关的诗歌。

在诗的形态上，《怀风藻》中五言诗有109首，七言诗仅有7首。五言诗绝大多数为8句，共72首；16句以上的仅有3首。七言诗中有4首为4句；其余3首，8句、12句、18句各一首。诗集的主体构成便是篇幅较短的五言诗。同时，《怀风藻》中的作品多用对句而犹欠工整、已重声律而尚未和谐。押韵上也有惯例，多用平韵，由于宫宴诗偏多，平韵中又向真韵、尤韵倾斜。真韵与谆、臻韵相通，收“新、臣、仁、人、神、亲、宾、鳞、滨、陈、尘、津、伦、春、旬、辰、民”等字，这些字最适合用韵于春天的侍宴从驾、宴集、游览之类的诗，所以《怀风藻》中用真韵的诗多达32首；尤韵次之，有13首之多。再看六朝诗歌发展状况，五言诗在东汉末年便已非常成熟，然而西晋的颂体诗与应酬诗、东晋的玄言诗皆以四言为主，至齐梁时五言诗凭借乐府民歌重新焕发生

---

① ［日］小岛宪之：《〈古事记〉与中国文学》，见《碰撞与融会：比较文学与中国古典文学》，北京：外语教学与研究出版社2006年版。

② 孙立：《日本诗话中的中国古代诗学研究》，北京：北京大学出版社2012年版，第21页。

机，梁陈时近似律诗的五言八句体和五言四句的小诗已大量出现。① 在声律上，永明年间，沈约根据汉字中的四声和双声叠韵研究诗歌中音律的配合，指出应当避免八种声病。王融、范云、谢朓等在他的倡导下，将这种诗歌音律和晋宋以来不断发展着的排偶、对仗的形式结合起来，进行创作，形成了永明体。但在当时永明体对于声律的要求并未被完全理解与接受。② 在诗人们的创作实践中，对偶实际上被广泛应用，在学习民歌的过程中、诗歌被吟唱于宴会的情况下，声律也已有暗合律诗之势。所以总体上来说，这个时期的对偶与声律都应用广泛却还未严格工整。《怀风藻》对于六朝诗歌的承袭可见一斑。尽管《怀风藻》中诗歌的作者们对初唐以来的近体诗有所接触，但接触时间较短，还没有真正掌握，所受初唐诗的影响并不太明显。恰如江户时代的儒学家江村北海所言："怀风、凌云二集所收五言四韵，世以为是律诗，非也。其诗对偶虽备，声律未谐。是古诗渐变为近体，齐梁陈隋渐多其作。我邦承其气运者。"③

一般研究认为，《怀风藻》以长屋王为界可分为前后两个时期。换言之，以养老时期(712—725)为界限，从近江朝开始(667)到养老之前的诗歌可归类为"前期怀风藻"；养老之后到天平胜宝三年(751)成书间的诗歌可归类为"后期怀风藻"。"前期怀风藻"主要学的是中国的六朝文学；"后期怀风藻"主要学的是初唐诗歌。但是日本"后期怀风藻"学的虽说是初唐文学，然而从整体上讲并无创新，只是用了唐初一些诗文的片言只字而已，应当说实质上仍是受六朝文学的影响。初唐诗歌本身就处于时代风格变换的过渡期，带有不少六朝文学的痕迹，并且事实上融进另一个民族文学的若干特质需要一个漫长的吸收演变期。各个民族之间文学影响的最深刻

① 葛晓音：《八代诗史》，西安：陕西人民出版社 1989 年版。笔者对于该书的引用属于意义上的梳理与概括，详见第四、六、七、八章。

② 葛晓音：《八代诗史》，西安：陕西人民出版社 1989 年版，第 230~232 页。

③ 转引自高文汉、韩梅：《东亚汉文学关系研究》，北京：中国社会科学出版社 2010 年版，第 162 页。

的表现，并不在于一个民族的读者欣赏或赞叹另一个民族的文学创作；也不在于一个民族的文学创作在另一个民族中获得翻印或翻译；而是在于一个民族的文学创作中，事实上融进另一个民族文学的若干特质(从文学观念到文学形式)。就日本古代文学来说，这个吸收演变期约为两百年。例如4、5世纪的六朝文学，为7、8世纪的奈良文学所融化；8、9世纪的盛唐诗歌，为9—11世纪的平安文学所融化；11世纪的宋代文学，为13世纪的五山文学所融化；14、15世纪的明代话本，为17、18世纪的江户小说所吸收。①《怀风藻》对于初唐文学的吸收还只是停留在表层而已。所以本质上来说，“后期怀风藻”与“前期怀风藻”相比，根源仍在于六朝文学。

二、用语比照

《怀风藻》中64位日本诗人的120首作品，多达241处引用中国诗人的典故词语，有40处模拟中国诗的句式。② 而尤以句式模拟最能显现出受六朝文学影响的特点。受涉猎与篇幅所限，200多处引用与模拟不能一一具呈，笔者只摘取部分诗句来作对比。

(一)句式模拟

1. 判断意义句式

(1)“折花梅苑侧，酌醋碧涸中。神仙非存意，广济是他同。”(第28首调老人《三月三日庇沼》)

“云衣两观夕，月镜一逢秋。机下非曾故，梭息是威猷。”(第33首藤原史《七夕》)

“友非干禄友，宾是餐霞宾。纵歌临水智，长啸乐山广。”(第

① 严绍璗:《中日古代文学关系史稿》，长沙：湖南文艺出版社1987年版，第71页。

② 严绍璗:《汉籍在日本的流布研究》，南京：江苏古籍出版社1992年版，第17页。

98首藤原万里《游台野川》)

对应句式如:“山居是所乐,世路非我欲。”(《文选》卷五五刘孝标《广绝交论》李善注引卢谌诗)

(2)“地是幽居宅,山惟帝者仁。潺缓浸石浪,杂沓应琴鳞。”(第83首大津首《和藤原大政游吉野川之作》)

对应句式如:“廊庙惟清,俊乂是延。擢应嘉举,自国而迁。”(《文选》卷二四潘岳《为贾谧作赠陆机》)

2. 描述意义句式

(1)“月弓辉谷里,云旌张岭前。曦光已隐山,壮士且留连。”(第5首大津皇子《游猎》)

“玄燕翔已归,寒蝉啸且惊。忽逢文雅席,还愧七步情。”(第23首纪古麻吕《秋宴得声清惊情四字》)

对应句式如:“隆暑固已惨,凉风严且苛。夏条集鲜藻,寒冰结冲波。”(《文选》卷二八陆机《从军行》)

(2)“水下斜荫碎,树除秋光新。独以星间镜,还浮云汉津。”(第15首文武天皇《咏月》)

对应句式如:“惟对昔邪房,如见蜘蛛屋。独与响相酬,还将影自逐。”(《玉台新咏》卷六王僧孺《春怨》)

(3)“丝竹时盘恒,文酒乍留连。熏风入琴台,蓂日照歌筵。”(第20首巨势有益须《春日应诏》)

对应句式如:“柳絮时依酒,梅花乍入衣。”(梁元帝《和刘上黄》)

(4)“苔摇识鱼在,缗尽觉潭深。空嗟芳饵下,独见有贪心。”(第25首纪末茂《临水观鱼》)

对应句式如:“未觉泮春冰,已复谢秋节。空对尺素迁,独视寸阴灭。”(《宋诗·卷二》谢灵运《折杨柳行》)

3. 并列意义句式

(1)“惊波共弦响,哢鸟与风闻。群公倒载归,彭泽宴谁论?”(第4首大津皇子《春苑言宴》)

“论道与唐齐,语德共虞邻。冠周埋尸爱,驾殷解网仁。”(第42首采女比良夫《春日侍宴应诏》)

“寿共日月长，德与天地久。”（第103首释道慈《在唐奉本国皇太子》）

“歌台落尘，郢曲与巴音杂响。笑林开靥，珠辉共霞影相依。”（第52首山田三方《秋日于长王宅宴新罗客》）

对应句式如：“春潭无与窥，秋台谁共陟。不见一佳人，徒望西飞翼。”（《齐诗》卷五刘绘《饯谢文学离友诗》）

（2）“朝择三能士，暮开万骑筵。吃脔俱豁矣，倾盏共陶然。”（第5首释道慈《在唐奉本国皇太子》）

对应句式如：“在危每同险，处安不异易。俱涉晋昌艰，共更飞狐厄。”（《文选》二五卢谌《答温子悌》）

（3）“梅雪乱残岸，烟霞接早春。共游圣主沢，同贺击壤仁。”（第44首释道慈《在唐奉本国皇太子》

对应句式如：“结发同枕席，黄泉共为友。”（《玉台新咏》卷一《古诗为焦仲卿妻作》）

（4）“杯酒皆有月，歌声共逐风。何事专对士，幸用李陵弓。”（第60首背奈王行文《秋日于长王宅宴新罗客》）

对应句式如：“贺生思沉郁，萧弟学纷纶。共有笔端誉，皆为席上珍。”（《陈诗》卷二江总《赠贺左丞萧舍人诗》）

4. 表时间顺序句式

（1）“玄览动春节，宸驾出离宫。胜境既寂绝，雅趣亦无穷。”（第28首调老人《三月三日应诏》）

对应句式如：“吾兄既凤翔，王子亦龙飞。双鸾游兰渚，二离扬清晖。”（《文选》卷二四傅咸《赠何劭王济》）

（2）“年华已非故，淑气亦惟新。鲜云秀五彩，丽景耀三春。”（第29首藤原史《元日应沼》）

对应句式如：“游役去芳时，归来屡徂愆。莲心既已矣，飞薄殊亦然。”（《文选》卷二七颜延年《北使洛》）

（3）“仙槎泛荣光，凤笙带祥烟。岂独瑶池上，方唱白云天。”（第36首伊与部马养《从驾应诏》）

对应句式如：“昨发赤亭渚，今宿浦阳汭。方作云峰异，岂伊千里别。”（《文选》卷三一江淹《谢法曹赠别》）

5. 对比意义句式

(1)“求友莺嫣树，含香花笑丛。虽喜遨游志，还愧乏雕虫。”(第8首释智藏《玩花鸟》)

对应句式如：“露晚盘犹滴，珠朝火更明。虽连博望苑，还接银沙城。”(庾信《和同太寺浮图诗》)(《艺文类聚》七六内典)

(2)“柳絮未飞蝶先舞，梅芳犹迟花早临。梦里钓天尚易涌，松下清风新难斟。”(第22首纪古麻吕《望雪》)

“柳条风未援，梅花雪犹寒。放情良得所，愿言若金兰。”(第106首盐屋古麻吕《春日于左仆射长屋王宅宴》)

对应句式如：“帷屏无仿佛，翰默有余迹。流芳未及歇，遗挂犹在壁。”(《文选》卷二三潘岳《悼亡诗》)

(3)“寒蝉鸣叶后，朔雁度云前。独有飞鸾曲，并入别离弦。”(第65首下毛野虫麻吕《秋日于长王宅宴新罗客》)

对应句式如：“同逾并根草，双异独鸣鸾。以兹代萱草，必使愁人欢。”(《梁诗》卷十四萧统《咏同心莲》)

(4)“庭焕将滋草，林寒未笑花。鹑衣追野坐，鹤盖人山家。”(第75首百济和麻吕《初春于左仆射长王宅讌》)

对应句式如：“(沈约《侍宴乐游苑饯徐州刺史应诏诗》曰：)沃若动龙骖，参差凝风管。金塘草未合，玉池泉将满。”(《艺文类聚》二九《别》)

(5)“柳条未吐绿，梅蕊已芳裾。即是忘归地，芳辰赏叵舒。”(第82首箭集虫麻吕《于左仆射长王宅宴》)

“日华临水动，风景丽春墀。庭梅已含笑，门柳未成眉。”(第84首大津首《春日于左仆射长王宅宴》)

对应句式如：“我本汉家子，将适单于庭。辞诀未及终，前驱已抗旌。”(《文选》卷二七石崇《王明君词》)

6. 叠字句式

(1)云里望云端，日边瞻日本。远游劳远国，长恨苦长安。(第27首释辨正《在唐忆本乡》)

对应句式如：“春还春节美，春日春风过。春意春已繁，春人春不见。”(湘东王《春日诗》)

(2)花色花枝染，莺吟莺谷新。(第59首春日藏老《述怀》)

对应句式如："巫山巫峡长，垂柳复垂柳。"(梁元帝《折杨柳》)

(二)典故与语句引用

典故与用语引用相对于句式模拟来说具有了实际表达意义，在应用上也更有具体性和针对性。典故的引用往往与历史人物联系较多；语句的含义较广，所以语句的引用比较普通广泛。语句引用中有种特殊形式，即把引用模拟范围从一词一句扩大到了诗歌的全形态，这种形态可称为"全形态模拟"。①

1. 典故引用

(1)"命驾游山水，长忘冠冕情。安得王乔道，控鹤入蓬瀛。"(第11首葛野王《游龙门山》)

在大自然中忘却宦情，像王乔一样驾驭仙鹤遨游仙境。这是诗人葛野王游览龙门山时的亲身感受。"安得王乔道"一句由《梁诗》卷十一吴均《赠周兴嗣诗》"千里无关梁，安得王乔屦"一句化出。出于照顾对句"控鹤入蓬瀛"的需要，葛野王改原诗"王乔履"为"王乔道"。

(2)"凤盖停南岳，追寻智与仁。啸谷将孙语，攀藤共许亲。"(第73首纪男人《扈从吉野宫》)

孙绰、许询同负盛誉，我国诗文中经常将两人相提并论，在此不赘述。该诗引出孙许二人以衬托官人们清游吉野的兴致。

(3)"何异宣尼返鲁，删定诗书。叔孙入汉，制设礼仪。"(第89首藤原宇合《在常陆赠倭判官留在京序》)

"宣尼"和"叔孙"连用，仅见于《文选》刘歆《移书让太常博士》："汉兴。去圣帝明王遐远。宣尼之道又绝。法度无所因袭。时独有一叔孙通，略定礼仪，天下唯有易卜，未有他书。"

(4)"忘筌陆机海，飞缴张衡林。清风入阮啸，流水韵嵇琴。"

① 严绍璗、刘渤：《中华文化通志·中外文化交流典》，上海：上海人民出版社2010年版，第214页。

（第 92 首藤原宇合《游吉野川》）

"张衡林"的表达则不具有普遍性，是典型的"和习"表达。阮籍、嵇康在诗文中常常被并举，《千字文》中有"嵇琴阮啸"的说法，可视为该诗搭配里的典据。

2. 词语引用

（1）"舞袖留翔鹤，歌声落梁尘。"（第 40 首石川朝足《春苑应诏》）

相似语句如："舞袖拂明烛，歌声绕凤梁。"（王融《秋夜》）

（2）"云间颂皇泽，日下沐芳尘。"（第 42 首比良夫《春日侍宴》）

相似语句如："云间陆士龙，日下荀鸣鹤。"（《世说新语》排调第廿九之九）

（3）"皇慈被万国，帝道沾群生。竹叶禊庭满，桃华曲浦轻。"（第 61 首背奈王行文《上已禊饮应诏》）

相似语句如："竹叶当炉满，桃花带绶轻。"（《艺文类聚》卷六五张正见《赋得日中市朝满诗》）

（4）"石壁萝衣犹自短，山扉松盖埋然长。邀游已得攀竜凤，大隐何用觅仙场。"（第 90 首藤原宇合《秋日于长王宅宴新罗客》）

相似语句如："青春献初岁，白日映雕梁。兰萌犹自短，柳叶未能长。"（《齐诗》卷六檀秀才《阳春歌》）藤原宇合的诗句更加入了"埋然"的形态描摹。

（5）"天霁云衣落，池明桃锦舒。寄言礼法士，知我有粗疏。"（第 94 首藤原万里《暮春于弟园池置酒》）

相似语句如："寄言旧相识，知余生入关。"（《艺文类聚》卷二七《行旅》庾信《反命河朔始入武州诗》）

诗歌的这种惯例结尾在六朝时便已形成，在初唐时这种惯例已经发展得格外牢固。常见的结尾还有"谁知……"、"乃知……"、"谁谓……"、"惜……"等。这种固定程式对于忙碌的朝臣应付各种突如其来的紧迫问题具有重要意义。① 在日本诗人笔下，这种结

① ［美］宇文所安：《初唐诗》，北京：生活·读书·新知三联书店 2004 年版，第 9~10 页。

尾的程式惯例意义可能弱化了一些，而多出了对于六朝文学的模仿意义。

3. 全形态模拟

结宇长江侧，垂钓广川浔。竹竿横翡翠，桂髓掷黄金。
人来水鸟没，楫度岸花沈。莲摇见鱼近，纶尽觉潭深。
渭水终须卜，沧浪徒自吟。空嗟芳饵下，独见有贪心。
（张正见《钓竿篇》）

结宇南林侧，垂钓北池浔。人来戏鸟没，船渡绿萍沉。
苔摇识鱼在，缗尽觉潭深。空嗟芳饵下，独见有贪心。
（纪末茂《临水观鱼》）

从两诗比较可知，纪末茂的《临水观鱼》仅删去了张诗中的四句，以及把前六句略作改动外，尾联竟然完全袭用。但是，像这种全诗都近似的作品，在《怀风藻》中仅此一首，莫如说是一种例外。

三、文化学习

《怀风藻》的诗人绝大多数是皇族、朝臣、留唐僧侣以及国子监祭酒等，其中四分之一以上是归化人或者他们的子孙。① 这些诗的题材，最多的是侍宴从贺，其次便是宴集游览。其余的诗或感怀伤时，或写景咏物、大多能够纵情尽意，还是有一定韵味的。这些侍宴从贺、宴集游览的作品，主要在歌颂天皇的圣德与王业的恢弘，题材狭窄，主题相近，诗歌的群类性非常突出。这不仅与社会的现实人生没有关系，甚至也没有可能成为知识分子自我表露的手段，很少有作者的真实感受。这种诗风的形成，与汉文学传入日本的途径以及与这一时代日本知识阶层的文学意识有着密切的关系。

① ［日］内藤湖南：《日本文化史研究》，北京：商务印书馆 1997 年版，第 112 页。

汉文学传入日本之初，只是作为宫廷内的一种精神奢侈品存在的。在当时的物质文化条件下，汉文与运用汉文的能力，只为少数人所具有。由于最早汉文只是用来书写官方文书，因此，在几个世纪中，汉文习惯地用来表达国家的统治思想和君臣等级关系。从7世纪到9世纪，汉文学是古代日本律令制国家的文化支柱。从一开始起，汉文学就是与民间无关的贵族文学，它是作为表现政治观念的工具而存在的。因此，汉诗主要是在种种公事的场合中吟诵，辞藻典雅华丽，内容歌功颂德。日本汉文学的这种政治性功能，使自己在形成之初，就把汉诗局限于狭小的圈子里，再加上技巧上的粗浅，便造成了以《怀风藻》为代表的僵硬的诗风，这是日本汉诗不成熟的表现。① 这一点不免大大降低了《怀风藻》的文学价值和思想价值，但是从吸收中国先进文化以及诗歌草创期这一特定历史阶段的角度来看，《怀风藻》的价值是不容忽视的。

《怀风藻》序文中对汉字的传入，儒学的传入、普及和渗透，日本诗作的开端及繁荣等进行了记述，其内容大致与《古事记》、《日本书纪》相一致。从“旋招文学之士，时开置醴之游”等语句中可以看出历代天皇对于学习汉文化的推崇。日本汉诗的形成与发展，在很大程度上得力于近江朝、奈良朝历代天皇对汉诗创作的崇尚与奖掖。② 而这种推崇进一步扩散到贵族与官僚圈，使得学习汉文化成为一时之风。而受贵族接受喜好与文化交流时间差影响，六朝文学成为学习汉文化的重中之重。据小岛宪之考证，日本古代常于七月七日晚在宫内或大臣私邸举办雅会。在《怀风藻》里，仅以“七夕”为题的诗就收有六首。太政大臣藤原史咏《七夕》曰：“云穿两观夕，月镜一逢秋。机下非曾故，梭息是威猷。凤盖随风转，鹊影逐波浮。面前开短乐，别后悲长秋。”国子监祭酒山田三方也有首五言诗《七夕》：“金汉星榆冷，银汉月桂秋。云姿理云鬓，仙驾

① 严绍璗：《白居易文学在日本中古韵文史上的地位和意义》，载《北京大学学报》1984年第2期。

② 肖瑞峰：《中国文化的东渐与日本汉诗的发轫》，见《中日比较文学研究资料汇编》，杭州：中国美术学院出版社2002年版。

渡横流。”山田的这首诗，无论是修辞还是意境，都极类六朝陈代诗人江总的《七夕》诗：“汉曲天榆冷，河边月桂秋。婉栾期今昔，飘摇渡浅流。”百济和麻吕的《七夕》写道：“昔惜河难越，今伤汉易旋。”该句基本上全形态模拟了梁武帝的《七夕》：“昔悲汉难越，今伤河易旋。”七夕也是六朝文学喜爱表现的主题，如庾肩吾《七夕》：“姮娥随月落，织女逐星移。”这类诗简洁明快，玲珑小巧，适合于《怀风藻》诗人学习和模拟。通观《怀风藻》中的所有“七夕诗”，它们几乎都带有六朝同类诗的印记。

在六朝，著名的民间节日还有三月三日修禊节，它因王羲之的《兰亭集序》而闻名。有关节日风貌，谢蕙连在《三月三日曲水集诗》中吟道：“四时着平分，三春秉融烁。迟迟和景婉，夭夭园桃灼。携朋适郊野，昧爽辞廛廓。蜚云兴翠岭，芳飙起华薄。解辔偃崇丘，借草绕回壑。际渚罗时籁，托波泛轻爵。”修禊节，古为“上巳”节，时间为阴历三月上旬巳日。“是月上巳，官民皆禊于东流水上，曰洗濯祓除，去宿垢疢，为大禊。”山田三方的《三月三日曲水宴》：“锦岩飞瀑激，春岫晔桃开。不惮流水急，唯恨盏迟来。”四句诗勾勒了周围秀丽的景色、欢快的气氛和无比自信的心情。这类诗还有背奈行文的《上巳禊饮》、藤原宇合的《暮春曲宴南池》等。

另外，日本古代的祭孔活动是朝廷的法定行为。日本的祭孔活动始见于《续日本书纪》文武天皇大宝元年(701)二月四日的记事。《怀风藻》诗人藤原万里在《仲秋释奠》诗中满怀真情地缅怀了孔子，描述了当时的祭孔活动，表达了日本古人对孔子的景仰之情：“运冷时穷蔡，吾衰久叹周。悲哉图不出，逝矣水难留。玉俎风苹荐，金垒月桂浮。天纵神化远，万代仰芳猷。”《怀风藻》的祭孔诗仅此一首，但是作者对孔子的崇尚无疑反映了日本当时的社会与文化现实。其他诗歌在措辞与思想上也不同程度上体现了儒家思想的影响。虽说儒家思想并非是六朝文学的独特特征，但是在历史传承的过程中，六朝也是儒家思想发展继承的重要一环；而且这一环与《怀风藻》所处的奈良时期的日本文学相距更近，不能不说奈良朝学习的儒家文化有很大部分是通过六朝文学来传递的。

六朝文学所蕴含的新的元素与特征，诸如正始时期新出现的吸收佛道的玄理清谈、礼法名教斗争下以阮籍、嵇康为代表的孤傲气节、以陶渊明为代表的隐逸之风、刘宋时期以谢灵运为代表的早期玄言山水等，① 也为奈良时代文人所倾心，这些在《怀风藻》中也一一呈现。在佛教思想上，正如冈田正义曾指出的“只不过两三首”，也是模仿张衡的“我所思兮在泰山”句(《文选》卷一五)，将它改成“我所思兮在无漏”(释道融诗)，仅此程度而已(《日本汉文学史》增订版，1960)。老庄、神仙谭的影响则比较常见。② 魏晋风度如藤原万里在《暮春于弟园池置酒》诗序中说：“仆圣代一狂生耳，直以风月为情，鱼鸟为玩。贪名徇利，未适冲襟；对酒当歌，是谐私愿。乘良节之已暮，寻昆弟之芳筵。一曲一杯，尽欢情于此地；或吟或咏，纵意气于高天。千岁之间，嵇康我友；一醉之饮，伯伦吾师。不虑轩冕之荣身，徒知泉石之乐性。”隐逸之风如葛野王在《游龙门山》中吟道：“命驾游山水，长忘冠冕情。安得王乔道，控鹤入蓬瀛。”诗人向往隐士生活，希冀决绝于尘世，随仙人飞入蓬莱、瀛洲神山，以期得到精神上的永久性解脱。玄言山水如藤原宇合在《游吉野川》中吟道：“芝蕙兰荪泽，松柏桂椿岑。野客初披薜，朝隐蹔投簪。忘筌陆机海，飞缴张衡林。清风入阮啸，流水韵嵇琴。天高槎路远，河回桃源深。山中明月夜，自得幽居心。”视“幽”为仙境，将“幽居”看做最佳栖所。③

另外需要注意，这种成功的文化学习当中，经过诗人们的努力探索，已经出现了日本化的趋势，开始逐步地融化进了日本本民族的文化。《怀风藻》中有些汉诗，已经开始采用了中日典故交混的形式。例如：“高岭嵯峨多奇势，长河渺漫作回流。钟池超潭异凡

---

① 此处对于六朝文学新特征的概括参考葛晓音《八代诗史》，西安：陕西人民出版社 1989 年版，详见第三章到第七章。

② ［日］加藤周一：《日本文学史序说(上卷)》，北京：外语教学与研究出版社 2011 年版，第 36 页。

③ 高文汉、韩梅：《东亚汉文学关系研究》，北京：中国社会科学出版社 2010 年版，第 170 页。

类，美稻逢仙同洛州。”（丹墀广成《吉野之作》）美稻与拓媛相爱的故事是关于日本农业起源的传说之一。美稻是稻的种植者，拓媛是桑的采摘女。诗人陶醉在美丽的传说与嵯峨多姿的自然风貌之中，想起了《洛神赋》中的女神，于是便把中日这两个神话传说融会在一起，写下了“美稻逢仙同洛州”的诗句。把日本柘媛的传说与中国典故混融而作诗，在《怀风藻》中还有四首：丹墀广成《游吉野山》、藤原史《游吉野》、纪男人《游吉野川》、高向诸足《从驾吉野宫》。尽管这里的文化融合与创新显得还比较肤浅，但却是由受容转向创新的一种初步尝试。① 事实上，在《怀风藻》之后成书的《万叶集》中从事和歌创作的歌人，同时也是作品见于《怀风藻》、活跃于奈良时期汉诗诗坛的诗人。② 更可想见，《怀风藻》中的文化学习对于后期日本诗歌创作的推动作用，正如《怀风藻》编者在序文中表露的为文学衰落的危机感到忧虑，盼望文运隆盛，且向当世敲响警钟的感情中所希冀的一般。③

《怀风藻》因其文学价值不大而常被批驳，辰巳正明从构建东亚文学史的高度重新评价《怀风藻》及其研究的意义。辰巳正明指出，如果我们仅仅关注《怀风藻》的单篇作品，汉诗就不可能获得积极的评价。但如果我们从文学史或文化的角度去审视《怀风藻》的话，不仅对日本古代文学，甚至包括日本研究领域都有着极其重大而又深远的影响。从汉诗是东亚汉字文化圈共同的文学体裁这一点考虑，可以将《怀风藻》研究定位在构建东亚文学史的层面上。④ 如果从这一点来看《怀风藻》的话，其意义在于文学史上而非文学上。它为日本汉诗传统奠定了基础，是日本汉诗文的源流，对80

① 严绍璗、刘渤：《中华文化通志 · 中外文化交流典》，上海：上海人民出版社2010年版，第216页。

② 严绍璗：《中日古代文学关系史稿》，长沙：湖南文艺出版社1987年版，第81页。

③ ［日］波户冈旭：《白诗的受容与菅原道真——平安朝汉诗的展开》，载论文集《变动期的东亚社会与文化》，天津人民出版社2008年版。

④ 马骏：《日本上代“和习”问题研究》，北京：北京大学出版社2012年版，第401页。

年间日本政治舞台的许多事件有着深刻的反映，更是研究中日交流的珍贵的资料，特别是对于研究日本对六朝文学的受容来说有着独一无二的重要意义。如果是以文学史或文化交流受容的角度来研究《怀风藻》的话，笔者认为可以通过更多史料，联系史实来发掘更深的文化意义，这也是本文因能力所限而需待日后进一步完善的。

惠施“历物之意”思探

2013级国学班　杜嫱

关于惠施(前390—前318)的生平事略历史上记载较少,《汉书·艺文志》中有《惠子》一篇,附注云:“名施,与庄子并时。”《庄子·徐无鬼》记载惠施死后,庄子送葬:

> 庄子送葬,过惠子之墓,顾谓从者曰:“郢人垩慢其鼻端,若蝇翼,使匠石斲之,尽垩而鼻不伤,郢人立不失容。宋元君闻之,召匠石曰:尝试为寡人为之。匠石曰:臣则尝能斲之。虽然,臣之质死久矣!自夫子之死也,吾无以为质矣。吾无与言之矣!”

庄子自比“匠石”,将惠施比做“质”者。“吾无与言之矣”——这份怀念知己的深沉情怀,或可说明二人难得一见的诤友关系。惠施与庄子,意趣当有相契,学术或有相通。这就提示人们在研究惠施之说时,可参阅《庄子》一书,当有所启发。

除此之外,《史记·太史公自序》云:“名家苛察缴绕,使人不得反其意,专决于名,而失人情;故曰:使人俭而善失真。若夫控名责实,参伍不失,此不可不察也。”《庄子·天下》:“惠施以此为大观于天下,而晓辩者;天下之辩者,相与乐之。”“以反人为实而欲以胜人为名,是以与众不适也。弱于德,强于物,其涂隩矣。”《荀子·非十二子》:“不法先王,不是礼义,而好治怪说、玩琦辞;甚察而不惠,辩而无用,多事而寡功,不可以为治纲纪。然而其持之有故,其言之成理,足以欺惑愚众;是惠施、邓析也。”《荀子·解蔽》:“惠子蔽于辞而不知实。”《荀子·正名》:“‘山渊平’……此惑于用实以乱名者也。”从这些相关的文字中，我们可以大概知道：先秦名家，“控名责实”，“专决于名”，是一群“好怪说”、“玩琦辞”的辩者。而惠施，正是这一群辩者中比较突出的人物。所谓“名”就是指的语言体系中的“概念”、“称谓”。所谓“实”，就是指的“概念”所指向的那个事物。“控名责实”就是探究“名”与“实”之间的关系。值得提出的是，先秦关注“名实”关系的学派并非只有名家，比较突出其的还有儒家和法家，但是儒、法之“名”乃是一种“职名”或者“名分”，是政治意义之“名”，其根本在于通过“正名”来建立一套道德政治秩序的标准。而名家的“名”和儒家、法家不同，不涉及道德和政治秩序问题，没有对天理国运的执著追求。名家之“名”只是就认知层面来说的，他们追求的是知识的确定性——即我们所“定义”的那个事物是否与其“实在”相符合，我们是否能够“认知”到事物的本质，从而将他们表达出来。名家认为，人类的知识存在许多漏洞，知识的确定性也值得怀疑——他们通过纯粹的思辨，发现人类通过语言表达出的“定义”或者说“概念”与事物本身并非完全契合，往往有许多矛盾之处。而这样的一种思考，常常打破人类惯有的经验和常识，这也是惠施、公孙龙等人的学说被当时的诸多学者称为“诡辩”的原因。

另外，我们可以看到以上诸多古籍的记载，只是一些评价性的文字，几乎没有对惠施学说的具体阐释。因为惠施之说不强调对现实的应用，在当时的学者看来不过是无用之说，破坏有余而建树不足。故而少有人研究，既没有师承，也没有同好之友，不像儒家、道家、墨家等能够形成一套较为完整和统一的体系，后人研究惠施，往往难以寻到某种统绪，故说法各异，常不免于猜测。其“历物”之说亦是如此。

《庄子·天下》中辑录惠施“历物之意”：

至大无外，谓之大一；至小无内，谓之小一。无厚不可积也，其大千里。天与地卑，山与泽平。日方中方睨；物方生方死。大同而与小同异，此之谓小同异；万物毕同毕异，此之谓大同异。南方无穷而有穷。今日适越而昔来。连环可解也。我知天下之中央，燕之北，越之南也。泛爱万物，天地一体也。

关于此段文字的研究，自冯友兰先生将其划为十个命题之后，学者研究，多与此同。现列冯友兰先生的分法如下①：

一、至大无外，谓之大一；至小无内，谓之小一。

二、无厚不可积也，其大千里。

三、天与地卑，山与泽平。

四、日方中方睨；物方生方死。

五、大同而与小同异，此之谓小同异；万物毕同毕异，此之谓大同异。

六、南方无穷而有穷。

七、今日适越而昔来。

八、连环可解也。

九、我知天下之中央，燕之北，越之南也。

十、泛爱万物，天地一体也。

这就割裂了惠施"历物之意"各句之间内在的联系。笔者认为，"历物之意"各句之间的联系是很明显的，有些部分当联系解释。现重新划分"历物之意"为三个部分，参稽诸家，略叙己见如下：

第一部分："至大无外，谓之大一；至小无内，谓之小一。无厚不可积也，其大千里。"

此两句，胡适先生先以整体和部分的关系来解释"大一"和"小一"："'至大无外，谓之大一。'此是'宇'的总体。但平常人都把'宇'分解为种种单位如东方、西方、一分、一厘、一忽之类，故惠施又说：'其小无内，谓之小一。'这是'所'，都是'宇'的一部

① 冯友兰：《中国哲学史》上册，上海：华东师范大学出版社1980年版，第151～154页。

分。其实分解到极小的单位(小一)，还只是这个‘宇’。”①但是，这样的解释其实是存在逻辑上的矛盾的——即使是无数个无限小的“小一”组合，也还是无限小，不可能组合成无限大。而后胡适先生将“无厚”解释为“小一”，将“其大千里”解释为“大一”，使得“无厚不可积”之物与“其大千里”之物具有了部分与整体的关系。然而“无厚”既然是“不可积”，那么“积”成“大”至“千里”之物当不可能。此二者之间是存在矛盾的，而胡适先生却并没有解释此种矛盾。

钱穆先生认为，所谓“无外”和“无内”是指的“宇”的两种性质。古人有“四方上下曰宇”说，所谓“宇”，指的是“空间”这一概念。“凡形位之有外，必为形位，则亦宇也，故宇无外；其于内也亦然。故宇一也，而至大焉，而至小焉，至大至小亦一也。”②“统凡立形占位者而名之曰‘宇’”③——“宇”即是一切立形占位者的统合，是一切物质的统合。因为“宇”之外，不存在别的事物，所以“宇”是至大的，而“宇”内部又没有别的事物，所以“宇”是至小的。但是问题在于，我们说“无内”，并非是说在这个事物之中，不存在有异于这个事物的其他事物——正如一个全部都由同一种材质制成的实心立方体，它的内部还是个事物，但显然它不是“至小无内”的。钱穆先生于对“无内”的含义理解似乎有误，由他的“无内”显然是不可以推出“至小”的。而他对第二命题的解释乃是从第一论题而来，认为“无厚不可积”和“其大千里”还是说的“宇”这个概念：“统凡立形占位者而名之曰‘宇’，而宇无形位。无形位故无厚不可积。‘宇’无厚，故天与地等卑，山与泽齐平，自宇而言之也。山之于泽至高，天之于地至远，而曰‘无厚’，此至大为至小也；不可积而大千里，此至小为至大也。”④然而因为他在论证“大

① 胡适：《中国哲学史大纲》卷上，上海：商务印书馆1926年版，第230页。

② 钱穆：《惠施公孙龙》，北京：九州岛出版社2011年版，第14页。

③ 钱穆：《惠施公孙龙》，北京：九州岛出版社2011年版，第14页。

④ 钱穆：《惠施公孙龙》，北京：九州岛出版社2011年版，第14页。

一”和“小一”是“宇”时就有所欠缺，故而第二论题延续了第一命题之误，在论证上还有待商榷。

郭沫若先生则认为：“惠施承继着老聃的‘大一’的思想，似乎把他扩展到了无神，他是把本体代替了天的，但他的思想比老聃更进了一步，提出了‘小一’来。这个观念颇如今之原子电子，他是说万物有其‘大一’的本体，而万物之实现是由小一所积成的。无论由‘大一’言或由‘小一’言，天地万物都是一体的。”①将黄老之“道”和原子之说来解释“大一”、“小一”，但是仍然缺乏论证，恐也非惠施本意。

关于第二句话，有一种常被提及的说法。司马彪注《庄子·天下》云：“物言形为有，形之外为无。无形与有，相为表里。故形物之厚，书于无厚。无厚与有，同一体也。其有厚大者，其无厚亦大。高因广立，有因无积，则其可积，因其不可积者。苟其可积，何但千里乎?”②此说颇令人费解，一个存在的事物，其外就一定有着一个无形的空间，与这个事物相为表里。此空间是“无”。但是若“其有厚大者，其无厚亦大”，那么这种“无”就是有体积的，不是绝对的无或者说虚空。若“有因无积，则其可积，因其不可积者”。又似乎是在说“无”是不可以积累，而“有”是可以积累的。那么“苟其可积”乃是说的“无”，因为“有”本身可积，并不需要“苟”来做修饰语。那么“苟其可积，何但千里”乃是说：“无”如果可积，才能“其大千里”，此解释偏于玄理，惠施是否有“无”这个概念之觉悟，还有待考证。司马彪之说，显然受了魏晋“有无论”的影响，而惠施之说是否达到此高度还有待怀疑。不过司马彪承认“无厚不可积”与“其大千里”的矛盾，对研究者来说还是很有参考价值的。

黄克剑在《名家琦辞疏解——惠施公孙龙研究》中提出一种值得借鉴的说法：“‘合同异’这一观念所笼罩的领域，此即为‘大一’

① 郭沫若：《先秦天道观之进展》，见《郭沫若全集·历史编》第一卷，北京：人民出版社1982年版，第366页。

② 转引自(清)郭庆藩：《庄子集释》，北京：中华书局1961年版，第1096页。

与‘小一’之间的‘实’的世界。”①惠施“历物十事”第九个论题说：“万物毕同毕异，此之谓大同异。”这实际上是在说惠施所历之“物”必然是在可以“合同异“的范围之中。“‘大’、‘小’两极或所谓两个极端，这两极只能由下定义或作界说得到，不能从经验的世界中获取，因此，它们只能存在于我们的观念中，永远不能为我们的经验所证实。‘大一’和‘小一’只有‘异’而没有‘同’，两者无从讲‘合同异’。也就是说，‘合同异’的说法绝不适用于对‘实’(实际事物)无所指的纯‘名’(纯概念)或绝对的‘名’(绝对概念)的领域。”②因为“至大”和“至小”属于纯粹的超越经验世界的逻辑概念，二者只可能通过定义或作界说得出，那么从定义上，这两个概念就不存在“同”的部分。换句话说，绝对概念是不属于可以“合同异”的“万物”的。黄克剑看到了“至大”、“至小”只是纯粹的逻辑产物，是经验世界之外的抽象概念，而非真实存在之物，他对惠施所研究对象范围的把握是深刻的。因为“历物之意”全文乃是围绕差别概念的名实关系展开，此种差别的讨论应当都是建立在经验范围之内的讨论，如后文所讨论的“日中”、“日睨”、“物生”、“物死”，离开了经验之物，“名实”关系也就无从论证。这是值得肯定的。但是，通过对“历物之意”整体的理解反过来解释此句，似乎是本末倒置，文本本身是如何表现出“大一”和“小一”不存在的没有解释，这也正是黄克剑论证的不足之处。

笔者认为，“无厚不可积，其大千里”正是惠施对“至大”、“至小”不存在的具体论证。“至大无外，谓之大一”是说：最大的那个东西必然没有外部(若有外部，那么合其内与外则更大)，称为“大一”(因为最大，必属唯一)；但经验世界之物是不可能达到“大一”的，因为如果存在一个“无外”的事物，要么不存在他物，要么此“大一”是万物之总体。前者显然不可能，但若将此物理解为万物

---

① 黄克剑：《名家琦辞疏解——惠施公孙龙研究》，北京：中华书局2010年版，第51页。

② 黄克剑：《名家琦辞疏解——惠施公孙龙研究》，北京：中华书局2010年版，第51页。

总体，那么“大”、“小”的讨论就失去了意义，因为对于总体来说，完全没有比较“大”、“小”的必要性。这对惠施论证“差别概念”的“名实关系”是没有价值的。“至小无内，谓之小一”是说：最小的那个东西必然没有内部(因如有内部，则其内更小)，称为“小一”(因为最小，必为唯一)。经验之物如何不可能达到“小一”，则通过“无厚不可积，其大千里”来论证：在经验世界中，即使是一个小到“几乎”没有厚度或体积(积累多层仍不见其厚，以形容其小)的物体，仍可以组成极大之物，那么此物则非“无内”。实际上，“无厚”本身也并非是指没有厚度，《庄子·养生主》曾提出过“无厚”的概念：“彼节者有间，而刀刃者无厚；以无厚入有间，恢恢乎，其于游刃必有余地矣。”①“刀刃”虽“无厚”，但却是经验世界之物，它或许可以极薄，但总有一个厚度。

至于此两句话对于惠施“历物之意”有何意义。或可参考黄克剑之说，是对“历物之意”所讨论对象范围的限定。因为“绝对的差别概念”是人们抽象思维的产物，本身只能通过定义或作界说得出，不无所谓“名实”，因而并不在惠施的讨论范围。惠施所讨论的“差别概念”是界定在经验世界中之物因为人们自身偏好所产生的相对概念，离开了经验世界，也就无从讨论此种概念的名实关系了。

第二部分：“天与地卑，山与泽平。日方中方晲，物方生方死。大同而与小同异，此之谓小同异；万物毕同毕异，此之谓大同异。”

这三句话，乃是同一个命题。旨在消除空间与时间上的差异，最后以“合同异“之说结尾。

天高地卑，乃是常识。天在上，地在下。此天不是人格之天，不是天帝，因为人格之天或者天帝本身定义中就包含了“至高无上”之意，如此便无所谓讨论尊卑。此天当是自然之天。唐人杨倞注《荀子·不苟》中“山渊平，天地比”云：“天无实形，地之上空虚

---

① 转引自(清)郭庆藩：《庄子集释》，北京：中华书局1961年版，第125页。

者尽皆天也。”①天本无实形，空间之内除地之外皆是天。关于“卑”，有人认为，“卑”当解释为“比”，即相临之意。此说有误，“天”的定义本身包含“天地相比”的意思，若单纯说天地比，实是同意反复，没有什么意义。杨倞注《荀子》云：“天地长亲相随，无天高地下之殊也。”以天地“衔接”所以无所谓高低来解释。此说实际上就是拿天的最低点和地的最高点比较。但是，正如一本平摆在桌上的书，诚然桌子与书相衔接，然而我们并不能说桌子和书一样高。或有人以“地圆”之说论证此句，胡适先生说：“地圆旋转，故上面有天，下面还有天；上面有泽，下面还有山。”②诚然，这也否认了天地相对“高”、“低”，但是“地圆”实在是超出了先秦时代的认知范围，有人据此提出先秦已有“地圆”的地理知识的说法，或许是受了胡适先生之说的影响，但这实在与惠施本意相差甚远。冯友兰先生云：“向远处看，又好像天与地都是接连的，所以也可以说，‘天与地卑’……”③此说也有不足，西方古典绘画中有一种绘画方式叫“透视”，是一种在平面或曲面上描绘物体的空间关系的方法或技术。为了将三维的物体呈现到二维的平面(比如画纸)上，通常三维世界平行的线，在画纸上却能交于一点。比如画一个两边都平行的街道，街道两边呈现在画纸上却是两条无限延伸后会相交的直线。在画纸上呈现的状态就是人眼所看到的状态，即使视野看到相交的景象，实际上也不一定是相交的。这样一种常识性的认知，并非超出惠施时代认知范围。因而冯友兰先生根据这样一种生活现象来论证“天地相比”恐非惠施本意。

笔者认为，“天与地卑”是说在人们的常识中，天总是比地高。但实际上，在不同的位置，天地具有不同的高度，此处之地并不必比彼处之天低，天不必比地高则可知。

---

① 转引自(清)王先谦：《荀子集解》，北京：中华书局 1988 年版，第 44 页。

② 胡适：《中国哲学史大纲》卷上，上海：商务印书馆 1926 年版，第 231 页。

③ 冯友兰：《中国哲学史新编》第二册，北京：人民出版社 1984 年版，第 152 页。

所谓“山泽平”，“平”通常有两种解释，一说“齐平”，一说“平坦”。笔者认为，此处当取“平坦”之意。因为从文本上来看，“天与地卑，山与泽平”形式上是一致的。“卑”本身是“地”的特性，而“平”解释为“泽”的特性应当更好。所以此句可以这样解释，有山的平坦处甚于泽之平，故山本不必较泽为崎岖。杨倞注《荀子》云：“在高山则天亦高，在深泉则天亦下，故曰天地比。地去天远近皆相似，是山泽平也。”①此说以“齐平”解释“平”本有所不足，以“天地相比”来论证“山泽平”则不能成立。高低必以上下为维度，是高是低本身与“天地相比”并无关系，杨倞由“天与地卑”推出“山与泽平”的逻辑是不成立的。冯友兰先生解释此句说：“在海拔高的地方的湖泊，可能跟在海拔低的地方的山一样高，所以说‘山与泽平’。”②这是以“齐平”解释“平”，在内容上虽说的通，在文本形式上却稍欠考究。笔者认为，“山与泽平”是在说，在人们的常识中，山是崎岖的，而水是平静无波，极为平坦的，但实际上，有些山石非常平坦，其平坦处甚于泽之平，故山本不必较泽为陡峭。

“日方中方睨，物方生方死。”历来诸家解释此句也都大同小异，基本上已经形成了一个统一的说法。即是说，太阳行至天空中央的时候就已处在偏斜之中，万物生之时，也是死亡之时。万物处在不停的变化之中，不会有瞬息的停顿。正如这一刻的“我”不是下一刻的“我”，“我”也处于瞬息不停顿的变化之中，万物之生亦是如此，因为处在不断的变化之中，所以也可以看做这一刹那之存在，下一刹那就会死去，变成新的存在。死生相随，刹那的相续亦是死的相续，亦是生的相续。

“大同而与小同异，此之谓小同异；万物毕同毕异，此之谓大同异。”杨倞注《荀子·修身》引：“大同而与小同异，此之谓小同

① 转引自(清)王先谦：《荀子集解》，北京：中华书局 1988 年版，第 44 页。

② 冯友兰：《中国哲学史新编》第二册，北京：人民出版社 1984 年版，第 152 页。

异。”“万物毕同毕异，此之谓大同异。”云：“言同在天地间，故谓之大同；物各有种类所同，故谓之小同。是大同与小同异也。”①“言万物总谓之物，莫不皆同，是万物毕同；若分而别之，则人耳目鼻口百体，草木枝叶花实，无不皆异，是物毕异也。”②后世解释，多循此说，但亦小有差别。胡适先生以“松与柏”为“大同”，“松与蔷薇”为小同，“‘小同异’，一切科学的分类，只是这种‘小同异’”③。冯友兰先生之说与此类似：“人都是人，所以所有人都相同；他们都是动物，所以所有人也都相同。但是他们作为人的相同大于他们作为动物的相同。”所谓“大同”、“小同”说的是事物不同程度的相同。现代科学据此分出“类属”之类皆是。但是这样解释在文本似乎并不太通顺：“大同”与“小同”不同，那么这种“不同”称之为“小同异”，似乎并不能解释所谓“小同异”。根据胡适先生和钱穆先生的本意，似乎并不是认为“小同异”是“大同”和“小同”的“不同”，而是“大同”、“小同”本身。所以笔者在胡适先生和钱穆先生的理解基础上，稍作修改，即“大同”与“小同异”，这是“小同异”，“大同而与小同异”乃是说人们通常所直观认为的万物互相之间有在大的方面相同而在小的方面或同或不同。

胡适先生解释“万物毕同毕异”时说：“万物各有一个‘自相’，却又都有一些‘共相’。”冯友兰先生说：“我们若把每物当做一个个体，我们又有此认识到每个个体都有自己的个性，因而与他物相异。这种同和异正是惠施所谓的‘大同异’。”④胡适和冯友兰都是以事物的共相和自相来解释“万物毕同毕异”，二者说法相似，只是在使用的术语上有所不同，也都可通。

---

① 转引自(清)王先谦:《荀子集解》，北京：中华书局 1988 年版，第 36 页。

② 转引自(清)王先谦:《荀子集解》，北京：中华书局 1988 年版，第 36 页。

③ 胡适:《中国哲学史大纲》卷上，上海：商务印书馆 1926 年版，第 234 页。

④ 冯友兰:《中国哲学史新编》，上海：商务印书馆 1934 年版，第 104 页。

高亨《〈庄子·天下篇〉笺正》中云："如马为一切马之共名，即万马毕同之名，此大同之名也。白马为一种马之共名，即小同之名，兼为一切马之别名，亦即小异之名，此小同异之名也。某白马为一匹马之别名，即万马毕异之名，此大异之名也。斯三等名，名家离之，以为不相属，故某白马非白马，而白马又非马也。推之他物，亦复如是。"①此是将公孙龙白马之说运用到惠施之说，虽意可通，但于前后文并不连贯。

黄克剑解释此句，认为这一论题是在强调"合同异"的层次："经验事物的个体在'种'内的'同异'之辩或不同'种'的经验事物在'属'内的'同异'之辩是'合同异'之辩；万物各各相'异'，而相异的万物毕竟在它们各自为'物'因而都是一种时空里的存在(占据一相对空间并发生变化)这一点上有它们的相'同'之处，这样的'同异'之辩是整个经验世界的'大同异'之辩。……'合同异'之辩，既包括了对这一物与那一物在同一时刻既'同'又'异'的分辨，又包括了某一物对某一物或某一种物在这一刻与那一刻既'同'又'异'的分辨；所以，无论是'小同异'，还是'大同异'，都既可以在空间扩展的意味上去说，也可以在时间推移的意味求取。"②

笔者认为，黄克剑之说相比胡适先生和冯友兰先生的说法要更为详尽。他能够看到这一句与前文的关系，此"合同异"之说乃是由前文总结而来。"天与地卑，山与泽平"乃是说的不同物在空间上的同异，如天地高低比较，山泽平坦与崎岖的比较，通常我们认为地比天低，水面比山平坦。"日方中方睨，物方生方死"则是说的"日"的"中"和"睨"，"物"的"生"和"死"在时间上的比较，我们通常认为日的"中"和"睨"是不同时间上的，"物"的"生"、"死"亦是如此。但是"大同异"其实并不必要如黄克剑所说的"万物都是

---

① 转引自张丰干：《庄子天下篇注疏四种》，北京：华夏出版社2009年版，第221页。

② 黄克剑：《名家琦辞疏解——惠施公孙龙研究》，北京：中华书局2010年版，第64页。

一种时空的存在。"①而局限于"时空"，惠施通过这四个例子来论证所谓相对概念的差异，如"高卑"、"平崎"、"中睨"、"生死"实是因人类主管的偏见而生，它们在"实"的层面上却没有这种差别——是这就是"同"。我们在"历物之意"最后一句——"天地一体也"也能找到这种说法的支撑。

第三部分："南方无穷而有穷。今日适越而昔来。我知天下之中央，燕之北，越之南也。泛爱万物，天地一体也。"

"南方无穷而有穷"此说，多有学者以"地圆说"来进行解释。这大概是因为"圆"乃是无穷而有穷的，故强加附会。如胡适："惠施论空间，似乎含有地圆和地动的道理……因为地圆，所以南方可以说有穷，可以说无穷。南方无穷，是地的真形，南方有穷，是实际上的假定。"②牟宗三先生亦是如此认为："此若直线思考，则'无穷而有穷自是矛盾。但若视宇宙为圆球，曲线思考之，则不矛盾。"③将"地圆说"强加到惠施之说，本身欠缺论证，没有任何史料证明先秦已有"地圆说"，惠施如何得出这样一个超越时代认知的知识，如何可能，皆无从考据。另外，即使惠施所说为"地圆"之说，这样一个地理上的知识提出来，对于惠施研究"名实"关系并无价值，换句话说，这就将属于人文思考的哲学误落于纯粹的科学认知上了。故"地圆之说"与惠施本意，恐怕相差甚远。冯友兰先生在《中国哲学简史》中解释此句："'南方无穷'是当时的人常说的话。在当时，南方几乎无人了解，很像两百年前美国的西部。当时中国人觉得，南方不像东方以海为限，也不像北方、西方以荒漠流沙为限。惠施这句话，很可能仅只是表现他过人的地理知识，就是说，南方最终也是以海为限。"④此说则更是不知所云了。钱穆以

① 黄克剑：《名家琦辞疏解——惠施公孙龙研究》，北京：中华书局2010年版，第64页。

② 胡适：《中国哲学史大纲》卷上，上海：商务印书馆1926年版，第231页。

③ 牟宗三：《名家与荀子》，吉林：吉林出版社2010年版，第14页。

④ 冯友兰：《中国哲学简史》，北京：北京大学出版社1985年版，第104页。

相对方位解释："'南'、'北'自位而言。在我之谓南，在彼不谓之南，彼自别有其南也。各自有其南，则南为无穷；各自不自以为南，则南为有穷。"①然而惠施所说南方，当是一个公设的方向。惠施讨论南方是否有"无数个"似乎也并没有什么意义。

"南方无穷而有穷"当说的是：南方更有南方，故无穷；南方更有北方，故有穷。这实际上揭示的是南方这一概念包含的两层含义——绝对的南方和相对的南方。南方的南方还是南方，南方没有边界(古人并不知道南极)，所以南方无穷，这是绝对意义上的南方。但每一南方又是相对比它南的那个"南"的北方，换句话说，假设我们不停往南，停在某一位置，那么我们一转身，就是北方——南方的"穷"就在脚下。正如黄克剑所说："向南位移途中的任何一点都既'南'又'北'而亦'北'亦'南'。"②

"今日适越而昔来"当是说：昨日可言"今日适越"，而今日可言"昨日已来"。换言之，我在执行"适"这个动作时我说的今日，而我在回忆"来"这个动作时这个动作相对于我目前就是昔日了。成玄英注《庄子·天下》云："夫以今望昔，所以有今。以昔望今，所以有昔。而今自非今，何能有昔？昔自非昔，岂有今哉？既其无今无昔，故曰今日适越而昔来可也。"前半段叙述，讲述了"无今则无昔，无昔则无今"这样一个真理性的观念，"今"、"昔"乃是相对彼此而存在，然而如何"无今无昔"，成玄英没有给出论证，读来颇不得其意。

胡适则是延续对"南方无穷而有穷"的错误："因为空间是不停地运动……在一个国家是'今天'而在另一个国家可以是'昨天'。"③而牟宗三所云："如果我们默想时空合一，想眼前适越之时与地，再随圆形转回来而至越处，想所至之越原有之时与地，已

① 钱穆：《惠施公孙龙》，北京：九州岛出版社2011年版，第16页。

② 黄克剑：《名家琦辞疏解——惠施公孙龙研究》，北京：中华书局2010年版，第67页。

③ 胡适：《中国哲学史大纲》卷上，上海：商务印书馆1926年版，第100页。

有其空间与时间，是以当吾至越之时，或今日适越之时，亦可说是昔至也。"①乃是认为时空都是圆的，倒有些类似佛教前生今世轮回之说，然而与惠施本意相差已远。因为惠施在其历物之意中并未涉及形而上的讨论，其根本在于揭示"名"、"实"关系之间的漏洞，是纯粹逻辑语言上的学说。正如庄子所说："惜乎惠施之才！骀荡而不得，逐万物而不返，是穷响以声，形与影竞走也！悲夫！"庄子与惠施所说多有相契之处，然而惠施只重逻辑，推究概念，缺乏一个方法论的总结，换句话说，惠施之说没有实用价值，这大概是庄子之所以深感痛惜，而名家历来为别家所批评的原因所在。或有人以"日方中方睨"来解此句，认为"真正之时间，永在移动，决不可分割为'今日'之一段，使稍停留片刻，如吾人刚说'今日(上午十时十分)到越'，则此所谓'今日'者，已早已成为过去而为'昔来'矣"②。然而所谓"今日"本身则是一个时间段，并非是"上午十时十分"的时间点，今日上午十点十分和今日晚上十点十分所说皆是今日，时间故不可分为点，然而普遍所规定的今日还是存在的。

"连环可解也"一句，郭沫若指出："'连环可解也'，大约是以不解释之。庄子所谓'得其环中以应无穷'，连环如各得环中以运，则彼此不想拘束，是不解而自解了。"③然而"环中"乃是庄子形而上之道，庄子是用"环中"来说明万物得道以应无穷的道理。而惠施的学说，乃是纯粹逻辑语言上"控名责实"的学说，并无此种形而上的讨论，这更是他与庄子之说分歧的表现。蒋锡昌云："此条自上文'物方生方死'之推理所推理出。有生之物方生方死；无生之物，方成方毁；其理正同。连环成后，终有毁日。唯常人之所见，只见一旦之毁，不见逐渐之毁。吾人假定自连环初成之时，至

---

① 牟宗三：《名家与荀子》，吉林：吉林出版社 2010 年版，第 14 页。

② 蒋锡昌：《庄子哲学》，上海：上海书店出版社 1992 年版，第 271 页。

③ 郭沫若：《十批判书》，见《郭沫若全集·历史编》第二卷，北京：人民文学出版社 1982 年版，第 270 页。

一旦毁坏之时，总名此整个过程为‘解’。”①将“解”理解为“毁”这并不符合普遍的对“解”连环的理解，倒是颇类似于佛家成住空之观念了。名家，乃是在人们普遍所理解的概念之中寻找其内在的“名实”差异，而非单纯偷换概念，正如冯友兰解释“南方无穷而有穷”时，将“无穷”解释为“无穷个”，这就脱离了我们平常所普遍认可的南方的“无穷”。诚然此法没有逻辑上的毛病，却不能显示出名家所辩之高明，而正是真正的“诡辩”了。牟宗三以此句为对前两个论题的补充解释：“南方无穷而有穷，今日适越而昔来，此两句表面上皆是自相矛盾之辞，然惠施暗示之曰：虽似矛盾，而实‘连环可解也’。连环可解亦尤《天下篇》前文叙庄子‘其书难瓌玮，而连犿无伤也。’言连环宛转而可通也。”②此说其实也是有漏洞的，“其书难瓌玮，而连犿无伤也”是庄子自褒之辞，与惠施“连环”实不相干。另外，“历物之意”通篇皆是论题，乃是庄子列举的惠施的论点，庄子并无解释之意。认为“连环可解”是对前两句的解释，也并不符合文本。

笔者以为，此句当以司马彪之说为正解：“夫物尽于形，形尽于外，则非物也。连环所贯，贯于无环，非贯于环也。”③“连环”本身是可以解开的，因为连环是环套环，实际上两个环并没有接触性的相连，所以从不连的角度来看，两个环本身就是分开的，既然是分开的，那么也就解开了。这就从“连环”之“连”的名实差异上阐述了这个“解”与“连”的矛盾。

“我知天下之中央，燕之北，越之南也。”此句当解释为：我所知道的那个天下中央之地，在北方的北方，南方的南方。古人对地理范围的认知由于受到时代的界限，其认识也是很有限的。“燕”也就是如今的河北、辽宁一带，在惠施所出之地乃是所普遍认为的

① 蒋锡昌：《庄子哲学》，上海：上海书店出版社 1992 年版，第 271~272 页。

② 牟宗三：《名家与荀子》，吉林：吉林出版社 2010 年版，第 13 页。

③ 转引自（清）郭庆藩：《庄子集释》，北京：中华书局 1961 年版，第 1098 页。

最南之地。而越则是指的岭南一带，当时有“百越之地”一说，是普遍认为的最南之地。按照当时人们的认识来看，天下之中央乃是限定在燕之南，越之北的某个固定的区域。此说当从司马彪注《庄子·天下》云：“燕之去越有数，而南北无穷，由无穷观有数，则燕越之间未始有分也。天下无方，故所在为中，循环无端，故所在为始也。”①惠施认为所谓“中央”乃是相对四周而言，如果四周可以无限延伸而“无方”，那么中央就可以在任何地方。

成玄英注云：“夫燕越二邦，相去迢递，人情封执，各是其方，故燕北越南可为天中者也。”钱穆之说与此同：“中无定位。居燕之北者，不自以为，而以燕为南焉，彼则自以为中。居越之南者，不自以为南，而以越为北，彼亦自以为中也。”②实际上二者之说与司马彪之说相似，受于认识所界限，故“天下的中央”乃是我所知道的那块区域的中央。这与司马彪之说意趣相契。胡适、牟宗三以“地圆”解释此论题，其错误乃是“南方无穷而有穷”的延续，不再赘述。

“泛爱万物，天地一体也。”作为最后一个论题，历来诸家都将它解释为前九个论题所论的核心，多有学者认为惠施最后一个命题乃是惠施“方法论”之所在。章太炎：“故天地一体；一体故泛爱万物也。”③冯友兰：“万物一体，因而应当泛爱万物，不加区别。”④郭沫若：“因为天地万物尽管不同，而同是出于‘大一’，自然同是‘一体’，也就须得‘泛爱’了。”⑤笔者认为，以上诸家之说皆持一家之言，并不能诠释该论题之含义。由“天地一体”实际上并不一

① 转引自(清)郭庆藩：《庄子集释》，北京：中华书局1961年版，第1105页。

② 钱穆：《惠施公孙龙》，北京：九州岛出版社2011年版，第17页。

③ 章太炎：《国故论衡》，上海：上海古籍出版社2003年版，第132页。

④ 冯友兰：《中国哲学简史》，北京：北京大学出版社1985年版，第105页。

⑤ 郭沫若：《十批判书》，见《郭沫若全集·历史编》第二卷，北京：人民文学出版社1982年版，第270页。

定能够推出“泛爱万物”，也可如庄子一样，任其自然，达到逍遥——这之中并不存在必然的逻辑：为什么天地是一体的，人们就要爱一切事物呢？其实，由“天地一体”也可以得出我不必执着任何一种事物的结论。另外，这种说法本身就是一种文本上的颠倒，而在原文本顺序同样解释得通的情况下，以按原文本顺序解释更好。诚然，第十命题比之前四个命题当有不同，正如黄克剑言，“一开始就赋予了其他论题某种内在的韵致，而使那些奇诡的措辞最终不至于落于机辩”①。通读“历物之意”，第五命题“大同而与小同异，此之谓小同异；万物毕同毕异，此之谓大同异。”已对第三四命题中的四个例子进行了总结，然而此总结乃是将具体的“异同”落于抽象。而第六到第九命题，乃是对“合同异”的继续阐发，这四例都在说明相对概念的差别，惠施旨在告诉我们这些概念都是相对的，接下来就提出一个总结性的命题：既然概念的差别纯然产生于我自己所处的位置，如果我从“无我”的境界去思考，这些概念都可以被混淆，因此事物本身并无差别，差别乃是主观的。由此可见，万物的高卑优劣不过是人主观的认为，如果能扩其心以泛爱万物，那么天地之间的万物无非一物，则视天地犹如浑然一体，而无彼此之别了。这就将“泛爱万物”看做一个前提，而“天地一体”则是在此种前提下所产生的一种境界了。此说与庄子“齐物”有类似之处，这大概也是庄子与惠施相契之所在。而《吕氏春秋·爱类》记载：“匡章谓惠子曰：公之学去尊……”惠施的“去尊”说也正是“泛爱万物，天地一体”在政治上的体现。

也有人将这一命题分为两个独立的命题，但若如此，还是不能避免将“泛爱万物”解释为一种方法论。而且此两句独立成句，不知所云，没有什么论证的意义。解释起来多不免于附会，如成玄英注《庄子·天下》云：“万物与我为一，故泛爱之。二仪与我并生，故同体也”。这就将“两仪”等不相关涉的概念牵强附入了。

总的来说，“历物之意”十句话，是关于惠施学说最为确实的

① 黄克剑：《名家琦辞疏解——惠施公孙龙研究》，北京：中华书局2010年版，第79页。

记载。笔者认为，它们之间是存在着共同的主题的——惠施旨在通过这十句话来指出：人们语言中的“大”、“小”、“卑”、“低”、“无穷”、“有穷”等差别概念的存在，是因为人类自身的偏见，而事物本身无所谓差别。换句话说，含有“差别”意义的“名”，是不能对应到“实”之上的，“实”本身无所谓差别。虽然就“历物之意”的内容来说，并不能如儒家、道家等先秦学术流派一样给社会和人提供一种方法论上的指导，但惠施论证此种“名”、“实”关系的不符，最后提出“天地一体”的具体过程——此种逻辑思辨的具体过程，却能给人们带来一种思维方式上的重要参考模式。

东汉和安之际太学之衰探究

——以政治文化为视角

2013级国学班　段亚彤

一、绪　　论

（一）问题提出

一般观点认为，自西汉中期武帝“罢黜百家”后，儒学逐渐被立为正统，而作为官方意识形态的学术支撑，经学也受到统治者的重视和扶持。汉武帝立五经博士，重用公孙弘，“经学自汉武始昌明”①；西汉元帝尤好儒，故“经学自汉元、成至后汉，为极盛时代”②；除重用儒生外，统治者还大力发展经学教育，“汉末太学诸生至三万人，为古来未有之盛事”③。在正史的叙述语境中，东汉一朝最初的几位皇帝亦是经术爱好者。《后汉书》有云：

> 及光武中兴，爱好经术……建武五年，乃修起太学……中元元年，初建三雍。明帝即位，亲行其礼。天子始冠通天，衣日月，备法物之驾，盛清道之仪，坐明堂而朝群后，登灵台以望云物，袒割辟雍之上，尊养三老五更。飨射礼毕，帝正坐自讲，诸儒执经问难于前，冠带搢绅之人，圜桥门而观听者盖以

---

① （清）皮锡瑞：《经学历史》，北京：中华书局2012年版，第41页。
② （清）皮锡瑞：《经学历史》，北京：中华书局2012年版，第65页。
③ （清）皮锡瑞：《经学历史》，北京：中华书局2012年版，第65页。

万计。其后复为功臣子孙、四姓末属别立校舍，搜选高能以受其业，自期门羽林之士，悉令通《孝经》章句，匈奴亦遣子入学。济济乎，洋洋乎，盛于永平矣！①

单从文献记载上看，东汉初期的经学的确呈现“千载一时，后世莫逮”的盛况。然而，考察光武、明、章三朝后的和安之际，几十年间经学似乎有衰落的迹象，《后汉书》又云：

孝和亦数幸东观，览阅书林。及邓后称制，学者颇懈。时，樊准、徐防并陈敦学之宜，又言儒职多非其人，于是制诏公卿妙简其选，三署郎能通经术者，皆得察举。自安帝览政，薄于艺文，博士倚席不讲，朋徒相视怠散，学舍穨敝，鞠为园蔬，牧儿荛竖，至于薪刈其下。②

经学的衰落，首先在于学术层面的荒芜，直接表现便是太学之衰。在这段时期出现的学者懈怠、博士不讲、学舍废弃等现象与光武、明、章之时的经学盛况形成鲜明的反差，据此我们可以将太学由盛至衰的转折点大致划定在和帝到安帝这数十年间。和安之后，虽有顺帝“更修黉宇”③来重建太学的努力，其结果不过是导致儒风衰落，徒有太学的形式而无太学本应具有的求是问道之精神了，所以范晔感慨道：“然章句渐疏，而多以浮华相尚，儒者之风盖衰矣。”④

与此同时，太学之衰正是东汉经学走向衰落的前奏。正如有学者指出，和安之后，东汉中后期一个极为引人注目的现象是：官办经学刚刚达到了它的荣华和声誉的峰巅，就急剧地跌落下来，一蹶

① （南朝·宋）范晔：《后汉书·儒林列传》。
② （南朝·宋）范晔：《后汉书·儒林列传》
③ （南朝·宋）范晔：《后汉书·儒林列传》。
④ （南朝·宋）范晔：《后汉书·儒林列传》。

不振。① 皮氏对此现象，认为是“师法之下复分家法，今文之外别立古文”②之过。诚然，经学内部的分裂作为学术领域的变化，势必影响到作为意识形态的经学之地位。然而，我们面对在此之前的历史，不禁要问：经学自西汉逐渐成为官方意识形态后，亦时有兴替，为何经和安之际这数十年的荒废，地位便一落千丈？西汉武帝后的经学，是否真如史书描述的那般昌明？王莽大兴古文经，究竟对后世经学发展产生了怎样的影响？光武、明、章三朝的经学极盛表象之下，是否早已暗藏了衰落的玄机？和安两朝的政治在中央层面的变化是外戚与宦官势力的登台，朝政的黑暗是否影响到中央教育机构太学的走向？士族的政治理想在专制皇权、外戚及宦官几股势力的压迫下难以实现，这对承担着经学教育使命的士人造成怎样的冲击？等等。

在错综的历史背景中，我们找到一条与太学之衰最为切近的线索，即学术之政治层面的考察。笔者试图以政治文化为视角，从两方面对前文提出的东汉中期太学之衰这一现象进行探究，一方面，通过考察和安之际中央的政治生态，初步认识在这由盛转衰之关键点，政治如何对经学产生影响，使其呈现颓势，这是显性的切入点；另一方面，通过对和安之前，即上溯西汉武帝，下讫东汉章帝这一历史进程中的关键现象进行考察，进一步发掘经学衰落在政治层面的隐性线索。这里需要强调的一点是，我们以史料记载中的“太学之衰”作为切入口，所要探究的是这一现象反映出来的经学衰落的问题，关于这二者的关系，前文已述。总而言之，太学之衰是现象，经学衰落是将现象放在历史时间轴上得出的归纳，大体上二者要表述的意义是一致的，下文也会根据叙述的需要来措辞。

（二）研究回顾

考察相关史料，对该时间段内经学状况的描述大多从太学、博

---

① 金春峰：《汉代思想史》，北京：中国社会科学出版社2006年版，第501页。

② （清）皮锡瑞：《经学历史》，北京：中华书局2012年版，第93页。

士、儒林风气等教育系统着眼。如《后汉书·儒林列传》中言和安朝之后游学增盛，“然章句渐疏，而多以浮华相尚，儒者之风盖衰矣”。《后汉纪·孝殇皇帝纪》中引臣子尚敏上奏，建议兴广学校的疏文：“自顷以来，《五经》颇废，后进之士趣于文俗，宿儒旧学无与传业。由是俗吏繁炽，儒生寡少，其在京师，不务经学……太学之中不闻谈论之声，黉序之下不睹讲说之士。”可见当时学术风气之“浮华”，儒生不以通经为要，而有与“俗吏”合流的趋势。

近现代学者对东汉太学之衰的问题不乏关注，但探究也多从经学本身着眼。清末皮锡瑞站在今文经学家的立场，认为儒风之衰乃是“经术不重”、“实学已衰”之过，并将其归咎于儒林中的“疏章句、尚浮华者”①，皮氏的看法固不能作为严格意义上的史学论断，但对其后的思想史、学术史研究产生不小的影响。之后吕思勉对汉代的游学风气亦有论断，“游谈之风，虽不足以概两汉之学者，然终为其时风气之累”②，批判当时学子为立名、逐利而交游，遂成世风。侯外庐等学者合著之《中国思想通史》中亦辟专章讨论“汉末统治阶级的内讧与清议思想”，认为作为官僚后备军的太学生对宦官的斗争形式之一，便是通过所谓的“浮华”、“交会”，将学林的风气和当时的政治斗争联系起来。这在思考学术与政治的关系上颇具启发性，然只是点到为止，未尝深发。③ 而浏览当代大陆学者有关汉代思想史的相关论著，对和安之际太学之衰这一现象即使有所关注，叙述也十分模糊，或直接继承前人说法，或粗略推究原因，对和安朝及其之前的历史背景缺乏考察，多是泛泛之论。

真正给笔者以探究视角上启发的是中国学界对政治文化这一论题的逐步关注及相关学术成果。随着对知识分子问题的关注，中国学界自20世纪80年代来对古代传统知识分子以及学术与政治等问题

① （清）皮锡瑞：《经学历史》，北京：中华书局2012年版，第74~75页。

② 吕思勉：《秦汉史》，上海古籍出版社2005年版，第658页。

③ 侯外庐等：《中国思想通史》第二卷，北京：人民出版社2012年版，297~374页。

的研究有了新发展。阎步克先生的《士大夫政治演生史稿》，对士大夫的政治命运，作了新的考察，并对礼法、学士与文吏的关系等问题进行了发人深省的思考；于迎春先生的《秦汉士史》以秦汉为考察时段，从“士”的角度，全面考察“士”的命运发展中所透现的政治文化特质，视角独到，见解深刻；陈苏镇先生的《汉代政治与〈春秋〉学》是一部详尽论证汉代学术与政治的专著，将视野从单纯关注知识分子扩展到对政治文化的分析，论证缜密，裁断有度，是近年来的优秀研究成果。笔者受到以上前辈学者研究成果的启发，反观东汉和安之际的太学之衰，发现除了从经学本身、太学教育系统、儒林风气这些方面以外，以这一时期学术与政治的互动，特别是政治生态对经学的影响这一角度切入来考察，不失为一新视角。

整体来讲，对和安之际太学之衰这一现象学界早有关注，但研究视角相对局限，鲜有突破性进展，而近几十年来在西方学术思想影响下产生的对中国传统政治文化的研究多有开展，但学者有各自的研究范围和立场，未必聚焦到和安之际这一微观历史时期。笔者便试图将这二者做一结合，从微观的历史事实切入，用新的学术视角考察，以期有所发现。

（三）研究意义

在问题意识和学术视角方面的意义，本文前两部分已经有所涉及，这里进一步阐述，着重谈以下两个方面：

第一，关于经学的考察思路。经学在中国古代的地位自不待言，其之所以为“经”学，关键并不在其文化上的属性，而是几千年的专制统治下，经学作为官学被赋予的政治属性。西汉武帝后儒生逐渐当路，而随着汉代儒学的传播、士族阶层的扩大，汉以后的选官多用儒生，这必然会出现以经学为射禄手段的现象。“学术既定于一尊，经学遂成了利禄的捷径。学术正宗与政权的正统互相利用，搅在一起了。”①姜广辉先生将这种“学与政”密切联系的状

① 侯外庐等：《中国思想通史》第二卷，北京：人民出版社 2011 年版，第 280 页。

况称为“经典政治”，他说：“所谓‘经典政治’，就是借助传统历史文化的资源，以圣人和经典的恒久权威性来维护王权政治架构的权威。”①这种中国特色的“经典政治”将学术与政治、精神层面与世俗层面、历史与当下、“天”与“人”，从文本到实践实现了结合，对中华文化及传统政治走向、思维方式都产生了不可估量的影响。从一定意义上说，经学是文化、信仰，也是政治。

第二，关于政治文化视角的引入。“政治文化”②这一概念首先来自西方，但并不代表中国古代没有，目前大陆学界对此概念的定义尚未清晰，但研究的内容是明确的，与现代政治文化的研究相对应，便有传统政治文化研究的论题，主要是对政治价值观念以及与之相关的政治信仰、心态和人格问题的历史性考察，这与政治思想史有密切关系，却又有明显的差异。作为一个尚有很大发掘空间的论题，目前可以确定的是，政治文化现象在历史上影响极大，一旦形成，常常成为控制人们的政治行为和思维方式的看不见的手，虽然对此论题的探讨并非本文的要旨，但基于这一概念可能产生的对传统学术的新发现和新认识，笔者认为有必要在这一视角下重新对经学问题进行探讨。

---

① 姜广辉：《中国经学思想史》第一卷，北京：中国社会科学出版社2003年版，第13页。

② “政治文化”是现代政治学的分支，有其特定含义，如阿尔蒙德说：“政治文化是一个民族在特定时期流行的一套政治态度、信仰和感情。这个政治文化是由本民族的历史和现在社会、经济、政治活动的进程所形成。人们在过去的经历中形成的态度类型对未来的政治行为有着重要的强制作用。政治文化影响各个担任政治角色者的行为、他们的政治要求内容和对法律的反应。”见阿尔蒙德、鲍维尔：《比较政治学：体系、过程和政策》，曹沛林等译，上海：上海人民出版社1987年版，第29页。本文所说的“政治文化”，立足于中国古代政治与文化之间的密切关系，着重那些兼有政治和文化性质的事项，以其为视角探究经学史问题，也侧重于政治事项在文化层面发生的影响。

二、和安之际太学之衰的历史考察

本文在绪论的第一部分已经提到，和安之际可以作为东汉太学由盛转衰的关键节点，对于太学之衰这一现象，《后汉书》和《后汉纪》中多有记载，具体的考证不必赘述。但需要强调的一点是，太学作为中央最高教育机构，其衰落所反映的是作为官学形态存在的儒学之衰，主要是以“中央”为考察范围，而在此范围之外与之正好相对的，却是儒风下移，民间“私人教授”的兴盛。经学作为学术，它与太学、太学生、博士等制度密不可分，作为官学，它又与意识形态、朝政环境、中央官僚集团有千丝万缕的联系。因此，我们在这里梳理太学之衰背后的相关动因，便将目光聚焦在这一时期中央的政治领域。

（一）核心权力的争夺：外戚、宦官专权下的朝政

东汉王朝发展至和帝，一个显著的特点是，外戚与宦官逐渐得势，国家政权在这两种势力中反复交替，皇帝短寿似乎是这一现象出现的起点。赵翼在《廿二史劄记》卷四《东汉诸帝多不永年》条中曾归纳过：

> 国家当气运隆盛时，人主大抵长寿，其生子亦必早且多。独东汉则不然，光武帝年六十二，明帝年四十八，章帝年三十三，和帝年二十七，殇帝二岁，安帝年三十二，顺帝年三十，冲帝三岁，质帝九岁，桓帝年三十六，顺帝年三十四，皇子辨即位年十七，是年即为董卓所弑，惟献帝禅位后，至魏明帝青龙二年始薨，年五十四，此诸帝之年寿也。①

我们发现，自和帝以来，皇帝往往幼弱，且多夭折，这导致的

① （清）赵翼：《廿二史劄记》卷四，南京：凤凰出版社 2008 年版，第 61 页。

直接后果便是权力结构的不稳定。一旦帝王早逝，皇后及其父兄因策立之功而掌权，他们的个人野心开始膨胀，导致贪权立幼的出现，幼主长大后大多能夺权，但多通过宦官，导致中官势盛。然而，东汉诸帝中，除了光武、明帝外，其余皇帝多早逝，没有一个有足够的时间和精力来进行改制，这就注定了东汉的历史轨迹只能沿着老路前进，外戚掌权与帝王夺权循环往复。

1. 外戚专权的形成

外戚专权在西汉已有出现，王莽的篡位便是西汉外戚政治的高峰和终结，东汉外戚专权更是其朝政一大特点，它之所以能不间断地存在直至帝国的终结，与东汉的后妃制度密不可分，即“八月筭人”的采女制。每年八月，朝廷派出中大夫、掖庭丞和相工到洛阳及邻近乡里巡视，访察“良家童女”。① 所谓“良家”，即名门贵族之家，而洛阳又是士族、功臣、列侯、官僚聚集之地，这样一来，东汉后妃几乎都出自豪族大家。东汉后妃的选纳范围之所以仅限于豪族，是为了达到笼络豪族、巩固皇权的目的，固然有其积极作用，但造成的结果是，豪强通过后妃的选纳制度得以与帝室取得政治联姻关系，这是外戚得宠的“入口”，同时豪强的政治、经济势力也为其专权提供了强有力的保障。光武、明、章时期，皇权对朝政的把控十分严格，即使是借助豪强势力建立王朝，鉴于王莽篡位的教训，皇帝对外戚势力防范有加，后宫对朝政的影响亦受到压制。

然而，从和帝即位至安帝览政，皇帝多早逝，伴随着窦太后、邓太后的临朝，窦氏、邓氏集团相继对朝政发挥着举足轻重的作用。章帝皇后窦氏是东汉第一个临朝的太后，吕思勉先生说，“后汉外戚之祸，始自章帝时”②，章帝的皇后便是窦氏。

《后汉书》中记载了两则材料：

---

① 参见《后汉书·皇后纪上》：“汉法常因八月筭人，遣中大夫与掖庭丞及相工，于洛阳乡中阅视良家童女，年十三以上，二十已下，姿色端丽，合法相者，载还后宫，择视可否，乃用登御。”

② 吕思勉：《秦汉史》，上海：上海古籍出版社2005年版，第263页。

和帝即位，(窦)太后临朝，(窦)宪以侍中，内干机密，出宣诰命。肃宗遗诏以笃为虎贲中郎将，笃弟景、瓌并中常侍，于是兄弟皆在亲要之地。宪以前太尉邓彪有义让，先帝所敬，而仁厚委随，故尊崇之，以为太傅，令百官总己以听。其所施为，辄外令彪奏，内白太后，事无不从。①

殇帝崩，(邓)太后与(邓)骘等定策立安帝，悝迁城门校尉，弘虎贲中郎将。自和帝崩后，骘兄弟常居禁中。骘谦逊不欲久在内，连求还第，岁余，太后乃许之。永初元年，封骘上蔡侯，悝叶侯，弘西平侯，阊西华侯，食邑各万户。骘以定策功，增邑三千户。②

联系以上两则材料，我们容易看出，刘氏皇族对舅氏的优容尊崇，似乎已成定制，而对舅氏的尊崇，最主要的方式还是加官晋爵，厚赐重用。这与当时所谓“汉家旧典，尊崇母氏”的风尚有密切联系，即便外戚势力与皇权本不相容，但在时俗的影响下，外戚集团依然在皇帝对舅氏的尊崇中得到巩固和发展，并对朝政发挥重要影响。

对比西汉时，武帝曾为了稳定继位者的帝位而杀其母钩弋夫人，但东汉时期，这种现象已不复存在，甚至那些被废黜太后的下场，也并非惨不忍睹。例如：窦太后临朝五年，后来“兄宪，弟笃、景，并显贵，擅威权，后遂密谋不轨”③。窦氏一家被灭，窦氏残害和帝生母之事暴露后，“太尉张酺、司徒刘方、司空张奋上奏，依光武黜吕太后故事，贬太后尊号，不宜合葬先帝”④，但和帝不同意，手诏曰：“窦氏虽不遵法度，而太后常自减损。朕奉事十年，深惟大义，礼，臣子无贬尊上之文。恩不忍离，义不忍亏。

① (南朝·宋)范晔:《后汉书·窦融列传》。
② (南朝·宋)范晔:《后汉书·邓骘列传》。
③ (南朝·宋)范晔:《后汉书·皇后纪上》。
④ (南朝·宋)范晔:《后汉书·皇后纪上》。

案前世上官太后亦无降黜，其勿复议。”①这从一个侧面反映了东汉帝王对母后的尊崇，而这种风气也间接促成了外戚政治的再一轮重现，邓氏集团继窦氏后的出现便是证明。

外戚专权的形成对敢于进言的贤良之进用无疑带来阻碍，这里以当世名儒崔骃为例进行分析。《后汉书》记载，崔骃在章帝时受到皇帝赏识，成为窦宪的“上客”，和帝即位后窦太后临朝，窦宪也凭借“重戚”的身份“出内诏命”，此时崔骃献书，以历史教训告诫他不要因外戚的身份而垂涎高位，之后窦宪从“侍中”升为“车骑将军”，崔骃成为他的辅佐官，然而“宪擅权骄恣，骃数谏之……宪不能容，稍疏之……骃自以远去，不得意，遂不之官而归”，在和帝即位后的第四年②就去世了，范晔评论他“虽先尽心于贵戚，而能终之以居正”。崔骃算是当时距离中央朝政比较近的儒生了，他虽“博学有伟才”，却“常以典籍为业”，后来得章帝垂青而进用，但由于和帝即位后窦宪的擅权，崔骃坚持士人的操守却很快被疏离，可见当时外戚势力发展之迅速。③ 进一步推之，在外戚专权下，凡有气节的儒生难以实现其政治抱负，徘徊于理想和现实之间，内心应是愁闷抑郁的，也很难继续在这样的政治环境中生存下去。

2. 宦官借皇权大行其道

宦官最初来源于战俘，后来由刑余之人充任，宦官本不具政治势力，且因其地位卑贱，也没有后嗣，社会根基薄弱。但正是由于他们“体非全气，情志专良，通关中人，易以役养”④，“中人无外党，精专可信任”⑤，往往能赢得君主的充分信任。宦官开始时仅是充当皇帝监视王公大臣的耳目，但由于专制社会对这种势力缺乏一定的约束力，宦官势力得以不断坐大。而到了东汉时期，宦官更

---

① （南朝·宋）范晔：《后汉书·皇后纪上》。

② 即和帝永元四年，公元 92 年。

③ 崔骃事迹详见《后汉书·崔骃列传》。

④ （南朝·宋）范晔：《后汉书·宦者列传》。

⑤ （东汉）班固：《汉书·佞幸传》，北京：中华书局 1962 年版，第 3726 页。

加强势，成为政治舞台上一支不可忽视的力量。

一般认为，东汉宦官势力起于和帝时。其实在此之前，宦官就已遍及于汉宫，只是并未擅权，虽然数量上有增加，但始终处于一种平稳的发展状态，“中兴之初，宦官悉用阉人，不复杂调它士。至永平中，始置员数，中常侍四人，小黄门十人”①，“自明帝以后，迄乎延平，委用渐大，而其员稍增，中常侍至有十人，小黄门二十人，改以金珰右貂，兼领卿署之职”②。宦官直接参与政治是在和帝时，其直接诱因是外戚势力的坐大。《后汉书》中记载：

(窦)宪既负重劳，陵肆滋甚。四年，封邓叠为穰侯。叠与其弟步兵校尉磊及母元，又宪女壻射声校尉郭举，举父长乐少府璜，皆相交结。元、举并出入禁中，举得幸太后，遂共图为杀害。帝阴知其谋，乃与近幸中常侍郑众定议诛之。③

永平中，(郑众)初给事太子家。肃宗即位，拜小黄门，迁中常侍。和帝初，加位钩盾令。④

内外臣僚，莫由亲接，所与居者，唯阉宦而已。故郑众得专谋禁中，终除大憝，遂享分土之封，超登宫卿之位。于是中官始盛焉。⑤

十四年，帝念众功美，封为鄛乡侯，食邑千五百户。永初元年，和熹皇后益封三百户。⑥

帮助皇帝铲除擅权的外戚势力后，宦官郑众等的回报就是“以功迁大长秋”和“分土之封”，而且又允许宦官养子，“(郑众)元初元年卒，养子闳嗣”⑦。所谓“大长秋”，是指侍奉皇后的宦官职

① (南朝·宋)范晔:《后汉书·宦者列传》。
② (南朝·宋)范晔:《后汉书·宦者列传》。
③ (南朝·宋)范晔:《后汉书·窦融列传》。
④ (南朝·宋)范晔:《后汉书·宦者列传》。
⑤ (南朝·宋)范晔:《后汉书·宦者列传》。
⑥ (南朝·宋)范晔:《后汉书·宦者列传》。
⑦ (南朝·宋)范晔:《后汉书·宦者列传》。

名，“秋者收成之时，长者恒久之义，故以为皇后官名”①。而“分土之封”更是让宦官势力急剧膨胀，达到与诸侯亲王相当的经济与社会地位，这些来自帮助皇帝夺权的嘉奖，为宦官专权奠定了制度和物质基础。

在我国古代的孝道中，“无后”被认为最大的罪过，宦官也因此而被世人唾弃，为了挽回社会地位和声誉，历代宦官大多热衷于“娶妻养子”，而东汉宦官养子的最先例便起于郑众等人。宦官养子的开始，不仅标志着宦官政治势力与地位的极大提高，更重要的是，宦官可以通过养子的合法性，不断扩大自己的社会基础，使得宦官这一势力集团得以不断延续和扩展，最终盘根错枝。养子制度的确立，使得很多人无需多少奋斗，就可以通过宦官这棵大树摄取利益，这为其时社会风气的蜕变提供了非常恶劣的诱因。而一部分没有气节的士人，为了取得荣华富贵，则不惜投入宦官怀抱，甘做鹰犬，也给东汉的士风蒙上一层阴影。

（二）处境艰难的太学生：豪族政权与特权政局的双重压力

自武帝为博士置弟子、开设太学以来，这里不仅为士人提供了一个集中学习经术的场所，同时它还是士人进阶政治的桥梁，集中了大量希望“由学入仕”的士人，并与政治发生着千丝万缕的联系。因此，我们考察和安之际太学之衰的现象，便着眼于太学与政治发生交界的层面，下文主要分析太学生在豪族政权与特权政局双重压力下的处境。

首先从整体上看看太学生的经济和生活状况，使我们有一个大概的印象，以便后文的分析。太学生与博士虽然同为太学的组成群体，但博士作为太学教师，人数很少，且属于官员系统，俸禄为六百石。② 他们属于官僚阶层，无论政治倚重与否，一般来说，衣食尚能无忧。而博士弟子——太学生则情况不同，一般而言，他们在

① （东汉）班固：《汉书·百官公卿表上》颜师古注（二）。

② （南朝·宋）范晔：《后汉书·百官志》：“博士祭酒一人，六百石。本仆射，中兴转为祭酒。博士十四人，比六百石。”

太学之中不仅要自费学习，而且所需经费不薄，一旦政治上得不到进用，不仅政治抱负受到打击，承受巨大的精神压力，经济上也往往会为之困顿窘迫。如果家境尚好，或有人为之出资，还可以得到支撑，而贫寒之士则往往要通过作雇佣等事才能勉强度日，如《后汉书·吴枯传》载："公沙穆来游太学，无资粮，乃变服客佣。"可见家境贫寒的太学生活之艰苦。而在东汉，这样一个庞大的知识群体，一旦在政治上得不到出路，便会引起各种矛盾。①

我们知道，豪族在东汉政治生活中发挥着重要作用，这与西汉主要是"编户齐民"的状况不同。在社会组织结构上，东汉时豪族兴起，与之相应的豪族政治使得"门生故吏"②在政治生活中占据重要位置。此时，纯粹的太学生已经不能在政治上占有优势了，即是说，传统儒生那种由太学至宦途的一元结构被打破。加之豪族自己的子弟在政治与知识上所占优势也远过于太学生，贫寒士人想通过太学进入政治之路的空间被挤占得十分狭小。东汉初期的豪族中主要是建国的功臣，他们大多具有良好的经术文化背景，这使他们的子孙后代亦多能保住其官禄，并形成强大的世族贵族。例如，"邓氏自中兴后，累世宠贵，凡侯者二十九人，公二人，大将军以下十三人，中二千石十四人，列校二十二人，州牧、郡守八十四人，其余侍中、将、大夫、郎、谒者不可胜数，东京莫与为比"③；"窦氏一公、两侯、三公主，四二千石，相与并时。自祖及孙，官

① 王刚：《学与政：汉代知识与政治互动关系之考察》，哈尔滨：黑龙江人民出版社2012年版，第279~280页。

② 详见杨联陞《东汉的豪族》一文第六章"豪族与政治——门生故吏"，文章认为经济势力强大的豪族想要提升政治地位，便通过结交官府来培植政治势力，而东汉的选官制度(选举、辟除、任子)为豪族进入政治领域提供了条件，造成"门生故吏"的盛行。关于"门生故吏"的成因，可参考《中国思想通史》第二卷第十章，"如果在经济上没有附徒千万的依附农民作为豪族地主的物质基础，那也就不会在社会势力上有门生故吏千万的阀阅形式"，详见侯外庐等：《中国思想通史》第二卷，北京：人民出版社2011年版，第320~321页。可见，门生故吏的形成有选官制度、豪族经济基础的条件，并影响了当时读书人的入仕。

③ (南朝·宋)范晔：《后汉书·邓寇列传》。

府邸第相望京邑，奴婢以千数，于亲戚、功臣中莫与为比”①。邓氏和窦氏皆是豪族，又通过与皇室联姻成为外戚家族，在官僚体系的容量一定的情况中，官位被部分豪族垄断，势必影响到太学生的入仕。

与此同时，和安之际出现了新的不利因素，正是本文上节所述的外戚与宦官交替专权的局面。特权大行其道易造成任人唯亲，影响正常的选官秩序，对想要通经入仕的太学生来说，这种局面无疑会直接挫伤其积极性。《后汉书·朱穆传》中说：

> 议郎、大夫之位，本以序儒术高行之士，今多非其人。

所谓“儒术高行之士”，很大一部分就是太学生，他们通过课试，要进入的正是这一行政系统，然而，太后称制后规矩不得不改。所以《朱穆传》接着说：

> 汉家旧典，置侍中、中常侍各一人，省尚书事，黄门侍郎一人，传发书奏，皆用姓族。自和熹太后以女主称制，不接公卿，乃以阉人为常侍，小黄门通两宫。自此以来，权倾人主，穷困天下。

可见，自太后临朝听政以来，政治形势发生了巨大变化，宦官代替了士人所应有的位置，似乎已经没有必要从太学生中选拔郎官以及侍中等吏员，当时的状况是：

> 邓后以女主临政，而万机殷远，朝臣国议，无由参断帷幄，称制下令，不出房闺之间，不得不委用刑人，寄之国命。手握王爵，口含天宪，非复掖庭永巷之职，闺牖房闼之任也。②

① （南朝·宋）范晔：《后汉书·窦融列传》。
② （南朝·宋）范晔：《后汉书·宦者列传》。

而皇帝成年后为了对抗外戚，往往信任宦官，在铲除外戚的过程中，又造成了更为士人痛恨的宦官专权。到最后，不仅太学生，连原本掌握实权的尚书省官员，也被排挤出了权力内层。《后汉书·李固传》言：“今与陛下共理天下者，外则公卿大夫，内则常侍黄门。”正如有学者所指出的：“省内宦官已被视为与皇帝共理天下之人，尚书台又变成‘外朝’了。”①

在此政治状况的带动下，太学生自邓后称制以来，政治上要得到进用十分困难，便出现了《后汉书·儒林列传》中描述的情形：“及邓后称制，学者颇懈。”这种状况一直发展下去，乃至最后出现了“学舍颓敝，鞠为园蔬，牧儿荛竖，至于薪刈其下”的现象。另外，虽然东汉中期后太学生群体不断扩充，但其政治意义大于学术意义，在外戚和士大夫官僚集团与宦官争权的过程中，太学生交游呈现出强烈的政治斗争色彩②，这种“浮华交会”的活动与汉代传统的士风截然不同，正如范晔感慨的“儒者之风盖衰”，在这样的风气下，政治压倒学术，经术得不到重视，太学之衰似乎也是顺理成章的结局了。

三、和安之前政治文化的考察

以上我们对和安之际的政治及经学状况做了大致的梳理，已经

---

① 卜宪群：《秦汉官僚制度》，北京：社会科学文献出版社2002年版，第200页。

② 参考《中国思想通史》：“这种所谓笃守家法的风气，汉末自马融以后，学术界好像不再畦町分别，反之，却着重所谓诀破藩篱的通儒了……是因为在宦官群势力新起之后，豪族地主所培植的儒学官僚群的系统，为了对付主要敌人不能不采取较扩大的形式……在太学中、郡国学中、私人精舍中，学生们的自由交游，已经形成党同伐异的清流，特别在学生数量发达了之后，为了支援外戚及官僚的抗宦官行动，交游活动更有政治实际的需要了……这样的交游活动，是与汉代传统士风不相同的……由交游而发展到政治的斗争了。”详见侯外庐等：《中国思想通史》第二卷，北京：人民出版社2011年版，第320~322页。

有了这样的印象：和帝即位是东汉政治生态的转折点，与光武、明、章三朝不同的是，和安之后逐渐形成了外戚、宦官相继专权的政治生态，在这样的环境中，儒生要想进入仕途，以及获得进一步的上升都受到排挤和打压，导致参政积极性下降。

然而，在此之前的东汉初期，从文化角度看，经学的确达到了极盛的顶峰，但整体上讲，中兴之后朝廷的政治生态并不像推崇儒学那样倾向于儒生，即与儒风浸淫整个社会的情况相对照，儒生的社会地位更多地体现在教育层面，其在实际行政领域产生的影响并非一尊独大。我们从两方面来理解这种现象，首先要考察东汉初期的政策，看看有哪些关键性的事件影响到之后的政治走向，本文选取与题旨密切相关的"退功臣而进文吏"进行探究，这是东汉政治的重要转折，它对于整个时代的政治文化精神有着导向性的作用。另外，我们还要通过对和安之前政治文化的分析，来理解政治是如何影响到经学发展的，下文将关注的重点放在儒生与文吏这两类政治群体的矛盾和关系演变上。

（一）"退功臣而进文吏"之考量

作为光武即位后实行的选官方略，历代以来对于光武"退功臣而进文吏"多有关注，《后汉书·光武帝纪》曰：

> （刘秀）明慎政体，总揽权纲。量时度力，举事无过。退功臣而进文吏，戢弓矢而散马牛，虽道未方古，斯亦止戈之武焉。

考稽史事，"退功臣而进文吏"的过程与内容并不复杂，但是在当时的政治背景下，作为光武"偃武兴文"的关键之举，就很有令人深思之处了。文吏本与儒家之"文事"气质相隔，却偏偏被重儒的刘秀所选中，尤为关键的是，为刘秀平定天下的功臣几乎个个经修行明，儒学修养大大胜于文吏，却在推隆儒术之声中被排斥出了行政核心，这背后所包含的政治意义是极为丰富的，有着很深的历史背景。

光武帝在天下刚刚平定之时，即已修起太学，大兴儒术，继任的明帝在这点上继续向前推进，一即位便向天下宣告，自己要“承大运，继体守文”①，并且在追思光武“受命中兴，拨乱反正，以宁天下，封泰山，建明堂，立辟雍，起灵台，恢弘大道，被之八极”②的基础上，多次临辟雍，表示自己兴儒的态度，与儒学有关的政治表演在明帝永平年间一度达到高潮，由光武开创的中兴圣业，在一片弦歌声中，再次依稀唤起人们的王道憧憬。

然而，自光武立制以来，虽然儒学的复兴曾使后人由衷发出过“济济乎，洋洋乎，盛于永平矣”③的感叹，但是在这场政治文化的演进中，却分明有着“建武、永平之间，吏事刻深”④的另一面。而且这一层面对于政治文化的影响更为直接，却更加隐蔽，是东汉“偃武兴文”进程中最为微妙的一笔，也就成为我们的历史考察中不可略去的一环。

光武帝刘秀在残酷的军政斗争中战胜群豪，夺得天下，可算是武功彪炳。然而，他不仅不为之大加宣扬，平定天下后，即“偃武兴文”，将武事退至政治生活的次要位置。甚至当太子向其询问攻战之事时，也被予以了明确的拒绝，并且随之教导道：“昔卫灵公问陈，孔子不对，此非尔所及。”⑤弃武功、兴文治，在光武之时已成为不可动摇的政治方针。然而问题是，这种方针的准确定位在哪里，再进一步言之，“弃武修文”的“文事”其内涵及所关联的政治内容在哪里，其文化后果如何，对于这些问题，后人在认识上往往并不清晰。

毋庸置疑，光武之“文”与儒学大有关联，因此，人们往往会一般性地得出“兴文”即是兴儒学、重儒生的结论。⑥ 作为问题的

① （南朝·宋）范晔：《后汉书·显宗孝明帝纪》。

② （南朝·宋）范晔：《后汉书·显宗孝明帝纪》。

③ （南朝·宋）范晔：《后汉书·儒林列传》。

④ （南朝·宋）范晔：《后汉书·循吏列传》。

⑤ （南朝·宋）范晔：《后汉书·光武帝纪下》。

⑥ 王刚：《学与政：汉代知识与政治互动关系之考察》，哈尔滨：黑龙江人民出版社2012年版，第251页。

一个方面，这种结论有其正确性，但是，当这一点往往也成为“退功臣而进文吏”的主要理由时，情况就变得复杂起来，使得我们有必要对其加以深一步的考察。《后汉书·贾复传》载：

> 复知帝欲偃干戈，修文德，不欲功臣拥众京师，乃与高密侯邓禹并剽甲兵，敦儒学。帝深然之，遂罢左右将军，复以列侯就第，加位特进。

这便是东汉初年“退功臣而进文吏”的实际政治起点，此段材料多为史家所留意，并由此往往将“修文德”、“敦儒学”等与“退功臣”呼应了起来。如有学者所说：“厚养功臣而基本不予登用，这一方面是对那些以武功名世者能力上的扬长避短。”①然而，如前所述，“功臣”的儒学素养其实十分深厚，“退功臣”从一定意义上说反倒是摈退儒学之士了，更何况“退功臣”的后果是“进文吏”，这与“敦儒学”实在有悖。

《后汉书·耿纯传》中记载了大臣耿纯与光武的一段对话：

> 纯还京师，因自请曰：“臣本吏家子孙，幸遭大汉复兴，圣帝受命，备位列将，爵为通侯。天下略定，臣无所用志，愿试治一郡，尽力自效。”帝笑曰：“卿既治武，复欲修文邪？”乃拜纯为东郡太守。

这一段材料给了我们一个十分重要的提示，光武帝之“修文”，其真正立意并不仅仅在于儒术，虽然在表面上推隆儒学，但是其更关注的却是行政上的“文治”。刘秀是个现实主义的政治家，将政治的实际治理放在政治核心位置，他所推崇的这种“文治”之中既要有儒学经术来渲染“中兴”盛况，更要有政事处置上的有条不紊作为现实依托。在这样的政治理路下，文吏进入“文治”系统便十分

① 于迎春：《秦汉士史》，北京：北京大学出版社2000年版，第365页。

顺理成章了。因而，所谓“偃武兴文”中，“文”包含了儒术文事与行政文事两大部分，一是在形上层面发挥文化导向作用，二是在器物制度上进行政治控制。两者的结合，构成了现实与政治理想的有机结合，这一点将在下文中继续讨论。

(二)东汉儒生的地位："进文吏"的政治文化意义

上文梳理了光武帝“退功臣而进文吏”的具体意涵，可以说，这是光武帝在建国初期的政治文化背景下，为实现政局稳定、建立官僚集团所做的权衡之策。如果将视野扩大，将光武这项政策放在整个秦汉政治文化演变的背景下考察，便能发现，“进文吏”所带来的儒生地位的变迁是具有转折意义的。

1. 何谓“文吏”

秦统一天下后，崇尚片面的“法治”，“以吏为师、以法为教”，汉人在总结秦亡原因时无不提及秦的“法严令苛”①，“尚诈力、任刑罚”②。作为行“法”者，秦吏在秦亡之后成为人们心目中政治过错的主要承担者，如《史记·张释之冯唐列传》中记载：

> 秦以任刀笔之吏，吏争以亟疾苛察相高，然其敝徒文具耳，无恻隐之实。以故不闻其过，陵迟而至于二世，天下土崩。

这已成为汉人的共识，所以在秦汉时，一般为人所痛斥的“吏”，就是指狭义上的文吏，或称“文法吏”，他们地位低，但人数广，承担着最具体的行政事务，时常被人贬为“刀笔吏”、“狱吏”、“俗吏”等。“文吏”在汉代可以是“武吏”的对称，同时，“文吏”一词又经常出现在与儒生相对的场合。如：《汉书》记载，元帝为太子时“见宣帝所用多文法吏，以刑名绳下”③，乃进言“陛下用刑太

① (东汉)班固：《汉书·严安传》。

② (西汉)司马迁：《史记·淮南衡山列传》。

③ (东汉)班固：《汉书·元帝纪》。

深，宜用儒生”①，可见儒生与文吏是相对而言的，与儒生相对的“文吏”则是这里重点关注的对象。

2.“进文吏”之下儒生的政治地位

在光武帝“进文吏”的政策导向下，大量行政人员进入官僚队伍，并对帝国初期的朝政发挥着实际作用，与此相对，儒生的政治地位不升反降，这种风气在《论衡》中有明确反映：

> 论者多谓儒生不及彼文吏，见文吏利便，而儒生陸落……世俗。共短儒生，儒生之徒，亦自相少……科用累能，故文吏在前，儒生在后，是从朝廷谓之也……文吏，朝廷之人也，以朝廷为田亩，以刀笔为耒耜，以文书为农业，尤家人子弟，生长宅中，其知曲折，愈于宾客也。宾客暂至，虽孔、墨之材，不能分别。儒生尤宾客，文吏尤子弟也。以子弟论之，则文吏晓于儒生，儒生闇于文吏。②

这则材料显示，“文吏”是在朝廷中发挥实际行政职能作用的群体，以“子弟”、“宾客”分别指称文吏和儒生，可见二者在朝廷中实际作用的大小差异。作者王充于和帝永元年间病卒，由此可见，在光武到和帝年间，儒生的政治地位似乎较文吏要低。

与之相对应，肃宗皇帝本纪中亦有明证。《后汉书》中记载，“建初元年春正月，诏三州郡国：‘……长吏亲躬，无使贫弱遗脱，小吏豪右得容奸妄’”③，“每所到幸，辄会郡县吏人……诏劳赐河东守、令、掾以下”④，皇帝在处理日常事务时亦不忘吏的作用，在赏赐地方官吏时也会顾及到吏，可见吏的重要性。而且肃宗皇帝“幸偃师，东涉卷津，至河内”时曾下诏曰：“不得……遣吏逢

① （东汉）班固：《汉书·元帝纪》。

② （东汉）王充著，张宗祥校注，郑邵昌标点：《论衡校注》，上海古籍出版社2013年版，第244~250页。

③ （南朝·宋）范晔：《后汉书·肃宗皇帝纪》。

④ （南朝·宋）范晔：《后汉书·肃宗皇帝纪》。

迎。”①可见各地方一些琐碎细微的事务都是交给这种地位不高，操作能力比较强的吏来做的。在《后汉书·肃宗皇帝纪》中如此频繁的出现“吏”不仅反映出史家对吏的看重，更体现出肃宗皇帝，乃至汉王朝对文吏群体的重视。其实，以经术见长的儒生在东汉朝廷中，多被囿于博士之职，发挥着知识顾问的作用，当中很少有人能升迁至公、卿之位，即使有官位的调动，也多在朝中担任一些实际作用不大的闲职。②

3.“霸王道杂之”的定型

上文我们通过界定“文吏”、对照儒生与文吏在东汉初期的政治参与，可以发现，儒生群体在光武“进文吏”的政策下的确难以在政治上得到重用，这是东汉初期的政治状况，然而，如果从整体上考察西汉以来儒生与文吏的地位演变，便会发现这种状况是与西汉“霸王道杂之”的精神一脉相承而来的，并逐渐在后世成为定型。

“霸王道杂之”是汉宣帝提出的一个著名论断，历来被视为汉代的治国方略。据《汉书》记载，宣帝在其太子提出“陛下持刑太深，宜用儒生”时反驳道：“汉家自有制度，本以霸王道杂之，奈何纯用德教，用周政乎！”③这里提出的“霸王道杂之”在刘邦夺取天下时就已萌芽，虽然其后在惠帝、高后、文、景之世一方面实行黄老之治，另一方面“汉承秦制”，继承了法家思想，发挥其政治实践上的作用。与此同时，儒学从民间开始逐渐复兴，到汉武帝时“罢黜百家，表彰六经”，儒家思想逐渐成为官方意识形态。然而，一方面武帝实际上采取儒法并用的策略，他设太学，立五经博士，发展儒学；另一方面不断强化吏治，信用文法酷吏。儒法两家在宣帝时继续融合，他提出的“霸王道杂之”也是对之前政治文化模式的高度概括。

而西汉至元帝时，政治文化由武、宣的儒法并用转为专意尊

① (南朝·宋)范晔：《后汉书·肃宗皇帝纪》。

② 参见曾磊：《两汉博士表》，载《秦汉研究》2008年，第357~358页。

③ (东汉)班固：《汉书·元帝纪》。

儒。《汉书·元帝纪》赞曰：

> (元帝)少而好儒，及即位，征用儒生，委之以政，贡、薛、韦、匡迭为宰相。而上牵制文义，优游不断，孝宣之业衰焉。

可见元帝好儒而时武宣之治由盛转衰，元帝以下，到成、哀、平之世，这种尊儒之风愈演愈烈，王莽正是凭借着这种风气获得社会赞誉，得到儒生支持而登上政治舞台。新莽改制失败后，儒生已大多在政治上采现实主义态度，但是元成以来以至王莽时期达到高潮的"奉天法古"才刚刚散去，士人中的理想主义色彩尚不能完全褪尽，尤其是在西汉晚期，儒生们以"古制"、经术对实际政务驾临、改造，使得政治走到了理想的反面，它对光武的冲击极大，影响巨深。

然而，东汉初建，即使刘秀吸取王莽改制教训，对政治上的理想主义大加警惕，难以在短期内扭转世风，他的做法不过是对过去的行政精神进行了恢复与强调，与西汉末期及王莽时期相比较，儒学依然尊崇，但在利用方式上已然有了变化。阎步克先生说：

> 尽管东汉政权在意识形态上继承了王莽路线，但是……东京之汉政，则是努力使儒术和文法造成协调，既牢牢抓住文法吏治一环，使专制官僚体制有一个坚实的运转基础，避免重蹈'新政'覆辙，同时也力崇儒术，充分利用其约束君王、调节政治、整合社会之功能，防止秦政之再现。……"秦政"和"新政"在文法和儒术上是相互排斥而偏枯了一方，东京汉政则力图使二者各自在其"适宜"层面上发挥不同作用。……"孝宣之治"和"建武、永平之政"最为史家称道，也证明了这种王霸兼综、德刑并用、儒法相辅的方针，最为适合中国古代的帝国体制和社会背景。①

① 阎步克：《士大夫政治演生史稿》，北京：北京大学出版社 1996 年版，第 422~423 页。

由此，东汉虽处在一种强大的儒学氛围下，文吏却能在皇权的支持下一直维系势力，而又正是对于吏事的强调，实际政务则主要由具有吏事经验者承担，纯粹的儒生便主担任了清职，与学术、意识形态、言论等挂钩，这不仅是前朝历史教训的一种逻辑后果，也对整个东汉政治文化发展产生了重大影响。

正是在这种思路下，推崇儒术主要就成为一种与实际行政生活分离的意识形态之事。要进入政坛必须过吏事这一关，于是，在形式上推隆儒学，使之获得尊崇地位的同时，在行政圈子内，不仅“复古”的儒生没有了政治市场，皇权更在肆无忌惮地苛察每一位官员，连当年极受皇权尊重的三公也不例外，政风刻深成为政治的必然。

在这样的政策导向下，对于士人而言，出现了两个相反的政治趋向，一是儒生逐渐融入吏事之中，东汉士大夫阶层比之西汉更具行政理性色彩；而另一面是，那些坚持儒学立场，未被完全吏化进入行政圈子的儒生，却日益成为“清流”，理论地位的尊崇与实际政治的倚重在分离，这一点在太学生等儒生群体的命运上表现得尤为显著。在一定意义上说，此后一连串的政治文化变迁，在此支点上衍生拓展，东汉中后期的种种政治文化冲突，如探究深度的历史原因，不能不说与东汉初年的政治导向有着巨大的关联。

四、结　论

本文以太学之衰的现象为切入点，把目光聚焦在中央，着重从政治文化的视角对这一问题进行探究，在探究思路上，先以和安之际为断限，梳理相关历史事件及对经学的影响，再将视野扩展到和安之前的政治背景，以政治文化的视角考察经学之衰的相关动因。

笔者首先考察了和安之际朝廷的政治生态，注意到和安之际政治上的一个显著特点是外戚、宦官专权的开端，标志分别为：公元88年和帝即位后窦太后临朝开启东汉的外戚政治，公元92年郑众为大长秋开启东汉宦官用权的先例，在幼帝即位的短短几年间，朝政便发生剧烈变化，权力的争夺扰乱了正常的政治秩序，而在西汉形成的通经致仕的传统下，这种黑暗的政局使本就在东汉豪强政治的夹缝中生存的贫寒之士更加艰难，而这一群体正是东汉帝国太学生的大流，一方面他们在利禄的诱导下学习、进仕，此外他们还在一定程度上也承担着经学传承的文化使命，试问，本期望通过经学入仕的儒生，在特权环境的压迫下政治理想破灭，这种幻灭感怎能不挫伤他们原有的文化自觉？这样看来，太学之衰似乎不仅仅是前人所说的经学章句繁琐，抑或是儒林尚浮华，好交游之故了。

然而，和安之际的政局变动似乎只是一只导火索；否则，在光武、明、章时经学极盛的氛围下，太学不可能在短短数十年间便衰败至“博士倚席不讲”、“学舍秃敝”的地步。笔者正是惑于这种变化背后更为深刻的历史真相，便进一步考察了和安之前的政治文化。将儒生、文吏相对地位的演变作为一条隐性线索，从光武帝“退功臣而进文吏”的政策入手，我们发现，中兴之后崇儒更多的是在意识形态领域的政治表演，在实际行政领域，则由一大批具有丰富行政经验的“文吏”左右着朝政。更进一步分析，这种政治形态背后正是“霸王道杂之”的“汉家制度”的延续，当儒家的政治理想与法家的行政实践相对撞时，总会产生冲突、融合，形成此消彼长的态势，这在西汉武帝以后儒生和文吏的斗争中显现出来，新莽改制将儒家的理想主义政治推上顶峰，其失败的教训向既之而起的光武帝提供了经验，即恢复汉家原有的儒法并用的策略，在帝国的统治中更加注重这二者的有机结合。

段玉裁诗经学述论

2013级国学班　钟毅

一

“入我朝，儒术博矣，其运实为道问学”①，这是龚自珍对有清一代学术主流的论定。自顾炎武提出“读九经自考文始，考文自知音始”②的经学研究方法，对清代经学的研究方向产生了深远的影响，到戴震提出“故训明而古经明，古经明则贤人圣人之理义明”③，这种对经典进行文本上考据的客观学问，已经成为时人治经之普遍方法论，龚自珍将其形容为“道问学”。清代近300年学术中最有功于后世者，也莫过于对我国古典文献的全面、系统的整理与研究，王国维指出清代学术凡三变：

> 国初之学大，乾嘉之学精，道咸以降之学新。④

乾嘉以来小学、考据学发展达到鼎盛，小学从经学附庸到蔚为

---

① （清）龚自珍：《江子屏所著书序》，见《龚自珍全集》，上海：上海人民出版社1975年版，第193~194页。

② （清）顾炎武：《答李子德书》，见《亭林诗文集》，上海：上海古籍出版社2012年版，第127页。

③ （清）戴震：《体惠定宇先生授经图》，见《戴震集》，上海：上海古籍出版社2009年版，第214页。

④ 王国维：《沈乙庵先生七十寿序》，见《观堂集林》，北京：中华书局1994年版，第574页。

大观，这样一种学术风向下，经典的研究呈现出崭新的面貌。在《诗经》的研究方面，以顾炎武探讨古音为发轫，以乾嘉学者所做考据为中心，从《诗经》文本出发，探讨古代传说、文字、音韵、名物、地理、制度等，成为独特且硕果累累的新学术，洪湛侯将之命名为“诗经清学”，以别于历代的诗经学研究，并将陈启源、戴震、段玉裁、胡承珙、马瑞辰、陈奂称为“六大家”①。可以看出，段玉裁是当时朴学家中，研究成果最为杰出的人物之一。

段玉裁(1735—1815)，字若膺，号茂堂，又号砚北居士，长塘湖居士，侨吴老人，江苏镇江府金坛人。他“生而颖悟，读书有兼人之资”，应童子试时就已能背诵多部经典。② 代表作有《六书音均表》、《说文解字注》、《周礼汉读考》等书，其中以《说文解字注》最为人所熟知。回顾段玉裁的学术历程，就不难发现其许多重要的学术成就都与他对《诗经》的研究有着密不可分的关系：以考察《诗经》用韵为基础，提出了古音十七部的理论，其中之、支、脂韵分为三部的创见更成为清代古音学发展中里程碑式的成果；综合运用文字、音韵、训诂等考据学的方法完成的《诗经小学》成为此后诗经学研究的范式，其中探明字义，辨明古今字、通假字、正字、俗字等，成为后来治学者所必须参照的典范；撰写《毛诗故训传定本小笺》则进一步对自郑玄以来经、传、笺相杂厕的毛诗文本进行了“以经还经、以传还传”的恢复古本面貌的工作，其弟子陈奂更在其所复定的毛传上作《诗毛氏传疏》，成为清代对毛诗进行的新疏中最高水平作品。本文选择段玉裁的诗经学研究作为切入点，主要讨论了他在《诗经》研究中比较突出的三个成果：还原《六书音均表》的创作过程，考察其书与《毛诗》的关系，讨论段玉裁从《诗经》的用韵中敏锐地捕捉到上古韵之、支、脂三分的过程；段玉裁撰写《诗经小学》过程中成为范式的考据学方法；《毛诗故训传定本小笺》中对古本面貌的还原。从段玉裁自身学术成长来说，第一，进一步细分《诗经》的用韵奠定了他上古音理论的基础；第二，《诗经小学》与《毛诗故训传定本小笺》是他综合运用小学方法治经

① 洪湛侯：《诗经学史》，北京：中华书局2002年版，第462页。

② 赵尔巽：《清史稿》，北京：中华书局1977年版，第13202页。

的开端，更成为后来他撰写《说文解字注》的先导。在这样一个角度下进行探讨，可具体了解乾嘉一代朴学大师的治学理念与方法，得以窥见"诗经清学"在这一时期的发展面貌。这对于具体而微的书写清代学术史来说，是一项基础而充实的工作。

二

阮元在《汉读考周礼六卷序》中评价段玉裁学术成就，提出："其言古音也，别支、佳为一，脂、微、齐、皆、灰为一，之、哈为一，职、德者，之之入，术物、迄、月、没、曷、末、黠、辖、薛者，脂之入，陌、麦、昔、锡者，支之入，自唐、虞至陈、隋，有韵之文，无不印合；而歌、麻近支，文、元、寒、删近支，尤、幽近之，古音今音皆可得其条贯，此先生之功一也。"①把段玉裁"支、脂、之"韵三分的创见与《说文解字注》、《周礼汉读考》并列为其学术生涯中的三大贡献，而江有诰则评价："段氏始知古音绝不同今音，故得十七部，古韵一事至今日几如日丽中天矣，取而譬之，吴才老古音之先导也，陈季立得其室门而入也，顾氏、江氏则升堂矣，段氏则入室矣。"②"入室"是盛赞段玉裁的研究发现出了古韵的真正面貌。可见段玉裁古音学理论对清代古音学的发展影响之巨大，而这成果的得出离不开其早年对《诗经》的研究心得。

由于《诗经》是韵文，为上古音的研究提供了最好的材料，故段玉裁研究《毛诗》，首先从古韵学入手，当然，这与他自身的学术兴趣也是离不开的，在《寄戴东原先生书》中就曾经自述：

> 玉裁自幼学为诗，即好声音文字之学。③

---

① （清）段玉裁：《周礼汉读考》，见《经韵楼集》，南京：凤凰出版社2010年版，第1页。

② （清）江有诰：《音学十书·凡例》。

③ （清）段玉裁：《寄戴东原先生书》，见《六书音均表》，北京：中华书局1982年版，第1页。

段玉裁自幼学诗的具体年龄虽然不得而知了，但不会晚于从蔡一帆游学，根据《年谱》的记载：

> 乾隆十九年(1754)甲戌，先生二十岁，年从蔡一帆游学，得诗赋时义之说。又从学音律，始知古均大略。①

可见他是在二十岁左右从蔡一帆游学时在学诗赋的基础上开始了解古韵的，而此时的认识只是了解大概，尚未系统地学习，真正对段玉裁进行古韵学启蒙的是顾炎武的《音学五书》：

> 乾隆二十五年(1760)庚辰，先生二十六岁……得顾氏《音学五书》，读之，惊其考据之博衍，始有意于音均之学。
>
> 乾隆二十八年(1763)癸未，先生二十九岁……夏，东原南归，先生以札问安，遂自称弟子。观东原所为《江慎修行略》，知有《古均标准》一书，与顾氏少异，然实未能深知也。②

得阅《音学五书》后段玉裁受到启发，欲对上古音进行研究，首选文本材料莫过于《诗经》，而顾炎武治学的考据方法也为段玉裁进一步的上古音分韵提供了借鉴。在乾隆二十八年时，又于戴震处得知江永著有《古韵标准》，且曾与人讨论古音，而其分韵与顾炎武有所不同，这引起了段玉裁的关注。

> 乾隆三十二年(1767)丁亥，先生三十三岁……五月初出都，归后与弟玉成取《毛诗》细绎之，知顾、江二氏分韵有未尽。遂逐书《诗经》所用字，区别为十七部，成《诗经均谱》、《群经均谱》各一帙。③

① 刘盼遂：《段玉裁先生年谱》，载《清华学报》1932 年第 2 期。
② 刘盼遂：《段玉裁先生年谱》，载《清华学报》1932 年第 2 期。
③ 刘盼遂：《段玉裁先生年谱》，载《清华学报》1932 年第 2 期。

乾隆三十二年，这一年他与弟段玉成正式对毛诗进行学术上的研究，经过详细的考覆分析用韵，得出了顾炎武、江永在古音的论述中分韵不彻底的结论，所以将《诗经》所用韵脚重新整理了一遍，最终把古音分出十七部，而完成《诗经韵谱》、《群经韵谱》两书的初稿。由于之前对《音学五书》与《古韵标准》的阅读了解，又在这一年对毛诗进行系统的研究整理，区别古音，可以说在段玉裁三十三岁这一年，他的古音学理论已经基本成形。

> 乾隆三十四年(1769)己丑，先生三十五岁……从邵二云借书，注释《诗经均谱》、《群经均谱》，每一部毕，二云辄取写其副。
>
> 乾隆三十五年(1770)庚寅，先生三十六岁，二月《韵谱》注毕。四月九日钱竹汀(大昕)为作序，谓"此书出，将使海内说经之家，奉为圭臬，讵独存古音而已哉"。钱竹汀来书，论《诗经均谱》，许为通人之论，而于通韵之说，未以为然……戴东原自汾州寄书玉屏，谓古音十七部，是可以千古矣。①

而在两《韵谱》的初稿完成后接下来的几年里，段玉裁从邵晋涵处借书开始对两书进行注释，丰富材料，在每一部完成后邵晋涵都将其誊写一遍。乾隆三十五年，两书完稿，请钱大昕为之作序，钱大昕高度赞扬此书"将使海内说经之家，奉为圭臬"②，在私下又来书论韵，认可段玉裁将古音分为十七部，但不认同他的合韵说。③ 而最初对十七部的分韵表示怀疑的戴震也在这一年从汾州寄书此时正在贵州玉屏任职的段玉裁，指出古音十七部理论的价值可

---

① 刘盼遂：《段玉裁先生年谱》，载《清华学报》1932年第2期。

② (清)段玉裁：《六书音均表原序》，见《六书音均表》，北京：中华书局1982年版，第1页。

③ (清)钱大昕：《与段若膺书》，见《潜研堂集》，上海：上海古籍出版社1989年版，第597页。

以千古。①

> 乾隆三十七年(1772)壬辰，先生三十八岁……见东原于洪素人(榜)寓宅，以《六书音韵表》请教，东原谓体裁尚未尽善。自此后三年内……然每处分毕，漏下三鼓，辄篝灯改窜《六书音均表》以为常。②

在两《均谱》完成后，段玉裁趁热打铁，在两书的基础上改写《六书音均表》，而于乾隆三十七年再次于洪榜家中得见戴震，以《六书音均表》请其指教，戴震谓体裁尚未尽善，在此后三年中，段玉裁白天处理完政务，夜深人静、漏下三鼓之时，便改定《六书音均表》，这也成为他日常生活的一部分。

> 乾隆四十年(1775)乙未，先生四十一岁，六月，偕同官朱云骏入报销局，兴趣略同，暇益潜心商定，九月均书成。……改名曰《六书音均表》。十月与戴东原书，请为序《六书音均表》。③

直到乾隆四十年，在与志趣相投的朱云骏商定后，《六书音均表》才正式写成，全书分为五表：第一“今均古分十七部表”，第二“古十七部谐声表”，第三“古十七部合用类分表”，第四“诗经均分十七部表”，第五“群经均分十七部表”。④ 而段玉裁认为“音均明

---

① (清)段玉裁：《答黄绍武书》，“古音十七部之说，成于乾隆丁亥，至己丑以质师，师不之信。至愚庚寅官　黔后乃以书然之，曰：‘是可以千古矣。’”见《经韵楼集》，南京：凤凰出版社2010年版，第312页。

② 刘盼遂：《段玉裁先生年谱》，载《清华学报》1932年第2期。

③ 刘盼遂：《段玉裁先生年谱》，载《清华学报》1932年第2期。

④ 其中第一表总括全书旨意，将中古《广韵》体系的二百零六韵对应归类为上古音十七部，第四表则将《毛诗》所用韵字依次归入第一表分列出来的十七部中，下文论述将涉及此二表，故作此说明。

而六书明，六书明而古经传无不可通”①，所以将其命名为《六书音均表》。此书在两《均谱》的基础上改定，从乾隆三十二年写成初稿，到乾隆四十年最终完成，前后历时九年，段玉裁以《诗经》用韵为基础，从而扩展到其他材料的古音学理论精髓可以说尽在此书。

回顾段玉裁对上古音的治学历程，他在乾隆二十五年得阅顾炎武的《音学五书》，在古音学的研究上得到治学方法的启蒙，而在乾隆二十八年“请业戴东原师，师方与秦文恭公论韵，言江慎修先生有《古韵标准》，据毛诗用韵为书，《真》至《仙》十四韵，宋郑庠汉、魏，杜、韩合为一者，《毛诗》实分为二，余闻而异之”②，这一年得闻江永的分韵后，因为他手头无书，心有疑虑，回去便取《毛诗》用韵自己进行分韵，得知“支、脂、之之必为三”③，以此为基础开始了自己的上古音分韵研究。顾炎武依据《广韵》韵部，分古音为十部，江永在其基础上多分出三部，为十三部，两人都将支、脂、之、微、齐、佳、皆、灰、咍等韵同列在第二部，段玉裁在顾、江二人的基础上进一步研究《毛诗》用韵，最后将上古音分为十七部，其中最重要、最被当时学者所共同认可的创见莫过于“支、脂、之”韵的三分，他将“之、咍”韵放在了第一部，“脂、微、齐、皆、灰”等韵放在了第十五部，“支、佳”韵放在了第十六部。在《今韵古分十七部表》④中，第一部、第十五部、第十六部古韵与今韵的对应表为：

---

① （清）段玉裁：《寄戴东原先生书》，见《六书音均表》，北京：中华书局1982年版，第2页。

② （清）段玉裁：《声类表序》，见《经韵楼集》，南京：凤凰出版社2010年版，第116页。

③ （清）段玉裁：《声类表序》，见《经韵楼集》，南京：凤凰出版社2010年版，第116页。

④ （清）段玉裁：《六书音均表》，北京：中华书局1982年版，第7~9页。

第一部	七之 十六咍	六止 十五海	七志 十九代	二十四职 十五德
第十五部	六脂 八微 十二齐 十四皆 十五灰	五旨 七尾 十一荠 十三骇 十四贿	六至 十二霁 十三祭 十四泰 十六怪 十七夬 十八队 十九废	六术 九迄 十月 十一没 十二曷 十三末 十四黠 十五辖 十七薛
第十六部	五支 十三佳	四纸 十二蟹	五寘 十五卦	二十陌 二十一麦 二十二昔 二十三锡

而在此表的说明中，第一条即是"第一部、第十五部、第十六部分用说"，这一安排也足以说明"支、脂、之"三部分用是段玉裁研究上古韵部的基础与切入点，他在这一条中说道：

> 五支、六脂、七之三韵，自唐人功令同用，鲜有知其当者矣。今试取《诗经韵表》第一部、第十五部、第十六部观之，其分用乃截然。①

他提出，自唐以来，由于科举规定时文用韵，平声韵中支、脂、之同用，佳、皆同用，灰、咍同用，时人莫知其在上古音中截然有别，今检其《诗经韵分十七部表》即可得知，段玉裁从《诗经》的用韵情况考得第一部之部平声、上声共享 161 处，入声 97 处，第十五部脂部平声、上声共享 119 处，入声 97 处，第十六部支部

① (清)段玉裁：《六书音均表》，北京：中华书局 1982 年版，第 10 页。

平声9处，入声17处，有着如此丰富的用韵材料为他的分类提供了坚实的语料基础。

> 随举一章数句，无不可证。或有二韵连用，而不辨为分用者，如《诗·相鼠》二章“齿、止、俟”矣，第一部也；三章“体、礼、死”，第十五部也。《鱼丽》二章“鳢、旨”，第十五部也；三章“鲤、有”，第一部也。《板》五章“懠、毗、迷、尸、屎、葵、资、师”，第十五部也；六章“篪、圭、携”，第十六部也。①

段玉裁指出，即使第一部、第十五部、第十六部字出现在同一首诗中连用的时候，也一定是以一章为单位，分别用韵的。《墉风·相鼠》第二章“相鼠有齿，人而无止，人而无止，不死何俟?”其中“齿、止、俟”为韵，押第一部；第三章：“相鼠有体，人而无礼，人而无礼，胡不遄死?”②其中“体、礼、死”为韵，押第十五部。又如《小雅·鱼丽》第二章：“鱼丽于罶，鲂鳢，君子有酒，多且旨。”其中“鳢、旨”为韵，押第十五部；第三章：“鱼丽于罶，鰋鲤，君子有酒，旨且有。”③其中“鲤、有”为韵，押第一部。《大雅·板》第五章：“天之方懠，无为夸毗，威仪卒迷，善人载尸。民之方殿屎，则莫我敢葵，桑乱蔑资，曾莫惠我师。”其中“懠、毗、迷、尸、屎、葵、资、师”为韵，押第十五部。第六章：“天之牖民，如埙如篪，如璋如圭，如取如携。”④“篪、圭、携”为韵，押第十六部。这些材料都表明，三部字在押韵时部界分明，从不

① （清）段玉裁：《六书音均表》，北京：中华书局1982年版，第10页。

② （清）阮元：《十三经注疏·毛诗正义》，北京：中华书局2009年版，第319页。

③ （清）阮元：《十三经注疏·毛诗正义》，北京：中华书局2009年版，第417页。

④ （清）阮元：《十三经注疏·毛诗正义》，北京：中华书局2009年版，第548页。

混用。

> 玉裁读坊本《诗经·竹竿》二章："泉源在左，淇水在右。女子有行，远父母兄弟。"每疑"右"为古韵第一部字，"弟"为第十五部字，二字古鲜合用，及考唐石经，宋本《集传》，明国子监注疏本，皆作"远兄弟父母"，而后其疑豁然。①

在段玉裁对《毛诗》文本进行整理，广泛搜集阅读各种版本的过程中，发生了一个小插曲，他在读坊刻本《诗经》时，发现《竹竿》篇第二章："泉源在左，淇水在右，女子有行，远父母兄弟。"其中"右"为之部字，"弟"为脂部字，这两部的字在段玉裁的古音十七部中是不应该合用作韵脚的，这种状况无疑对其之前提出的支、脂、之三分理论构成了挑战。但这在《毛诗》用韵的材料中也属于少见的特例，他便怀疑可能是文本出现了讹误，考察唐石经、宋本《诗集传》、明国子监注疏本等诸版本，皆作"远兄弟父母"，而"母"字正是之部字，以此判断是坊刻本颠倒了"远兄弟父母"语序，更加证明了他观点的正确。

除了在《毛诗》的用韵中罗列了平声韵"支、脂、之"的互不通押，段玉裁又进一步考察了在中古与这三部平声韵各自相隶或相承的入声韵情况。他说：

> 职、德为第一部之入声，术、物、迄、月、没、曷、末、黠、辖、薛为第十五部之入声，陌、麦、昔、锡为第十六部之入声。顾氏于三部平声既合为一，故入声亦合为一。古分用甚严，即唐初功令，陌、麦、昔同用，锡独用，职、德同用，亦未若平韵之掍合五支、六脂、七之为一矣。②

① （清）段玉裁：《六书音均表》，北京：中华书局1982年版，第10~11页。

② （清）段玉裁：《六书音均表》，北京：中华书局1982年版，第10~11页。

即使在唐代《广韵》的体系中，平声韵五支、六脂、七之已经演变为同用，但是分别与它们相承的入声韵中，职、德同用，麦、昔、锡同用，但职、术、麦却是各自分用的，段玉裁以中古入声独用之理，推知上古相承互隶的平声分立，他批评了顾炎武忽视《广韵》体系中这三部入声独用的事实，以致将支、脂、之三部强合为一。以中古入声系统的分立，作为上古平、上声韵字归部的理由和参照，这一点无疑是精思妙悟的。重新考察《毛诗》用韵，如《小雅·绵蛮》一章："绵蛮黄鸟，止于丘阿，饮之食之，教之诲之，命彼后车，谓之载之。"①韵脚"食"字是职部字，而韵脚"诲、载"则是之部字，"食、诲、载"入韵，说明了之部字有入声的职、德二部字和它相押。又如《小雅·正月》八章："无弃尔辅，员于尔辐，屡顾尔仆，不输尔载，终踰尔载，终踰绝险，曾是不意。"韵脚"辐、意"为职部字，"载"是之部字，而"辐、载、意"入韵。又是一例证明职、德与之同用的例子，但之部的入声从不与脂、支二部字相押，同样脂、支二部也各有自己的入声，它们的入声字也从不和之部字相押，而脂、支各自的入声字相互也从不相押。在上古音中，第一部字、第十五部字、第十六部字不可互用已经确凿无疑了，即使是戴震这样精通音韵的大家，也对此结论震撼，他说："余昔感于五支、六脂、七之有份，癸巳春寓居浙东，取顾氏《诗本音》，章辨句析，而讽诵乎经文，叹始为之之不易……按诸三百篇划然。"②表明自己深受启发，重新演绎《毛诗》用韵，慨叹段玉裁得出此结论之部易，且将之赞为确论。

王力对段玉裁的古音学成就给予了极高的评价："清代古韵之学到段玉裁已经登峰造极，后人只在韵部分合之间有所不同(主要是入声独立)，而于韵类的畛域则未能超出段氏的范围，所以段玉

① (清)阮元：《十三经注疏·毛诗正义》，北京：中华书局2009年版，第498页。

② (清)段玉裁：《六书音均表序》，见《六书音均表》，北京：中华书局1982年版，第4页。

裁在古韵学上，应该功居第一。"①诚然，除"支、脂、之"韵三分外，段玉裁在以《毛诗》的研究为基础上的古音学理论尚有尤、侯韵分立，真、文韵分立，十七部排列次等与合韵说，同声必同部说，古三声说，语音分三期说等，本文则只择要选择论述他发现了支、脂、之韵三分的情况，正如戴震所说："大着辨别五支六脂七之如清、真、登三韵之部相通，能发自唐以来讲韵者所未发，今春将古韵考订一番，断从此说为确论。"②他通过对《诗经》用韵字的归类，得出了"支、脂、之"三分的创见，成为清代古音学史发展中的一座里程碑。这个发现在段玉裁的古音学理论当中是最具代表性的，且在他之后的研究当中，古音十七部的理论一直作为他小学识见的基础，而今讨论其在诗经学上的研究，自然应当首先论及这个突出成就。

三

通过细绎《毛诗》所用字得到古音十七部的理论后，段玉裁另外一部诗经学研究的重要著作也诞生了，他在《书富顺县县志后》中提道：

> 丙申（乾隆四十一年，即 1776 年）二月，金犹平民气和……予乃以余闲成《诗经小学》、《六书音均表》，各若干卷。③

上文根据《年谱》以及相关的序跋、书信往来已经讨论过，其中《六书音均表》在他乾隆三十二年写成的《诗经韵谱》、《群经韵

① 王力：《清代古音学》，北京：中华书局 1992 年版，第 129 页。

② （清）段玉裁：《戴东原先生来书》，见《六书音均表》，北京：中华书局 1982 年版，第 1 页。

③ （清）段玉裁：《经韵楼集》，南京：凤凰出版社 2010 年版，第 229 页。

谱》的基础上写成，且在乾隆四十年就已经定稿并请戴震为序了；这以后直到乾隆四十一年，段玉裁进行学术创作的主要精力，应该是放在《诗经小学》一书上的，且在《六书音均表》的创作过程中，段玉裁对《毛诗》文本已经相当熟悉，对其文字中存在的一些问题，也有了自己的见地，故可以说《诗经小学》是他站在古韵学研究的基础上收获的副产品。在乾嘉学者中，戴震观点鲜明地标举"疑于义者以声求之，疑于声者以义正之"①的主张，段玉裁则发扬师说，进一步明确提出：

> 小学有形、有音、有义，三者互相求，举一可得其三；有古形、有今形、有古音、有今音、有古义、有今义，六者互相求，举一可得其五。圣人之制字，有义而后有音，有音而后有形。学者之考字，因形以得其音，因音以得其义。②

这样一种学术理念恰是章太炎以"综刑名，任裁断"③评价的皖派学者学术特征，即在治经过程中重视文字的形、音、义相考证，以辨明经义。在以考据为特色的"诗经清学"大潮中，少有以探求全诗旨意为著述理念的著作，《诗经小学》之得名也正因为其不列全篇，而是逐条的对其中文字进行形、音、义的考辨，如果说段玉裁在《六书音韵表》的创作中仅就用韵上进行着眼，那《诗经小学》的内容就扩展到了包含《诗经》文本当中的异文、正字、俗字、古今字、通假字、方言、本义与引申义、校勘等方面的问题，在解决这些问题的过程中综合运用了他在小学上的学养与识见。

在《清史稿·段玉裁传》中记载段玉裁著述有《诗经小学》三十

① （清）戴震：《转语十二章序》，见《戴震集》，上海：上海古籍出版社2009年版，第107页。

② （清）段玉裁：《王怀祖广雅注序》，见《经韵楼集》，南京：凤凰出版社2010年版，第180页。

③ 章太炎：《清儒第十二》，见《訄书详注》，上海：上海古籍出版社2000年版，第139页。

卷，而在《艺文志》中著录其书为四卷。按其书原本依《毛诗》编次，《国风》十五卷，《小雅》七卷，《大雅》三卷，《周颂》三卷，《鲁颂》、《商颂》各为一卷，之所以在《艺文志》中记录为四卷，据《年谱》记载其事为：

> 乾隆五十六年(1791)辛亥，先生五十六岁。……先生又以《诗经小学》全书数十篇，授在东读之。在东为删烦纂要，国风大小雅颂各录成一卷。后先生来见之，喜曰："精华尽在此矣。"当即以此付梓。①
>
> 嘉庆四年(1799)己未，先生六十五岁。……十二月，臧在东以先生《诗经小学》节录本付刻于广东南海县……其全书为三十卷，见阮元《十三经注疏校勘记毛诗序目》以及《说文》第十五注。今不可复见矣。②

也就是说，我们今天所见《诗经小学》主要为臧庸所删繁纂要而成四卷本，据虞万里的考察，三十卷本今藏上海图书馆，原为王念孙所藏。③ 既然四卷本颇得段玉裁所嘉许，认为是"精华尽在此矣"，后来严杰又将其辑入《清经解》中，这无疑也是对四卷本价值的高度肯定，故本文以收录于《清经解》中的四卷本作为讨论的材料基本可以代表段玉裁原书中的学术见解。

今按段玉裁对《毛诗》文本所做考据，有五个方面的工作应该注意：

(1)搜罗文献，罗列异文。他广泛收集《尔雅》、《说文》、《礼记》、《文选》、《韩诗》、《左传》、《国语》等书包括唐石经中的相关文字数据，就其异文与手中《毛诗》相比对，在《诗经小学》中或仅罗列异文不作说明，或依据字书、古注、古音十七部理论等对文

① 刘盼遂：《段玉裁先生年谱》，载《清华学报》1932 年第 2 期。
② 刘盼遂：《段玉裁先生年谱》，载《清华学报》1932 年第 2 期。
③ 虞万里：《段玉裁〈诗经小学〉研究》(上)，载《辞书研究》1985 年第 5 期。

字进行按断，辨明本字与假借字、古今字，或进行校勘。如：

“关关雎鸠”条：《尔雅》、《说文》皆作“鴡”。①（《关雎》）

以上就是简单地罗列异文而没有其他说明。

“服之无斁”条：《礼记·缁衣》、王逸《招魂》注皆引诗“服之无射”，按“斁”为本字“射”为同部假借。②（《葛覃》）

以上列出了《礼记》与王逸注中引诗的异文，“射”、“斁”在《诗经韵分十七部表》中同为第五部字，用声音来辨明了两字的假借方式为同部假借。

“齐子发夕”条：《韩诗》“发，旦也”，按“发夕”即“旦夕”也。又《方言》“发，舍车也。东齐海岱之间谓之发”，郭注“今通言发写”。《诗》“发夕”盖犹“发写”，古夕、写字皆在第五部，同部假借。③（《载驱》）

“颜如渥丹”条：《释文》“丹”，《韩诗》作“沰”，按“渥沰”即《邶风》之“沃赭”也，古者声石声同在第五部。④（《终南》）

“日月告凶”条：刘向引诗“日月鞠凶”，按古告、鞠二字同部同音故假借鞠为告，《采芑》传“鞠，告也”，言鞠为告之假借也。⑤（《十月之交》）

《韩诗》与《毛诗》所据经文不同，在文字上有出入的地方，段

① （清）阮元：《清经解》，南京：凤凰出版社2005年版，第4959页。
② （清）阮元：《清经解》，南京：凤凰出版社2005年版，第4959页。
③ （清）阮元：《清经解》，南京：凤凰出版社2005年版，第4964页。
④ （清）阮元：《清经解》，南京：凤凰出版社2005年版，第4965页。
⑤ （清）阮元：《清经解》，南京：凤凰出版社2005年版，第4971页。

玉裁也运用古音的理论，指出了异文中的同部假借。

"坎坎伐轮兮"条：石经《鲁诗》残碑"欿欿伐轮兮"，按此则首章二章皆同《广雅》欿欿声也。① (《伐檀》)

"筑城伊淢"条：按《韩诗》作"洫"则字义声韵皆合矣，《史记·河渠书》沟洫字亦作淢。② (《文王有声》)

"奄有九有"条：《韩诗》作"九域"。按"有"古音如以"域"为其入声。毛公曰"囿所以域养禽兽也。"囿、域亦于音求之。③ (《玄鸟》)

以石经《鲁诗》之异文考之《广雅》，其声音与毛诗实同，《毛诗》"奄有九有"《韩诗》作"九域"，同样指出了应当以音求其义。

"绿竹如箦"条：《韩诗》"绿蓄如箦。箦，积也"。按毛传亦云"箦，积也"，"箦"即"积"之假借字，古人以假借为诂训多如此。④ (《淇奥》)

"外御其务"条：《春秋》内外传引诗"外御其侮"，《尔雅》"务，侮也"。按言"务"为"侮"字之假借。⑤ (《常棣》)

《左传》、《国语》引诗"外御其侮"，与《毛诗》作"外御其务"异，检之《尔雅》，得两字相训，知为假借字。在古音之外，将异文查之字书，是考察其是否为假借字的另一办法。

"徒御不警"条：唐石经误作"不惊"，今本因之，《文选》

① (清)阮元：《清经解》，南京：凤凰出版社2005年版，第4965页。
② (清)阮元：《清经解》，南京：凤凰出版社2005年版，第4977页。
③ (清)阮元：《清经解》，南京：凤凰出版社2005年版，第4983页。
④ (清)阮元：《清经解》，南京：凤凰出版社2005年版，第4962页。
⑤ (清)阮元：《清经解》，南京：凤凰出版社2005年版，第4968页。

> 陆士衡《挽歌诗》“夙夜警徒御”，注引《毛诗》“徒御不警”，今俗刻作“不惊”。① （《车攻》）

以《文选》引诗“徒御不警”，校唐石经作“不惊”之误。

> “云何盱矣”条：《尔雅》注“《诗》曰：‘云何盱矣’”。邢疏云：“何盱矣”者，《卷耳》及《都人士》文也。按今作“吁”误也，《何人斯》“云何其盱”，《都人士》“云何盱矣”，经文无“吁”字。② （《卷耳》）
>
> “不我能慉”条：《说文》引诗“能不我慉”，按能之言而也，诗“能不我慉”、“能不我知”皆同，今作“不我能慉”误也。③ （《谷风》）

《卷耳》篇“云何吁矣”，《尔雅》注引诗作“盱”，考之《何人斯》与《都人士》篇，皆作“盱”，而没有“吁”，由此得知《卷耳》中作“吁”误，于是段玉裁在此处大胆改字。《谷风》篇“不我能慉”，《说文》引作“能不我慉”，与“忧心慄慄”条诗“能不我知”等句式相同，知是今本文句颠倒。产生异文的原因除假借之外，还有可能是由于文本的流传出现了讹误，因此考察前后篇章对句式、文字的使用，能够发现文本讹误的痕迹。

> “英英白云”条：《韩诗》作“泱泱”，潘岳《射雉赋》“天泱泱而垂云”，徐爰注“泱，音英”，善曰“《毛诗》‘英英白云’”，泱与英古字通。④ （《白华》）
>
> “凤皇于飞”条：《说文》引“凤皇于飞”，唐石经“凤皇于飞”，皆作“皇”。按颜元孙《干录字书》“皇，凤皇正字，俗作

---

① （清）阮元：《清经解》，南京：凤凰出版社2005年版，第4970页。
② （清）阮元：《清经解》，南京：凤凰出版社2005年版，第4969页。
③ （清）阮元：《清经解》，南京：凤凰出版社2005年版，第4961页。
④ （清）阮元：《清经解》，南京：凤凰出版社2005年版，第4974页。

凰”，凡古书皆作“凤皇”，绝无“凰”字，“凰”字于字书无当。① (《卷阿》)

通过异文的比对与字书的印证，还能指出古今字、正俗字在文本流传过程中的使用，发现其对文本面貌的改变。其他通过异文的启发而对文字进行的发明，不再在此枚举。异文材料对于清代学者，无疑是探求古籍用字本义最为宝贵基础的资源库；不重版本而重异文，也是皖派学者治学一大特色。段玉裁治《毛诗》，最先进行的工作，就是广搜异文，在异文对比的基础上，通过古音的归类、前后篇章用字的分析、字书的印证等方法，辨明假借字、古今字、正俗字的使用，校勘文本出现的讹误。

(2)故训明而古经明。综合考察毛传、郑笺、《尔雅》、《说文》、《经典释文》、《左传》、《文选》等文中的训诂材料，考释字义。

“害澣害否”条：传“曷，何也”，按古“害”读如“曷”同在第十五部，于六书为假借也，《葛覃》借“害”为“曷”，《长发》则“莫我敢曷”，传“曷，害也”，是又借“曷”为“害”。② (《葛覃》)

《葛覃》篇毛传“曷，何也”，《长发》篇传“曷，害也”，“害”、“曷”字同在第十五部，是依据毛传训诂得“曷”、“害”二字相假借。

“惄如调饥”条：《说文》“饥，饿也”，“饥，谷不孰也”，唐石经饥渴皆作“饥”，饥馑皆作“饥”。按传“调，朝也”言

① (清)阮元:《清经解》，南京：凤凰出版社2005年版，第4979页。
② (清)阮元:《清经解》，南京：凤凰出版社2005年版，第4959页。

《诗》假借“调”字为“朝”字也，“调”周声，“朝”舟声。①（《汝坟》）

根据《说文》对“饥”、“饥”两字的训释不同，考之唐石经对两字也绝不混用，毛传“调，朝也”，说明句中借“调”为“朝”。

“俾尔单厚”条：传“单，信也，或曰单，厚也”，按《释诂》“亶，信也，是毛以单为亶之假借也。②（《天保》）

“无自瘵焉”条：按笺云“瘵，际也”，以为际字假借。③（《菀柳》）

“佛时仔肩”条：传“佛，大也”，按此以“佛”为“废”之假借，古废、佛同音，《释诂》“废，大也”，“四月废为残贼”，传“废，大也”，用正字，此“佛时仔肩”用假借字，笺云“佛，辅也”，又以为“弼”之假借。④（《敬之》）

“閟宫有洫”条：笺云“閟，神也”，按《说文》“秘，神也”，郑以“閟”为“秘”之假借。⑤（《閟宫》）

《天保》篇中“俾尔单厚”，毛传“单，信也”，考之《释诂》“亶，信也”，知毛传亦单为亶之假借；《閟宫》篇“閟宫有洫”，郑笺“閟，神也”，比对《说文》“秘，神也”，则知郑笺以“閟”为“秘”之假借。通过毛传与郑笺当中丰富的对字义训释的材料，比对《说文》、《尔雅》，指明以训诂为假借的情况。

“君子好逑”条：郑笺“怨耦曰仇”，《释文》“逑本亦作仇”，按《兔罝》“公侯好仇”，《说文》“逑”字注“怨匹曰逑，

① （清）阮元：《清经解》，南京：凤凰出版社2005年版，第4960页。
② （清）阮元：《清经解》，南京：凤凰出版社2005年版，第4968页。
③ （清）阮元：《清经解》，南京：凤凰出版社2005年版，第4974页。
④ （清）阮元：《清经解》，南京：凤凰出版社2005年版，第4982页。
⑤ （清）阮元：《清经解》，南京：凤凰出版社2005年版，第4983页。

《左传》"怨偶曰仇"，知逑、仇古通用也。①（《关雎》）

"蜉蝣掘阅"条：按古阅、穴通，宋玉《风赋》"枳句来巢，空穴来风"，"枳句"、"空穴"皆重迭字……陆机云"椇曲来巢也"，空穴即孔穴，善注引《庄子》"空阅来风"，《老子》"塞其兑，闭其门"，"兑"即"阅"字之省假借字也。②（《蜉蝣》）

《关雎》篇郑笺"怨耦曰仇"，所释字与"逑"异，考之《说文》、《左传》，知两字古通用。求索古籍的另外一个途径，就是古代经典的传注所用训诂。如段玉裁通过整理训诂材料，从训诂中分析文字，或以训诂指出假借字与假借方式，或根据古文中不同的文字有着相同的训诂，辨明了古字的通用。

（3）依据《尔雅》、《说文》、《广韵》、《经典释文》等书中材料，对古文字直接进行分析按断。

"辗转反侧"条：按古惟用"展转"。《释文》曰："辗，本亦作展。吕枕从车展。"知"辗"字起于《字林》。③（《关雎》）

"聊乐我员"条：《释文》"'员'本亦作'云'"，《正义》曰"员、云古今字，助句辞也。"按如《秦誓》之"云来"亦作"员来"。④（《出其东门》）

《关雎》篇中"辗转反侧"，根据《释文》所说"辗"本当作"展"，今作"辗"字实起于《字林》，为后起字。《出其东门》篇则辨明了"云"、"员"为古今字。

"揖揖兮"条：盖"辑"字之假借，《说文》"辑，车和辑

① （清）阮元：《清经解》，南京：凤凰出版社2005年版，第4959页。
② （清）阮元：《清经解》，南京：凤凰出版社2005年版，第4966页。
③ （清）阮元：《清经解》，南京：凤凰出版社2005年版，第4959页。
④ （清）阮元：《清经解》，南京：凤凰出版社2005年版，第4964页。

也”。① （《螽斯》）

《螽斯》篇“揖揖兮”，考之《说文》，知其当为“辑”字之假借。

“见此粲者”条：《广韵》“㛒”字注曰“《诗》传云‘三女为㛒’又‘美好貌’”。《诗》本亦作粲。② （《绸缪》）

“念彼不迹”条：《说文》“迹，步处也，从辵亦声，或作速”。按以古韵谐声求之，“朿”在第十六部，“亦”在第五部，速为正字。③ （《沔水》）

《沔水》篇“念彼不迹”，《说文》“迹，步处也，从辵亦声，或作速”，以古韵谐声求之，“朿”同在第十六部，故得速为正字。

“翩翩者鵻”条：《尔雅》、《释文》“隹如字，旁或加鸟非也”。按《释文》误也，《说文》“鵻，祝鸠也，从鸟隹声”。④（《南有嘉鱼》）

《南有嘉鱼》篇“翩翩者鵻”下《释文》言“隹如字，旁或加鸟非也”，以诗中作“鵻”为非，检之《说文》，有“鵻，祝鸠也，从鸟隹声”，明作“鵻”不误，以此驳正《释文》之失。段玉裁对训诂书、字书、韵书的熟练掌握既在解释异文、分析毛传的时候有所体现；另一方面更体现在他对《诗经》中用字的直接按断上。

(4)引前哲时贤说，其中有引以为证者，有引而申发之者，亦有引而指其误者。常引者如顾炎武、戴震等前辈学者。

“杂佩以赠之”条：戴先生云当作“贻”，按古人征召为宫，征得来为登来，仍孙为耳孙，诗训为承也。皆之、咍、职、德

① （清）阮元：《清经解》，南京：凤凰出版社2005年版，第4959页。
② （清）阮元：《清经解》，南京：凤凰出版社2005年版，第4965页。
③ （清）阮元：《清经解》，南京：凤凰出版社2005年版，第4970页。
④ （清）阮元：《清经解》，南京：凤凰出版社2005年版，第4968页。

韵与蒸、登韵相通之理此来赠为韵古合韵之一也不当改为“贻”。① (《女曰鸡鸣》)

以他的合韵说解释“杂佩以赠之”条不误，驳正戴震改“赠”作“贻”。

“拊我畜我”条：戴先生云“‘畜’当为‘慉’”。《说文》“慉，起也”，此笺“畜，起也”，明是易畜为慉。② (《蓼莪》)

《蓼莪》篇中，戴震指出“畜”当作“慉”，郑笺所训释与《说文》相同，知当为“慉”，引申解释戴说。

“我是用急”条：《盐铁论》引诗“我是用戒”，顾宁人云“当从之”，戴先生曰“戒犹备也，治军事为备御”，曰“戒讹作急，义似劣，于韵亦不合”。按谢灵运《撰征赋》“宣王用棘于猃狁”，是六朝时诗本有作“我是用棘”者，《释言》“悈、褊，急也”。此诗作“棘”作“戒”皆协，今作“急”者，后人用其义改其字尔。③ (《六月》)

引顾炎武、戴震说以“急”为“戒”之误，并解释了今本作“急”的原因。

“来朝走马”条：《玉篇》“趣”字注“《诗》曰‘来朝趣马’，言早且疾也”。按郑笺言“避，恶早且疾也”，“早”释来朝，“疾”释趣字。《说文》“趣，疾也”，《玉篇》作“趣马”，野王据汉人相传古本也，程大昌、顾炎武以为单骑之始误，“趣”音

① (清)阮元:《清经解》，南京：凤凰出版社 2005 年版，第 4963 页。
② (清)阮元:《清经解》，南京：凤凰出版社 2005 年版，第 4972 页。
③ (清)阮元:《清经解》，南京：凤凰出版社 2005 年版，第 4968 页。

走，亦音促。①（《绵》）

“同尔兄弟”条：顾宁人曰“《伏湛传》引‘同尔弟兄’入韵”。按王逸《九辩》注“内念君父及弟兄也”与上文“长、王、煌、党”并汤韵，今讹为兄弟则非韵矣。②（《皇矣》）

《绵》篇中引程大昌、顾炎武说法，以《玉篇》引诗“来朝趣马”与《说文》“趣，疾也”为印证，校“来朝走马”当为“来朝趣马”；《皇矣》篇“同尔兄弟”，据顾炎武说当为“同尔弟兄”。

“天立厥妃”条：惠栋曰“当作‘妃’，各本作‘配’误”。按传“妃，媲也”，《正义》引某氏注《尔雅》“《诗》云‘天立厥妃’”是矣，但谓“毛读‘配’为‘妃’，故云‘媲’也”，是未知经传“配”字皆后人改“妃”为“配”耳。③（《皇矣》）

引申惠栋的说法，将《皇矣》篇中“天立厥配”改为“天立厥妃”。本着实事求是无征不信的态度，引前贤说法，或引而申发，或指出其误，即使是段玉裁最为尊敬的老师戴震，其说法与实际情况不符，也据理以驳。

(5)段玉裁已经注意到了经、传、笺之间用字相龃龉的问题，并就这一情况对经文作了校勘。

“上入执宫公”条：今本“公”作“功”，误也，《采繁》笺云“公事也，天保”。《灵台》传云“公事也”，此笺云“治宫中之事”，《正义》云“经当云‘执宫功’，定本‘执宫功’不为‘公’字”。按，今袭唐定本之误，《六月》传云“公，功也”，今俗人用功亦非。④（《七月》）

---

① （清）阮元：《清经解》，南京：凤凰出版社2005年版，第4976页。
② （清）阮元：《清经解》，南京：凤凰出版社2005年版，第4977页。
③ （清）阮元：《清经解》，南京：凤凰出版社2005年版，第4976页。
④ （清）阮元：《清经解》，南京：凤凰出版社2005年版，第4967页。

《七月》篇“上入执宫功”，郑笺云“治宫中之事”，根据《采繁》篇郑笺云“公事也，天保”，《灵台》篇毛传云“公事也”，知当作“公”字，唐定本改“公”为“功”非。

“忧心懆懆”条：传“懆懆犹戚戚也”，按“懆”在二部“戚”在三部，音近转注，今本作“惨”误。①（《白华》）

《白华》篇以毛传“懆懆犹戚戚也”，“懆”为第二部字，“戚”为第三部字，两字为音近转注，由此知“忧心惨惨”误。

“悠悠我里”条：按传“里，病也”，笺“里，居也”，《释文》所引极明，依《尔雅》“痗，病也”，郭云“见诗”，则《毛诗》本作“痗”，后因郑笺改作“里”。②（《十月之交》）

“六月徂暑”条：传“徂，往也”，笺云“徂，始也”，按郑盖易为“祖”字，《尔雅》“祖，始也”，今文《尚书》曰“黎民祖饥”。③（《四月》）

《十月之交》篇毛传“里，病也”，郑笺“里，居也”，检之《尔雅》作“痗，病也”，知毛、郑用字不同，毛本作“痗”，后人因郑笺改经、传为“里”；《四月》篇“六月徂暑”，毛传“徂，往也”，郑笺“徂，始也”，检之《尔雅》作“祖，始也”，知郑本作“祖”字。

“反予来赫”条：毛作“赫”，郑作“吓”。④（《桑柔》）

此处简单区别了毛、郑用字有所不同。段玉裁在毛传与郑笺表述不同、经传用字存在龃龉等情况下进行分析，并检之《尔雅》、

① （清）阮元：《清经解》，南京：凤凰出版社2005年版，第4971页。
② （清）阮元：《清经解》，南京：凤凰出版社2005年版，第4971页。
③ （清）阮元：《清经解》，南京：凤凰出版社2005年版，第4972页。
④ （清）阮元：《清经解》，南京：凤凰出版社2005年版，第4979页。

《释文》以为证，对《毛诗》文本流传中发生的讹变开始了广泛的校勘。经、传、笺所用文字相龃龉的问题在毛传、郑笺合为一本的《毛诗》传本中比比皆是，段玉裁也由此产生了恢复汉代所行之毛传的想法，《毛诗故训传定本小笺》已经呼之欲出了。

对于《诗经小学》在清代诗经学研究中的地位，虞万里评价道："在汗牛充栋的《诗经》研究著作中，大多是探求诗意、诗旨，而于文字的同异、音义的训解关注甚少。汉代《诗经》今古文在文字上的异同，在郑玄手里，渐趋消融，幸亏陆德明《经典释文》保存了许多异文和音义训诂，使得宋代王应麟勾勒《三家诗》的异文异义有所凭借。清初顾炎武、黄宗羲、王夫之三大家对《诗经》的研究，主要在于批判宋明理学。顾炎武《诗本音》虽已涉及异文、义训，宗旨却在于《诗》的谐韵。他们都还没有精力来顾及《诗》的校勘和形、音、义的考据。段玉裁生于乾嘉考据盛世，以壮年充沛的精力，着成《诗经小学》一书。它的出现，是《诗经》研究在文字的形音义和校勘等方面进入乾嘉考据时期的标志。"①段玉裁在书中重视异文材料的整理与训诂材料的分析，在古音十七部理论的基础上对文字的形、音、义进行综合的考辨，其书成为清代诗经学研究中卓有特色的考据学专著。

四

如上文所述，段玉裁在《诗经小学》中对《毛诗》文本全面展开考据时，对于经传中毛、郑相驳杂的地方有所整理，对当时流传本《毛诗》也进行了很多校勘按断，这为他进一步的考订《毛诗》打下了基础。据《年谱》来看：

乾隆四十三年(1778)戊戌，先生四十四岁，是年之巫山

① 虞万里：《段玉裁〈诗经小学〉研究》(下)，载《辞书研究》1985年第6期。

县任，事简民和，暇则作《毛诗故训传定本小笺》。①

在《诗经小学》成书后两年，段玉裁就开始了《毛诗故训传定本小笺》的创作，他在《题词》中也说道：

《毛诗故训传》三十卷者，玉裁宰巫山，事简所订也。曷为三十卷？从《汉志》也。夫人而曰治毛诗，而所治者乃朱子《集传》，则非毛诗也，是以订毛传也。故训传与郑笺，久与经文相杂厕，曷为每篇先经后传也？还其旧也。周末汉初，传与经必各自为书也，然则《汉志》云："《毛诗经》二十九卷，《毛诗故训传》三十卷。"本各自为书，今厘次其文，还其旧，而每篇必具载经文于前者，亦省学者两读也。传多于经一卷，其分合今无考也。传之与经杂厕，放于何时？盖郑君笺《诗》时所为也……夫人而曰治毛诗，而有其名无其实，然则《毛诗故训传》三十卷是编乌可以已也。读毛而后可以读郑，考其同异略详疏密，审其是非；今本合一，而人多忽之，不若分为二，次第推焊也。②

清朝科举，《诗》以朱熹《诗集传》作为考试的制定用书，利禄所击，而致竟有人以为《集传》就是《毛诗》；为了在诗经学研究的领域进一步反宋兴汉，段玉裁在《诗经小学》研究的基础上，开始了为《毛诗故训传》做定本的工作。而在《汉书·艺文志》中所著录的《毛诗故训传》与经典本身是各自为书的，到了郑玄为之作笺的时候，将其合为一书，而经、传、笺相杂厕，导致汉代之底本不可复见，段玉裁所要做的工作，便是恢复古本之面貌，这也正是他关于校勘提出的经典理论的实践基础。

---

① 刘盼遂：《段玉裁先生年谱》，载《清华学报》1932年第2期。

② （清）段玉裁：《毛诗故训传定本小笺题词》，见《经韵楼集》，南京：凤凰出版社2010年版，第5页。

> 校书之难，非照本改字不讹不漏之难也，定其是非之难。是非有二：曰底本之是非，曰立说之是非。必先定其底本之是非，而后可断其立说之是非。
>
> 故校经之法，必以贾还贾，以孔还孔，以陆还陆，以杜还杜，以郑还郑，各得其底本，而后判其义理之是非，而后经之底本可定，而后经之义理可以徐定。不先正注、疏，释文之底本，则多诬古人，不断其立说之是非，则多误今人。①

他理想化地指出了校勘的目的不仅在于“照本改字”，更应该根据自己的语言文字修养定夺不同版本之间的是非，不仅要校异同，还要校是非，底本之是非与立说者之是非都对后代知识的流传影响巨大，而想要深层次的解决古书讹误的问题，必须正视在刻本出现后不同文本系统重叠的问题，理想化的状态当然是能够“以孔还孔，以贾还贾”，“各得其底本”，才能够进一步的判断底本、立说之是非。

他审视在历史层累过程中形成的《毛诗》文本，所谓“定本”，即是订正汉代所行古本，以经还经，以传还传，以毛还毛，以郑还郑。定本所做有三大工作，如下：

(1)调整篇章结构，他将章句数移于篇前，小题在上，大题在下，在“关雎三章，一章四句，二章八句”条下按断：“各本章句在篇后，今案孔颖达云‘定本章句在篇后’，然则孔氏《正义》本章句在前可知也，杜甫以‘曲江三章，章五句’为题书于前知唐本多如此。”再将小序及经文分具每篇之前，以省学者两读之劳，最后复举毛公训释的字、词所在之经文文句，并于文句下录入毛公对字词的训释，今以《卷耳》举例，先是小题和章句数：

① (清)段玉裁：《与诸同志书论校书之难》，见《经韵楼集》，南京：凤凰出版社2010年版，第313页。

《卷耳》四章，章四句。

次是小序：

《卷耳》，后妃之志也，又当辅佐君子。求贤审官，知臣下之勤劳，内有进贤之志而无险诐私谒之心，朝夕思念至于忧勤也。

然后是经文：

采采卷耳，不盈顷筐。嗟我怀人，寘彼周行。
陟彼崔嵬，我马虺隤。我姑酌彼金罍，维以不永怀。
陟彼高冈，我马玄黄。我姑酌彼兕觥，维以不永伤。

最后是其所复定之毛传：

采采卷耳，不盈顷筐，忧者之兴也，采采，事采之也，卷耳，苓耳也，顷筐，畚属，易盈之器也。嗟我怀人，寘彼周行，怀，思；寘，置；行，列也。思君子，官贤人，置周之列位。……

全书依照《毛诗故训传》定为三十卷，十五《国风》各一卷，《小雅》、《大雅》、《周颂》每什为一卷，《鲁颂》、《商颂》各一卷。篇词章句都依据《经典释文》所记载，复定篇章结构是全书中最为直观的改变。

(2)订正毛传原本所用字，这是其全书中最为重要的工作与成果，展现了段玉裁在校勘上的精思妙悟，他或考察毛传、郑笺训释的不同，或比之颜师古所为《定本》、陆德明《经典释文》，或引《尔雅》、《说文》等字书为证，对毛传进行了全面的校勘。现列其所复定之经传与阮刻本《十三经注疏》相比对：

篇章	复定经传	阮刻本经传	段玉裁按
《召南·野有死麕》	舒，徐也，脱，舒貌	舒，徐也，脱，舒迟也	此从《定本》
《邶风·终风》	愿言则疐 疐，跲也	愿言则嚏 嚏，跲也	毛作“疐，跲也”，郑云“疐当读为不敢嚏咳之嚏”，此郑改字也，唐石经以下经传从口，是用郑废毛，“嚏”不得训“跲”明矣
《邶风·谷风》	泾以渭浊，湜湜其止 泾、渭相入而清浊异也	泾以渭浊，湜湜其沚 泾、渭相入而清浊异。笺云“小渚曰沚……湜湜，持正貌。”	毛作“止”，郑始易作“沚”，义异。“清”字为“湜湜”作训，谓泾渭相入之处愈见泾浊、愈见渭水止处湜湜然，《说文》曰“湜，水清见底也”，此毛说也，郑乃改止为沚，谓湜湜为持正，人之持正如水中有沚碍流
《卫风·木瓜》	琼瑶，瑶，美石；琼玖，玖，玉石	琼瑶，美玉；琼玖，玉名	《王风》传曰“玖石，次玉者”，《说文》“玖，石之次玉黑色者”，今此传作“玉名”乃玉石之误耳。玉石见扬雄《蜀都赋》，《汉书·西域传》师古曰“玉石，石之似玉者也”
《郑风·山有扶苏》	山有桥松，隰有游龙 扶苏，扶胥木也 荷华，荷，芙蕖也	山有乔松，隰有游龙 扶苏，扶胥小木也 荷华，芙蕖也	郑易“桥”为“槁” 此从《释文》无“小”字为长，《正义》作“小木”，乃浅人用郑说增字，非也 荷本叶名，以为花叶之总名，《陈风》传亦曰“荷，芙蕖也，菡萏荷华也”，浅人于此删下“荷”字乃不辞矣

续表

篇章	复定经传	阮刻本经传	段玉裁按
《郑风·狡童》	不能息，忧不能息也	忧不能息也	“忧”上当有“噎”字，与《黍离》传同
《郑风·褰裳》	狂童之狂也且，言狂行童昏所化也 子不我思，岂无他士。士，事也	狂行，童昏所化也 子不我思，岂无他士。士，事也	“童”依《说文》当作“僮”，“僮，未冠也”，引申之曰童昏，二篇同 经本作“事”，传本作“事，士也”，谓事即士之假借，转写以注改经，又以经改注，经果是士字，何须传乎，前文“士曰昧旦”何以不传也，“吉士诱之”、“无与士耽”皆不传
《郑风·子衿》	子衿，刺学废也	子衿，刺学校废也	《释文》、《定本》皆无“校”字
《唐风·绸缪》	子兮子兮者，嗟兹也	子兮者，嗟兹也	兹当作嗞，《说文》曰“嗟嗞”，今俗作“嗟咨”，非也”
《唐风·羔裘》	羔裘豹袪，袪，袂末也	袪，袂也	从定本有“末”字，《玉藻》说“袂二尺二寸，袪尺二寸”
《秦风·蒹葭》	坻，小渚也	坻，小渚也	“小渚”当作小沚，乃合《尔雅》“坻沚”，同训不可通声之误也
《曹风·蜉蝣》	蜉蝣堀阅，麻衣如雪	蜉蝣掘阅，麻衣如雪	依《说文》作“堀”，各本作“掘”也
《曹风·鸤鸠》	其仪一兮，心如结兮，言执义一则用心固。 忒，疑也，正，是也	言执义一则用心固 忒，疑也，正，是也	上文笺云“淑，善；仪，义也。善人君子，其执义当如一也”。此传云“言执义一则用心固”，文句相承，分属笺、传，必有一误 “正，是也”，不误，郑乃易为“正，长也”

续表

篇章	复定经传	阮刻本经传	段玉裁按
《豳风·七月》	缵继功事也	缵继功事也	经传“功”字疑“公”之误，故下文宫公不再解释
《豳风·鸱鸮》	子羽谯谯，子尾修修	子羽谯谯，子尾翛翛	唐定本、宋监本、越本、蜀本皆作“修修”，唐石经、宋《集韵》、光尧石经皆作“修修”，盖《毛诗》本用合韵，浅人改为“消”又或改为“翛”，今本《释文》亦是浅人所改，《集韵》所据《释文》未误
《小雅·湛露》	夜饮，燕私也	夜饮，私燕也	“燕私”各本作“私燕”，考《正义》不误，《楚辞》、《尚书大专》皆云“燕私”
《小雅·采芑》	蠢尔荆蛮，大邦为雠 荆蛮，荆州之蛮也	蠢尔蛮荆，大邦为雠 蛮荆，荆州之蛮也	依传则知经文定是“荆蛮”，《国语·晋语》、《汉书·韦元成传》、《后汉书·李膺传》、《文选·王仲宣诔》及唐初人所引皆不误

这个工作中最精彩的地方正在于段玉裁在经、传、笺相龃龉的地方着力，通过前后文意的辨析，从重叠了几层文本信息的《毛诗》当中，找出可以恢复汉代毛传用字的蛛丝马迹，如《邶风·谷风》传本作“泾以渭浊，湜湜其沚”，他说：“毛作‘止’，郑始易作‘沚’，义异。清字为湜湜作训，谓泾渭相入之处愈见泾浊、愈见渭水止处湜湜然，《说文》曰‘湜，水清见底也’，此毛说也，郑乃改止为沚，谓湜湜为持正，人之持正如水中有沚碍流。”通过毛、郑训释的区别指出了其用字与对诗意理解的悬殊，最后引《说文》为证，从而恢复了毛传本来所用字。而根据其与阮刻本的对比即能发现，只要证据确凿，段玉裁在复定毛传的工作中是勇于改字的，

比如通过考察毛传与郑笺用字的不同，就将今传本《邶风·终风》中的“愿言则嚏”改为“愿言则疐”，但在面对《郑风·褰裳》中“子不我思，岂无他士。士，事也”这一文本时，他又显得格外谨慎，他说：“经本作‘事’，传本作‘事，士也’，谓事即士之假借，转写以注改经，又以经改注，经果是士字，何须传乎，前文‘士曰昧旦’何以不传也，‘吉士诱之’、‘无与士耽’皆不传。”他根据其他诗的行文方式以及毛传的体例，认定经文当作“事”，而传文应当为“事，士也”，而传本正颠倒了，但是由于没有其他文本的证据，也无《尔雅》、《说文》等书的印证，所以在复定之经传中仍然采用了旧本，而只是在其下进行说明，这也体现了他在复定过程中审慎的一面。在对文本进行校勘的工作中，段玉裁依旧贯穿着自己的古音理论，在《豳风·鸱鸮》中，今本作“子羽谯谯，子尾翛翛”，他说：“唐定本、宋监本、越本、蜀本皆作‘修修’，唐石经、宋《集韵》、光尧石经皆作‘修修’，盖《毛诗》本用合韵，浅人改为‘消’又或改为‘翛’，今本《释文》亦是浅人所改，《集韵》所据《释文》未误。”在通过与其他版本进行异文的对照后，因自己的合韵说按断今本作“翛”为浅人所改。而他在《邶风·谷风》“不我能慉”传“慉，兴也”下云“《说文》云‘慉，起也’，起即兴，《正义》作‘养也’非”；在《小雅·车攻》“悠悠旆旌，徒御不警”下云“经文作‘警’，传、笺、《正义》皆甚明”；在《大雅·绵》“古公亶父，来朝趣马”下云“趣字依《玉篇》引郑云‘避恶，早且疾’，早谓朝，疾谓趣，《说文》‘趣，疾也’”。这些都吸收继承了《诗经小学》当中的校勘成果，由这四个校勘的实例可以看出此书是在《六书音韵表》与《诗经小学》小学的成果上进一步探讨文字校勘所得来的成果。

（3）对《毛诗故训传》进行小笺，即进行说解文字、引申诗意、辨明毛传体例等工作。

在这就更明显地承继了《诗经小学》的考据范式，如他在《周南·葛覃》传“害，何也”下云“此谓害即曷之假借也，曷、何为转注，假害为曷”。在《诗经小学》中已经说明过此处假“害”为“曷”，而在此书中又对其假借的方式进行了阐发。在《唐风·采苓》传“苟，诚也”下云“此谓苟即果之假借，双声假借也”，也表明了他在小笺中进一步说明了假借的方式。小笺中的另一主要内容，则是此时段玉裁已经注意到了汉人的训诂体例，他在《召南·草虫》传“忡忡犹冲冲也”下云“凡言‘犹’者，以俗语释古语之词”，在《魏风葛屦》传“掺掺犹纤纤也”下云“犹缭缭也，犹纤纤也，皆以汉人语言通之谓，若今言某某是也”，都是注意到了毛传当中“犹”字的用法，将其固定为训诂条例，从这一点，已经可以看出他在后来的《周礼汉读考》中系统归纳汉人训诂条例的渊源所自。

刘盼遂在《段玉裁年谱》所云，《毛诗故训传定本小笺》的完成段玉裁是毕生用力的，从乾隆四十三年开笔，成稿后，每得有闲暇，辄校改不停。

> 乾隆四十九年(1784)甲辰，先生五十岁，四月二日，作《毛诗故训传定本小笺题辞》。盼遂按，此书亦先生精力所在。《题辞》作后，尚逐年校改。乾隆六十年八月与刘端临书云："《毛诗故训传》四本，凡朱笔注处，皆弟惬心贵当之言，最堪探讨。"东又与刘端临书云："《毛诗》三十卷，略加注语，皆惬心贵当，是否已令人誊写一部。再校补码四，则大妙矣。"嘉庆元年正月与刘端临书云："毛诗传随时欲填补，不知何时妥之。"其年九月又与刘端临书云："《毛诗》略点定几处，尚未暇校补，少辽缓之可耳。"①

段玉裁在前后给刘端临的书信中，数次提到自己在《定本小笺》上的用力，而刘盼遂谓“陈硕甫因之作《毛诗传疏》，遂为《诗经》绝学，亦由《定本小笺》奠其基础故尔”，认为段玉裁的诗经学成就成为陈奂得以再上一层的基础。

在清代学者对《毛诗》所做完整的新疏当中，能代表其最高水准的当属陈奂《诗毛氏传疏》，今讨论其书与段玉裁《毛诗故训传定本小笺》的关系。陈奂本江沅弟子，因曾从江沅处得阅段玉裁《六书音均表》，服膺段氏学问，后转师段玉裁，得出入段氏之门并受

---

① 刘盼遂：《段玉裁先生年谱》，载《清华学报》1932年第2期。

其学，考诸陈奂《诗毛氏传疏》，无疑是在《定本小笺》所复定的毛传基础上所做新疏，其按照《定本小笺》中重新调整的篇章结构，小题在上，大题在下，将章句数移于篇前，其他在文字的说解考订上，如《邶风·谷风》中阮刻本依旧刻作"泾以渭浊，湜湜其沚"，段玉裁复定为"泾以渭浊，湜湜其止"，陈奂采用了段玉裁所订版本，又如《小雅·采芑》篇中旧作"蠢尔蛮荆，大邦为雠"。阮刻本从之，而段玉裁依据毛传及他书所引复定为"蠢尔荆蛮，大邦为雠"，陈奂从之，此等例子不胜枚举。

陈奂在书中有直接引段玉裁所说，如《卫风·木瓜》旧刻毛传作"琼瑶，美玉，琼玖，玉名"，在《诗毛氏传疏》中就此条说："琼瑶，美玉。《小笺》云'《正义》作美石不误，《释文》作美玉，误也。"而今检索基本古籍库，陈奂直接引《定本小笺》说法更多达87处，引《诗经小学》说法也有23处，由此亦可见段玉裁的诗经学成就对陈奂影响之大。

《毛诗故训传定本小笺》被收入《清经解》中，严杰在书后按语中评价："《毛诗故训传》三十卷，懋堂先生订定之册，以近人所云《毛诗》乃朱子《集传》而非毛传也，编入《经解》，谁曰不宜，后之人有专为毛传作疏者，宜以此为定本。"①高度赞扬了《定本小笺》的学术贡献，而他最后所言"后之人有专为毛传作疏者，宜以此为定本"，似为后来陈奂在其书基础上作《诗毛氏传疏》所发。

五

清人的学问中，《诗经》一书是有着特殊地位的。诗作为韵文，其用韵的讲究为我们记载了上古汉语的语音系统，毛传中丰富的训诂名物制度，与《尔雅》一书相表里，孔子说，"不学诗，无以言"②，《诗经》所代表的，正是先秦文本的语言体系。戴震说："经之至者道也，所以明道者其词也，所以成词者字也，由字以通

① （清）阮元：《清经解》，南京：凤凰出版社2005年版，第4954页。
② 杨伯峻：《论语译注》，北京：中华书局2009年版，第178页。

其词，由词以通其道，必有渐。”①指出了探索古书堂奥应当循序渐进，必须由语言文字达圣人之道，只有语言能被正确理解，才能够有效地沟通。清人在对《诗经》的重新理解上，诠释出了其承载上古语言的重要价值，《诗经小学》与《毛诗故训传定本小笺》的出现，则是诗经学研究全面向古代语言客观知识的层面展开的标志。

本文梳理了段玉裁在《诗经》研究上取得的历史成就，我们可以看出，段玉裁的学问正是以《诗经》为根底的。从顾炎武因“学者读圣人之经与古人之作，而不能通其音；不知今人之音不同乎古，而改古人之文以就之，可不谓之大惑乎”，进而提出了“读九经自考文始，考文自知音始”②，就提出了“由音韵而小学，由小学而经学”的一条学问达道，段玉裁自己也说过“音韵明而六书明，六书明而古经传无不可通”③，所以他以探索《诗经》的上古用韵为入门，提出了十七部分韵的古音理论；在之后的学术生涯中，凡涉及文字形、音、义的考辨，无不以之为根基。在文中关于《诗经小学》与《毛诗故训传定本小笺》的论述中，我们可以见到，段玉裁在解释文字时对《尔雅》、《说文》等书的反复运用，也是他以小学治经的典范。段玉裁在《说文》研究上所取得的辉煌成就，也是与他以《诗经》文根底的学问分不开的。

通过对段玉裁诗经学的论述，我们得以回顾一代乾嘉大师的治学方法，其笃守一经的学问精神，由小学而入经学的学术路径，对于今日学习传统学问的我们，无疑启示良多。

---

① （清）戴震：《与是仲明论学书》，见《戴震集》，上海：上海古籍出版社2009年版，第183页。

② （清）顾炎武：《答李子德书》，见《亭林诗文集》，上海：上海古籍出版社2012年版，第126页。

③ （清）段玉裁：《寄戴东原先生书》，见《六书音均表》，北京：中华书局1982年版，第2页。

“左右逢源”乎？

——对先秦时期“左右观”的探讨

2013级国学班　涂鹏博

一、引　论

有关“左”与“右”的观念在当今社会文化的各个层面都已经有了一种约定俗成的规范，这种规范早已从最初的方位上的观念上升为价值认同的观念，在完成这样的脱胎换骨之后又内化成方位抉择和价值认同的共同体。

在下笔之前，笔者特意从典籍中查找了前人是否有“左右观”这样一种提法，以便决定是否加上引号。然而碍于学识的粗鄙浅陋，并没有找到这种提法。故此擅自提出“左右观”这样一个词汇概念以方便接下去的论述中用词更为简洁，塑造一种更为简约的规范描述的方式。这里我所谓的“左右观”是对左与右方位上的一种选择性认同，是对其价值上的一种塑造和取决，这种认同与取决的观念，我这里把它简要概括成“左右观”（以下诸文所出现“左右观”皆不再用引号）。

先前在读到一些资料时，多次看到说秦朝尊左卑右，然而这与我的印象有所出入。在读到商鞅变法的一些资料时，对当时的二十等爵记忆犹新，发现二十等爵里包含右的爵位总排在包含左的爵位之上，例如第十四等爵“右更”排在第十二等爵“左更”之上，第十一等爵“右庶长”排在第十等爵“左庶长”之上。这种印象上的出入让我不得不思索左右之间尊卑贵贱的取向究竟如何。是否左右的尊卑在不同的对象上有不同的取值，是否二十等爵的文献真实性值得怀疑，或者是否在官职爵位上存在尚右卑左的特例，是否其他民俗文化上却又普遍存在尚左卑右的大众性共识，是否先秦之时“左右观”存在地域区分性，例如齐鲁地区尊左卑右，荆楚地区尚右卑左，三晋地区贵左贱右，雍凉之地在左与右的认识上无所谓贵贱尊卑，一视同仁(本文不论述先秦之时暂处于华夏文化生态圈边缘上的四方民族)。这些“是否”值得考证和深思，此外左右观在时间纵向上是否有好的袭承，在地域横向上是否有彼此相互的影响，这又是一个问题。但在笔者看来，这种价值上的认同绝对不仅仅是选择性偏好这么简单，势必存在与其他相关量之间的关联和考量。

朱平安先生在《古代上做尚右源流考辨》里有这样的论述：“前人在这一问题的研究上之所以没有形成一个比较一致的认识，我认为有三个方面的原因：一是研究范围狭窄，多倾向于官制上尚左尚右现象的研究，而没有深入到对这种现象进行史的和文化心理的剖析；二是多依靠一些有限的史料进行归纳，而不是把它放到整个思想史的范畴进行宏观的和动态的研究；三是古人对尚左尚右本身就缺乏明确记载，这就是班固所“夏殷无闻焉”的缺憾。”①这正与笔者的某些看法相合，左右观当放诸思想史和文化史的层面来论述，而且左右观绝非简单笼统地尚左尚右这么简单，它在不同的对象事物上有不同的显现。至于地域性，山东大学的晁中辰先生在《尚左尚右辨》一文中提出，“对春秋战国时期中原各国尚右、楚秦尚左”②。然而考虑到汉承秦制的存在，这个结论值得推敲，不过这种思路值得借鉴。晁中辰先生还在一篇同类型的文章里论述“楚公子午为令尹，公子罢戎为右尹，劳子冯为大司马，公子囊师为右司马，公子成为左司马，屈到为莫敖，公子追舒为溉尹，屈荡为连尹，养由基为宫厩尹”③，并提到由于此处叙述的官职过多，就可

① 朱平安：《古代尚左尚右源流考辨》，载《十堰大学学报(综合版本)》1990年第2期。

② 晁中辰：《尚左尚右辨析》，载《中国史研究》1988年第2期。

③ 晁中辰：《春秋战国时期楚尚左辨》，载《山东大学学报(哲学社会科学版)》1996年第3期。

能涉及错简，这对笔者的思考和论述也是同样起作用的。然而前人的研究也不乏问题所在，某些研究拘泥于静态的文本，从有限的文献资料的整理中得出一些略显片面的结论，显得以偏概全，考虑不周。例如一则论证尚右的资料里，秦汉时期官制尚右。秦始皇统一天下之后，改其先人“尊左”之制而“尚右”。《汉书·百官公卿表序》中介绍了秦制二十爵，由低至高：“一级曰公士；二级曰上造……十，左庶长；十一，右庶长；十二，左更；十三，中更；十四，右更……”明确了以右为尊的制度。”①这里从爵位上的尚右卑左推出整个社会层面的文化活动以右为尊的制度的结论，就只着眼于有限的官制爵位，却没有考虑爵位背后的内涵。并没有分析此时的秦国还停留在商鞅变法之时的秦孝公在位的战国中期，就算秦国尚右说得通，但只从秦国一国的官制上的左右体现却提出整个秦汉时期尚右而不考虑其他诸国的官制，明显有失考量。再举出另外一位相反得出尊左卑右结论的资料，如秦始皇三十七年出巡时《史记》记载“左丛相李斯从，右巫相去疾守，少子胡亥爱慕，请从，上许之”。秦始皇在位时是尊左卑右，秦二世继位后仍然是遵循祖制而不悖。二世元年春，为了“示强、威服海内”，秦二世也仿效其父“东行郡县，南至会稽，而尽刻始皇所立刻石，石分著大巨从者名”，其次序是“丛相臣斯、臣去疾，御史大夫德”，仍然是尊先卑后。② 以史书记载的通例先言为尊，后言为卑来说明秦时实际上是尊左卑右的，这样的结论也是不妥当的，像第一句“左丛相李斯从，右巫相去疾守”就必须考虑到的是李斯后面的“从”一字，从谁，自然是跟从秦始皇出巡，出于对皇帝或尊上的必要尊重的考虑，这样自然要会先言及李斯，李斯当时的官位正是左丛相，因而左在前。另外笔者还有一点看法是一个史学家和大情怀的文学家在记述前人历史时，也许会在某种程度上站在后来的角度上论述前代

① 钱书新：《中国古代官制的左右文化》，载《兰台世界》2013 年 2 月下旬。

② 姚国旺：《秦朝官制尊左卑右考》，载《首都师范大学学报(社会科学版)》1987 年第 2 期。

人。在司马迁所处后来者的角度上看，李斯无论是历史影响还是后代声名远远跟冯去疾都不在一个层次，处于这样一种无意识的书写习惯，就会有大大提升"左丛相李斯从，右巫相去疾守，少子胡亥爱慕，请从，上许之"这样的情况的出现。然而姚国旺先生就以此作为一个论据得出尊左卑右的左右观是有失考量的。尚左尚右至于"至于汉朝(前汉)官制的尊左尊右问题，简言之，从惠帝六年到文帝二年共十一年，官制以右为尊；而从武帝元朔六年到平帝元始二年，约一百二十多年则以左为尊"①则又是传统学术研究另一个问题所在了，只列举其然，然不解释其何所以为其然，更不用说这种"其然"的得出是否经得起推敲。这也正是笔者接下来论述里一个重点所在。因为无论是尚右还是尚左应该有其文化内涵的考量在里面，而前人的研究都重在考证究竟是尚左还是尚右，却没有对这种尚左或尚右的文化学术内涵有过进一步的考量。秦国的左右观势必有其从西周东周那里得到沿袭和分化的地方，西汉的官制沿袭秦制，两汉的左右观也势必有从秦朝这里吸取和保留和摒弃的地方。这样的承继和发挥是历史的习惯。

另外所供参考的传统文本研究资料都停留在了如"国之大事，在祀与戎"的显性文化层面上。诸如官职上左右的尊卑，祭祀上左与右的贵贱，军事上左右的先言后言，在一些隐性的文化层面上比如日常起居的左右观，两人出行谁左谁右如何却较少见于记载，这样的现状对整个先秦时期左右观的考证是一个很大的难题。

二、春秋时期"左右观"初览

《说文解字注》里"𠂇左：手相左助也。从𠂇、工。凡左属皆从左。"②另"㕛右：助也。从又口。"③或许这二字看得不甚通透，何

---

① 侯雯：《秦朝官制并非尊左卑右》，载《首都师范大学学报(社会科学版)》1995年第5期。

② (东汉)许慎撰，(清)段玉裁注：《说文解字注》，上海：上海古籍出版社1988年版，第200页。

③ (东汉)许慎撰，(清)段玉裁注：《说文解字注》，上海：上海古籍出版社1988年版，第114页。

以左为左，右为右，那么接下来二字你就有所省悟。“左：手相左助也。从𠂇、工。凡左属皆从左。段注：各本俱误。今正。左者、今之佐字。说文无佐也。𠂇者、今之左字。𠂇部曰。左手也。谓左助之手也。以手助手是曰左。以口助手是曰右。①“祐：助也。从示右声。”②我们可以从“(神明)佑助”和“辅佐”二词看出一些端倪，由此可比较清楚地知悉二者的用法，这样的使用习惯里地位层次高的对地位层次低的帮助可曰为“右”，而下层对上层的帮助却曰为“左”，臣下辅佐某某的用法屡见不鲜。二者孰轻孰重、孰尊孰卑，这是一个很明确的信息了。

在先秦诸子里面有关左右观论述最为熟知当属《老子》：“夫佳兵者，不祥之器，物或恶之，故有道者不处。君子居则贵左，用兵则贵右。兵者不祥之器，非君子之器，不得已而用之，恬淡为上。胜而不美，而美之者，是乐杀人。夫乐杀人者，则不可以得志于天下矣。吉事尚左，凶事尚右。偏将军居左，上将军居右，言以丧礼处之。杀人之众，以哀悲泣之，战胜以丧礼处之。”③这是一个引子，明确说明在某些层面上，左右观已经有了明确的价值取向。《礼记内则》里也诸多此类的论述诸如“凡男拜，尚左手”④、“凡女拜。尚右手”⑤以及“道路，男子由右，女子由左”⑥的记载。这些基础的有关“左右”的文献的记载也初步表明了左与右在不同的事务对象有不同的指向性。《老子》里简单地涵盖了“居”与“用兵”、“吉事”与

① (东汉)许慎撰，(清)段玉裁注：《说文解字注》，上海：上海古籍出版社 1988 年版，第 200 页。

② (东汉)许慎撰，(清)段玉裁注：《说文解字注》，上海：上海古籍出版社 1988 年版，第 2 页。

③ (魏)王弼注，楼宇烈校释：《老子道德经注》，北京：中华书局 2011 年版，第 83 页。

④ (西汉)戴圣撰，杨天宇译：《礼记译注》，上海：上海古籍出版社 2005 年版，第 359 页。

⑤ (西汉)戴圣撰，杨天宇译：《礼记译注》，上海：上海古籍出版社 2005 年版，第 360 页。

⑥ (西汉)戴圣撰，杨天宇译：《礼记译注》，上海：上海古籍出版社 2005 年版，第 335 页。

"凶事"和"男"与"女"三个相互对立的类别，而《礼记》里有关左右的论述的几乎全部与男女有关。这些不同的类别既赋予了不同的价值认同，又表明那时已经对左与右有明确并几乎固执的价值观念。

另外，以《礼记》为代表的一类勾勒了以礼为对象的儒家以仁为本的左右观，即静态上的尚左和动态上的尚右。可是为什么男性尚左而女性尚右，而并非女性尚左男性尚右？《老子》里的文本也足够看到以天地阴阳为对象的道家顺应天地阴阳吉凶的左右观。即以吉事尚左，凶事尚右的一种左右观。后者诸如"岁星出左有年，出右无年"一种以星辰运行为兆信的农收丰歉对象的左右观。《尸子》载"天左舒而起牵牛，地右辟而起毕昴"。以天起于东北七宿之一的牛宿，而地始于西方七宿中的毕昴二宿。这句话内涵丰富，上句将"天"、"左"、"东北"三个要素等同起来，下句又与之对应将"地"、"右"、"西"等同起来，尊尚一见便知。这就可以解答上文的问题，天为阳地为阴，男为阳女为阴，以左为天故以男配左，以右为地故以女配右。这也是上文言之的左右观在天道观、阴阳观、吉凶观之间的一致性。此外左右观还有少数"模棱两可"的特例，即不存在尚左与尚右的问题，只以左和右作为一种比兴的手段，如《诗经》里"左之左之，君子宜之，右之右之，君子有之"①。这样一个无所区分的"左右观"只是在把左右陈述为一种价值尺度和评判标准，这也是左右观的一种表现。

三、战国时期各地域左右观试探

秦国由雍凉之地而并山东六国，现存文献里有关秦国左右观的论述较为丰富，前文中提出的二十等爵便是第一个疑点。第十四等爵"右更"排在第十二等爵"左更"之上，第十一等爵"右庶长"排在第十等爵"左庶长"之上。这足够说明从爵位上而言，秦国的爵位是尚右的(爵位和官职的概念不可以等而视之)。然而尚右的背后

① （清）阮元：《十三经注疏·毛诗正义》，上海：上海古籍出版社 1997 年版，第 480 页。

是否是因为因为爵位的获得是通过军功来获取，故在此以“用兵尚右”的观念来排列。在笔者看来，尚右在秦国是普遍存在的。而商鞅作为法家的代表人物，有关其生平经历以及法家这样一个学术派别在左右观的取向上是否存在尚右的可能性这是无法探知的。从官职上汉承秦制的问题上笔者觉得是能足够说明秦国官职上尚右的制度性。文帝时，陈平让尊位于周勃，“孝文帝立，以为太尉勃亲以兵诛吕氏功多；陈平欲让勃尊位，乃谢病。孝文帝初立，怪平病，问之。平曰：‘高祖时，勃功不如臣平。及诛诸吕，臣功亦不如勃。愿以右丞相让勃。’于是孝文帝乃以绛侯为右丞相，位次第一；平徙为左丞相，位次第二”①。姚国旺先生认为此段不能证明尊右卑左，然而其给出的理由明显不够充分；另外在朝代更替时，往往在大的社会风尚和制度上不会有过多的改弦更张，新朝也要借着旧朝的残骸笼络人心，稳固统治，这似乎已然成为惯例了。此外在“闾左”②和“豪右”的问题上此处不过分赘述，此处需要提到的是，秦国的兵符和法券都存在这以右为显。1975 年出土于陕西西安市郊的秦杜虎符，上有铭文为“兵甲之符，右在君，左在杜。凡兴兵被甲，用兵五十人以上，必会君符，乃敢行之。燔之事，虽毋会符，行殴”。“右在君”，君主自当长其尊显者，故在兵符的体例上，是以右为尊显的。

结合以上文本资料，从不同的对象和层次，秦国尚右是经得起推敲的。与秦毗邻的三晋之地左右观又有怎样的体现。“既罢，归国，以相如功大，拜为上卿，位在廉颇之右。”廉颇曰：‘我为赵将，有攻城野战之大功，而蔺相如徒以口舌为劳，而位居我上。且相如素贱人，吾羞，不忍为之下！’”③这段尽人熟知的论述是否能

① （西汉）司马迁撰，（南朝）裴骃集解，（唐）司马贞索隐，（唐）张守节正义：《史记·陈丞相世家第二十六》，北京：中华书局 1982 年版，第 2061 页。

② （西汉）司马迁撰，（南朝）裴骃集解，（唐）司马贞索隐，（唐）张守节正义：《史记·陈涉世家第十八》，北京：中华书局 1982 年版，第 1950 页。

③ （西汉）司马迁撰，（南朝）裴骃集解，（唐）司马贞索隐，（唐）张守节正义：《史记·廉颇蔺相如列传第二十一》，北京：中华书局 1982 年版，第 2443 页。

作为三晋之地或者最起码作为赵国在官职上尚右的证据？一旦能作为赵国在官职上尚右的证据，考虑到三晋合于一体，大同小异，不同之处或许就为君者之别，那么三晋地区在左右观上尚右的可能性就大大提高。另外一则赵国的文本如《史记·平原君虞卿列传》载："虞卿将操其两券，事成，操右券以责；事不成，以虚名德君。君必勿听也。"①而《战国策·韩》里同样有关于"右券"的记载："安成君东重于魏，而西贵于秦，操右券而为责德于秦、魏之主。"②这是一个关于利益分赃的债权的故事，操右券以责而非左券足够说明债权在右券，即右券有更灵活的主动权和高的凭证。故此，三晋地区我判定也是尚右的。齐楚燕三国涉及左右观的文字记载过于稀少，况且大多停留在春秋初期，如《左传·桓公八年》随国季梁曰："楚人尚左，君必左，无与王遇。且攻其右，右无良焉，必败。"③齐国在春秋中晚期崔杼弑君时，《左传·襄公二十五年》有载："丁丑崔杼立而相之，庆封为左相。"④材料略显单薄，不足为证。

四、"左昭右穆"与镜像对称

不少学者从宗法制度的左昭右穆得出以左为尊的结论，笔者认为是值得商榷的，左为父，右为子，父位在子上，故于左右间尚左。这个推理过程看似顺理成章。然而笔者要阐述的是生者祭拜祖先的时候，面对牌位，是毋庸置疑的"左昭右穆"。用一个简单的类比，生者入庙堂的人好比参拜的人，于你看来牌位是"左昭右

---

① （汉）司马迁撰，（南朝）裴骃集解，（唐）司马贞索隐，（唐）张守节正义：《史记·平原君虞卿列传第十六》，北京：中华书局1982年版，第2370页。

② （汉）刘向编订，（明）洁辑评：《战国策·或谓韩公仲》，上海：上海古籍出版社2008年版，第476页。

③ （清）阮元：《十三经注疏·春秋左传正义》，上海：上海古籍出版社1997年版，第1745页。

④ （清）阮元：《十三经注疏·春秋左传正义》，上海：上海古籍出版社1997年版，第1984页。

穆”，然而你所意会到的左的方位于本体或被你观测的那个物件而言是在本体右的显现。也就是客体的左右方位和主体的左右方位恰恰相反。如下图，箭头所指的方向为你所面朝的方向，图一箭头朝北，你的左所对应的是西方，你的右所指代的是东方；图二与此相反，则其左右互换。也可以将二图一体化之，两个主体，同时两个客体他们彼此的视觉差异。请看图三，即左右一体化视之。所以笔者引入镜像对称这样一个概念来说明一种被扭曲和误解的左右观。然而笔者引入镜像对称并不是足以说明无所谓尚左尚右的“左右逢源”，因为必须说明一点的是先秦时人的尚右暗含了一个必要的前提，那就是如图二中的主体是面南的，其左为东，其右为西。

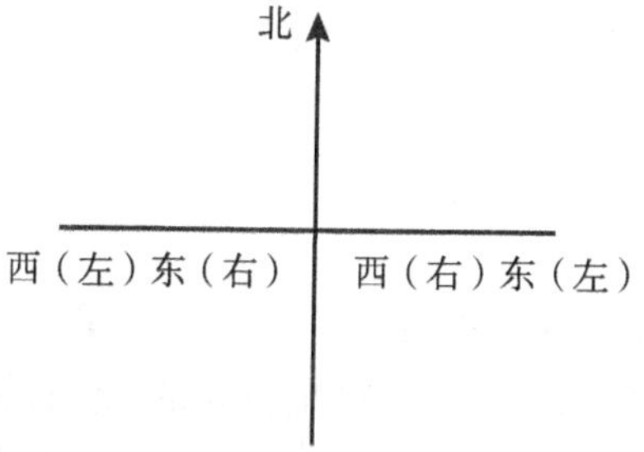

图一

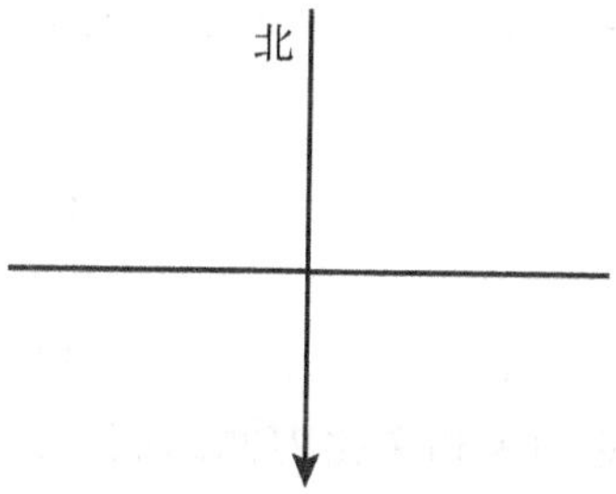

图二

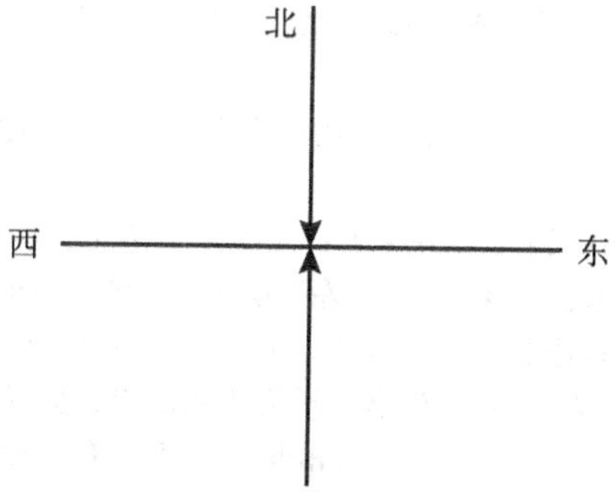

图三

至于这种暗含的共识在何时初有肇端，碍于学识，笔者无法说清。这就好“比左昭右穆”的肇端与周昭王与周穆王的有些许联系。

昭王为穆王父，左父右子，故以“左昭右穆”。笔者认为这可能是自然选择的一种结果，在我国即使在正午时分太阳直射大地以致万物影子最短的时候，其影子的朝向依旧是北方。这说明阳光从南而来，相比较而言，方位朝南就能够获得更多的阳光，以此获得更大生存的几率。这也可以从一方面解释为什么我国传统民居建筑的开窗的朝向都是面南。另外，加上我国所处的温带季风性气候区，寒气从北而来。《诗·小雅·出车》里“城彼朔方”①，《书·尧典》中“平在朔易”②，皆是用“朔”来表示“北”，朔风表示北风。朔风寒而南风暖。这种自然因素也是也是以东为左，以西为右的缘由所在。还有一点不得不提出的是尚右与处左并不矛盾，或者说尚左与处右并不矛盾。处左可西向坐便成了尚右，处右可东向坐便成了尚左，这一点也是分析尚左尚右问题前文复杂的原因之一。

五、余　论

笔者认为“左右观”问题解析的清楚将对进一步还原先秦的思想面貌和文化内涵的实质大有裨益，对汉以后左右观的“左右转换”的境况③的理解和追索同样富有意义。对左右观的追索乃至对

---

① (清)阮元:《十三经注疏·毛诗正义》，上海：上海古籍出版社1997年版，第416页。

② (清)阮元:《十三经注疏·尚书正义》，上海：上海古籍出版社1997年版，第119页。

③ 如：汉以后至宋，以左为大；元朝以右为上；明朝以后五百年又尚左。东汉以后至唐宋，又恢复了以“左”为尊的制度。《南齐书·百官志》载，二仆射分左仆射、右仆射，皆属尚书令统辖，无尚书令时，则以左仆射为台主。《新唐书·百官志》规定：尚书左丞为正四品上，而尚书右丞只能为从四品下。《指南录·后序》：“予除右丞相兼枢密使。”右丞相低于左丞相，所以当时“缙绅、大夫、士萃于左丞相府”商讨国事，没有萃于右丞相府。到了元朝，复以“右”为大，右丞相位在左丞相之上。朱元璋建立明朝之初，承元制尊右，到了明政权巩固以后，又改以“左”为尊。《明史·太祖本纪》：“丙午，令百官礼仪尚左。改李善长左相国，徐达右相国。”清代承袭明制。

钱书新:《中国古代官制的左右文化》，载《兰台世界》2013年2月下旬。

方位学来说的也必将是一种“蜻蜓点水式”的“波心漾开”反馈。

笔者认为对先秦“左右观”的研究只是对先秦社会文化风俗的一个楔子，通过这种方式按图索骥可以得到其他层面上的一些发挥。首先左右观的实证研究是对先秦方位学的一种考证，其次这种方位学的考证有助于我们理解并进一步还原先秦一些社会习俗，这将对我们理解先秦以后“左右观”的沿袭与变迁提供一些新的思路。

《文心雕龙》折中[①]观再析

2013 级国学班　何东格

一、引　　言

关于对刘勰折中观念的来源问题，学术界讨论诸多，这也是一个无法回避的问题。主要有以下两个派别：其一，认为以儒家思想为主，兼容佛道思想。李泽厚、刘纲纪认为刘勰这种思想成分相当复杂，儒、释、道、阴阳家均对其产生影响，《易传》是《文心雕龙》的精魂，是统领刘勰各种思想的"本"，但这个"本"因已与其他思想结合，不再完全等同于《易传》了。周勋初先生认为刘勰折中的研究方法是从儒家学术和玄学中得来的，但不否定佛学思想的影响。儒家学术"扣其两端"之法和玄学中人分析问题的辩难思维使彦和更深入地思考问题，更熟练地运用折中。龚贤也类似地认为《文心雕龙》的主导思想是儒家思想，但受到佛教思想的影响深刻。又如潘重规[②]、孙立[③]等，此说乃承传统认为《文心雕龙》的骨干是儒家思想。其二，认为儒、释、道三教思想会通，主要受到佛教思

---

① 《文心雕龙》中为"折衷"，此处从现代说法，除部分引文外，皆取"折中"。

② 潘重规：《刘勰文艺思想以佛学为根柢辨》，武汉：湖北教育出版社2002 年版，第 171～184 页。

③ 孙立：《〈文心雕龙〉主导思想之辨析》，载《湖北民族学院学报(社会科学版)》1994 年第 4 期。

想影响，如饶宗颐①；张少康强调龙树“中道观”对刘勰的折中思想产生影响；高文强通过考察南北朝佛教论争，试图说明刘勰借鉴了东晋慧远以折中之法调和佛儒关系的成功范例，以此论证刘勰这种方法在实践上主要借鉴了佛教论争。另外值得注意的是，李泽厚、刘纲纪在方法论层面否定佛教对刘勰产生影响。综上，笔者倾向第一种观点，刘勰折中观念受到佛释儒三家的综合影响，最终仍是宗儒。

其次，关于《文心雕龙》中的折中观念本文参照各家，大致从哲学思想和文艺美学两个角度进行梳理。

（一）哲学思想框架下的中和观

1. 认识论层面

黄侃先生认为折中不仅指“文质相济”的中庸之道，更指一种率乎自然的“文质无恒”之态，前人纪昀亦有提及。李平、金玉生也持此观点，并且他们进一步认为自然和折中往往是一个问题的两个方面，张少康认为折中论是相对于客观的“自然之道”而非儒家的“圣人之道”，陶礼天也持此观点。个人赞同折中儒家的圣人之道，因为刘勰的折中是有立场的，必然是宗儒的。从体用关系来说，宗儒是体，崇尚自然是用。

2. 方法论层面

李泽厚、刘纲纪认为《文心雕龙》所运用的折中之法是刘勰将诸家见解进行分析整合，以此建立自己的理论。是指同时兼顾事物的各个方面，不把他们看做是互不相容的。周勋初先生认为折中多对对立统一概念，具有朴素辩证法的效益，或受到玄风影响。两个方面理解角度虽然不同，但各家见解均有独到之处。

（二）文艺美学范畴的思考

1. 文艺理论

其一，思想层面。刘畅对南北方文学写作思想倾向于折中。学

① 张曼涛：《佛教与中国文化》，台北：大乘文化出版社 1978 年版，第 33~39 页。

者蔡美慧周鉴诸说，认为刘勰为文折中“五经”，宗经以立本，会通他说，熔铸而成，刘勰为文是为济世。王运熙认为文学方面折中有二：一则经世致用功能和抒情写景的时代风尚之折中，二则重视文采，重视质朴刚健，文质结合。

其二，方法论层面。黄侃提出“师古”和创新的折中。周勋初认为折中的具体方法主要包括裁中、比较、兼及三项内容；又认为“文心”论文有纵、横两个方面，“情采”着重于横，“通变”着重于纵。刘勰强调文章功用，也注重为文用心，这两点是统一的整体，不可偏颇。

2. 美学层面

周振甫认为儒家的折中之美是服从于“五情发而为辞章”之“自然”，是真善美的统一，是一种“反本”返归于质，它不受文饰，是向美和艺术的更高形态飞跃。易中天也持此观点，其更强调《文心雕龙》笼罩群言、包罗万象。

对以上诸家说法，笔者从哲学思想和文艺美学两个角度粗略分类。能够将刘勰折中观分析为文质相济的自然之道，是看到了刘勰思想的本质和精髓；认为刘勰将多种对立概念统一起来，能够和辩证法联系起来，具有将中西学融会贯通的精神；文艺理论方面认为折中以宗经固本，以创新开源，对扩大折中思想的外延具有积极意义。但是，那个时代的刘勰并不可能提出来什么是美和艺术的本质等有关现代美学的问题，我们现代用美学的视角看《文心雕龙》，为龙学的研究注入新的血液的同时，一定要慎重，务必公允，切忌生搬硬套，以今论古。另外，笔者将从文源论、方法论和认识论三个角度将历代学者对《文心雕龙》中的折中观进行大洗牌、大分析、大整合，力求在文原论、认识论、方法论三个全新的视野下重新审视这个问题。

二、《文心雕龙》折中观

刘勰试图跳出非黑即白的思维框架，寻找更多的思考维度和更广阔的思考空间，刘勰以如椽大笔作《文心雕龙》，以折中的思想

“弥纶群言”，以广阔的心胸平等地开放给万物。刘勰折中的观念并非在二元对立中取舍折中，而是并未区分二元，将看似对立的东西看成统一体，合二为一，圆润和谐。黑格尔指出：“假如一个存在物体不能够在其肯定的规定中同时袭取其否定的规定，并把这一规定保持在另一规定中，假如他不能够在自己本身中具有矛盾，那么他就不是一个生动的统一体，不是根据，而会以矛盾而消失。”①刘勰的折中观念也正是为了避免这种消失，与黑格尔不谋而合。刘勰的这种思想就像太极图那样的阴中有阳，阳中有阴，界限分明，却又彼此包含，相生相克，孕育万物，生生不息，只有这样，作品才有深刻的意蕴和独特的价值。

“折中”一词前人之述备矣，然则刘勰又有怎样的新诠释呢？翻阅全书，“折衷”(即折中)一词在《文心雕龙》中出现三次，一在《奏启》篇，一在《序志》篇，另外《章句》篇中还有“折之中和”一语。《奏启》篇中他举的“多失折衷”的例子中，既批评墨，也批评儒。彦和虽然说“若能辟礼门以悬规，标义路以植矩”，看似以儒家之礼义为准绳，但他接着又说：“总法家之裁，秉儒家之文。”《奏启》中的这个“折衷”，其实也存在着多种思想融合的痕迹。刘勰《序志》篇：

> 及其品列成文，有同乎旧谈者，非雷同也，势自不可异也；有异乎前论者，非苟异也，理自不可同也。同之与异，不屑古今，擘肌分理，唯务折衷。

在刘勰看来，同于前人者，异乎今论者，皆非因其出自古、或源于今，亦非茫然求之同，或苟然与之异。也就是说，刘勰并不以古今既成权威定论为准，定论中他认为合乎实际的，就与之同；反之则要另立新论。黄侃亦云：“同异是非，称心而论，本无成见，自少纷纭。”刘勰用力之勤，用心之笃明矣。

---

① ［德］黑格尔：《逻辑学》，杨一之译，北京：商务印书馆1976年版，第67页。

1. 刘勰折中思想渊源

第一，儒家体系之内的纵向继承——易传、孔子、荀子。《文心雕龙》折中思想大致起源于《周易·易传》。《易传》将不同事物看似对立的各个方面归于统一，就形式而言，刘勰在理论编排，确定各篇名称时，明显地和于《易经》的大衍之数五十。就内容而言，《易传》将不同事物看似对立的各个方面归于统一，这样的统一才会达到"弥纶天地"的境界。《易传》中的观点是朴素隐晦的，春秋战国时期的《论语》和《荀子》同样可以看到带有明显折中倾向的语句，孔子的过"犹不及"、使得"天位物育"的中和之道无不彰显着依圣道而行，独立而不改，周行而不待的光芒。另一思想来源荀子虽然没有直接叙述折中，但其"兼陈万物而中悬衡焉"(《荀子·解蔽》)的思想，试图为陈列于眼前的纷繁复杂的万物寻找到统而纳之的平衡点，它体现出的不仅是接人待物上的折中，更是一种抽象的包容和思想上的整合。此外，《中庸》言天道性命，强调天地万物生养化育，各得其位，也是追求不偏不倚的中和状态。刘勰与僧祐生活十年之久，二十多岁的他除协助僧祐整理藏经外，还认真学习儒家书籍①，传统儒家思想对其影响颇深，《中庸》当中的中和观念或对其产生影响。儒家入世留名、"树德建言"是刘勰一生的追求，他热衷于皈依儒家教义，儒家思想亦给他生命的滋养。

第二，儒家体系之外的横向吸收——佛学、道(玄)学。从刘勰自身经历来看，他以整理佛学经藏出身，龙树中道观的思想必然与其产生折中观念有内在联系。至于道(玄)的影响，第一在于开篇言"原道"崇尚自然之文，刘勰将美丽的纹饰上升到具有本体高度的"道"的层面来加以认识，可以看出他对文的推崇和热爱，同时说明道的本源性。而"道"作为一个不可名状的最高存在，孕育万物，周循不待是道家思想的核心。第二是魏晋哲学家，受先秦道家影响，在"理"上深入钻研，重视辨析事理。刘勰受"亦不必进，亦不必退，惟义所在"的无可无不可思想的影响，作《文心雕龙》时

① 牟世金、陆侃如：《刘勰和〈文心雕龙〉》，上海：上海古籍出版社2011年版，第11页。

体现出灵活而又有原则的折中态度。

第三，南北方文论差异。刘勰骨子里遗存着浓厚的北人意识。刘勰是南渡北人之后，祖籍山东莒县，北方文化的正宗意识和自负感是非常浓重的。但他自身又是土生土长的南方人，所以他写《文心雕龙》的《原道》、《征圣》、《宗经》是为人文寻找理论依据，借助儒家思想意识规范文体，是尚北；《辨骚》则是肯定南方文学的特质和技巧，是宗南。这些观点典型性地体现了“唯务折衷”的意识。在“文之枢纽”的五个方面给《辨骚》留下一席之地，其意义远大于五分之一。《辨骚》篇：

> 故才高者菀其鸿裁，中巧者猎其艳辞，吟讽者衔其山川，童蒙者拾其香草。凭轼以倚雅颂，悬辔以驭楚篇，酌奇而不失其贞，玩华而不坠其实；则顾盼可以驱辞力，咳唾可以穷文致，亦不复乞灵于长卿，假宠于子源矣。

“才高者”、“中巧者”、“吟讽者”、“童蒙者”，咏讽《离骚》各得其所，是后世作文之楷模。它是在带有浓重北方文化特色的宗经思想之外开辟的另一片天地，是讲求文学特质、形式、技巧的南方文风的归附所在。《辨骚》让《丽辞》、《声律》、《事类》、《夸饰》、《情采》、《神思》、《物色》等一脉篇章有存在的合理性，其背后活跃的恰恰是肯定文学特质、注重形式、有技巧的南方审美因素。

2. 文原论的折中——折中“五经”之说

魏晋时期文风日靡，《程器》篇“近代词人，务华弃实”之论；《才略》篇“解散词体，飘渺浮音；虽滔滔风流，而大浇文意”之感；《通变》篇“宋初讹而新”，“竞今疎古，风末气衰”之唏嘘。刘勰在《序志》篇中明确提出以文章济世，“正末归本”，本也就是经典。刘勰总论中的五篇文章是《文心雕龙》一书的“骨鲠”所在，开篇《原道》讲文源于道，源于自然，而这源于自然的道唯有圣人才能体察，所以第二篇是《征圣》，只有做到“简言”、“博文”、“明理”、“隐义”，才能够“妙极机神”、“思合符契”。若能“折中”周、孔二圣的文章，则为文可得师法了。周孔二圣之文，传于后世即为经典，所以提出《宗经》。《宗经》篇：

> 三极彝训，其书曰经。经也者，恒久之至道，不刊之鸿教也。故象天地，效鬼神，参物序，制人纪，洞性灵之奥区，极文章之骨髓者也。

对天地、鬼神、物序、人纪，儒家经典都作出“礼”的范畴内的规范和要求，它们是“性灵之奥区”、“文章之骨髓”，但不可沉迷，还要摆脱“经典”的牢笼。要立本清源，会通诸说，折中“五经”，就离不开《正纬》和《辨骚》。刘勰将这两篇列入文原论(总论)，而不是文体论，当是其折中之处。从刘勰“按经验纬”、“依经辨骚”来看，“纬”、“骚”二者与“经”有着密切的联系，因而从总论五篇的构思和选取可以管窥刘勰的折中思想。

3. 认识论之折中——反本、中和之美

一是“令循其本”体现折中之自然美。无论专尚华辞，还是专崇朴陋，都是追求文章自然美。黄侃反对任何极端化：“研弄声调”和“专隆朴质”。这也就是所谓的“酌中”，“去甚去奢”，不偏不倚。淮南王书有《原道》篇，高诱注曰：“原，本也。本道根真，包裹天地，以历万物，故曰原道，用以题篇。”这所“本”的也就是“道”了。“雕琢过甚”，则“寖失其本”；“浅露是崇”，亦“文失其本”。无论是“天文”，还是“人文”，惟是求得个自然。刘勰处齐梁之世，“文体趋于缛丽”，但刘勰认为不可以矫枉过正，因循其本，使不偏不倚。

二是文艺美学的折中。《文心雕龙》笼罩群言，包罗万象，把先秦两汉伦理美学和魏晋六朝形式美学作为背被扬弃的环节包容与自身，从而结束了一个旧的时代，刘勰的理论形式虽属于前代，审美理想却昭示着后人。《文心雕龙》非但不是美学的专门著作，甚至不是纯粹的文艺理论，其中还有很重的文章学(写作理论)的成分，刘勰在《文心雕龙》中提出了一系列对立统一的美学命题，文与道、奇与正、华与实、情与理(志)、心与物、隐与秀、才与学、体与势、情与采、文与质、通与变、多与少、一与万等等，这些不同角度的对立双方之统一和谐，才构成了文学作品。下面简要讨论“情与采”、“文与质”、“奇与正”、“华与实”四组命题，窥探刘勰如何对相互对立的概念，进行持平公允的进行分析评价。

“情”与“采”、“文”与“质”的“折衷”的探讨。《文心雕龙》中用“情”与“采”来指内容和形式，而文和质是对“采”的修饰，这是易中天的观点，笔者赞同。对“情”和“采”也需要折中。《情采》篇说：

> 盖风雅之兴，志思蓄愤，而吟咏情性，以讽其上，此为情而造文也；诸子之徒，心非郁陶，苟驰夸饰，鬻声钓世，此为文而造情也。

“情”是内心情感的抒发，“风雅之兴，志思蓄愤”，《诗大序》“在心为志，发言为诗”是自然而然散发出来的，就像天地孕育多姿多彩的山川河流一样，并不是刻意雕琢，而是顺其自然的。文章的“采”要和内容紧密结合起来，如果“采滥”就会“忽真”，也就掩盖了真情实感。因此“情”要真实，“采”要贴切。文章的采依靠“形文”、“声文”、“情文”为质建立起来，“情采”两者不是对立的，而是和谐统一的。

对于文和质，这里又有很多话要说，首先分清楚“文”和“质”指的是什么？一般意义上的“文”和“质”是指内容和形式。《情采》篇：

> 夫水性虚而沦漪结，木体实而花萼振：文附质也。虎豹无文则鞟同犬羊，犀兕有皮，而色资丹漆：质待文也。

“文”是指一种修饰、加工，“质”是指被加工和修饰的素材，《定势》中“各以本彩为地”，《诠赋》“文虽新而有质，色虽柔而有本”。《通变》中“斟酌乎文质之间”，《镕裁》有“权衡损益，斟酌浓淡”，《知音》“篇章杂沓，质文交加，知多偏好，人莫圆该”，文与质要达到“端庄杂流利，刚健含婀娜”最高状态。孔子所谓“质胜文则野，质胜文则史，文质彬彬，然后君子”，这是追求文质合一的境界，作人为文皆应如此。最高的文是“无文之质”，最高的饰是“反素之饰”。折中观在美学上的含义决非仅审美而言，亦有心物交融、情理相参、因情敷采、率志委和、文质相称等诸多层面。多层次诸范畴的和谐统一，达到了折中的效果。正如《情采》篇：

> 是以联辞结采，将欲明经，采滥辞诡，则心理愈翳。固知翠纶桂饵，反所以失鱼。“言隐荣华”，殆谓此也。是以“衣锦褧衣”，恶文太章；贲象穷白，贵乎反本。

折中是指“自然之道”与“伦理之道”的统一，是“神理之数”与“雅丽之文”的统一，是本体与现象、自然与社会、神与人、真与善的统一。认识、伦理、审美，自然、社会、艺术，真、善、美，都在“道”这里找到了他们共同的起点和归宿。

“奇”与“正”、“华”与“实”的“折中”的探讨。《辨骚》中“酌奇而不失其真，玩华而不坠其实”，“衔华佩实”，兼言华实，黄侃认为六朝的“芜辞滥体”唯有通过“酌中”“循实”才可挽救。刘勰征圣立言，“述先哲之诰”不免慨叹“中和之响，阒其不还”，黄侃认为刘勰不仅没有把“奇”、“华”和“正”、“实”对立，而是将其归结为“神”和“貌”的关系，这其实是“折中”的一种升华。

4. 方法论之折中观——批判性继承、文学鉴赏

一是“师古”与创新的折中。“隆文术于既颓，简群言而取正”，师古不是真正的复古，师古的目的是救正时弊，这个过程是在继承与创新，章太炎所说“复古即是禔新”，“穷则通，通则变，变则久”。在“师古”的问题上既不能“拘者模仿古人”，也不能在变通中失去尺度。黄侃有句名言：“师古不为所役，趋新而不畔其规。”这正是“师古酌中”的注脚。

二是文学鉴赏的折中。汉儒强调文学的规讽作用，魏晋文学却常常只强调吟咏性情，裴子野讥讽其“摈落六艺，吟咏性情”。刘勰鉴于此，折中两者，一方面肯定诗三百“吟咏性情，以讽其上”，“道沿圣以垂文，圣因文以明道”，强调文章讽谏功能；另一方面，

认识到文学除政治教化作用之外，对人的思想感情起潜移默化的作用，“圣贤书辞，总称文章，非采而何”，极言“采”的重要性。刘勰完成了传统意义上经世致用功能和抒情写景的时代风尚统一到文章功用之下，文章既可政治教化，又能修养身心，可谓妙哉！另外，在写诗换韵注意运用折中方法，《章句》刘勰论赋诗用韵：“两韵辄易”者，使人颇感急促；“百句不迁”者，使人厌烦疲倦，二者皆有偏失。避免两者偏失而取其宜，则“庶保无咎”。黄侃在《章句》篇云：“其云‘折之中和，庶保无咎’者，盖以四句一转则太骤，百句不迁则太繁，因宜适变，随时迁移，故曰口吻调利，声调均停，斯则至精之论也。”

三、反驳折中之弊

刘勰取得的巨大成就，是与其秉持折中观念密不可分的，有人认为折中之弊端也显而易见，笔者在此对刘勰折中观进行辩护。

其一，他运用对立统一的观点分析一切文学现象，将若干对相互对立的范畴，用两点论进行看待，具有朴素的辩证法思想，但辩证法作为一门发展的学科，它的精髓是从对立物的斗争中观察事物发展的动力，分析其发展的方向，从这方面来看，刘勰的思想还有其不足之处。刘勰在“通变”这一对范畴中，虽然他也对“变”有足够的重视，并且也做了足够的研究，但是更强调“通”，因此刘勰的宗经思想难免给人留下复古的印象，《文心雕龙》中这种儒家保守的气氛是刘勰所无法摆脱的缺陷。但是，在当时世风日靡的社会背景下，刘勰想要做的是仅凭一人一己之力，力挽狂澜于危急，秉树新风于乱世，如若不能坚定强烈地表达自己的宗经态度，恐难扭转颓势。

其二，《文心雕龙》虽然不乏闪光之处，却被湮没在它庞大的体系之中，所以我们通常说《文心雕龙》“体大而虑周”，是言其为济世巨构，但也有弊端。体大则难免疏阔，虑周则流于平淡，“弥纶群言”则已见不彰，“唯务折衷”则锋芒不显，文艺史上开一代新风的往往是有些偏颇的理论，四平八稳、面面俱到的理论却难以引起反响。然而我们要知道魏晋时期的骈文就是如此，崇尚四平八稳，对于处于那个时代的刘勰，我们不能够以今驳古，而应该以同情之态度理解勰之行文。

其三，通观全书，不见陶渊明踪影，虽然在《隐秀》中谈到“彭泽”，而此语在伪作补缺一段中，看来作者尚不知有陶渊明其人。与此类似，他对于鲍照亦不重视，除认为鲍照本人文学思想具有局限性外，亦认为其“好异之尤”。其实不然。陶渊明虽隐居田园，而其人与诗文早即为世人所知，与其好友颜延之为作《陶征士诔》，世称其人品之高尚，钟嵘《诗品》对其诗有所品次，而昭明太子萧统搜校其文编为一集，并为其作序记传，极赞其文章及人品。以刘勰之闻见广博，对陶渊明当不至竟无所知，何以终无一语道及？刘勰的文学主张极力追求形式美，而陶渊明独自卓然标举朴素清淡的风格，与时尚不合。刘勰在文学创作上虽然首重内容，但其强调辞必有采，忽视了文学作品的另一种朴素之美，对陶诗中的“真”置之不顾，恐怕有所偏弊。对于陶渊明和鲍照这类在当时社会不入流的学者，虽有其文学贡献，但是就那个时代来说，他们隐居山林，很少与外界沟通，不为人知也不足为怪，不可强求刘勰能够具有超俗的本领。

其四，刘勰论文鲜有关注下层社会。其关注内容皆为统治阶级内部的文章流别，学术风气，对于下层社会的民俗文章未能予以足够的重视。究其原因或许是齐梁时期文坛主流活跃在上层社会，及刘勰通过主观努力想要迎合士族阶层，故而刻意回避对社会底层的描述。这种说法其实是对刘勰的贬低，在当时社会文艺创作本身主要就是由上层社会和贵族创造的，下层社会识字学习的机会都很少，更遑论文学创作了，所以并非刻意回避，而是处于情理的考虑。

中国古代文学创作，到魏晋时期发生巨大变化。魏晋是一个文学自觉的时期，秦汉时期的文学受到儒学的严重束缚这时期的文学作品讲求经世致用、政治教化，例如诗经就是用来惩恶扬善。魏晋之后，文人开始追求个人的日常生活和情志，追求形式的华美。对于此种创作倾向，新变派和复古派各执一端，在这样的背景下，刘勰执其两端，“唯务折衷”。刘勰《文心雕龙》在“本乎道，师乎圣，体乎经”的前提下，“酌乎纬，变乎骚”，努力做到他在《文心雕龙》中所讲的折中。这不是他对反对派和赞成派的妥协，而是一种调和，一种是追求完美的心态。《文心雕龙》一书整体而言折中观念贯穿全书，影响深远。